LE LIVRE
DE LA
PREHISTOIRE

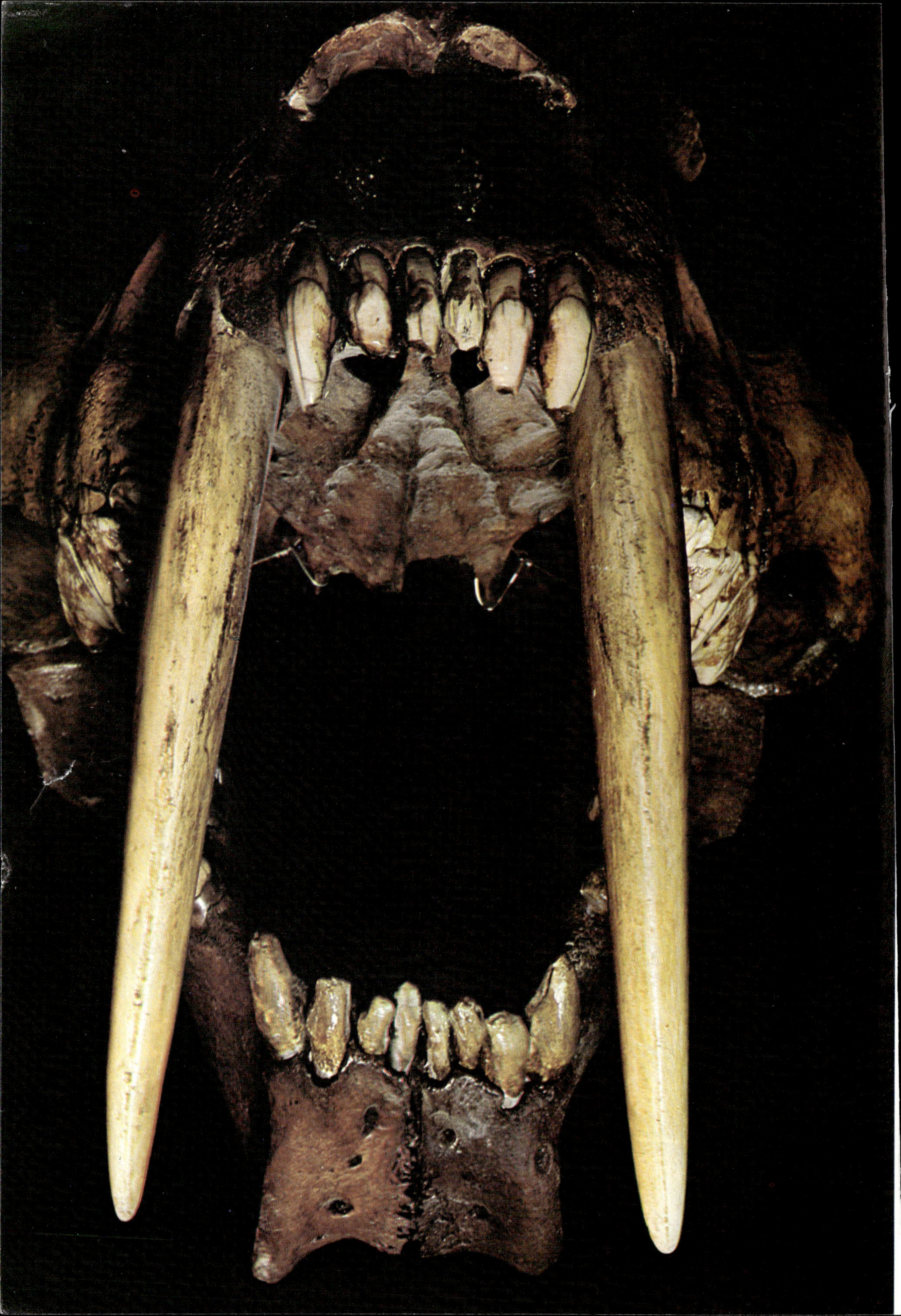

LE LIVRE DE LA PREHISTOIRE

Giorgio P. Panini

Traduction: Dominique Versini

G.P. ROUGE ET OR

Ce livre n'est pas assorti d'une *bibliographie*, c'est-à-dire qu'il ne comporte pas d'indications d'autres livres qui pourraient être lus pour approfondir les différents sujets. C'est l'effet d'un choix : nous croyons que qui se passionnera pour les sujets traités ici en tirera aussi la curiosité de chercher ailleurs (dans les bibliothèques scolaires ou publiques ou dans une bonne librairie) des notions complémentaires. Nous voudrions aussi que ce livre puisse devenir une invitation à visiter des musées, à observer les témoignages du passé, partout où ils peuvent se trouver. Dans le rassemblement des matériaux et des informations, l'auteur a pu compter sur la collaboration de bien des amis : parmi lesquels il tient à citer Marco Anchisi, Giulio Calegari, Laura Conti, Margherita Forestan, Inge Rasmussen. En particulier, Inge Rasmussen a participé, comme inspiratrice attentive, au dialogue avec Charles darwin qui ouvre le livre.

Sommaire

Rédaction et recherche iconographique : Margherita Forestan
Maquette : Brunhild Kindermann
Secrétaire de rédaction : Aurora Antinucci
Dépôt légal n° 3884 - Octobre 1983
ISBN 2-261-03478-4
Imprimé par Artes Gráficas Toledo, S.A. (Espagne)
D. L. TO: 956-1991

Présentation

Dialogue avec Charles Darwin

DARWIN. — Vous trouvez que je fais peur ?

— Je peux bien dire que non ! La grande barbe blanche, le grand chapeau sombre, le manteau : il me semble, si vous le permettez, qu'ils vous donnent l'air d'un vieux sage, d'un sympathique grand-père, qui a beaucoup à enseigner à ses petits enfants...

DARWIN. — Ce que j'avais à dire, je l'ai déjà dit, et même écrit, depuis longtemps... Et c'est bien ce que j'ai écrit qui fait encore peur.

— Je crois savoir pourquoi. Aujourd'hui encore, cent vingt ans après la publication de l'*Origine des espèces,* il y en a que vos affirmations contrarient... Mais surtout, ce qui fait peur, c'est le fait que ce que vous dites (et non seulement ici, mais aussi dans les autres livres) est très convaincant. Il est gênant de trouver dans un livre des arguments aussi persuasifs qui démontrent que bien des vieilles histoires auxquelles on a cru, et que l'on a fait croire pendant des siècles, ne sont pas vraies. Voilà pourquoi vous faites peur, vous et vos travaux.

DARWIN. — Je crois que vous avez raison. Il m'est arrivé de me comporter en révolutionnaire et, tout compte fait, cela ne me déplaît pas. Au fond, je n'ai fait que dire la vérité, et j'ai donné pour base à mes affirmations ce que j'ai observé.

— Je me rappelle vos observations sur le trèfle et sur les fermes ou encore votre remarque sur les lombrics des champs...

DARWIN. — Oui. J'avais constaté que le trèfle poussait plus dru aux abords des fermes. Quelle pouvait en être la raison ? Il me semblait que près des fermes, en somme, il devait y avoir plus d'animaux (lapins, par exemple) qui mangeaient du trèfle, et que cette plante aurait donc dû être moins prospère. Je compris que la chose n'était pas aussi simple : il ne convenait pas de considérer uniquement le fait de manger ou de ne pas manger. Et j'observai aussi que dans les fermes, et aux alentours de celles-ci, il y avait des chats, lesquels chassent souris et rats. Que ceux-ci sont les dévastateurs acharnés des nids de frelons. Que les frelons bourdonnent sur les fleurs de trèfle et en favorisent fortement la pollinisation, donc la reproduction, donc le foisonnement. Plus il y a de chats, plus il y a de trèfle. Pour l'affaire des lombrics, je me dis : le champ cultivé et le pré devaient à l'origine être semblables : pourquoi alors, trouvons-nous en surface, dans le champ cultivé, tant de pierres qui gênent le travail de la charrue ? J'interrogeai longuement les paysans : je leur demandai de m'écrire. Et la réponse vint, qui me confirmait la grande aptitude des êtres vivants à modifier le monde : les pierres existent aussi dans les prés, mais elles y sont enfouies parce que les lombrics ont rendu le sol friable et mou. Dans les champs cultivés, les lombrics sont rares et les pierres ne s'enfoncent pas, continuant à démolir les charrues. J'aimais ces raisonnements.

— Avec ces argumentations, vous avez réalisé, en pratique, les premières recherches écologiques. Et quand vous vous êtes mis à observer l'« expression des sentiments chez les animaux », vous avez apporté les premières contributions sérieuses à l'éthologie, ou science du comportement.

DARWIN. — Ne m'attribuez pas trop de mérites, et ne faites pas de moi l'inventeur de trop de sciences. J'ai fait ce qu'il me plaisait de faire. J'aime la nature depuis toujours. J'aimais observer les animaux, les fleurs, les plantes. Je prenais plaisir à les voir tous travailler ensemble, à les regarder *vivre*. Dans mon enfance, je collectionnais tous les papillons et même d'autres insectes, que je trouvais morts. Je n'aimais pas les tuer. D'autre part, observer tant d'êtres différents, tant d'incidents divers, me poussait à chercher des explications, des liaisons. Je me plaisais à penser que tous et tout faisaient partie d'une seule et grande aventure. J'ai comparé les espèces des êtres vivants aux étoiles. Les dessins que les hommes ont vus dans ces groupes d'étoiles — les constellations — sont tout à fait arbitraires (si bien que certains peuples ont vu des animaux ou des divinités là où d'autres voyaient des navires ou des monstres). Les constellations ne sont pas des ensembles naturels d'objets. Les espèces, au contraire, peuvent se grouper, et dans les groupes on peut rencontrer de réelles affinités, des ressemblances, des liaisons naturelles, en somme.

— Vous aimiez mettre de l'ordre dans les choses de la nature ?

DARWIN. — Eh bien, oui ! Aujourd'hui, vous dites que chercher à mettre en ordre est une marque d'incertitude. Peut-être ai-je manqué de certitude, je n'en sais rien. Mais je puis dire que cela me dérangeait de voir les espèces comme une bibliothèque en désordre, comme une collection mal tenue. J'ai souvent suggéré que, dans les musées, on dispose les spécimens de façon à rendre très claires les parentés, les affinités, mais surtout de telle façon qu'il soit possible de tourner à son aise dans les vastes salles pour regarder et vérifier soi-même ressemblances et différences.

— Un besoin de chercher l'ordre partout, en somme.

DARWIN. — Il m'intéressait de comprendre pourquoi il existait des affinités, pourquoi les espèces paraissaient semblables, mais néanmoins un peu différentes. Et je commençai à voir tout comme une longue manifestation. Je mettais de l'ordre, mais c'était un ordre *dans le temps*. Durant mon voyage de jeunesse sur le *Beagle*, j'eus la possibilité de voir les espèces différentes de maintes régions, de comparer les variétés présentes dans des milieux différents, mais je ramassai aussi des os d'animaux très anciens (par exemple le *Megatherium* ou le *Toxodon :* je dus alors me contenter d'os de mammifères, car là où j'allais il n'y avait pas de fossiles de dinosaures ou du moins, je n'en ai pas trouvé). Et je pus observer également l'activité des coraux dans la construction d'îles entières (les atolls).

— Tout changeait, tout était changé...

DARWIN. — Je compris que la clef de la lecture du monde vivant (mais aussi de la Terre, en général) était une clef « historique ». Plus tard, retourné au pays, j'observai d'autres phénomènes. La sélection qu'opéraient les éleveurs et les résultats qu'on obtenait sur les moutons, sur les bovins. Eh bien, vous savez ce qui en est sorti : la théorie de l'évolution.

— La lutte pour l'existence qui est à l'origine des espèces... Une loi naturelle qui expliquait pourquoi il y avait et il y avait eu tant de formes vivantes et qui pouvait expliquer aussi l'origine naturelle de l'homme. Il y avait là de quoi troubler l'esprit de vos contemporains attachés, à la lecture du texte biblique, et vous savez, qu'aujourd'hui encore, on a peur de parler de vous : il y a des nations où il est interdit d'enseigner à l'école la théorie de l'évolution.

DARWIN. — Oui, cela est vrai, mais aussi, dans beaucoup d'autres pays on en parle librement, dans beaucoup de livres on explique à la jeunesse quelles sont les raisons qui font que cette théorie est assez bonne... Par exemple, ce livre que vous m'avez présenté fait comprendre aux enfants comment les espèces ont changé, ce qui est arrivé dans le passé, comment vivaient alors les animaux et les plantes... Si je pense que dans un livre comme celui-ci il y a tant de notions que je n'avais pas de mon temps, eh bien, j'envie les enfants de la fin du XXe siècle.

— C'est vrai, qu'aujourd'hui on trouve, jusque dans les

livres de vulgarisation, cette aisance de présentation des sujets que vous auriez voulu voir dans les musées. Feuilleter un livre actuellement peut remplacer la visite de dix musées et renseigner sur des événements lointains, des animaux ou des milieux de temps révolus. Il me semble que de nos jours il est plus facile et plus simple de comprendre l'évolution, de se rendre compte de ce qui est arrivé, et de l'immense durée qu'il a fallu...

DARWIN. — Vous vous êtes, aujourd'hui, rapprochés de la compréhension de ce que l'*origine de la vie* a dû être, problème, sur lequel, me semble-t-il, on travaille de façon correcte. Quand je travaillais et écrivais, nous n'avions pas les outils de recherche qui auraient convenu et suffi. Et ce que je trouve bon dans votre façon de procéder, c'est le fait d'opérer expérimentalement, c'est la vérification en laboratoire, ou même étendue jusque dans les nuages et les étoiles. Il ne s'agit pas de philosophie — l'origine de la vie n'est pas un problème philosophique —, c'est une question *scientifique*. Et vous l'avez compris. Et il me semble que l'on peut le faire comprendre même aux enfants des écoles.

— Comprendre... Oui, faire raisonner, fournir des arguments pour penser, pour atteindre à une vérité.

DARWIN. — Et qui sait si un des écoliers qui aujourd'hui lisent ces livres, pourrait, dans l'avenir, faire une grande découverte... Quant à moi, il me suffit de penser que ces enfants pourront être curieux, aimer la nature, comme je l'ai toujours fait, et qu'ils pourront se rendre compte de certaines vérités. Je voudrais, si je puis formuler un souhait, que les enfants ne veuillent pas *croire* à quoi que ce soit, pas même à la théorie de l'évolution, sans chercher, s'interroger, regarder et revoir.

— Vous avez, quant à vous, ébranlé de vieilles certitudes...

DARWIN. — Je ne tiens pas à courir le risque de devenir un nouvel « article de foi ». Je préfère que l'on pense à moi comme au grand-père dont vous parliez, qui a appris à penser, sans peur, aux vicissitudes des vivants et, finalement, à la *nôtre*, à la grande aventure de l'homme. Bon, maintenant voulez-vous que nous rentrions prendre le thé ? Ainsi pourrai-je encore feuilleter ces pages...

Les répliques attribuées à Charles Darwin dans ce dialogue sont inspirées des pensées tirées de ses écrits *(Voyages d'un naturaliste autour du monde, Autobiographie, Lettres, Opuscules divers)*, librement retraitées.

Vie, milieu, évolution

Différents mais semblables

Regardons notre visage dans la glace. Nous le connaissons bien. Cherchons maintenant, dans une vieille liasse de photographies, une image de ce qu'il était, il y a quelques années. On note plusieurs différences : par exemple, le visage se révèle dans l'ensemble, plus enfantin, plus rond, plus mince. Si la photographie comprend aussi le reste du corps, nous pourrons noter d'autres différences. La tête, chez l'enfant, est, proportionnellement au reste du corps, plus grosse que ce qu'elle est devenue chez l'individu grandi. En résumé, la photo et le miroir nous disent que nous *changeons*, que petit à petit nous devenons *différents*. Mais pas si différents, pourtant, que l'on ne puisse reconnaître qui nous sommes, même sur une image vieille de plusieurs années. Faisons-en la preuve. Donnons à un ami une photo tirée quand nous étions à l'école maternelle. L'ami sourira, dira que nous étions « drôles », mais il nous reconnaîtra. Dans tout le changement de notre corps, de notre personne, quelque chose de nous est resté bien reconnaissable.

Fouillons encore dans les vieilles photographies. Nous y trouverons sûrement une image d'un grand-père ou d'une grand-mère. Eh bien, peut-être avec une certaine hésitation, l'ami reconnaîtra dans une de ces personnes précisément notre grand-père ou notre grand-mère ; il admettra que l'on y remarque un air de famille.

Tout change, et pas seulement d'aspect. Par exemple, nous sommes différents, aujourd'hui, de ce que nous étions hier, car on nous a appris, à l'école, l'histoire des guerres puniques. Et demain, nous serons encore un peu différents parce que nous aurons lu un livre —

Quand nous comparons un chameau ou un dromadaire (photo ci-dessus) à un lama ou une vigogne (photo de droite), nous remarquons une certaine similitude entre ces deux sortes d'animaux. L'étude des formes animales du passé (étude qui a pour base un examen soigneux des fossiles) nous permet d'avoir la certitude que d'autres animaux aussi, disparus aujourd'hui, ont été semblables aux chameaux et aux lamas. En utilisant les données qui nous viennent de l'étude des formes vivantes et de celles du passé, nous pouvons discerner l'histoire de nombre de groupes animaux.
Nous pouvons en reconstituer les « arbres généalogiques » (dessin ci-contre).

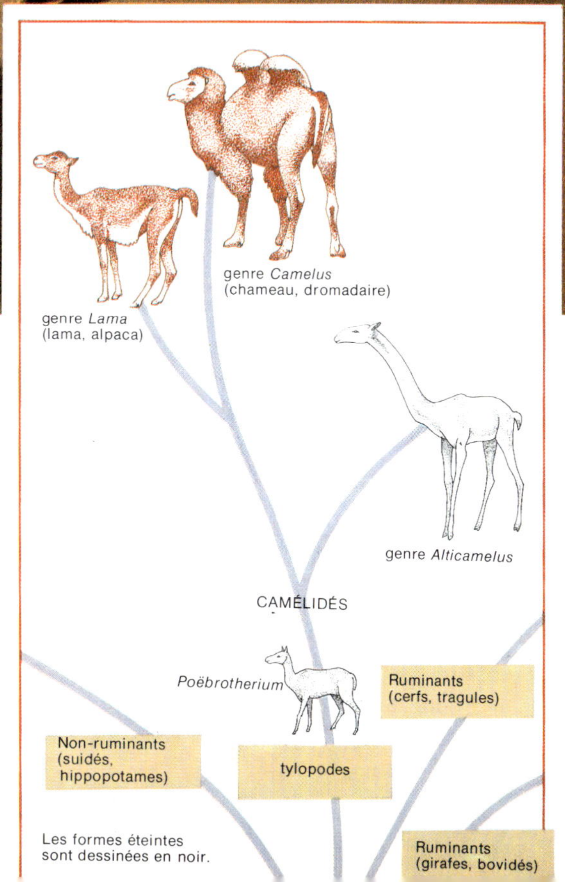

genre *Camelus*
(chameau, dromadaire)
genre *Lama*
(lama, alpaca)
genre *Alticamelus*
CAMÉLIDÉS
Poëbrotherium
Ruminants
(cerfs, tragules)
Non-ruminants
(suidés,
hippopotames)
tylopodes
Les formes éteintes
sont dessinées en noir.
Ruminants
(girafes, bovidés)

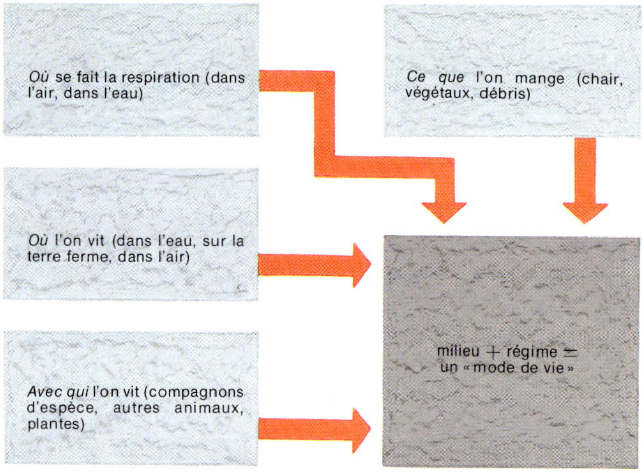

écologie = étude de la maison, donc étude du milieu ; toute forme vivante a *sa* maison

dans le milieu de l'homme, les facteurs sociaux ont une grande importance.

celui-ci — sur les animaux du passé et sur leur histoire. Et l'on change, aussi, en apprenant : un jour, nous avons appris à ne pas traverser la rue, quand le feu est au rouge. A partir de ce moment, nous sommes moins en danger quand nous déambulons à travers la ville.

Nous nous modifions, peu à peu, mais nous sommes toujours reconnaissables, et nous ressemblons toujours à nos parents, à nos grands-parents.

Cela arrive à tous les êtres vivants. Les différences sont évidentes, mais on peut trouver aussi des ressemblances : l'on est alors en droit de penser qu'il existe des parentés. Deux animaux très semblables sont peut-être enfants d'une même mère. Deux animaux semblables, mais tout de même un peu différents, peuvent avoir un ancêtre commun.

Changement de la maison, changement de l'habitant

Comment se peut-il que, d'un ancêtre commun, soient issus des descendants distincts ? C'est la question clef qui se pose à quiconque désire comprendre l'histoire des êtres vivants. Cette idée même que nous puissions parcourir, à nouveau, une histoire des êtres vivants nous porte à admettre que bien des événements se sont produits et qu'il y eut de nombreux changements. Ainsi une série d'épisodes dans laquelle les personnages seraient toujours identiques à eux-mêmes, ne donnerait pas une véritable histoire.

Comment, alors, répondre à la question ? On peut dire : « Parce que cela devait se passer ainsi ! » Ce n'est pas une réponse acceptable, pour qui veut enquêter avec les méthodes de la *science.* La science ne peut admettre qu'un phénomène donné se produise « parce que c'était écrit ! » En pratique on *ne peut pas* accepter qu'il y ait une *finalité* des événements. La seule réalité qui nous intéresse, c'est celle que constituent les faits eux-mêmes, c'est-à-dire ce qui se produit, ou ce qui est arrivé. Nous devrons alors

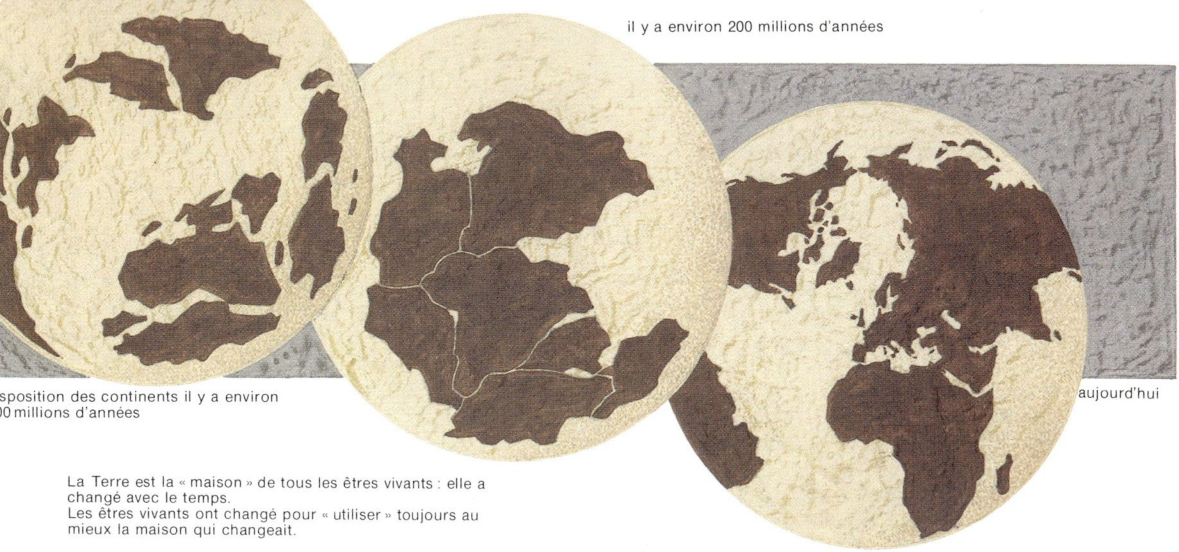

La Terre est la « maison » de tous les êtres vivants : elle a changé avec le temps.
Les êtres vivants ont changé pour « utiliser » toujours au mieux la maison qui changeait.

Les crocodiles sont parents des carnosaures, gros dinosaures carnivores qui ont vécu il y a 150 millions d'années (photo et dessin ci-dessous) : les uns et les autres sont des vertébrés de la classe des reptiles et présentent aussi d'autres caractères communs. Mais les différences aussi sont évidentes : le crocodile vit dans les milieux aquatiques, nage, et possède quatre pattes ; l'allosaure courait sur la terre ferme, avec ses grosses pattes de bipède. Toute forme vivante est adaptée au milieu dans lequel elle œuvre. Dans le dessin ci-dessus, vous trouvez une définition de ce qu'est *le milieu et la manière dont il est lié au phénomène de la vie.*

Tyrannosaurus rex
Un carnosaure typique

considérer les événements (par exemple, le fait que d'un ancêtre commun soient nés des descendants différents) en relation avec d'autres événements qui les ont en quelque sorte provoqués, ou favorisés. Nous dirons qu'une certaine *cause* a provoqué un certain *effet*. J'ouvre la main, et je laisse tomber le verre plein d'eau : le verre et l'eau tombent sur le plancher.

1

2

Examinons le cas d'un changement des plus simples : il tombe de la neige dehors, il fait froid. Pour sortir, nous nous couvrirons davantage : nous mettrons un manteau et peut-être des bottes. Nous nous serons adaptés, alors, à la situation qui règne au dehors, et rendus, ainsi (ne serait-ce que par les vêtements), un peu différents.

Tout s'est passé ainsi pour les espèces vivantes : les milieux ont changé et les êtres vivants se sont *adaptés*. Naturellement, pour que les effets de ces changements soient rendus évidents, il faut que bien des années se soient écoulées : l'histoire d'une souche est constituée de l'histoire de quantité d'individus.

3

4

5

Solutions différentes d'un même problème

Un certain groupe d'espèces vivantes a eu, dans une phase de l'histoire, la possibilité de se procurer des substances utiles (disons, de la *nourriture)* en les prenant à d'autres êtres vivants. Ces êtres se trouvèrent dans une situation fort intéressante pour nous. Ils durent s'adapter, donc, pour tirer le meilleur parti de la situation offerte par l'autre groupe d'espèces vivantes. Pour pouvoir prendre quelque chose, il faut se déplacer : les espèces vivantes dont nous parlons (les animaux) durent s'adapter de façon à réussir à se mouvoir, à se déplacer dans des milieux différents.

Jetons un coup d'œil à quelques solutions. Les animaux qui vivent dans l'eau nagent pour se déplacer. Sur le sol, beaucoup d'animaux glissent, et d'autres marchent. Dans l'air, ils se déplacent en volant. Les solutions adoptées n'utilisent pas toujours des structures identiques ou

Dans le monde des vivants, il y a eu beaucoup de réponses différentes aux incitations venant des milieux. Par exemple, la solution du problème fondamental relatif au déplacement *a été différente pour les animaux, selon qu'ils vivaient dans l'eau, dans l'air ou sur la terre ferme, et même, dans chacun des milieux les différents êtres vivants trouvèrent des solutions différentes. Le poisson nage surtout en remuant sa queue d'un côté à l'autre (1). Les escargots glissent en donnant un mouvement particulier aux muscles de leur pied et aussi grâce à la substance gluante émise par leur corps (2). La chenille, larve du papillon, grimpe sur une branchette en se servant des divers appendices dont son corps est doté (3). La graine de l'asclépiade (herbe à coton) se fie, pour son déplacement, au vent (4). Les libellules (insectes) et le ptérosaure (reptile volant du Jurassique supérieur) se déplacent en volant, mais leurs organes de vol sont très différents.*

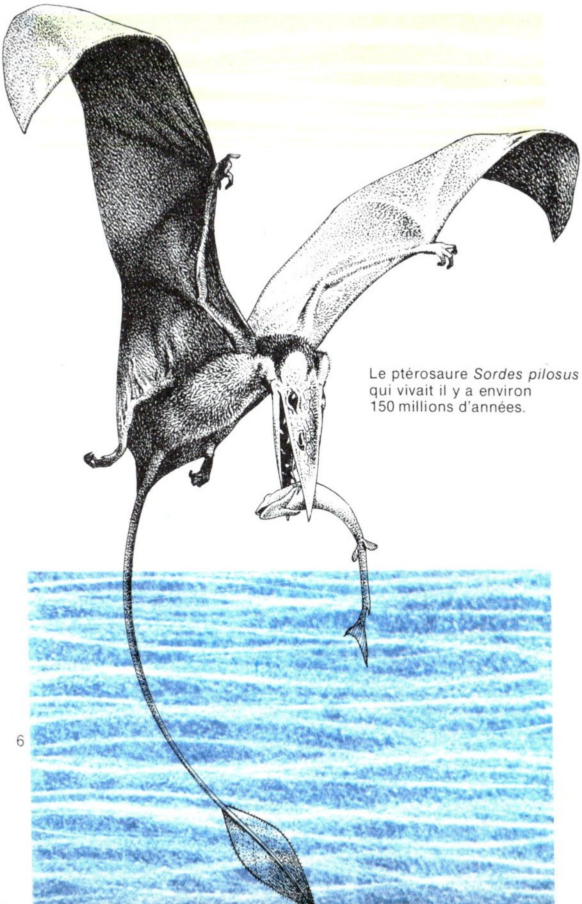

Le ptérosaure *Sordes pilosus* qui vivait il y a environ 150 millions d'années.

6

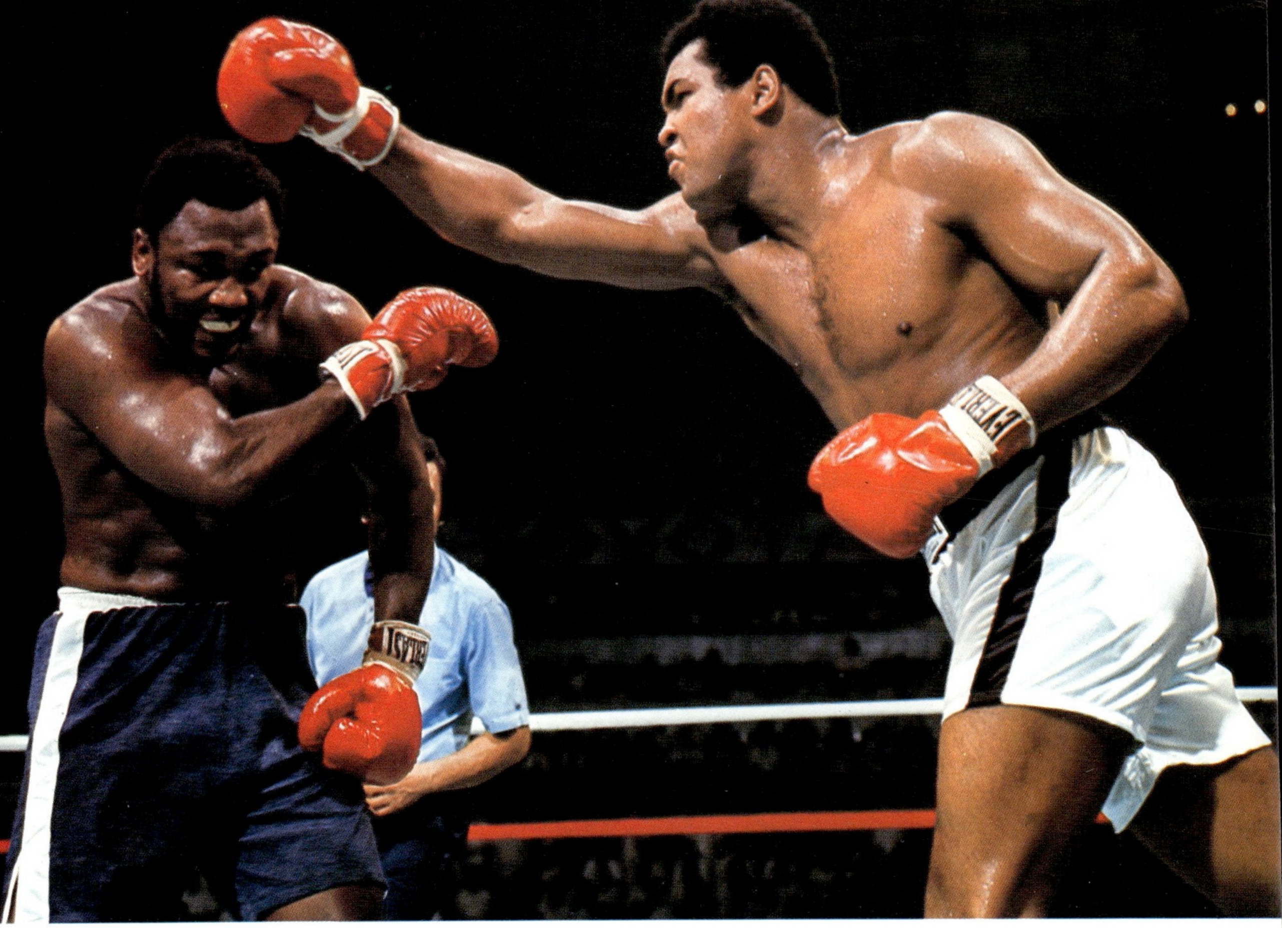

semblables : les escargots glissent avec leur pied ; une chenille se déplace en s'appuyant sur ses petites pattes et en arquant le corps ; les insectes utilisent quatre ailes. Chez les oiseaux, les chauves-souris, et ces étranges « reptiles volants » qui vécurent il y a très longtemps, les structures adaptées au vol sont les membres antérieurs, ceux qui, chez nous, sont les bras et les mains. Ces animaux, donc, *n'ont pas* de bras ; dans un certain sens, ils ont échangé les bras contre les instruments servant à voler.

Nous avons parlé des animaux et de la nécessité où ils sont de se déplacer, sinon avec toute leur structure, du moins avec une partie de celle-ci. Les plantes doivent « lancer » leurs semences alentour, dans le milieu environnant : ainsi, peuvent-elles donner naissance à d'autres plantes. Dans bien des cas, ces graines, dotées d'une structure leur permettant de mieux voltiger, sont confiées au vent.

Les ailes des insectes et celles des ptérosaures sont des organes analogues : *elles ont la même fonction. Mais ces organes n'ont pas pour autant, dans le processus de croissance de l'individu un développement analogue, ni une même origine.*
On appelle, au contraire, homologues *les organes des animaux de groupes différents qui ont une même origine et se développent de la même façon, même si l'aspect final peut présenter des différences sensibles. Ainsi par exemple de nos mains (1), des ailes du perroquet (3), des pattes antérieures d'un quadrupède (4) et des ailes d'un oiseau (2). Les homologies révèlent l'existence de parentés.*

Utilisations différentes de structures semblables

Si, dans deux organismes différents, certaines structures servent à obtenir le même résultat, nous dirons que ces structures sont *analogues*. Il existe, en revanche, des structures qui ont des formes assez semblables, et surtout, qui se correspondent dans ce que nous pourrions appeler le « plan général » des organismes que nous examinons ; ces structures peuvent pourtant être utilisées dans des buts différents. Notre bras est comparable à l'aile d'un oiseau ou à celle d'une chauve-souris, et se développe d'une façon semblable : dans une certaine phase du développement de l'homme, de l'oiseau, de la chauve-souris, les mains se ressemblent beaucoup. Mais le bras a, chez nous, une fonction bien différente de celle qu'il a chez les deux animaux volants. Notre bras est aussi semblable aux pattes de devant d'un quadrupède, mais évidemment, il ne sert pas le même but.

Avec le bras, avec la main, nous pouvons prendre des objets, donner des coups de poing ; le quadrupède se sert de son membre de devant (membre *antérieur)* pour marcher. Nous disons que le bras, l'aile de l'oiseau, celle de la chauve-souris, et la patte du quadrupède, sont *homologues*.

Une question de temps

Comment tant de structures différentes ont-elles pu apparaître ? Comment tant de réponses différentes ont-elles pu être données à ce que les milieux proposaient ? Si nous reconnaissons un certain degré de ressemblance entre notre bras et l'aile de l'oiseau, ou entre notre main et le support de l'aile de la chauve-souris, nous devons tout de même nous demander aussi comment il se fait que les structures sont semblables mais différentes. La réponse est relativement simple. C'est une question de *temps*. Il y a très, très longtemps qu'il existe des êtres vivants sur la planète Terre. Dans une telle durée, on admet qu'ont pu être essayées maintes solutions aux différentes situations, et que ces diverses solutions ont pu donner naissance à des formes d'animaux ou de plantes, elles aussi très différentes. L'histoire des espèces vivantes a duré, sur la Terre, quelque trois milliards et demi d'années. Cette histoire est inscrite *dans* la terre. Les terrains sont formés de multi-

Les fossiles *ont inscrit l'histoire des êtres vivants dans les couches de la terre. Ces couches sont disposées l'une au-dessus de l'autre, tout à fait comme les feuillets d'une encyclopédie dont les volumes seraient empilés (à gauche dans le dessin). Pour parcourir à nouveau la longue histoire de la vie sur la Terre il vaut mieux ranger idéalement les différents événements l'un après l'autre, sur un rayonnage (à droite dans le dessin). Nous pouvons aussi imaginer la suite des temps comme une série de bandes subdivisées de façons variables dans des échelles différentes : il est possible de réaliser une telle échelle des temps dans une pièce quelconque. Cela peut être une aide divertissante pour s'y retrouver et ne pas être embarrassés quand nous nous occupons des animaux du passé.*

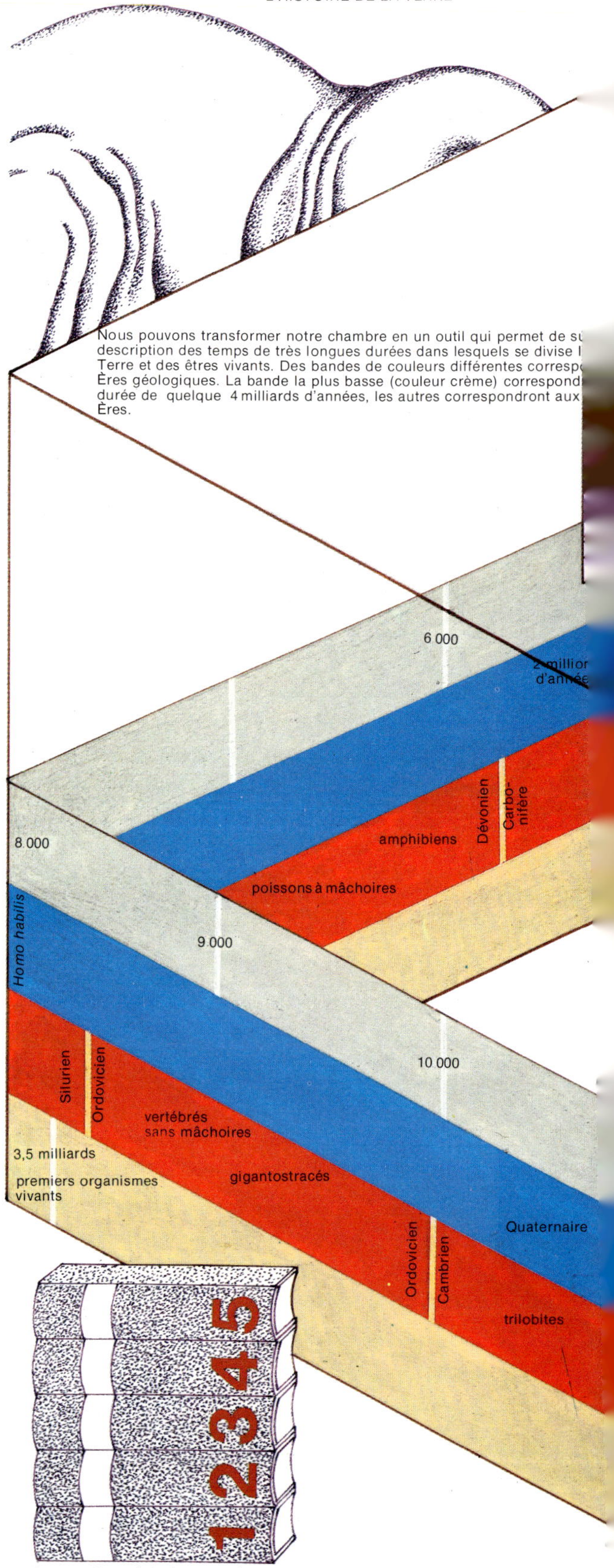

Les couches géologiques sont disposées dans la Terre comme une série de livres posés l'un sur l'autre.

Si nous réussissons à loger à l'endroit voulu dans le temps les différentes informations et les nombreuses notions sur la vie du passé, nous pourrons reconstituer un tableau vraiment évocateur de ce qui s'est déroulé et nous ne risquerons pas de laisser hors de la pièce les êtres merveilleux qui ont habité la planète avant nous.

Lorsque nous racontons l'histoire d'une famille comprenant beaucoup d'enfants, nous indiquons comme frères aînés ceux qui sont nés les premiers et comme « petits », ou cadets, ceux qui sont arrivés après. Étant donné que l'histoire des animaux fait partie de notre propre histoire, nous devons penser aux animaux qui sont apparus avant l'homme comme à nos *frères aînés*.

Il est plus facile de consulter des livres quand on les dispose l'un à côté de l'autre : nous pouvons les feuilleter page à page. Ainsi faisons-nous avec les différentes couches du terrain, l'une après l'autre.

ples couches, comme le gâteau « mille-feuilles ». De même que dans la préparation du gâteau, on superpose les couches de pâte petit à petit, les plus basses ayant été posées les premières, de même dans la succession des couches du terrain, les plus anciennes sont celles qui se trouvent tout au fond. Pour étudier l'histoire de la vie sur la Terre, on peut se servir des traces laissées par les espèces vivantes, traces qui se sont conservées dans les couches. Les couches les plus profondes, donc les plus anciennes, conserveront les traces des êtres les plus anciens.

La vie : une définition

Dans ce livre, nous nous occuperons des êtres vivants. Il sera donc utile d'esquisser une définition de l'être vivant.

Un être vivant est capable de donner naissance à un ou plusieurs autres êtres vivants (qui, d'habitude, ont le même aspect et la même structure). Les êtres vivants ont des enfants, des descendants. Il existe des *séries d'êtres vivants,* les uns, enfants des autres. Une caractéristique des êtres vivants est donc la *reproduction.*

Les êtres vivants ont la faculté de devenir *différents* (et ils sont aptes, également, à agir sur le milieu, le transformant un peu, le rendant, lui aussi, un peu différent, mieux *adapté* à les héberger).

Toutes ces activités représentent un gros travail. Pour pouvoir réaliser ce travail, les espèces vivantes ont besoin d'*énergie :* en se servant de l'énergie, elles réussissent à transformer bon nombre de substances existant dans leur milieu. Elles réussissent, par exemple, à transformer ces substances en ces matières mêmes qui constituent leur corps, réalisant ainsi ce mode particulier qu'elles ont de se rendre différentes : *la croissance.*

Nous verrons qu'il existe différents moyens d'obtenir de l'énergie utile. Pour le moment, disons qu'une espèce vivante est une structure apte à transformer des substances pour en tirer d'autres, utiles (et, en même temps, obtenir un surcroît d'énergie). Cette activité des êtres vivants

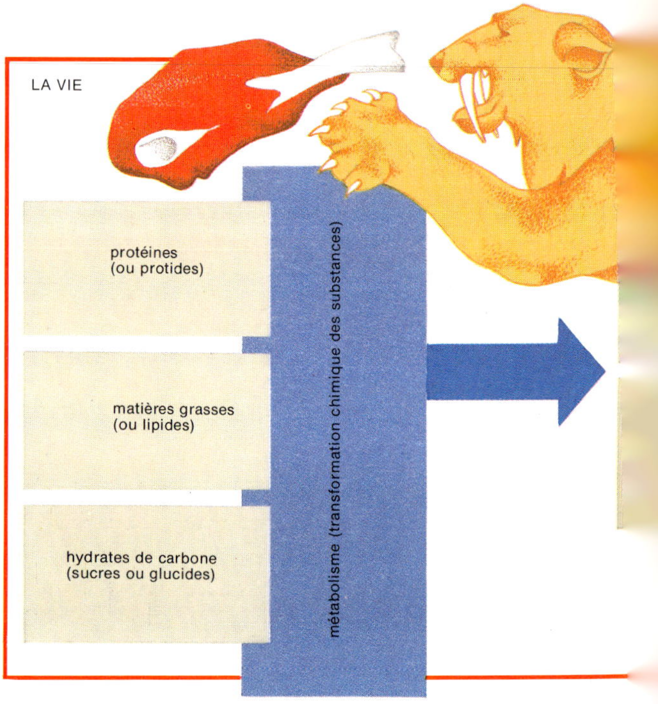

a reçu le nom de *métabolisme* (de deux mots grecs qui, ensemble, signifient : « rendre différent », « tranformer »).

Pour que ces deux phénomènes (*métabolisme* et *reproduction*) aient le résultat que nous savons — c'est-à-dire pour qu'il y ait des êtres vivants — il faut qu'il existe des structures capables d'indiquer quelles sont les substances nécessaires pour former l'individu, et capables aussi de transmettre cette information aux individus de la descendance. Les structures en mesure de remplir ces rôles sont les *acides nucléiques.*

Il s'agit là de *molécules* complexes (les termes scientifiques nécessaires pour notre recherche sont définis dans le glossaire) qui se trouvent dans le *noyau* des *cellules.* Les cellules sont de petites unités dont sont constituées les espèces vivantes : petites gouttes de substances utiles dans une solution qui contient beaucoup d'eau. Dans ces gouttes, sont aussi contenus divers petits organes *(organites)* qui peuvent remplir différentes fonctions (comparables au « manger », au « respirer », et à l'« uriner » des grands êtres vivants). La cellule est délimitée par une

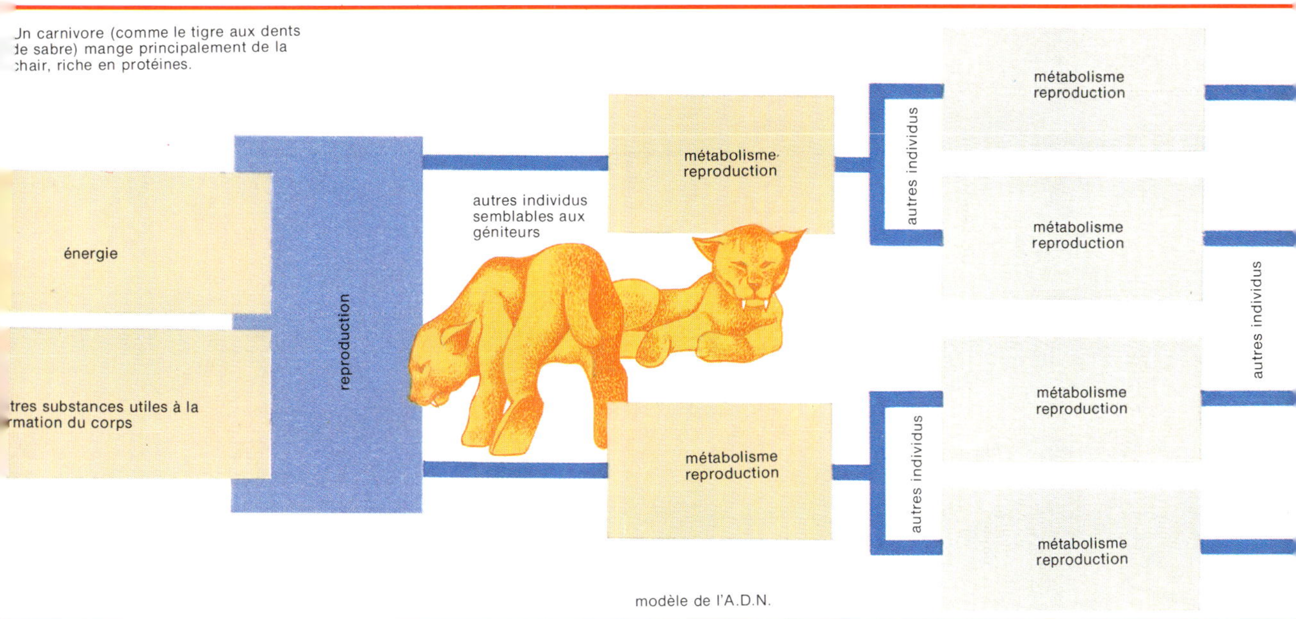

Tous les êtres vivants élaborent certaines substances de manière à en tirer de l'énergie et d'autres substances utiles. Cette transformation est appelée métabolisme. *L'énergie est employée aux diverses activités de l'être vivant : parmi celles-là, l'activité, des plus importantes, de la* reproduction. *Tout être vivant donne naissance à un ou plusieurs êtres vivants semblables à lui. Dans le cas des animaux (dessin ci-dessus), les substances de base qui sont utilisées dans tous les processus sont considérées comme* nourriture. *Celle-là comprend des substances de trois catégories fondamentales :* protides *(ou protéines),* lipides *(ou matières grasses),* glucides *(ou sucres). Le processus de la reproduction est possible parce que dans les cellules (et précisément dans leur noyau), il existe des molécules d'acides nucléiques capables de se* dupliquer, *comme l'A.D.N. A gauche, le modèle de la molécule avec les atomes des éléments représentés par des petites boules.*

paroi, sorte de coquille molle : c'est un petit milieu clos sur lui-même (*cellule*, en bas latin, signifie : « *petite chambre* »). A travers la paroi, cependant, la cellule peut communiquer avec le reste du monde, en particulier avec d'autres cellules du même être vivant, ou d'autres êtres.

La reproduction est directe, et commandée par le noyau — plus exactement par les *acides nucléiques* que celui-ci contient sous forme de longues bandes, appelées *chromosomes.* L'acide nucléique, désigné par le sigle ADN est apte à se dupliquer, c'est-à-dire à prendre des substances du milieu ambiant (du noyau et de la cellule, laquelle pourra les prendre à l'extérieur, au-delà de sa paroi) pour *refaire* une autre molécule identique. L'ADN peut donner les instructions nécessaires pour que la cellule fabrique uniquement les substances (en particulier les substances appelées *protéines)* aptes à construire un autre ADN identique, et en général toutes les parties de l'être vivant dans lequel se trouve la cellule. Dans une cellule d'homme, il ne se fabrique pas de protéines qui conviendraient aussi bien à un passereau ou à un lombric. Les protéines sont des molécules assez semblables entre elles, mais toutes un peu différentes ; elles sont propres à chaque être vivant particulier. Dans la duplication de l'ADN, les instructions données pour faire des cellules égales à la cellule mère sont recopiées, ainsi que celles qui conduisent à faire, avec ces mêmes cellules, un individu semblable à ses géniteurs. Il existe deux processus de reproduction, un qui intéresse les cellules, l'autre qui intéresse les individus. La reproduction des individus ne pourrait se produire sans l'existence de celle des cellules.

Une place pour la vie

Nous avons déjà dit que l'histoire des êtres vivants commence, sur la planète Terre, il y a environ 3 milliards et demi d'années. Donc, dès ce moment très lointain, il existe des structures (auxquelles nous pouvons donner leur nom correct d'*organisme)*, capables de réaliser métabolisme et reproduction. La Terre existe depuis un peu plus de 4 milliards et demi d'années. Le système solaire a à peu près le même âge. Nous savons que sur les autres corps célestes du système solaire (la Lune, par exemple), *il n'y a pas* de vie. Sur ces corps, différentes molécules existent, mais il *ne s'y trouve pas* de molécules du type de l'ADN. Que s'est-il produit sur la Terre entre 4,5 et 3,5 milliards d'années avant notre temps ?

Evidemment, une situation favorable a permis à certaines molécules d'élaborer la capacité de se dupliquer et de former des agrégats aptes à effectuer le métabolisme. Durant ce milliard d'années, ces molécules ont fait le grand pas : de choses non vivantes, elles sont devenues *vivantes.*

Comment a-t-il pu se faire que du non-vivant, on soit *alors* passé au vivant ? Un tel passage semble tellement extraordinaire que, pour l'expliquer, beaucoup d'hommes ont imaginé une cause pre-

A partir d'un nuage contenant surtout de l'hydrogène, se forme par condensation une sorte de galette qui se met à tourner. Cela se produit à cause de légers déséquilibres entre les grandes forces d'attraction en jeu dans la galette.

Dans la galette qui tourne, on distingue certaines bandes qui se condenseront, donnant ainsi naissance à des *planètes :* une grosse condensation centrale donne naissance au *Soleil.*

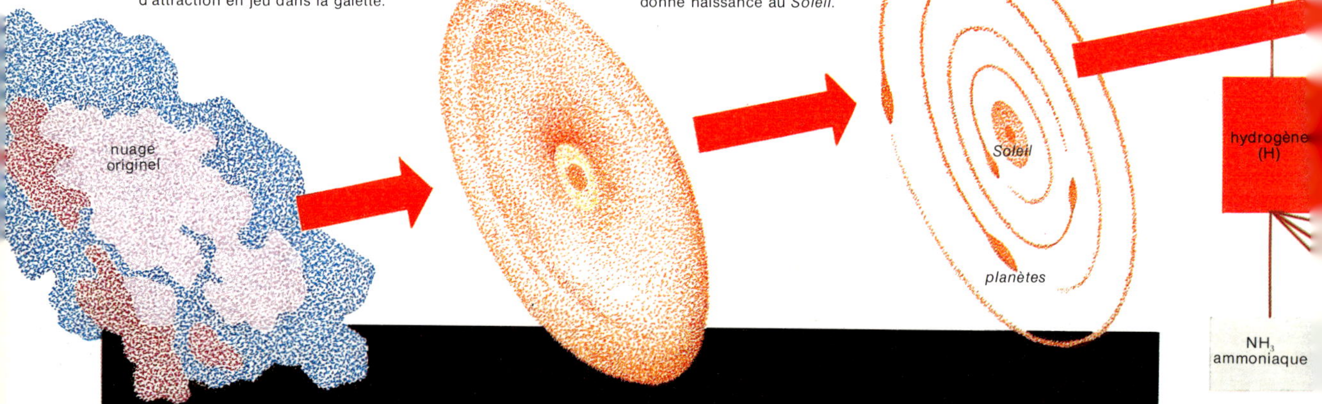

mière, en dehors du monde matériel, un miracle, un événement inexplicable qui ne peut s'accepter que par la foi. Chercher à *expliquer* un phénomène comme un événement *inexplicable* n'est pas scientifique.

En poursuivant nos investigations par des méthodes scientifiques (observer, vérifier, recréer en laboratoire les phénomènes constatés), nous avons réussi à en apprendre beaucoup sur les mécanismes fondamentaux des vivants, sur leur chimie (*biochimie*), sur les structures (ADN, protéines et tout ce qui s'ensuit) qui permettent au phénomène de la vie d'exister. Nous savons aussi comment s'emmagasine et comment se libère l'énergie dans les organismes : en l'espèce, il s'agit toujours de transformations chimiques.

En laboratoire, les chercheurs ont tenté de reconstituer, de refaire ce qui a pu se produire alors. Et ils y ont réussi : en fournissant de l'énergie à différentes substances, dont on estime qu'elles avaient été disponibles sur la Terre durant ce fameux milliard d'années, ils ont obtenu des substances analogues à celles qui se trouvent dans les espèces vivantes.

Une autre information intéressante est venue des études d'*astrophysique* (le champ de recherches qui s'occupe de la physique des corps célestes et des substances existant dans l'univers). Des observations précises, effectuées par la technique de la radio-astronomie ont permis de relever dans certaines zones de l'espace, en dehors du système solaire, la présence de substances propres aux organismes vivants (eau, ammoniac, alcool éthylique, méthane et d'autres encore). En outre, l'analyse chimique de quelques *météorites* (petits corps errant dans le système solaire depuis l'époque de sa formation) tombées

D'un nuage originel (contenant de l'hydrogène et un petit nombre d'autres élements chimiques) s'est formé un disque qui, à cause de déséquilibres internes et d'apports d'énergie extérieurs, s'est mis à tourner. Au centre de ce disque, par condensation, s'est formée l'étoile Soleil ; tout autour, tirées de différentes bandes, se sont formées les planètes (à gauche dans le dessin). Certaines, comme Jupiter (voir ci-dessous, la photo prise au cours de la mission Voyager*), ont conservé une grande partie des gaz formés dans les premières phases.*
D'autres planètes ont subi une lente évolution. C'est le cas de la Terre (à droite, sur le dessin), qui a un gros noyau solide, recouvert d'une grande surface de liquide (les océans) et entourée d'une atmosphère qui s'est transformée petit à petit, cependant qu'en lui-même, par l'apport d'énergie (foudre, éruptions volcaniques, réactions dans les substances radioactives) se produisaient différentes combinaisons des matières présentes à l'origine, combinaisons qui, à la fin, ont donné naissance aux premières structures vivantes.

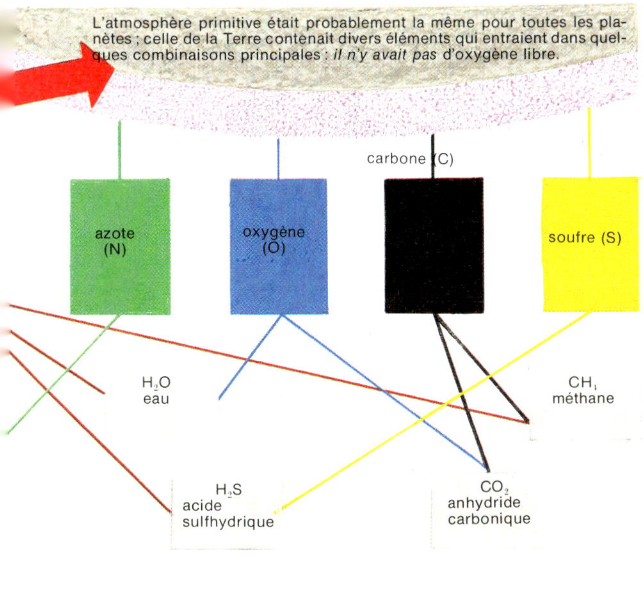

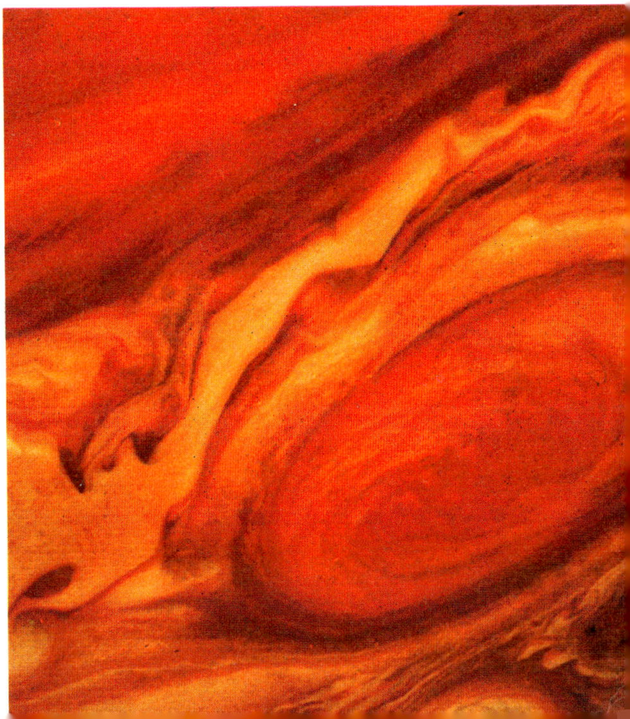

sur la Terre a révélé la présence, dans ces corps, de molécules d'*amino-acides* (les structures dont sont constitués les protéines et les acides nucléiques).

Il est possible que quelques-uns des processus qui mènent de la matière non-vivante aux substances des vivants (substances *organiques* est leur appellation correcte) se déroulent dans les espaces interstellaires.

Il est possible que ces processus soient en quelque manière accélérés pendant la formation d'une étoile semblable au Soleil, et du système planétaire qui l'accompagne. En tout cas, un fort apport d'énergie est essentiel (chaleur, chocs, pression), qui devra être disponible pendant que se forment les planètes. Quelques substances, déjà suffisamment élaborées, peuvent demeurer prises au piège dans de petits corps comme les météorites.

Enfin, il est possible que dans une planète comme la Terre, dotée d'une bonne qualité d'*eau* à l'état liquide (c'est-à-dire non gelée ni à l'état de vapeur), les substances existant dans l'*atmosphère* primitive (partie gazeuse de la planète, qui en entoure la partie solide), et toujours en présence d'énergie (foudre, rayons solaires, éruptions volcaniques, radioactivité), aient donné naissance à des substances complexes. Celles-là sont devenues capables, par degrés, d'avoir un métabolisme et une reproduction, et sont donc devenues *vivantes*.

Témoignages

Les organismes, en vivant, laissent dans le milieu ambiant des traces de leur existence : ce sont les *fossiles*. Le mot vient du latin et signifie : « que l'on peut déterrer ». En effet, les fossiles se trouvent dans la profondeur du sol.

Un fossile peut être simplement une trace : la marque laissée sur le sable par un ver, la série d'empreintes laissées dans la boue par un dinosaure ; le sable et la boue se sont avec le temps, par l'effet de

TÉMOIGNAGES FOSSILES

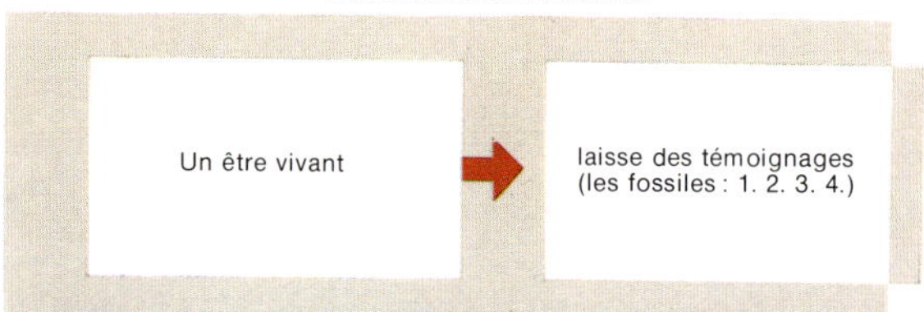

4. Témoignages des activités. Dans les lagunes d'eau très salée de certaines côtes d'Australie il se forme des roches (*stromatolithes*) par des réactions chimiques produites par certaines *algues bleues*. Des algues bleues analogues ont donné naissance, dans le lointain passé, à des stromatolithes très semblables.

1. Moulage qui illustre la forme de l'animal.

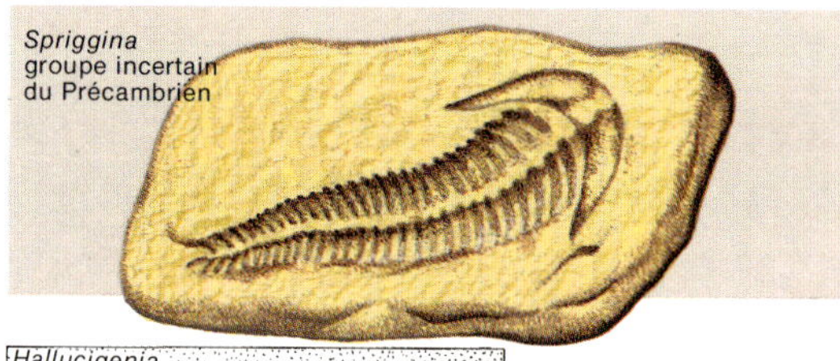

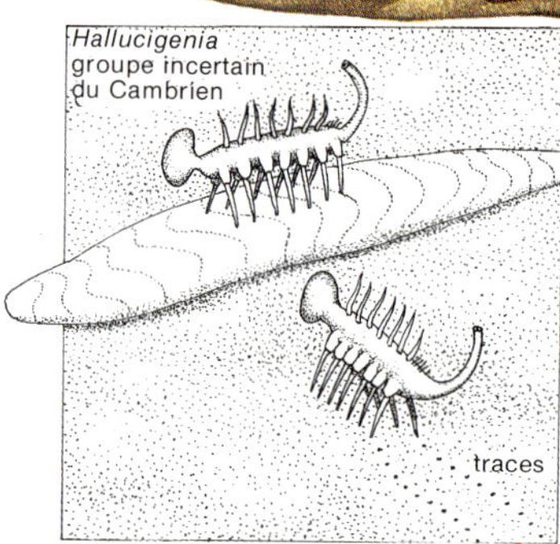

2. Corps conservé et pétrifié ; traces (empreintes)

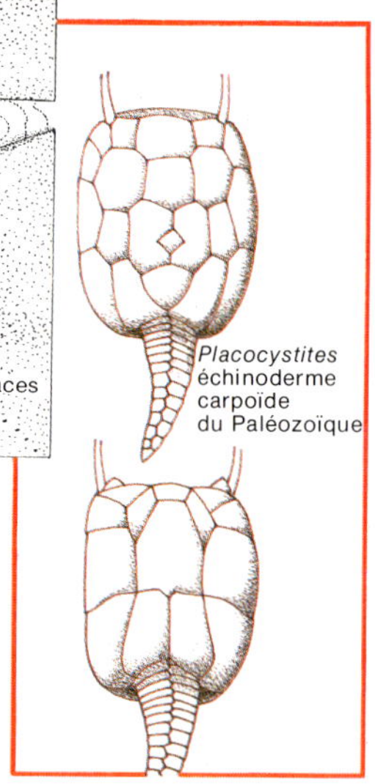

3. Les parties dures du corps, pétrifiées.

Les fossiles sont les témoignages concrets des activités des êtres vivants dans le passé. Pendant des millions d'années, les premières algues bleues ont vécu dans un milieu sans concurrence (il n'y avait pas d'autres êtres vivants qui auraient pu les absorber. En toute quiétude, les algues bleues firent précipiter, par leurs processus vitaux, de grandes quantités de sels de calcium, que nous retrouvons aujourd'hui sous la forme d'amas (stromatolithes).
Dessin ci-contre : des structures analogues se forment encore aujourd'hui dans certaines lagunes où la forte salinité empêche tout autre organisme de survivre, et où les algues bleues sont seules, comme elles l'étaient en ce temps-là.
Dans d'autres cas on retrouve des empreintes, véritables traces, ou encore des squelettes et des coquilles transformés en pierre.
A droite : un unicellulaire (foraminifère) vivant.
Ci-dessous : squelettes d'unicellulaires fossiles.

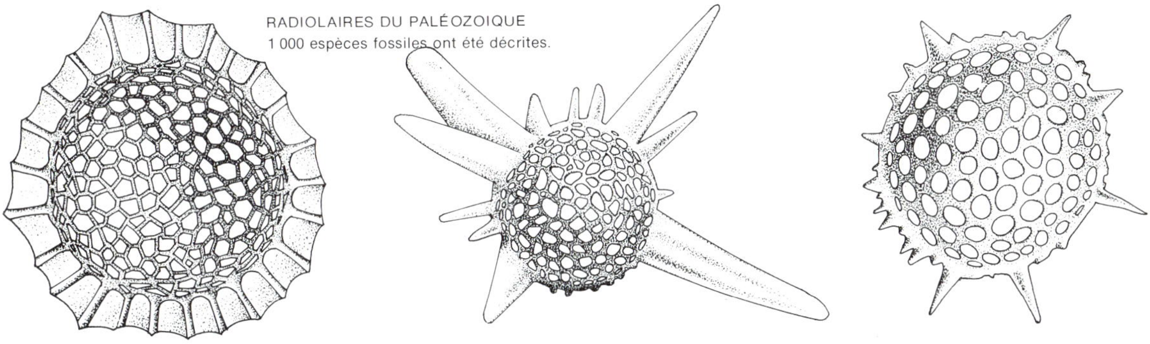

RADIOLAIRES DU PALÉOZOIQUE
1 000 espèces fossiles ont été décrites.

divers phénomènes chimiques, transformés en roches : ils se sont pétrifiés.

Un fossile peut être constitué par une partie de l'organisme : un squelette, par exemple ; dans ce cas, il est transformé de diverses façons en pierres de différentes natures. Parfois, le corps de l'être vivant s'est dissous, mais la terre en a conservé un calque (un moule), qui s'est ensuite rempli d'autres substances.

Il peut enfin arriver que le fossile soit le résultat de l'activité de l'organisme (métabolisme) : ce pourra être, par exemple, une substance chimique qui s'est accumulée dans l'eau par le lent développement d'un ensemble d'algues (stromatolithes), ou encore d'excréments pétrifiés.

La documentation sur les fossiles est plutôt rare entre 3,5 milliards et environ 800 à 700 millions d'années avant notre époque ; ensuite elle devient très abondante.

Comment se forment les espèces ?

Qu'est-ce qu'une espèce vivante ? Il s'agit d'un concept abstrait. La seule réalité concerne les individus vivants isolés. Il est toutefois possible d'indiquer un certain nombre de caractères communs à un ensemble d'individus très semblables entre eux. Sur la base de ces caractéristiques, on décrit l'*espèce*.

Comment naît une espèce ?

La réponse donnée traditionnellement était simple : les espèces avaient pris naissance toutes ensemble par la volonté de Dieu. Dans le compte rendu donné par la Bible, la création dure un certain nombre de jours. Et, à partir de ce moment-là, les plantes et les animaux (même les « animaux domestiques » y sont indiqués) n'ont plus changé.

Nous devons à Linné (le savant suédois

Carl von Linné, 1707-1778), la première classification scientifique des plantes et des animaux. Linné introduisit la *nomenclature binominale* ; chaque forme vivante est indiquée par *deux noms* (en latin scientifique) : le premier, toujours laissées dans une initiale majuscule, est le nom du *genre*, le second, toujours en minuscule, est celui de l'*espèce*. Les genres peuvent être regroupés en *familles, ordres, classes*.

Ce type de classification dite *systématique* est toujours en usage, et le mérite de Linné est grand. Dans son œuvre, pourtant, ce savant écrivait : « Il y a autant d'espèces que de formes différentes qu'en a produites au commencement l'Être infini. » Linné, surtout pour n'avoir pas d'ennuis avec les autorités religieuses, admettait que rien n'avait changé depuis l'époque de la création.

S'il en était bien ainsi, comment expliquer les fossiles ? Pendant longtemps, ces objets ont été interprétés comme des manifestations curieuses d'une mystérieuse activité de la Terre. Les terrains produisaient ces formes ressemblant à des os, à des coquilles. Mais tous les savants n'étaient pas d'accord. Certains, comme Georges Cuvier (1769-1832), estimaient que les fossiles étaient des restes d'animaux ayant existé dans le passé. Cuvier, considéré à juste titre comme le père de la *paléontologie* moderne (exposé, discussion donc aussi science des « êtres anciens »), reconstitua les squelettes de certains animaux que personne n'avait jamais vus en vie, par exemple le *Palaeotherium* et le *Megatherium* (voir pages 179 et 226). Pour expliquer la disparition des animaux les plus anciens, Cuvier pensait qu'il s'était produit, dans le lointain passé, des séries d'immenses catastrophes, telles qu'elles avaient fait disparaître tout entières les faunes et les flores. A ces destructions avaient succédé de nouvelles créations : le monde recommençait donc depuis le début. Cette théorie *(catastrophisme)* s'opposait à la théorie plus ancienne qui voulait que toutes les espèces fussent invariables « depuis le début » *(fixisme)*.

D'après le récit biblique, Dieu créa les différentes espèces (animaux et végétaux) : et, par la suite, elles ne changèrent plus.
Dans la seconde moitié du XVIIIe *siècle, Linné proposa un excellent système de classification des espèces, qui est toujours en usage.*
Il savait que les croisements peuvent amener la production de variantes remarquables parmi les êtres vivants, mais il préféra ne pas contester l'autorité de la Bible et considéra les espèces comme fixes et immuables (fixisme).
Au début du XIXe *siècle, Cuvier explique l'existence des fossiles d'animaux éteints en admettant que dans le passé il avait dû se produire plusieurs grandes catastrophes* (catastrophisme). *Seul Darwin reconnut dans* l'évolution *le véritable mécanisme qui donne naissance à* toutes *les espèces (y compris l'espèce humaine).*

D'après la Bible, Dieu créa toutes les espèces, telles qu'elles existent.

Linné (Carl von Linné, 1707-1778) fournit une méthode dite : *systématique* pour classifier toutes les espèces existantes.

Évolution et évolutionnisme

D'autres chercheurs proposaient une interprétation différente. Les espèces, au cours des temps, changeaient : il y avait eu, progressivement, des adaptations nombreuses au milieu et, animaux et végétaux avaient fini par prendre l'aspect que nous leur connaissons.

Ce point de vue est à la base de la *théorie évolutionniste*. Darwin rendit publiques ses études en 1858 et présenta aussi un travail d'Alfred Russel Wallace (1823-1913), autre naturaliste anglais, qui était parvenu à des conclusions analogues. Plus tard Wallace ne se sentit pas l'audace d'étendre le raisonnement théorique à l'espèce humaine elle-même. Et Darwin eut tous les torts, scandalisa ses contemporains, mais il eut tout de même le mérite d'être resté, jusqu'au bout, cohérent et logique.

Un groupe d'organismes vivants, tous semblables, présente en réalité nombre de menues variantes : chaque individu est un peu différent des autres. Les enfants eux-mêmes ne ressemblent pas tout à fait à leurs parents.

Certains individus sont *mieux adaptés* que d'autres aux conditions ambiantes. Du milieu font également partie d'autres

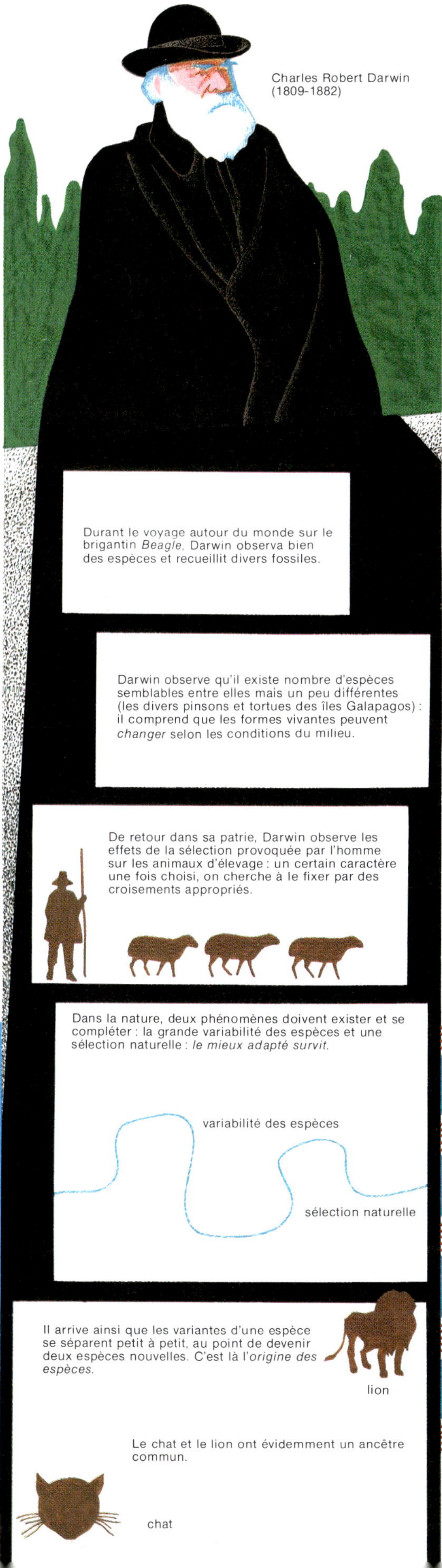

Charles Robert Darwin (1809-1882)

Durant le voyage autour du monde sur le brigantin *Beagle*, Darwin observa bien des espèces et recueillit divers fossiles.

Darwin observe qu'il existe nombre d'espèces semblables entre elles mais un peu différentes (les divers pinsons et tortues des îles Galapagos) : il comprend que les formes vivantes peuvent *changer* selon les conditions du milieu.

De retour dans sa patrie, Darwin observe les effets de la sélection provoquée par l'homme sur les animaux d'élevage : un certain caractère une fois choisi, on cherche à le fixer par des croisements appropriés.

Dans la nature, deux phénomènes doivent exister et se compléter : la grande variabilité des espèces et une sélection naturelle : *le mieux adapté survit*.

Il arrive ainsi que les variantes d'une espèce se séparent petit à petit, au point de devenir deux espèces nouvelles. C'est là l'*origine des espèces*.

Le chat et le lion ont évidemment un ancêtre commun.

D'après Georges Cuvier, il y a eu de nombreuses *catastrophes* toujours suivies de nouvelles créations.

formes vivantes et, en particulier, d'autres individus de la même espèce. Est mieux adapté, aussi, celui qui réussit à l'emporter dans les conflits avec ses compagnons d'espèce (conflits naissant du besoin de nourriture ou de la conquête du partenaire sexuel).

Les individus les mieux adaptés arrivent plus facilement à l'âge de la reproduction, et ils ont des enfants. Ces enfants hériteront de certaines des caractéristiques utiles de leurs géniteurs, et peut-être en présenteront-ils d'autres encore plus utiles. Et parmi eux, les mieux adaptés arriveront à se reproduire. C'est ce qui constitue le processus de *sélection naturelle.* Du fait de la prédominance des caractères utiles à une situation donnée, un groupe d'individus, un peu différents des parents, se constitue. Le processus peut, avec le temps, *donner naissance à une espèce nouvelle.*

Darwin, par exemple, put noter que dans les îles Galapagos, il existait plusieurs espèces de pinsons. Même dans leur diversité, ces oiseaux présentaient beaucoup de caractères communs. Darwin pensa que tous ces pinsons descendaient d'une forme originelle unique, d'un ancêtre commun, et que les différentes espèces observables devaient être le résultat d'un processus de sélection, dû essentiellement aux différentes conditions ambiantes dans les îles de l'archipel. L'isolement (les îles sont séparées par de larges bras de mer) avait ensuite favorisé la fixation des différents caractères. La situation des tortues géantes était analogue. Dans ce cas aussi, Darwin jugea que les différentes espèces présentes dans les Galapagos devaient descendre d'une seule forme initiale. Darwin connaissait bien les procédés adoptés par les éleveurs pour obtenir des espèces domestiques dotées de caractères « utiles » déterminés (utiles à l'homme, bien entendu) : moutons à laine abondante, chiens de chasse ou de berger, etc. En faisant se croiser des individus possédant des caractères utiles, l'éleveur obtenait que ces caractères se fixent dans la descendance : une sélection voulue par l'homme, résultat d'un travail lentement accompli sur des espèces qui n'existaient certainement pas sous cette forme, depuis le début.

Un phénomène analogue se produit, cela est évident, dans la nature, sur de plus longues durées. Il est donc possible que toutes les formes vivantes semblables aient des ancêtres communs. En imaginant que le processus puisse avoir duré très longtemps, on peut penser que même des formes un peu différentes ont peut-être eu, dans le lointain passé, un ancêtre commun, et ainsi de suite. En pratique, on peut admettre que graduellement, lentement, continuellement, *tous* les êtres vivants descendent d'*un* ancêtre commun. La classification systématique des espèces vivantes prit ainsi une signification nouvelle. Il n'était plus question d'un exercice de mise en fiches, d'une abstraite rédaction de catalogue : les familles, les ordres, les classes, indiquaient les liens entre les espèces, liens de parenté, de descendance.

Nous devons à Darwin cette possibilité de comprendre l'histoire des vivants : une histoire qui est une amélioration continue (ou tentative d'amélioration), qui est une *évolution* (littéralement : le déroulement, comme du fil d'un écheveau, dans un parcours infiniment long). Darwin ne pouvait connaître la cause des variantes entre les différents individus. Aujourd'hui nous savons, nous, qu'elles dépendent de minimes erreurs de copie dans la duplication de l'ADN des cellules. Les instructions que peut donner un ADN légèrement différent conduisent à des individus un peu différents ; la sélection naturelle opère sur ces individus. Les nouvelles découvertes s'intègrent parfaitement dans la théorie de Darwin. Nous disposons aujourd'hui de très nombreuses observations relatives au comportement des animaux, et nous savons que bien des « modules » de comportement font partie des espèces particulières, et sont donc dans le patrimoine héréditaire des individus. Il est évident que le comportement est aussi inscrit dans l'ADN. Il est donc possible qu'existe une sélection de comportements mieux adaptés, et, par conséquent, une *évolution du comportement*. Les observations sur le terrain faites par les éthologues confirment cette extension de la théorie évolutionniste.

Page ci-contre : en haut, un crustacé fossile, Coleia mediterranea *du Jurassique inférieur ; en bas, une forme actuelle, la crevette* Stenopus hispidus.
Ci-dessous : arbre évolutif de tous les êtres vivants du règne animal. *La plus grande ou la plus petite distance de chaque flèche indique la plus grande ou la plus petite affinité des groupes.*
Par exemple : le groupe des vertébrés (sous-type du type cordés) et celui des échinodermes sont assez proches.

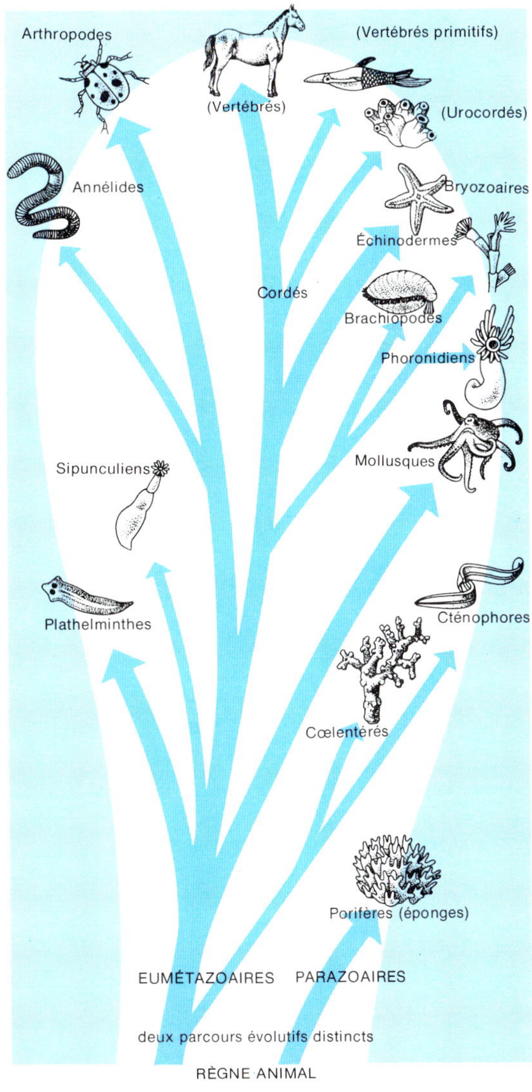

Une cellule, quantité de cellules

Comme nous connaissons la « règle du jeu », nous pouvons maintenant esquisser une sommaire reconstitution de ce qui a dû se passer dans la longue période écoulée entre la disparition des premières formes vivantes et l'apparition de la première riche documentation fossile. Il s'agit ici d'hypothèses (appuyées, dans quelques cas seulement, par les témoignages fossiles dont nous avons déjà parlé) qui, cependant, se présentent comme une séquence très logique. La longue phase dont nous parlons est appelée *Ere Archéozoïque*, ou *Archéozoïque* (« de la vie très ancienne ») ; parfois, pour indiquer la partie finale de cette période, on se sert du terme *Précambrien.*

1. Il y a environ 3,5 milliards d'années, les premiers organismes absorbent les substances utiles du milieu naturel. Ce sont des formes semblables à des bactéries et elles sont constituées d'une unique cellule (organismes *unicellulaires*). L'ADN de ces cellules n'est pas renfermé dans un noyau, mais forme de longs filaments (cellules *procaryote*).

2. Il y a environ 2,9 milliards d'années apparaissent des organismes, peut-être semblables à des algues bleues, capables d'utiliser l'énergie provenant du soleil sous forme de lumière, pour fabriquer, avec de l'eau et de l'anhydride carbonique (présents dans le milieu), les substances utiles. Le processus est appelé *photosynthèse* (mettre ensemble au moyen de la lumière) et peut se produire parce que les organismes (toujours unicellulaires et encore privés de noyau défini) contiennent la substance dénommée *chlorophylle* (littéralement « vert-feuille »). Les substances utiles ainsi synthétisées sont des sucres. La photosynthèse a comme sous-produit le gaz *oxygène,* qui se dégage dans le milieu. Les sucres sont « dissociés » (métabolisme) pour obtenir d'autres énergies et des substances utiles qui forment le corps de la cellule. L'oxygène est en partie utilisé dans cette opération (qui est en fait une respiration).

3. Apparaissent des organismes qui *ne sont pas* en mesure d'effectuer la photosynthèse, qui ne peuvent donc pas fabriquer les substances utiles (sucres et autres), mais qui peuvent « manger » les organismes photosynthétiques. Beaucoup de ces organismes (toujours sans noyau défini) se servent d'oxygène pour leur propre métabolisme.

4. Peut-être par association de diverses cellules privées de véritable noyau, il se forme des organismes unicellulaires plus complexes ; l'ADN de cette nouvelle cellule, structuré en chromosomes, est contenu dans un *noyau* défini (cellule *eucaryote).*

5. Plusieurs cellules eucaryotes se mettent ensemble et donnent naissance à des organismes *pluricellulaires* (à nombreuses cellules). Les rôles des cellules sont variés : en particulier, certaines d'entre elles sont chargées de la reproduction.

6. Les principaux plans structuraux des êtres vivants se dessinent déjà. Il existe des organismes pluricellulaires qui peuvent effectuer la photosynthèse (végétaux), et d'autres, qui ne peuvent l'effectuer (animaux).

7. Tous les changements s'affirment parce que la sélection naturelle fonctionne. Celle-ci devient beaucoup plus active lorsque la *sexualité* apparaît. Les individus ne se reproduisent plus simplement en se divisant, comme cela se passait jusqu'alors, mais donnent naissance à des enfants, lesquels dérivent de deux individus différents qui se sont accouplés. Dans l'accouplement, il se produit un échange d'informations (ADN) qui augmente notablement la variabilité des formes et qui permet donc des réponses meilleures et plus rapides au milieu. La gamme des formes vivantes qui vont en se différenciant s'étend de plus en plus.

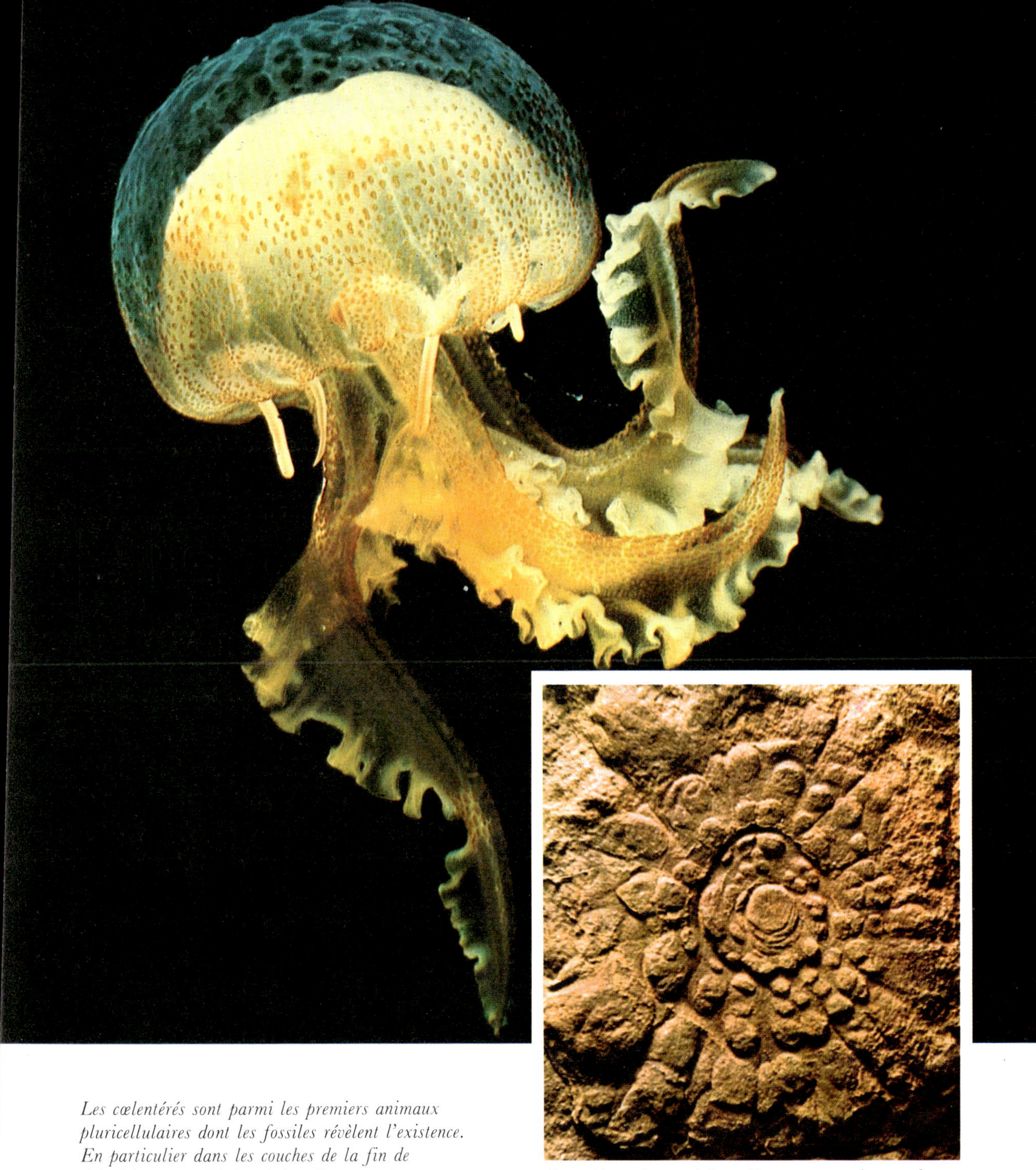

Les cœlentérés sont parmi les premiers animaux pluricellulaires dont les fossiles révèlent l'existence. En particulier dans les couches de la fin de l'Archéozoïque, (Précambrien, il y a environ 700 millions d'années) à Edicara (site de l'Australie méridionale, non loin d'Adélaïde), on a retrouvé de remarquables empreintes de méduses.
Ces animaux n'ont pas de parties rigides dans leurs corps : les méduses d'Edicara ont évidemment été jetées sur une rive sableuse ou fangeuse, et le sable les a aussitôt recouvertes.
Il s'est ensuite formé un moulage de l'animal. Le fossile représenté dans le cadre est classé comme Mawsonites *(nom de genre).*

La méduse vivante à laquelle se rapporte la grande photo est Pelagia noctiluca, *forme qui, comme l'indique le nom de genre, vit en pleine mer (*pelagos : *« pleine mer », en grec) et qui, comme l'indique le nom de l'espèce, est luminescente (*noctiluca, *du latin : « lumineuse la nuit ») grâce à des substances particulières, présentes dans son organisme, qui émettent de la lumière. Le groupe des cœlentérés compte actuellement plus de 9 000 espèces et comprend, outre les méduses, les hydres, les coraux et les anémones de mer.*

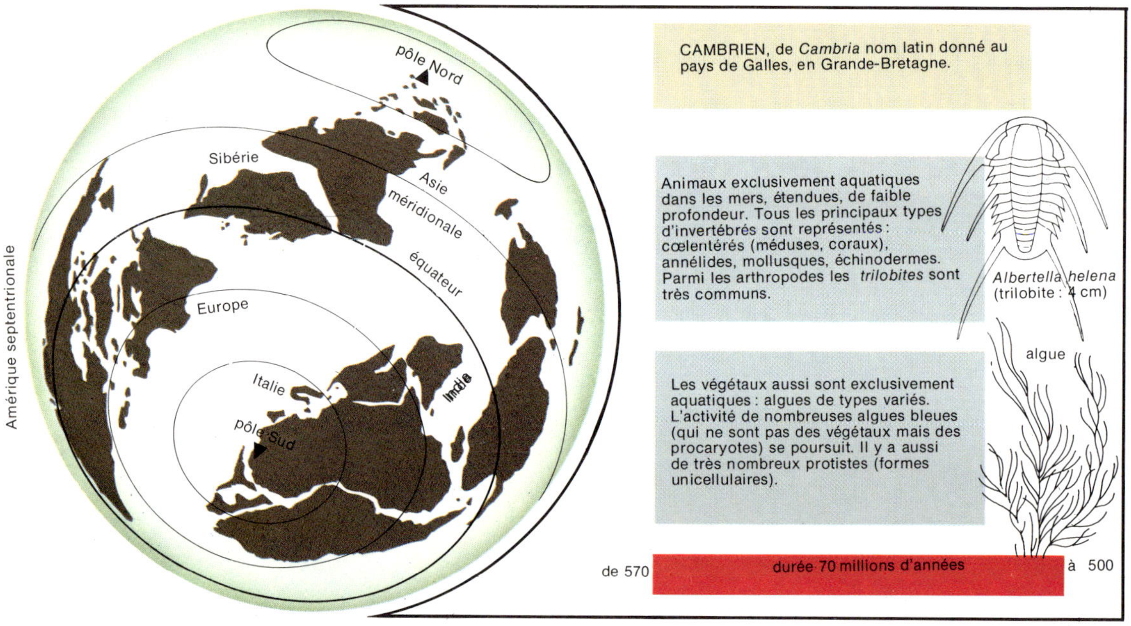

PALÉOZOIQUE
Cambrien

L'*Ère Paléozoïque* (de la vie ancienne) commence aux environs de 570 millions d'années avant notre temps ; la période avec laquelle s'ouvre l'ère est appelée Cambrien. A ce point de l'histoire de la vie, « les jeux sont faits », comme disent les croupiers, à la roulette. Dans les mers, la présence d'organismes pluricellulaires végétaux (capables de réaliser la photosynthèse : ce sont les algues) et d'organismes pluricellulaires capables de se manger entre eux (animaux) est déjà acquise.

Le passage de l'organisation unicellulaire (la cellule est l'individu *tout entier*) à l'organisation pluricellulaire (la cellule est *une partie* de l'individu) s'est réalisé à différentes reprises. Pour les végétaux, peut-être, chaque grand groupe d'algues a eu une origine indépendante à partir d'un certain type d'agrégation de formes unicellulaires. La plupart des savants estiment que pour les animaux, au contraire, le passage s'est opéré en deux fois seulement. Une première fois, on a eu les éponges, animaux dont les nombreuses cellules *ne sont pas* effectivement organisées, ne forment pas des tissus à caractéristiques bien déterminées, ni de vrais organes (structures capables d'accomplir une fonction donnée). Dans une autre phase, c'est le passage à la souche commune de tous les autres animaux (appelés *eumétazoaires ;* voir le schéma, page 35).

Le passage à l'organisation pluricellulaire ne s'est produit que pour les seules cellules *eucaryotes* (à noyau défini). Les cellules *procaryotes* (sans noyau défini), sont toujours restées au stade unicellulaire : c'est le cas des algues bleues et des bactéries, organismes qui prospèrent encore aujourd'hui. Les bactéries sont les procaryotes « mangeurs » (dépourvus de photosynthèse) ; elles désagrègent, en les mangeant, des organismes plus complexes : unicellulaires à noyau véritable *(protistes)* et pluricellulaires (végétaux ou animaux). Cette désagrégation, due à l'activité métabolique des bactéries, rend à nouveau disponibles les substances (molécules) plus simples qui peuvent être rassemblées une nouvelle fois par les organismes photosynthétisants (algues bleues et végétaux).

Les continents se déplacent

La vie a pris naissance dans l'eau : elle continue à se dérouler exclusivement dans ce milieu, jusqu'à il y a environ 450 millions d'années.

Dans la longue histoire des espèces vivantes, la forme et la disposition des continents a eu une grande importance. Cette affirmation peut nous faire froncer les sourcils. Les continents se déplacent ? Eh oui ! Les mouvements en sont extrêmement lents, mais ils se produisent, indubitablement.

Une brève explication nous conduit à illustrer la structure de notre planète. La Terre a une forme approximativement

Page ci-contre : fiche relative au Cambrien. La bande colorée en bas indique la durée (en millions d'années). La couleur rouge est associée au Paléozoïque.
Ci-dessous : fossile d'un annélide primitif, de Burgess (Colombie britannique).
En bas : reconstitution d'un fond marin du Cambrien inférieur. On y remarque des éponges, des formes de cœlentérés semblables aux actinies (les tomates de mer) et divers annélides (formes semblables aux vers marins que les pêcheurs utilisent comme amorces).

sphérique. Elle a la structure d'un énorme oignon : différentes couches concentriques se succèdent de l'intérieur vers l'extérieur. Au centre, il y a le *noyau*, constitué de métaux (fer, nickel) à l'état liquide (dans le noyau intérieur), et solide (dans le noyau extérieur). Vient ensuite un épais *manteau*, dont la partie la plus externe est constituée de roches semi-liquides. Ce manteau est recouvert par la *croûte* ou *écorce* qui, littéralement flotte, car elle est constituée de roches légères. La croûte présente des zones élevées et de grandes dépressions : dans les dépressions s'accumulent les eaux (océans) ; les zones élevées sont appelées *continents*. Ceux-ci s'appuient sur des bases qu'on appelle *plaques*. Les plaques se déplacent, au cours du temps, avec une extrême lenteur et, avec elles, les continents, qui vont donc à la dérive.

La *dérive des continents* est aujourd'hui admise comme une donnée de fait, mais la théorie a longtemps été refusée. Dans un contexte culturel qui avait eu tant de mal à accepter la mutation des espèces, il était vraiment difficile d'affirmer l'idée d'une mutation permanente de ce qui semble plus que solide. Il est bon de rappeler, entre autres choses, que sur ce sujet même, la *goélogie* (étude de la terre) a reçu une aide notable de la paléontologie. Le fait que l'on ait retrouvé des fossiles à peu près semblables, dans des continents aujourd'hui séparés par des océans, a fourni une preuve que, dans un passé lointain, les continents en question étaient réunis, et hébergeaient la même faune et la même flore.

Des traces évidentes des mouvements de dérive se trouvent sur les continents eux-même, la *géologie* (étude de la terre) a reçu viennent à se cogner les unes contre les autres, les bords se soulèvent et les montagnes se forment. Il ne reste que peu de traces de ces montagnes de formation extrêmement ancienne ; mais elles ne sauraient prêter à confusion : elles apparaissent comme des couches repliées, tout à fait à la manière d'une pile de journaux écrasés sur les bords. Ces rares traces peuvent être datées par des méthodes utilisant le phénomène de la radioactivité : on arrive à savoir *quand* les continents se sont heurtés. La forme et l'allure de ces très anciens reliefs nous donnent aussi le point de départ de ces continents ; et l'on sait ainsi *où* ils étaient *auparavant*. Il est possible, aujourd'hui, grâce aux nombreuses données dont on dispose, de reconstituer les allées et venues des plaques et des continents, dans le dernier milliard d'années.

Quelles étaient la forme et la disposition des continents au commencement de l'époque Cambrienne ?

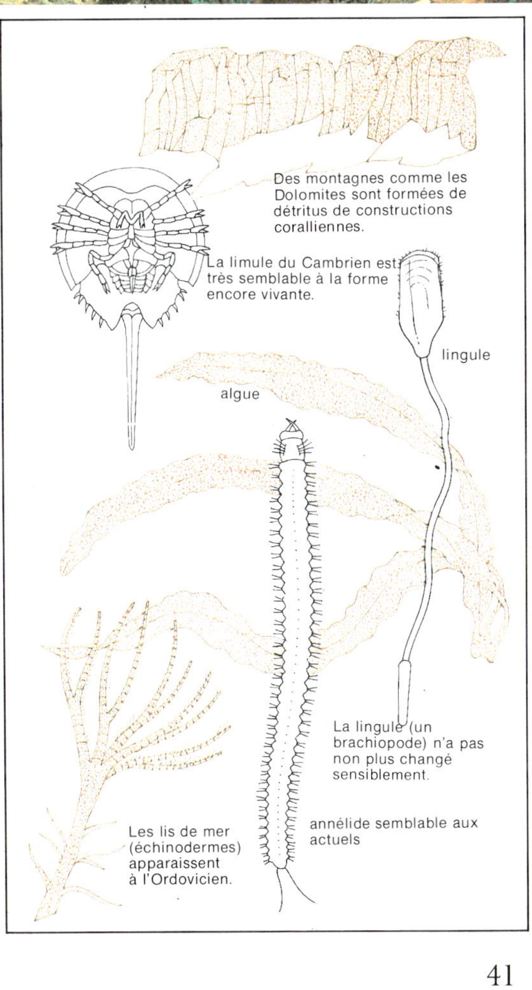

Ci-dessus : reconstitution d'un fond marin du Cambrien.
Abondance de méduses, de trilobites, de mollusques céphalopodes, de mollusques gastéropodes (semblables à des escargots et glissant sur les fonds), de coraux et de brachiopodes.

A droite : massif dolomitique typique. Ces montagnes sont le résultat de dépôts, au Paléozoïque surtout, de squelettes de coraux, et de certains êtres vivants ayant survécu du Paléozoïque jusqu'à aujourd'hui.

Un unique et très vaste *supercontinent*, ayant existé au Précambrien, s'était morcelé. Un bloc — comprenant ce qui, plus tard, donnerait par fragmentation naissance à l'Afrique, l'Amérique méridionale, et l'Antarctique — frôlait le pôle Sud de ses côtes. A cette masse continentale étaient connexes également, le triangle de l'Inde, l'Australie et certaines parties de la future Europe méridionale (dont l'Italie péninsulaire, la Yougoslavie et la Grèce). Cette grande terre méridionale allait demeurer presque constante dans sa forme, durant 300 millions d'années environ. On l'appelle Gondwana. D'autres blocs s'en étaient détachés : l'un d'entre eux était constitué de l'Amérique septentrionale et de l'Europe ; celle-ci était séparée de l'Asie, qui, à son tour, était coupée en deux par un bras de mer. Les bouts de terre qui forment aujourd'hui Bornéo et les îles voisines se trouvaient aux environs du pôle Nord.

Faune du Cambrien

Les côtes étaient nombreuses et il y avait donc beaucoup de zones marginales, à eaux relativement basses. Les fossiles nous renseignent surtout sur les êtres qui vivaient dans ces zones. Dans certains cas, l'état de conservation est exceptionnel. Par exemple les fossiles de Burgess, en Colombie britannique, nous font connaître une faune de petits animaux qui indiquent précisément que les principaux groupes d'eumétazoaires étaient déjà distincts et affirmés. Parmi les fossiles de Burgess figurent des formes semblables à des vers annélides, formes qui annoncent les arthropodes ; d'autres formes se rapprochent des échinodermes et des mollusques. Il y a des méduses et des éponges. Il existe enfin un animal que l'on peut interpréter comme un ancêtre possible de tous les cordés. Nous avons introduit, à côté de noms bien connus, quelques noms moins familiers. Nous donnons ici des éclaircissements indispensables et plusieurs exemples : les arthropodes sont un vaste type d'animaux, aujourd'hui représenté par les insectes, myriapodes, araignées, crustacés, et d'autres groupes mineurs... les annélides sont bien représentés aujourd'hui par le « ver, amorce de pêche » commun, aux soies rouges (genre *Arenicola)*, par le lombric, et les sangsues ; les échinodermes le sont, eux, par les étoiles de mer et les oursins, les lis de mer (crinoïdes) et

ARTHROPODES DU CAMBRIEN

(des argiles de Burgess, Colombie britannique)

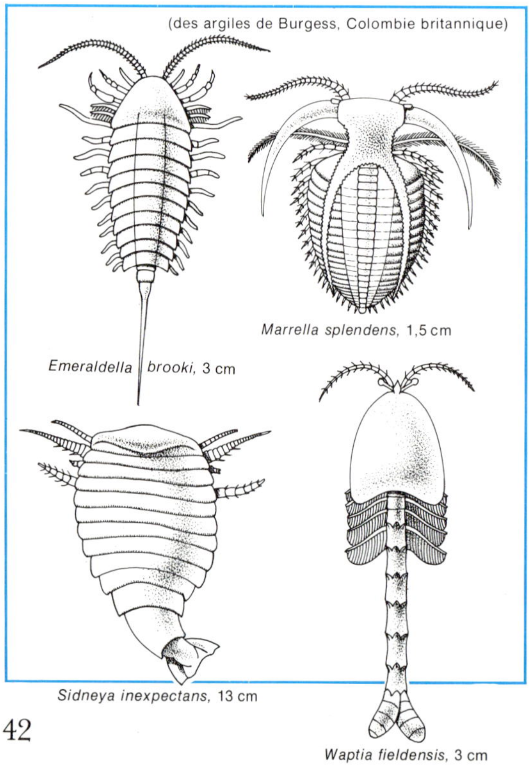

Marrella splendens, 1,5 cm

Emeraldella brooki, 3 cm

Sidneya inexpectans, 13 cm

Waptia fieldensis, 3 cm

les concombres de mer (holothuries) ; les mollusques actuels les plus typiques sont les poulpes, les seiches, les moules, les huîtres, les escargots.

Les formes anciennes de ces types d'animaux étaient différentes des formes actuelles, mais les structures de principe se sont conservées. Le problème essentiel des animaux a toujours été de se déplacer et, pour les pluricellulaires, d'avoir un support pour les parties molles de leur corps.

Page ci-contre : quatre animaux de la faune cambrienne de Burgess. Ce sont des formes du groupe des Trilobitomorphes, semblables aux trilobites proprement dits. Les variétés de ces arthropodes sont déjà extrêmement nombreuses.
Ci-dessous : fossile d'un trilobite (Olenoides serratus) *du Cambrien. La division typique en trois lobes est évidente, ainsi que l'existence de trois parties bien distinctes dans le sens de la longueur : la tête, le thorax, la partie terminale* (pygidium). *Les trilobites étaient omnivores. Les plus grands atteignaient des longueurs de plus de 50 cm.*
En bas : reconstitution d'un fond marin du Cambrien moyen où abondaient trilobites et mollusques.

Comment soutenir le corps

Certains animaux exploitent le soutien offert par l'eau, selon le principe de la poussée d'Archimède : c'est le cas des méduses. D'autres animaux ont développé des structures plus ou moins rigides de soutien auxquelles ils sont souvent unis, avec articulations, appendices (pieds) utiles pour les déplacements. Ces animaux, en une certaine phase, ont appris à extraire les sels de calcium (ou de silicium) de l'eau, et à les transformer en revêtements plus ou moins durs ; d'autres ont découvert la manière de synthétiser certaines protéines qui pouvaient former des substances rigides (chitine, sclérotine). C'est la raison pour laquelle, à partir de la fin du Précambrien, on a l'impression d'assister à une explosion de créations de formes animales : en réalité, les animaux entièrement mous ayant existé *auparavant* ont laissé des traces infimes, tandis que les squelettes, rigides, des formes postérieures se sont bien conservés.

Chez les annélides et les arthropodes, le corps est organisé de façon à former un

nombre assez grand de segments à peu près égaux tous dotés de structures (soies, pieds, organes pour respirer) qui se répètent. Cette organisation est appelée *métamérie* (successions de parties). Les plus anciens mollusques sont, eux aussi, métamériques ; par la suite, ces animaux développeront surtout un pied musculeux (divisé de différentes façons, en plusieurs bras comme, par exemple, chez les poulpes et les calmars). En outre les mollusques développeront la coquille, intéressante structure de protection, qui pourra devenir extrêmement complexe (ammonites).

Les échinodermes ne présentent de traces de métamérie que dans les formes les plus anciennes (voir figure *a*, page 30). Par la suite se précisera une organisation du corps en étoile à cinq pointes, adaptée à la vie sur les fonds marins. Les échinodermes développeront un squelette pris dans la peau : le *dermosquelette.*

Les principaux acteurs

L'organisation à métamères connaît un succès immédiat, avec les arthropodes du groupe des trilobites et des formes affines, (voir le dessin, page 42) : ce sont eux, les véritables dominateurs dans les faunes du Cambrien.

Le corps des trilobites apparaît subdivisé en trois lobes, dans le sens de la largeur. Dans le sens de la longueur on distingue une tête, une zone centrale et une zone terminale. Chacun des nombreux segments est doté, sur le côté ventral, de deux pattes et de deux branchies — organes ayant pour rôle d'absorber l'oxygène de l'eau, c'est-à-dire de respirer. La tête pouvait se plier ; elle présentait dans presque toutes les formes (nous connaissons des milliers de formes de trilobites) des yeux composés, c'est-à-dire formés de plusieurs yeux simples, comme chez les insectes actuels. La bouche était une simple ouverture vers laquelle la nourriture était amenée par des appendices mobiles, comme chez les crustacés actuels. Nous savons comment se développaient les trilobites : ils passaient par plusieurs stades de larves, comme les crustacés et les insectes. Les adultes, en grandissant, devaient périodiquement changer leur revêtement rigide (mue). Ce sont surtout ces restes qui se sont conservés et nous ont permis d'en étudier la structure.

Le corps de la plupart des animaux présente une symétrie bilatérale : *il existe donc toujours un plan idéal qui coupe le corps en deux parties correspondantes, comme un objet et son reflet dans un miroir.*
Ci-dessous : chez les échinodermes adultes, la symétrie bilatérale est masquée par une symétrie en étoile ; mais les larves ont une symétrie bilatérale.
Ci-contre : étoiles de mer et oursins (exemplaires vivants et fossiles) étaient déjà présents dans les mers du Cambrien, bien que l'on n'ait pas de fossiles de ces espèces avant la période suivante (Ordovicien).

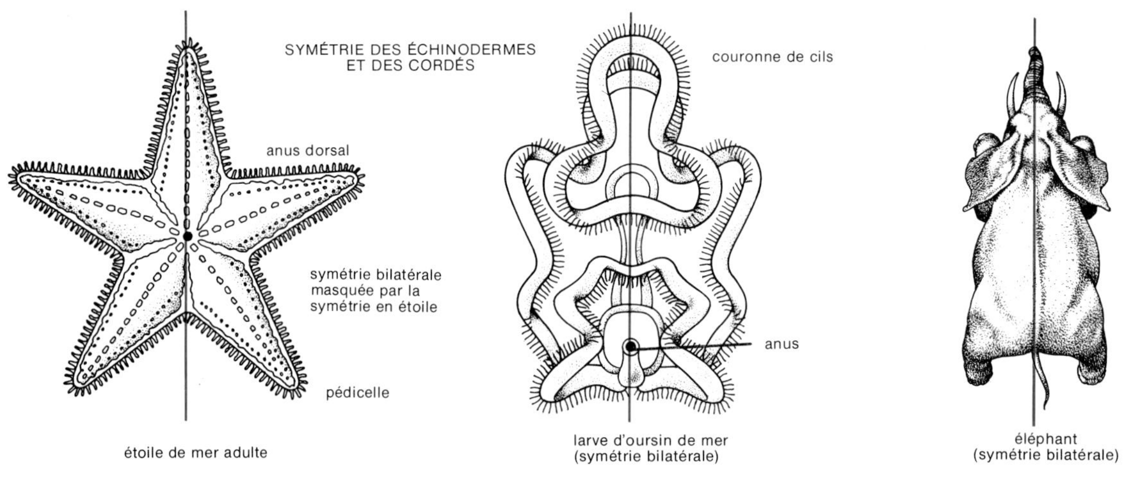

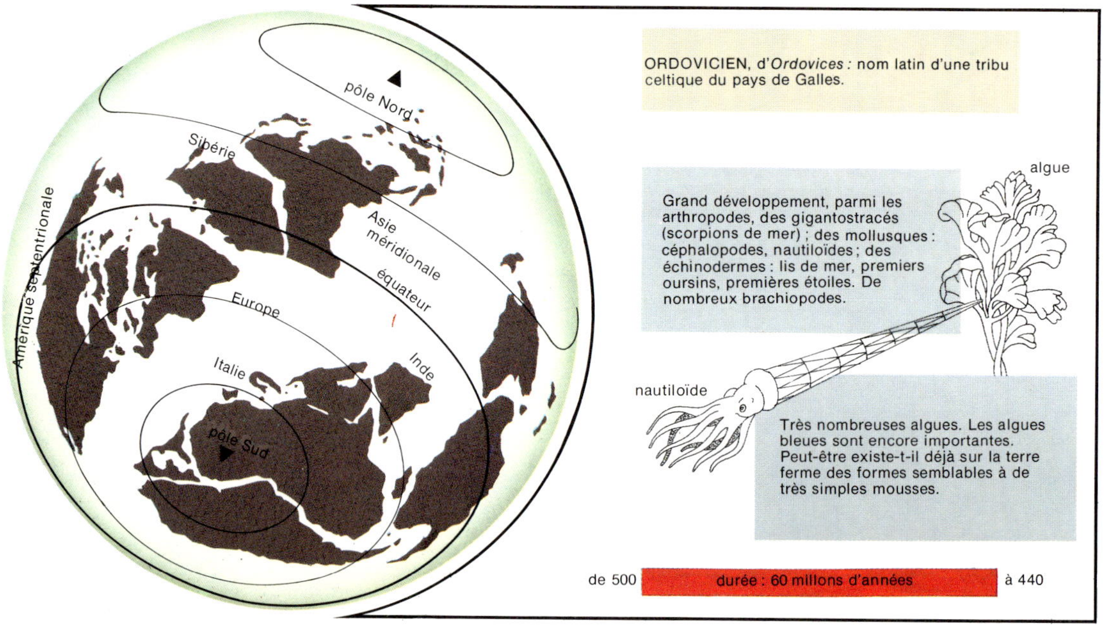

Ordovicien

Dans la seconde période de l'Ère Paléozoïque, l'Ordovicien, les deux blocs de la future Asie se rapprochent. Les zones qui deviendront la Sibérie et l'Asie centrale sont traversées par l'équateur, qui coupe aussi le Canada. Ces régions avaient un climat plutôt chaud. Le bloc continental méridional se déplace un peu vers le nord, et le pôle Sud se trouve pour longtemps en plein Sahara.

La présence d'une grande masse continentale dans une région froide peut expliquer un phénomène qui, sur la Terre, s'est représenté périodiquement. C'est le phénomène des *glaciations*. Les neiges et les glaces s'accumulent durant des millénaires, et il se forme de vastes glaciers. Il en résulte un abaissement général de la température et, souvent, un climat plus sec, car une grande partie des eaux continentales qui auraient pu devenir de la pluie, sont tenues prisonnières dans ces glaciers d'une énorme épaisseur. Il peut même y avoir un abaissement du niveau des mers et, dans certains cas, un écrasement de la croûte qui se trouve sous les glaciers, par l'effet de leurs poids. De ce fait, quelques côtes risquent d'être submergées.

Les traces de glaciations sont évidentes : roches usées, rabotées par le lent mouvement des glaciers, ou érodées par les rivières qui en descendaient. De tels témoignages sont visibles dans certaines zones du Sahara, dont les roches remontent à l'Ordovicien. Il est en outre vraisemblable que les glaciations ont eu une influence notable sur les êtres vivants. C'est peut-être ainsi que l'on peut expliquer certains moments de grand développement qui semblent suivre des phases plus calmes, sinon même critiques.

Par exemple, le développement rapide des formes vivantes du tout début du Cambrien suit une glaciation du Précambrien : il peut, au moins en partie, s'expliquer par le fait que beaucoup de zones proches des côtes étaient à nouveau submergées, devenant ainsi des mers peu profondes, pendant que la température s'élevait.

Page ci-contre : fiche relative à la période de l'Ordovicien. Dans la carte qui donne la répartition des blocs continentaux, on peut noter la grande concentration de terres dans la zone du pôle Sud. Les pôles sont les régions les plus froides de la planète : lorsqu'il y a beaucoup de terres émergées à ces endroits, l'accumulation des neiges et des glaces y est considérable. L'épaisseur des glaciers peut même atteindre plusieurs kilomètres durant les phases réputées glaciaires.

Des traces caractéristiques de l'existence des glaces sont la présence de roches usées et érodées par le lent mouvement des masses de glaces (dû à l'alternance de dégels et de nouvelles congélations) et la présence des moraines.
A droite, exemple typique de moraine, un amas de détritus de roche accumulés le long des bords ou en rapport avec le « front » du glacier.
En bas : blocs de roche érodée, interprétés comme restes de la glaciation ordovicienne.
La photographie a été prise dans le désert du Sahara.

Les premiers géants

Dans les mers, les trilobites continuent à domincr, avcc dc nombrcuscs cspèccs. D'autres arthropodes se développent et triomphent bientôt. Ce sont les Gigantostracés, les scorpions de mer, bien connus, surtout, pour les tailles exceptionnelles atteintes par certaines formes — plus de deux mètres de longueur. Ces animaux étaient assez semblables à des crustacés, avec de gros appendices en forme de rames, pour la nage, et de fortes pinces dans la région antérieure. Des structures articulées, de complexités variées, constituaient leur mâchoire. Ils avaient presque toujours un écusson robuste sur la tête. Leurs yeux étaient ordinairement multiples.

Un développement très notable a été celui des mollusques. A côté des formes s'apparentant aux limaces animaux de la classe des gastéropodes (pied-ventre), se multiplient les nautiloïdes, animaux de la classe des céphalopodes (pied-tête), vaguement ressemblant aux calmars actuels, mais dotés de très nombreux bras et protégés par une longue coquille conique, parcourue par une cavité enroulée comme un tire-bouchon. Certains de ces nautiloïdes avaient des coquilles lon-

gues d'un mètre, parfois à l'axe partiellement enroulé en spirale. La bouche s'ouvrait entre les bras. Les nautiloïdes, certainement prédateurs, ne glissaient pas sur les fonds marins — comme les gastéropodes au gros pied massif — mais ils nageaient. La coquille était, dans sa plus grande partie, pleine d'un gaz émis par l'animal, et jouait le rôle d'un organe de flottaison, tout en formant en outre un élément de protection.

A droite : reconstitution d'un milieu de lagune ou d'estuaire à l'Ordovicien. Les gigantostracés (scorpions de mer : les formes représentées ici appartiennent au genre Mixopterus, *avec des spécimens longs en moyenne de 70 cm) dominaient dans les milieux marins et s'apprêtaient déjà à conquérir les eaux intérieures. Dans ces milieux, moins étendus que les mers, sans doute à cause de la forte concurrence due au besoin de nourriture, les mécanismes de l'évolution peuvent avoir été plus actifs.*
Les formes semi-transparentes sont des cordés extrêmement primitifs semblables à l'actuel amphioxus. Sur le fond, deux Astrapsis, *vertébrés primitifs privés de mâchoires (Ordovicien moyen du Colorado : toutes ces formes sont classées globalement dans les hétérostracés).*
Ci-dessous : les dimensions imposantes d'un gigantostracé du genre Pterygotus.

Les cordés : parenté et développement

Occupons-nous maintenant du groupe animal d'où viennent tous les vertébrés. Il s'agit du type des cordés. Il est probable que l'on puisse rapporter à des animaux de ce type certaines empreintes trouvées dans les couches cambriennes de Burgess (nous y avons déjà fait allusion). Ces formes semblent avoir été très proches de l'amphioxus (*Branchiostoma lanceolatum*) qui vit aujourd'hui sur des bas-fonds sableux. C'est un petit animal long de 6 centimètres et ressemblant à une pointe de lance.

Pour réaliser les déplacements (le problème fondamental pour de très nombreux animaux), on voit apparaître une combinaison des plus intéressantes, combinaison de la métamérie (qui permet le mouvement en accordéon chez le lombric, où les segments se gonflent et s'aplatissent tour à tour, ce qui fait avancer le corps), avec une structure de soutien intérieur semi-rigide, appelée *corde dorsale* (qui permet le mouvement serpentant —

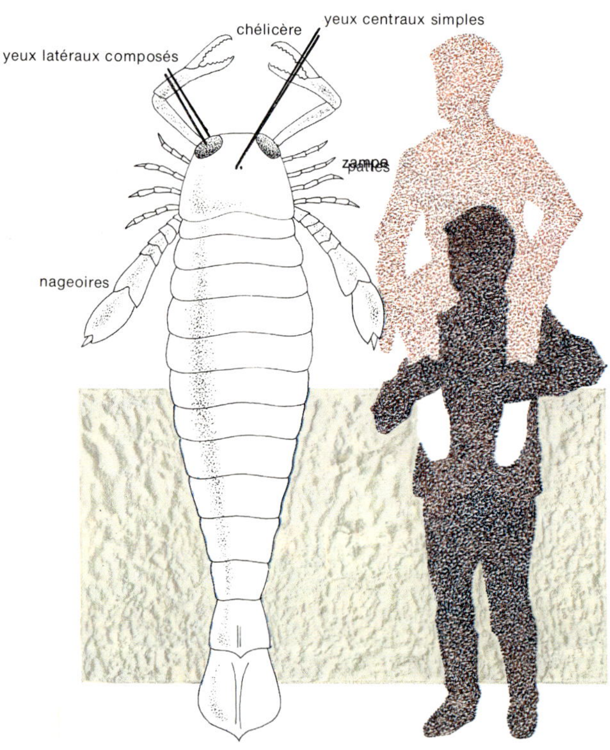

Pterygotus rhenaniae
gigantostracé d'une longueur pouvant atteindre 2 m

et par conséquent le glissement —, mais surtout la nage). La constitution de l'*Amphioxus* et des tout premiers cordés présente ces deux caractères.

On sait avec certitude que les cordés sont extrêmement proches du type échinoderme : le développement des larves est semblable, et il existe des affinités notables dans la structure des protéines des deux groupes. Parmi les échinodermes les plus anciens, il y a lieu de citer les carpoïdes et les calcicordés. Ce sont des formes à symétrie bilatérale (avec deux parties identiques, en miroir) et non à symétrie étoilée : elles ont *deux* bras, ainsi que des traces de métamérie dans la queue et dans certaines fissures branchiales (voir le dessin, page 30).

Il est fort probable qu'au Précambrien a dû exister un ancêtre commun direct des *amphioxus* primitifs et des carpoïdes-calcicordés. La structure de base de *l'amphioxus* demeurera chez *tous* les cordés, et aussi chez les vertébrés, au moins dans les premiers stades de développement : ainsi en est-il pour nous-mêmes, dans la première phase de notre vie que nous passons dans l'utérus maternel.

Dépourvus de mâchoires

Les tout premiers cordés ont plus tard mis au point la capacité de produire divers types de tissus rigides ; les principaux sont : la *dentine* qui est très dure (c'est le constituant fondamental des dents), le *tissu cartilagineux*, relativement flexible, et le *tissu osseux*. Ils ont donc développé une structure protectrice extérieure, constituée de plaques composées surtout de dentine et de tissu osseux, et des structures internes cartilagineuses pour soutenir les branchies et pour protéger le cordon nerveux (vertèbres). Les éléments cartilagineux sont en général égaux et répétés (métamérie). Le véritable élément de soutien du corps tout entier était la corde. Les animaux dotés de ces caractéristiques sont les *premiers vertébrés*. Ils n'avaient pas de mâchoires. Ils se nourrissaient en absorbant l'eau par un petit trou et en retenant les particules alimentaires contenues dans l'eau au moyen d'une sorte de filtre (pharynx), qui comprenait aussi les lamelles accompagnées des branchies.

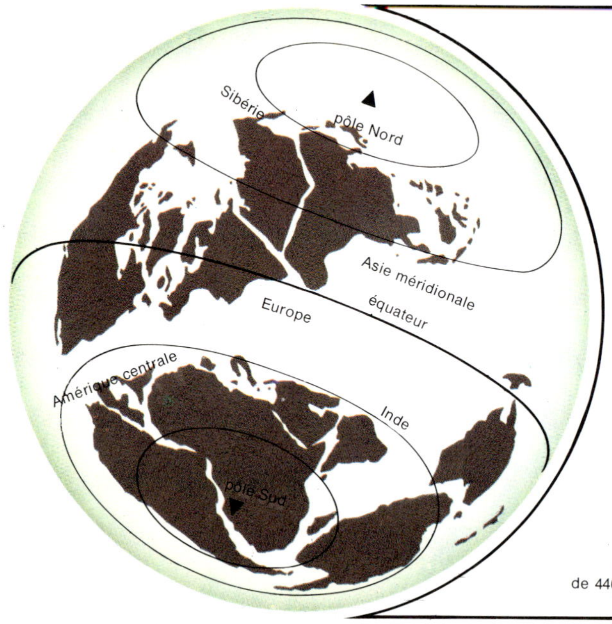

SILURIEN, de *Siluri,* nom latin d'une tribu celtique du pays de Galles.

Premiers animaux de terre ferme : myriapodes, scorpions, onichophores. Dans les eaux : Gigantostracés, Nautiloïdes, Brachiopodes, Graptolithes : les coraux sont très nombreux. Vertébrés primitifs dépourvus de mâchoires.

Plantes qui vivent partiellement dans l'eau et partiellement dans l'air (Nématophytes). Premières vraies plantes de terre ferme.

de 440 durée 45 millions d'années à 395

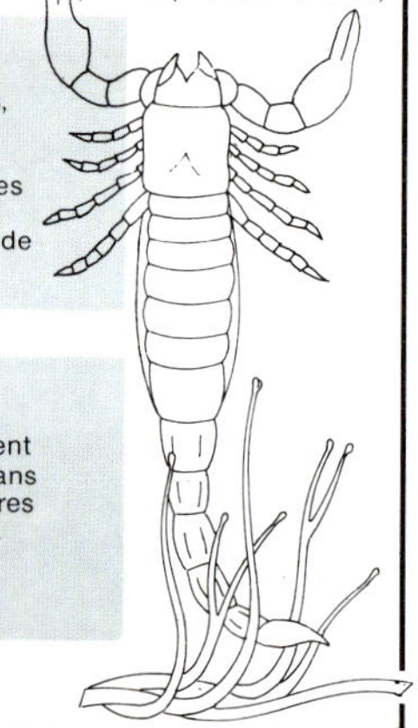

Le premier scorpion (*Palaeophonus nuncius*)

premières plantes terrestres

Silurien

Les deux morceaux de l'Asie sont en train de se réunir et, le long de la cicatrice, se forment quelques chaînes de montagnes, dont il subsiste des traces importantes (monts Stanovoï). L'Europe s'approche du bloc asiatique, et les zones qui deviendront les monts Oural commencent à s'élever.

Les déplacements réciproques de l'Europe et de l'Amérique septentrionale donnent naissance à divers reliefs (monts Calédoniens), dont les restes se retrouvent en Ecosse, en Scandinavie, à Terre-Neuve, au Canada.

La masse des continents méridionaux (Gondwana) continue à se déplacer vers le nord. Le pôle Sud se trouve du côté de l'Afrique du Sud. La glaciation ordovicienne est désormais en régression. Le climat se réchauffe progressivement et, dans différentes zones, il existe des conditions de grande aridité. Dans l'histoire des êtres vivants, se manifeste alors un phénomène de la plus grande importance.

Préparation au changement d'habitat

Le déplacement de certaines formes du milieu aquatique à la terre ferme est le grand événement de l'époque Silurienne, ce qui nous donne un point de départ pour aborder le concept fondamental de la *préadaptation.* Nous savons déjà que les organismes s'adaptent aux conditions ambiantes. Or, dans les nombreuses variations que les individus d'un même groupe peuvent présenter, on en trouve qui ne constituent pas, dans le milieu fréquenté, d'avantages substantiels, mais qui seront reconsidérés comme tels lors d'événements ultérieurs.

Les végétaux qui vivent dans l'eau (les algues) ne doivent pas être particulièrement rigides ; ils n'ont pas nécessairement besoin de se tenir debout tout seuls : c'est l'affaire de l'eau (par la poussée d'Archimède) de les soutenir. Nous savons tous qu'une algue tirée de l'eau s'affaisse. Cela constitue, naturellement, un avantage pour les animaux qui se nourrissent d'algues : ils n'ont pas besoin d'instruments très robustes, pour arracher des morceaux aux molles lamelles de ces végétaux. Mais il est possible aussi que certaines algues aient élaboré la capacité de produire des tissus un peu plus rigides que les tissus habituels. Cette capacité, qui avait peut-être déjà une certaine utilité dans l'eau, puisqu'elle rendait les algues plus coriaces, — donc moins consommables —, constitue une pré-adaptation notable au déplacement vers la terre ferme. Une situation analogue se produit pour les arthropodes : le squelette externe durci de ces animaux s'était développé en vue de la protection contre les prédateurs, et il se révéla parfaitement capable de jouer le rôle de support du corps, quand celui-ci ne fut plus immergé dans l'eau. Arthropodes et algues pourront donc débarquer sur la terre ferme.

PREMIÈRES CHAINES ALIMENTAIRES DE LA TERRE FERME

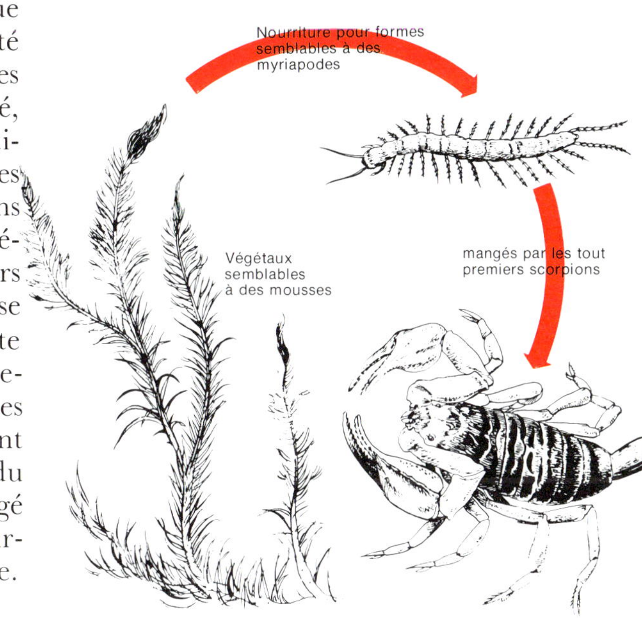

Ci-contre : fiche relative au Silurien. Certaines algues avaient depuis longtemps acquis la capacité de produire des tissus suffisamment rigides pour constituer une armature de soutien. Jetées accidentellement sur les rivages, ces algues réussirent à survivre et donnèrent naissance aux plantes terrestres.

Ci-dessus : très tôt, les animaux suivirent les plantes sur la terre ferme. A la fin du Silurien, il existe déjà des arthropodes terrestres prédateurs (scorpions) qui se nourrissaient certainement de formes herbivores et omnivores (centipèdes, myriapodes).

A gauche : l'hypothèse selon laquelle les plantes avaient suivi plusieurs filières évolutives avec des durées et des résultats différents trouve une confirmation intéressante dans la présence de la Beragwanathia longifolia, *déjà assez évoluée, au Silurien supérieur.*
Ci-dessous : le développement de structures formées de simples tubes qui seraient devenus les vaisseaux des plantes.

PREMIÈRES PLANTES DE TERRE FERME

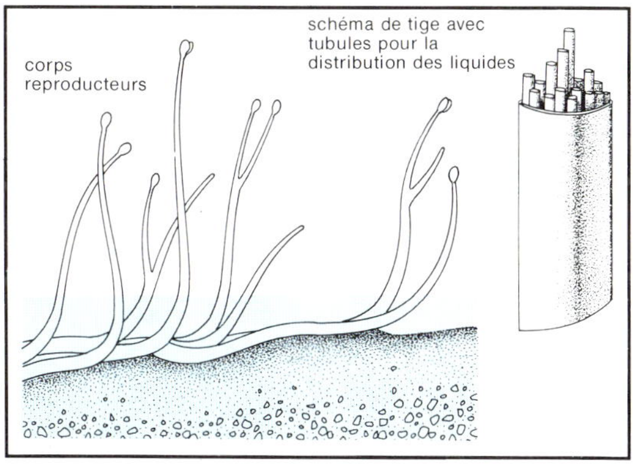

En quête de lumière

Mouvements de marée, fortes vagues : certaines algues s'échouèrent d'abord sur la zone battue par les vagues, puis, plus loin, là où il n'y avait plus d'eau. La préadaptation fonctionna. Les algues devinrent des plantes, découvrant que sur la terre ferme, il y avait beaucoup de lumière, plus que dans l'eau, où, à partir d'une certaine profondeur, elle se raréfie. Il se pourrait aussi que le mauvais temps, durant la glaciation ordovicienne, ait poussé certaines algues à chercher de la lumière sur les côtes. Il est assez probable que des structures végétales plutôt simples, sans véritables vaisseaux (les canaux qui transportent les liquides), aient déjà tenté le grand pas à l'Ordovicien : végétaux ressemblant à des mousses, peut-être ? De cette avant-garde de la colonisation, nous n'avons pas de traces.

Mais il n'est absolument pas douteux que les tout premiers arthropodes terrestres suivirent ces mousses primordiales ; et ils furent à leur tour suivis par des arthropodes prédateurs. Du Silurien datent les restes de certains scorpions, animaux assez semblables aux formes actuelles, quoique leurs appendices soient courts et trapus.

Dans la seconde moitié du Silurien, on connaît des végétaux de grande taille qui, ayant encore une partie immergée (sorte de tronc rudimentaire), placèrent hors de l'eau de longues structures ressemblant à des feuilles : ce sont les nématophytales (plantes filiformes). On trouve dans ces végétaux des cellules ayant pour fonction d'empêcher une évaporation excessive dans l'air, et des structures simples ressemblant à des vaisseaux. On est renseigné aussi sur des formes entièrement terrestres encore privées de feuilles et de racines (*Cooksonia*). Il existe enfin un fossile de plante *(Baragwanathia longifolia)*, de la fin du Silurien d'Australie, qui semble être résolument moderne avec ses longs éléments aciculaires semblables à des feuilles : cette plante n'a pas de descendants directs.

Des cuirasses qui restent et des squelettes qui disparaissent

Les structures cartilagineuses internes des premiers vertébrés devinrent, au Silurien, plus complexes, et purent prendre plus d'ampleur, afin de soutenir des appendices latéraux adaptés à la nage. Le revêtement extérieur rigide de bien des formes commence à se réduire : il diminue sur la queue — qui acquiert donc de la mobilité et devient plus efficace dans la nage —, et se limite à la région de la tête. Habituellement, les témoignages fossiles de ces animaux ne comportent que le dur revêtement externe. Comment pouvons-nous être sûrs de l'existence d'un squelette interne, puisque celui-ci, étant fait de cartilage, s'est décomposé ? Un indice est fourni par le fait qu'il existe aujourd'hui des animaux vertébrés *dépourvus de mâchoires* (agnathes) et dotés d'un squelette cartilagineux : ce sont les lamproies et les myxines.

Les premiers vertébrés munis d'appendices mobiles sont les céphalaspidés. Comment ces animaux mangeaient-ils ? En filtrant l'eau contenant des débris comestibles. Ils mangeaient et respiraient en une seule opération : l'eau usée sortait d'une série de petits orifices, et les parcelles de nourriture continuaient leur chemin vers l'intestin. On les a appelés « grossiers-passe-thé ».

*Ci-contre : reconstitution d'un fond marin du Silurien. Les animaux qui nagent sont deux individus d'*Hemicyclaspis*, vertébrés dépourvus de mâchoires du groupe des céphalaspidés.*
La capacité de fabriquer des soutiens ou des protections rigides est, pour les animaux, liée à la possibilité de faire précipiter les sels de calcium et de silicium dissous dans l'eau, en formant des éléments durs. On obtient ainsi les charpentes des coraux, le squelette « sous la peau » des échinodermes, le squelette des arthropodes et les revêtements extérieurs des premiers vertébrés. Les céphalaspidés se nourrissaient en absorbant l'eau (riche de substances nutritives) et en la filtrant dans le pharynx *(une sorte de passe-thé). Là, se produisaient aussi les échanges gazeux (l'eau cédait de l'oxygène aux* branchies*). Enfin l'eau usée était remise en circulation par une série de petits orifices.*

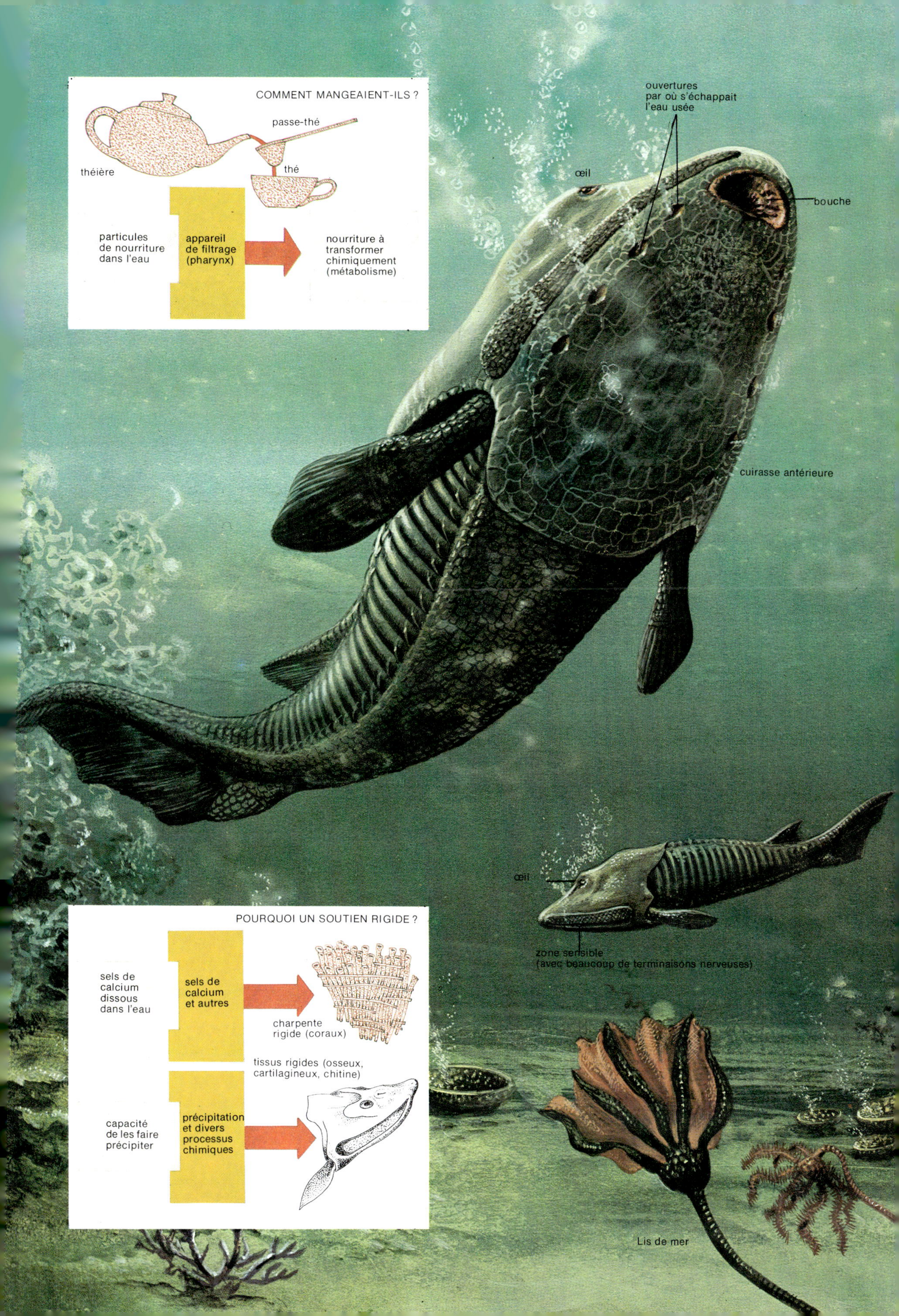
COMMENT MANGEAIENT-ILS ?
théière
passe-thé
thé
particules de nourriture dans l'eau
appareil de filtrage (pharynx)
nourriture à transformer chimiquement (métabolisme)
ouvertures par où s'échappait l'eau usée
œil
bouche
cuirasse antérieure
œil
zone sensible (avec beaucoup de terminaisons nerveuses)
POURQUOI UN SOUTIEN RIGIDE ?
sels de calcium dissous dans l'eau
sels de calcium et autres
charpente rigide (coraux)
tissus rigides (osseux, cartilagineux, chitine)
capacité de les faire précipiter
précipitation et divers processus chimiques
Lis de mer

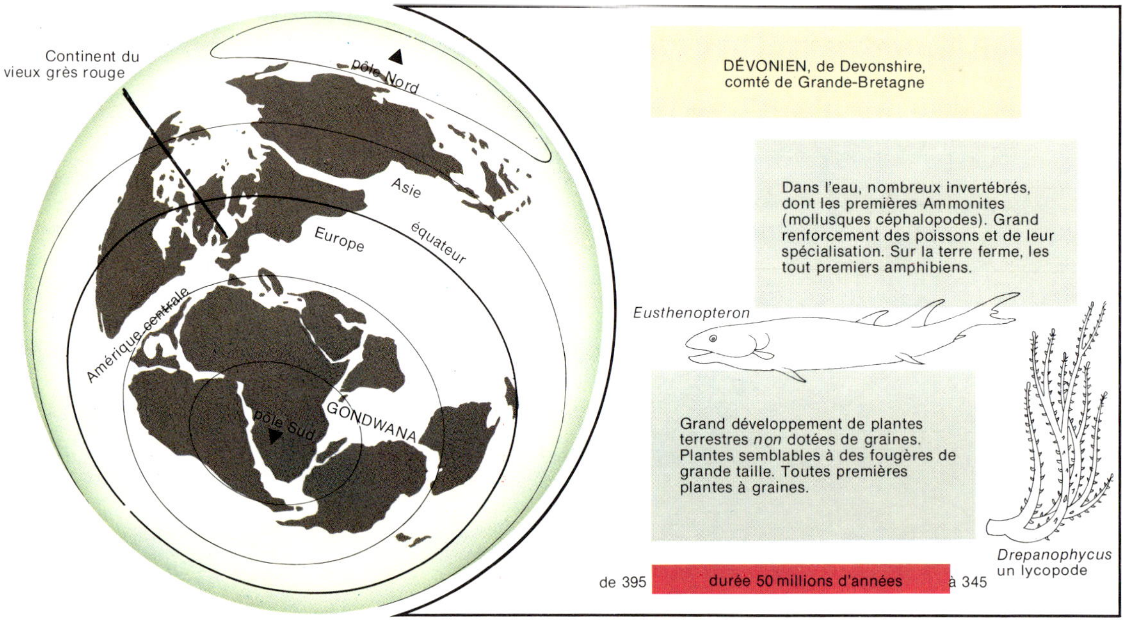

Dévonien

L'Asie est désormais une pièce de terre unique, l'Europe s'en approche et les reliefs de la zone des monts Oural (Ouralides) continuent à pousser. La terre de Gondwana se déplace toujours vers le nord et il s'ensuit des élévations de certaines aires d'Europe et d'Amérique septentrionale (plissements hercyniens) : ces régions deviendront, par la suite, les bases des Alpes et des Appalaches. La compression de la partie située entre l'Europe et l'Amérique septentrionale fait émerger différentes zones qui avaient été des fonds marins : ces zones sont recouvertes de roches formées à partir de sables (grès) : leur couleur est rougeâtre et toute cette langue de terre nouvelle a été appelée « continent du vieux grès rouge » (« *Old Red Sandstone Continent,* en anglais).

Ces sables anciens nous racontent, grâce aux fossiles, ce qui est arrivé sur les bas-fonds d'*autrefois.*

Le Groenland est traversé par l'équateur : ses sols sont couverts de marécages et de lacs. Le pôle Sud est en train de se rapprocher de l'Antarctique, tout en restant encore dans la partie du Gondwana qui correspond à l'Afrique du Sud.

Sur le bloc continental austral, il fait plutôt froid, mais il ne s'y produit pas de glaciations rudes. Le climat des autres aires continentales est assez sec et chaud, avec des phases humides et chaudes, limitées à la seule bande équatoriale.

Plantes et sexualité

En général on ne pense guère sans quelque difficulté à une vie sexuelle des plantes. Par exemple, devant une plante en fleurs, nous avons peine à voir, dans celles-ci, des organes génitaux. Linné lui-même, quand il proposa sa systématique des végétaux, fondée essentiellement sur la structure et le fonctionnement des organes reproducteurs, se fit presque traiter de maniaque sexuel. Il est d'ailleurs bon de préciser que la solution « fleurs génitales » n'en est qu'*une* parmi les multiples mises au point concernant les végétaux.

Page ci-contre : fiche relative à la période du Dévonien. Les plantes terrestres, dérivées des algues du Silurien, développent au Dévonien d'intéressants appareils pour obtenir la reproduction sexuée.

A droite : un lycopode et quelques branches et sporanges (les éléments reproducteurs) d'une prêle (queue de cheval) commune dans nos prés. Au Paléozoïque, il y eut des équisétales de taille imposante (« arbres » d'une hauteur allant jusqu'à 30 m) : ces formes elles-mêmes dérivent peut-être des premières psilophytales. Les milieux terrestres commencent à être fréquentés, au Dévonien, par des insectes primitifs dépourvus d'ailes comme les collemboles actuels (photographie encadrée du haut), des myriapodes, des scorpions et des acariens (photo encadrée du bas).

Ci-dessous : reconstitution de quelques Pseudosporochnus, *pouvant atteindre 3 m de hauteur, mais dépourvus de vraies racines et de véritables feuilles. Ces végétaux appartiennent au groupe des psilophytales, semblables aux psilotacées actuelles, de taille presque insignifiante. Au second plan, quelques formes semblables à des lycopodes, mais bien plus grandes que les formes actuelles.*

Peut-être ne sera-t-il pas inutile de faire une brève récapitulation sur le *pourquoi* de la sexualité, et sur les divers moyens qu'elle peut mettre en œuvre pour se réaliser. La sexualité offre la possibilité d'obtenir, à chaque génération, un échange, un nouveau brassage des informations contenues dans l'ADN. Ce fait offre une gamme plus étendue, bien plus riche de variétés d'individus résultant de l'opération, avec la possibilité de nouvelles adaptations (et préadaptation), et de nouvelles poussées évolutives. La reproduction sexuelle est donc un mécanisme de la plus grande importance pour la préparation du matériau sur lequel agit la sélection naturelle. Une cellule isolée, un organisme unicellulaire, donc, peut se reproduire sans sexe, par simple subdivision de la cellule et du noyau, si celui-ci est défini. Dans un organisme pluricellulaire (donc eucaryote), des cellules spécialisées dans la fonction de reproduction pourront exister ; ces cellules seront produites par des organes spéciaux. Les cellules sexuelles (*gamètes*) réalisent l'échange d'informations en s'unissant et en mettant en route le processus qui mène à la formation de nouveaux individus. L'ADN est disposé dans les chromosomes du noyau : les chromosomes sont en nombre fixe et bien déterminé pour chaque espèce. Il paraît évident que l'union des cellules sexuelles conduirait à un doublement des chromosomes. Cela *ne se produit pas,* parce que les cellules sexuelles se développent avec un nombre de chromosomes diminué de moitié (cellules

haploïdes) : c'est par l'union que l'on revient au nombre total présent dans toutes les autres cellules *(diploïdes)*.

Page ci-contre : reconstitution d'un Dinichthys *et de quelques squales du genre* Cladoselache. *Chez le* Dinichthys *la cuirasse osseuse est limitée à la tête : le squelette interne était cartilagineux. Le squelette de tous les squales, des raies et des chimères actuelles est aussi constitué de cartilages (d'où leur nom de poissons cartilagineux). Les restes fossiles des squales sont essentiellement constitués de dents (en dentine), les parties squelettiques (en cartilage) ne se conservant pas.*

Ci-dessous : les squelettes existant dans le monde animal sont de trois types. Squelette externe (chez les annélides et les arthropodes), squelette « dans la peau » ou dermosquelette : (chez les échinodermes), squelette interne osseux ou cartilagineux (chez les vertébrés). La peau est toujours indiquée en couleur.

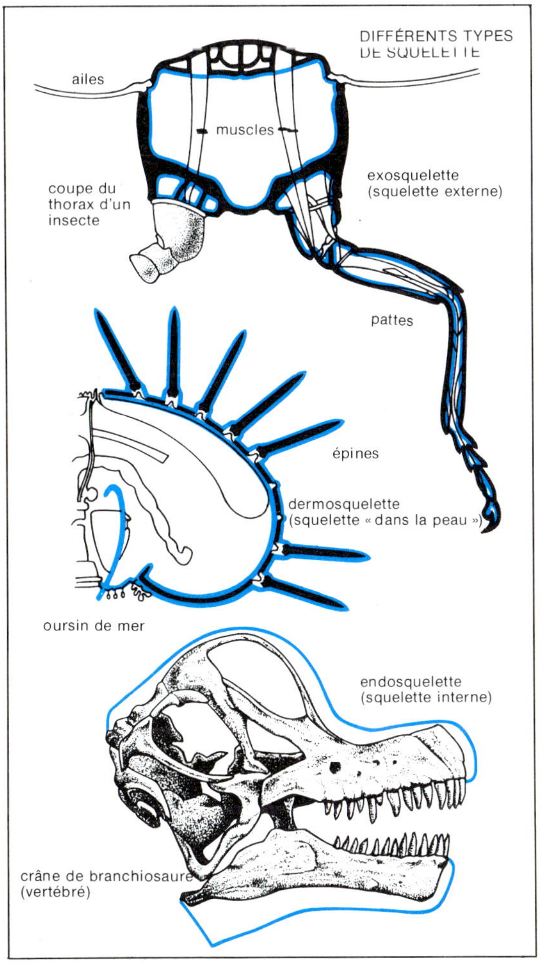

Chez les animaux, les « variations sur le thème » sont rares : les organes des deux sexes peuvent être portés par un même individu *(hermaphrodisme,* par exemple chez le lombric et l'escargot), mais le plus souvent, ils sont portés par deux individus distincts (mâle et femelle).

Les végétaux, quant à eux, ont fait face au problème de bien des façons. Par exemple, dans certaines algues vertes il existe des générations entières sans sexe (diploïdes) : il suffit que, de loin en loin, il y ait une génération à cellules sexuelles, et la diffusion de l'espèce est garantie. Le problème essentiel, pour ces formes vivantes, a toujours été d'avoir une structure cellulaire apte à porter et à protéger les organes sexuels, et capable de permettre aux gamètes de se rencontrer.

Dans l'eau, les difficultés sont moindres ; mais sur la terre, il convient d'inventer de nouvelles stratégies pour obtenir la rencontre des gamètes, toujours en évitant leur dessiccation. Les algues, avec la gamme étendue de structures et de cycles qu'elles avaient mises au point, pouvaient fournir des solutions variées. Beaucoup de celles-ci furent expérimentées par les plantes terrestres, qui réussirent à obtenir, à partir du Dévonien, des succès notables : les milieux colonisés sont de plus en plus étendus, et certaines formes deviennent géantes.

Invertébrés et vertébrés

Les milieux de terre ferme sont fréquentés par des arthropodes. A côté des scorpions on trouve les premières araignées, les premiers acariens et myriapodes et quelques insectes sans ailes.

Dans la mer les gigantostracés sont en déclin ; les genres de trilobites diminuent ; les minuscules araignées de mer (pantopodes) apparaissent. On note une énorme diffusion de crustacés microscopiques ostracodes et branchiopodes (comme la daphnie : la commune puce d'eau) : aussi bien dans les eaux marines que dans les eaux douces de l'intérieur, ces arthropodes et diverses larves étaient les principaux constituants du plancton. Les branchiopodes connaissent une grande diffusion ; ils étaient déjà présents au Cambrien (voir dessins, page 41). Parmi les mollusques, les nautiloïdes sont en léger déclin, mais le groupe des ammonites apparaît : ce sont des céphalopodes, chez lesquels la coquille est formée de plusieurs chambres et s'enroule en spirale. Ces animaux vont rester en scène pendant plus de 300 millions d'années, et ils seront un élément essentiel de la chaîne alimentaire marine (voir page 122).

Mais venons-en aux vertébrés. Le Dévonien est souvent désigné comme « âge des poissons ». Les vertébrés qui se sont développés à l'Ordovicien et au Silurien (que, volontairement, nous n'avons *jamais* indiqués comme poissons), donnent naissance à des formes à caractéristiques nouvelles. L'acquisition des mâchoires a pu se réaliser dans plusieurs groupes et pourrait remonter au Silurien Final. Comme nous le savons, les branchies des céphalaspidés étaient soutenues par une série de lamelles cartilagineuses, les *arcs branchiaux*. Avec le temps, les arcs branchiaux antérieurs se sont transformés en une structure à pince : ce sont les mâchoires, sur lesquelles, par la suite, se développent des éléments de dentine, les dents. Longtemps, la mâchoire restera détachée du reste des structures de soutien de la région antérieure : un véritable crâne se formera plus tard.

Quelques groupes principaux se distinguent. Les acanthodiens ont la tête protégée par des plaques osseuses et différentes nageoires triangulaires : l'aspect est déjà celui de « poisson » (genre *Climatius*). Les placodermes, eux, rappellent beaucoup les céphalaspidés : ils ont l'air de crabes, avec leur queue, mais ils ont une bouche dotée de mâchoires (genres typiques : *Pterichthys* et *Bothriolepsis*). Les arthrodires, dont la tête était protégée par une pesante cuirasse, étaient aussi des placodermes : la bouche contenait une cisaille à mâchoires dentelées mais privée de vraies dents. A cette tête faisait suite un corps

fuselé (les formes du *Dinichthys*, gigantesques, atteignaient jusqu'à 8 mètres de longueur). Les arthrodires présentent quelques affinités avec les *chimères* (poissons cartilagineux actuels). Aussi a-t-on proposé de considérer ces placodermes comme les ancêtres de tous les poissons cartilagineux. En réalité, il est possible qu'une dérivation se fût *déjà* produite, car à la fin du Dévonien il y a des squales *(Cladoselache)* élancés comme les requins actuels, mais dont la bouche s'ouvre à l'extrémité antérieure du corps et *non* ventralement.

Les animaux des groupes qui viennent d'être cités ont un squelette interne cartilagineux ; une tendance à la substitution des parties cartilagineuses par des éléments de tissu osseux (avec réduction presque complète de la corde) s'observe dans des formes comme le *Cheirolepis*, considéré à juste titre comme le plus ancien des poissons osseux, et dans d'autres formes d'un grand intérêt, les sarcoptérygiens.

Notons que chez tous ces animaux, il y eut un changement radical des habitudes alimentaires : de consommateurs de débris et de minuscules particules de nourriture, ils sont devenus « mordeurs » et « déchireurs ». De passe-thé, ils se sont transformés en actifs hachoirs ou cisailles.

A gauche : par suite de changements dans les conditions ambiantes et de la concurrence exercée par d'autres poissons, un groupe à nageoires charnues se déplaça des bas-fonds et des eaux intérieures vers la profondeur marine : il s'agit des cœlacanthes (représentés aujourd'hui par le fameux Latimeria chalumnae, *à gauche sur la planche). D'autres poissons développèrent une extension particulière du tube digestif qui devint un* poumon *rudimentaire : ce sont les Dipneustes. (Aujourd'hui ils sont représentés par un petit nombre de formes, mais étaient abondants dans le passé : à gauche, dans la planche, le genre* Dipterus.) *Ils étaient en mesure de résister quand leur milieu s'asséchait, en absorbant de l'oxygène de l'air, au moyen du poumon.*

*En bas : un groupe de dipneustes (les ripidistes) a développé des nageoires très robustes et a pu survivre même au sec (mais toujours au voisinage de l'eau). Dans la reconstitution, l'*Eusthenopteron.

Ci-dessous : quelques poissons ont développé, au Dévonien, des nageoires charnues soutenues par des os formant un ensemble comparable à un membre.

ÉVOLUTION DU MEMBRE CHEZ LES VERTÉBRÉS

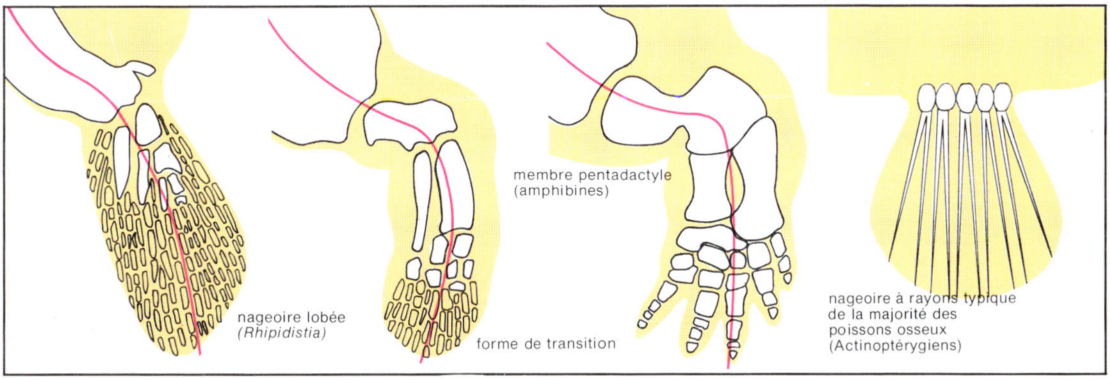

La boue sèche

Sans aucun doute, les vertébrés aquatiques connaissent au Dévonien un énorme succès. Il est très logique de penser que, parmi les différents groupes, durent s'instaurer assez vite des situations de concurrence. Il y a certainement eu, de ce fait, des déplacements entre mers et eaux intérieurs, et vice versa. La richesse de formes nous autorise à imaginer plusieurs processus évolutifs, quasi parallèles, dans différents milieux.

Les sarcoptérygiens développèrent de façon particulière les nageoires paires et symétriques. Dans ces formes, ces organes (qui sont plus des stabilisateurs que de véritables rames — la nage étant essentiellement réalisée par les mouvements de la queue) ont un support osseux plutôt long, duquel se détache, comme une frange, la nageoire. Ces appendices semblent des pattes sans doigts.

Les sarcoptérygiens (ce nom signifie : « nageoires de chair » et nous comprenons maintenant qu'il est bien choisi) pouvaient, dans le cas du dessèchement d'une lagune ou d'un étang, accomplir de brefs déplacements *hors de l'eau,* jusqu'à la pièce d'eau suivante. Il n'y a pas lieu d'attribuer une vocation de colonisateurs à ces animaux. Beverly Halstead dit justement que pour eux, s'accrocher au sol était seulement l'ultime ressource pour survivre *comme poissons.* Certains de ces sarcoptérygiens n'eurent pas le courage de se risquer plus loin et migrèrent dans des eaux marines de plus en plus profondes. L'un de ceux-ci vit encore aujourd'hui : le fameux cœlacanthe, *Latimeria chalumnae.*

D'autres sarcoptérygiens développèrent de façon particulière une sorte de poche annexe au tube digestif, apprenant, grâce à celle-ci, à échanger de l'oxygène dans l'air. Ils élaborèrent aussi la capacité de rester longtemps en survie, dans la boue sèche jusqu'à la première pluie abondante. Trois espèces encore vivantes, les dipneustes (c'est-à-dire double respiration, deux modes de respiration), possèdent ce caractère : ces animaux ont, en effet des branchies et un poumon rudimentaire, annexe de l'intestin. Evidemment, la poche attachée au tube digestif constituait une préadaptation : dans les poissons osseux, elle devient la *vessie natatoire,* organe qui permet à l'animal de régler son poids spécifique suivant la profondeur (comme la coquille des ammonites).

Un troisième groupe de sarcoptérygiens, les rhipidistiens, releva le défi du nouveau milieu, par une évidente évolution de son comportement. Il faut noter que les rhipidistiens avaient une communication (choane) entre les orifices olfactifs (le nez) et la bouche. (Chez les autres poissons, les fosses nasales sont en cul-de-sac). Cela constituait un avantage évident pour un animal qui tentait de respirer, en restant tapi — la bouche fermée —, dans la boue. Le plus connu de ces animaux est l'*Eusthenopteron* (« à la nageoire très robuste »).

La double vie

Les animaux des genres *Ichthyostega, Elpistostega, Acanthostega,* découverts dans le Dévonien Supérieur, ont une structure semblable à celle des rhipidistiens : ils ont les choanes, une longue queue et *quatre pattes,* qui étaient sûrement palmées ; le très connu *Ichtyostega stensiöi,* des grès rouges du Groenland, faisait à peu près 1 mètre de long. Le crâne ressemble à celui des rhipidistiens : il est formé d'un renforcement d'os compliqué ; les dents sont pointues ; les pattes sont disposées latéralement : l'animal au sol glissait sur son ventre, en serpentant. La liaison entre les membres antérieurs et la colonne vertébrale (ceinture scapulaire) est robuste ; la connexion des membres postérieurs (ceinture pelvienne) est un peu plus faible. La tête pouvait avoir des mouvements limités en haut et en bas ; il existait donc une ébauche de cou (les poissons sont notoirement dépourvus de cou). Ce sont là les premiers vertébrés partiellement terrestres, les premiers amphibiens (à la double vie). Comme les salamandres et les grenouilles actuelles, les *Ichthyostega stensiöi* passaient sûrement par un stade larvaire à branchies, entièrement aquatique (têtard) : leur vie était double, puisqu'elle était d'abord celle d'un poisson et ensuite celle d'un animal terrestre à quatre pieds (tetrapode).

*Reconstitution de l'*Ichthyostega stensiöi *dans un milieu de la fin du Dévonien. Comme on le voit dans le dessin du squelette, l'animal avait des pattes puissantes à cinq doigts (membres* pentadactyles *: modèle qui devait rester une base pour tous les vertébrés terrestres). La ceinture* scapulaire *(connexion des « bras » avec la colonne vertébrale) était assez développée tandis que la ceinture* pelvienne *(connexion des membres postérieurs et de la colonne vertébrale) était plus faible. Le crâne était composé de nombreux éléments osseux comme chez les rhipidistes* (Eusthenopteron *et formes semblables).*

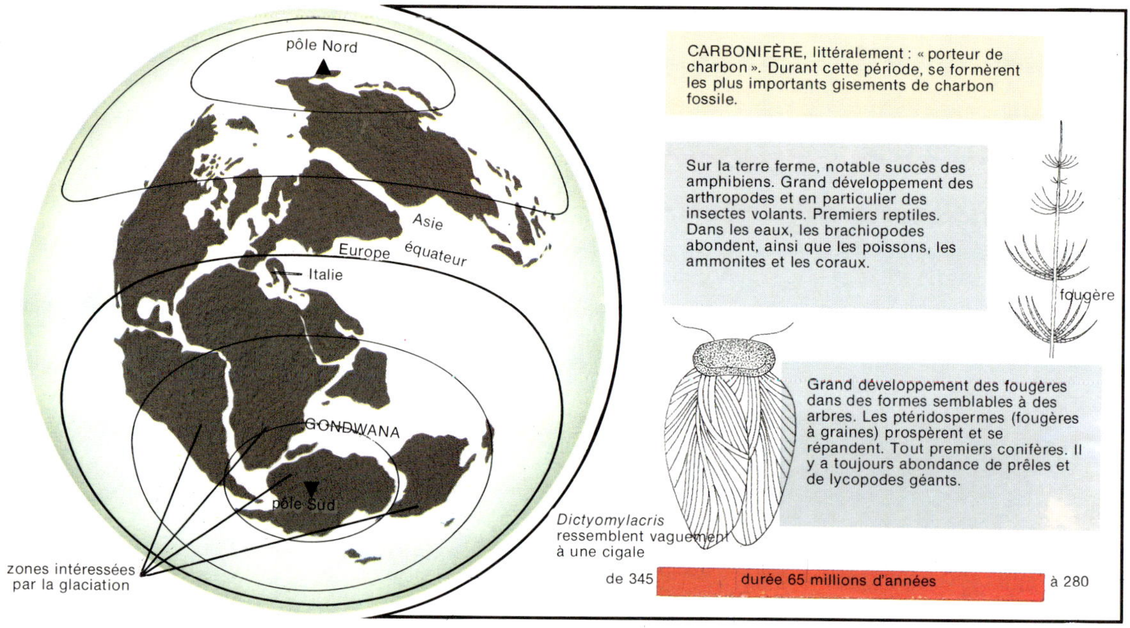

Au Carbonifère

Les blocs continentaux se sont bien rapprochés ; en particulier l'Afrique commence à pousser l'Amérique septentrionale (et les Appalaches se dressent), cependant que l'Europe et l'Asie sont sur le point de se souder (naissance des monts Oural). Le pôle Nord frôle la partie extrême-orientale de l'Asie, tandis que le pôle Sud est en plein Antarctique. Une bonne partie des terres émergées se trouve donc dans la bande comprise entre les tropiques : dans cette zone prédominent des conditions climatiques douces et humides. L'Antarctique et la zone contiguë sont touchés par une glaciation qui a eu des phases d'intensité variable.

Durant tout le Carbonifère se succèdent des abaissements et des exhaussements des aires côtières, ou des basses terres en général : il se forme des lagunes et des estuaires qui, par la suite, s'assècheront. D'importants dépôts se produisent, dérivés de l'accumulation de sables et de boues (roches sédimentaires, grès). Dans les phases d'exhaussement qui mènent à un retrait des eaux, les végétaux, tout de suite, envahissent les terres et forment des forêts ; ensuite, celles-ci sont submergées par un nouvel abaissement, et recouvertes de boues. Soustraits à l'air, les végétaux, et en particulier les troncs (beaucoup de plantes ont des troncs de grandes tailles), ne sont pas atteints par la décomposition, ne pourrissent pas et, à cause de la compression exercée par les couches sédimentaires qui continuent à s'accumuler, se *carbonisent*. Le processus intéresse la partie dure (le bois) des végétaux, formée de molécules semblables au sucre (cellulose), ou d'autres, constituées de carbone, d'hydrogène et d'oxygène (lignine). Le bois, par suite de réactions chimiques variées et lentes, perd son oxygène et à peu près tout son hydrogène, devenant du charbon fossile. Il convient d'observer que les grands gisements de charbon se trouvent dans des zones qui, au Carbonifère, étaient comprises dans la bande équatoriale de la terre, couverte de grandes forêts. Ce sont des parties de l'Europe et de l'Amérique septentrionale : ce fait aura des conséquences considérables sur le développement économico-industriel des nations en cause.

Après avoir évoqué le charbon, il peut être utile de mentionner aussi un autre combustible d'usage commun aujourd'hui chez l'homme : le pétrole. Les dépôts de pétrole sont peut-être plus anciens (Silurien-Dévonien) et durent être causés par des processus chimiques complexes qui ont désagrégé diverses substances organiques (surtout les algues — végétaux contenant peu de parties dures —, mais aussi les animaux aquatiques), avec élimination d'oxygène, d'azote et d'autres éléments, ne laissant que le carbone et l'hydrogène, combinés de façon à former des *hydrocarbures*. Le pétrole est, en fait, un mélange d'hydrocarbures.

Ci-contre : fiche relative au Carbonifère. Dans cette période le monde végétal connaît un développement exceptionnel : aux formes déjà implantées s'ajoutent d'autres formes plus progressives, comme les Fougères arborescentes et celles qu'on appelle Fougères à graines (ptéridospermes). Ces plantes avaient des frondes semblables à celles des fougères (dans le cadre, rameaux de Sphaenopteris, *fossile d'Allemagne), mais elles ne se reproduisaient* pas *au moyen de spores (comme toutes les vraies fougères) mais au moyen d'organes de réserve, les graines, produites par des structures sexuées spéciales. Comme aspect, les ptéridospermes devaient être assez semblables aux actuels palmiers (photo du bas) ; il n'existe cependant pas de parenté entre ces types de plantes.*

Les forêts deviennent du charbon

On a souvent été porté à imaginer les lointaines périodes géologiques comme l'époque de gigantesques « scorpions » longs de 2 mètres, de coquillages de 5 ou 6 mètres, de vertébrés longs de 10 mètres et plus... Les plantes du Carbonifère, elles aussi, nous stupéfient par leurs tailles, mais surtout parce qu'elles appartiennent à des groupes représentés aujourd'hui par des plantes de dimensions modestes ou minuscules. En réalité, tout ce qui vit, les végétaux en particulier, tend à prendre des dimensions importantes lorsqu'il n'y a pas de concurrence. Aujourd'hui, des plantes à fleurs de 30 à 40 centimètres sont assez normales et cela aux dépens des plantes dont les souches étaient prépondérantes dans le Paléozoïque.

Les forêts du Carbonifère abondaient en lépidodendrales *(Lepidodendron* à touffes de minces feuilles, longues d'un empan ; *Sigillaria* à panaches de feuilles parfois longues de 1 mètre), parents des lycopodes actuels ; en grandes équisétales *(Calamites*, à tiges de 30 mètres), aujourd'hui représentées par les « queues de cheval » (longues tout au plus de 1 mètre) en fougères parfois arborescentes.

L'apparition des fougères à graines (ptéridospermales) eut une grande importance. Ces végétaux sont les premiers chez lesquels se développe une structure apte à protéger et à nourrir l'embryon de la nouvelle plante, la *graine* donc, structure qui ne permet au nouvel individu de germer que quand les conditions sont favorables. (Les autres mécanismes reproducteurs, mis en œuvre jusqu'alors dans les végétaux terrestres, comportaient le développement quasi immédiat de la plante nouvelle, avec d'évidents désavantages en cas de changement des conditions ambiantes.)

La conjonction des gamètes et le développement de la graine se font dans des structures portées par la plante : tout le processus peut se dérouler sans même qu'il y ait transport des gamètes à travers l'eau. Les plantes « oublient » leur passé d'algues et n'ont plus besoin du milieu aquatique (voir aussi le schéma de la page 93). L'eau, nécessaire au métabolisme, est absorbée par les racines qui s'enfoncent de plus en plus profondément dans le sol. A la fin du Carbonifère apparaissent les premiers conifères. Les fougères à graines qui dominaient alors s'éteignirent, il y a environ 200 millions d'années.

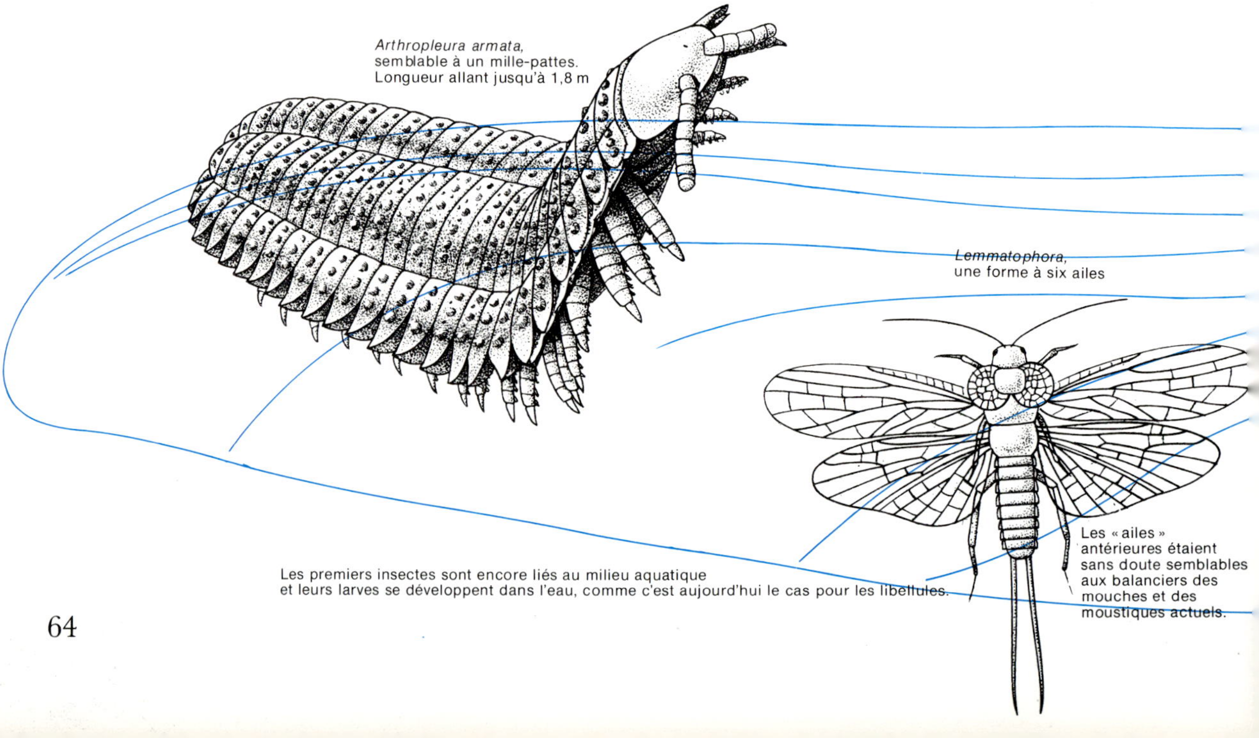

Les premiers insectes sont encore liés au milieu aquatique et leurs larves se développent dans l'eau, comme c'est aujourd'hui le cas pour les libellules.

Les premières ailes

Les hautes frondes des plantes du Carbonifère créaient un milieu idéal pour la prospérité des arthropodes : marécages, humidité, beaucoup de nourriture disponible dans l'eau, et aussi au dehors. Diverses formes apprennent à exploiter leurs deux ressources : dans l'eau, au stade larvaire ; dans l'air à l'état adulte. Chez certains groupes d'insectes se manifeste une intéressante innovation. Sans altérer le modèle fondamental à six pattes, ces animaux développeront, sur le dos de la région thoracique, des excroissances particulières, qui deviendront plus

Les forêts du Carbonifère étaient peuplées de multiples insectes et d'autres arthropodes (myriapodes, araignées, scorpions, acariens).
Le thorax de tous les insectes est doté sur le ventre de trois *paires de pattes. Après les premières formes dépourvues d'ailes, des insectes se développèrent chez lesquels le thorax avait plusieurs paires d'excroissances dorsales. Ces excroissances devinrent les* ailes.
Les premiers insectes étaient semblables à des libellules et, comme celles-ci, naissaient de larves aquatiques.
Ci-dessous : l'aile de la libellule du Carbonifère Meganeura monyi, *longue d'environ 35 cm, à échelle grandeur. Le « mille-pattes »* Arthropleura *était long de 180 cm.*
A droite, quelques paires de libellules actuelles (Lestes viridis). *Ce sont des femelles en train de pondre leurs œufs sur une tige de jonc.*

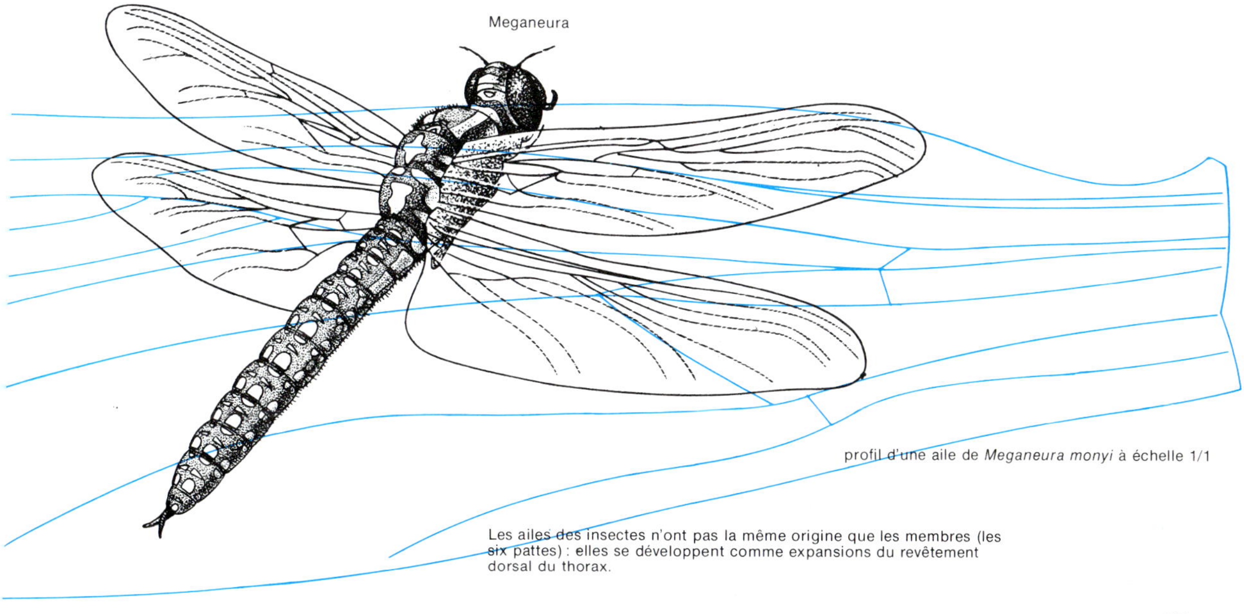

profil d'une aile de *Meganeura monyi* à échelle 1/1

Les ailes des insectes n'ont pas la même origine que les membres (les six pattes) : elles se développent comme expansions du revêtement dorsal du thorax.

tard articulées, et seront mises en action par des muscles puissants (voir le schéma page 57). Ce sont les *premières ailes* qui aient volé sur la planète Terre. Il y eut des essais avec six appendices : quatre ailes vraies et deux petites écailles servant de stabilisateurs ; mais la structure à deux couples d'ailes seulement se stabilisa très tôt. La documentation fossile est très riche. On connaît bien la *Meganeura monyi*, semblable aux actuelles libellules : la forme d'une aile de cet insecte est donnée en grandeur naturelle, aux pages précédentes. Certains myriapodes sont aussi remarquables, dont le genre *Arthropleura*, de la taille d'un homme.

Vertébrés à pattes et sans pattes

Les amphibiens sont nombreux dans les forêts carbonifères. On distingue plusieurs rameaux évolutifs. On voit apparaître des formes assez semblables aux salamandres et aux tritons actuels, mais aussi des formes qui rappellent les crocodiles. Tous ces amphibiens ont des dents, dans lesquelles la dentine et l'émail comportent des replis variés : la section rappelle le dessin d'un labyrinthe, ce qui a fait donner à ces animaux le nom de labyrinthodontes (« aux dents en labyrinthe »). Des dents semblables existaient déjà chez certains rhipidistiens : ce n'est donc pas une invention des amphibiens.

Les œufs des amphibiens, dont l'embryon est entouré d'un revêtement gélatineux (dans la photo ci-dessous : œufs de grenouille), doivent être déposés dans l'eau. La larve qui s'y développe est le têtard aquatique doté de branchies (ci-contre, larve d'un amphibien du genre Branchiosaurus, *de la fin du Carbonifère). Dans les lagunes du Carbonifère supérieur, il y avait aussi des amphibiens longs de plusieurs mètres, appelés labyrinthodontes (en bas, dans la reconstitution), dotés de dents à couches de dentine finement repliées dont la coupe (ci-contre en haut) rappelle un labyrinthe.*

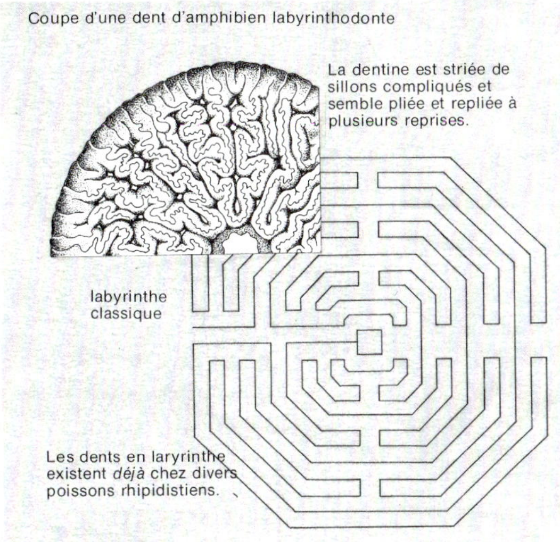

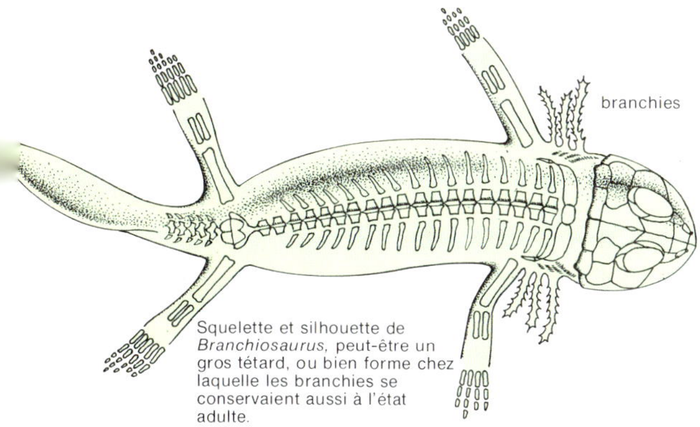

Squelette et silhouette de *Branchiosaurus*, peut-être un gros têtard, ou bien forme chez laquelle les branchies se conservaient aussi à l'état adulte.

Fougères arborescentes

Assez souvent les amphibiens paraissent à la fois anciens et nouveaux : ainsi le *Diplovertebron,* de la fin du Carbonifère, animal long de plus de 1 mètre, présente bien des éléments de squelette cartilagineux, dans les zones correspondant aux poignets et aux chevilles, et la corde dorsale est persistante chez les adultes.

La dépendance de l'eau, pour tout ce qui concerne la reproduction (œufs pondus dans l'eau, sans coquille, têtards aquatiques), pouvait être un désavantage : il fallait pondre un nombre considérable d'œufs pour résister à l'assèchement des marais et à l'appétit des prédateurs. Là non plus, nous ne devons pas penser à un « esprit pionnier » de la part de ces animaux — dans ce cas particulier, les amphibiens — qui se proposeraient de coloniser de nouveaux milieux, mais à la rigide nécessité de la survie et de l'assurance de la survie de quelques jeunes au moins (larves-têtards) dans les phases les plus critiques des assèchements périodiques.

Certains amphibiens réussiront assez tôt à pondre des œufs capables de résister, hors de l'eau sans se dessécher : ce sont des œufs à coquille. Ces amphibiens, bien préparés à affronter des conditions défavorables, sont *déjà* des reptiles. Les restes du *Hylonomus* datent de 280 millions d'années avant notre temps : c'est l'un des premiers représentants de la nouvelle classe.

La tendance, qui consiste à exploiter et à améliorer l'emploi des pattes, s'oppose à une autre, évidente chez divers amphibiens étrangers au groupe des labyrinthodontes : ces animaux donnent la préférence au mouvement serpentin et dans nombre de cas, ils en arrivèrent à une réduction totale des membres (aistopodes, genre *Phlegetontia).*

Mentionnons les formes animales vivant dans les mers. Les brachiopodes et les ammonites abondent. Parmi les mollusques céphalopodes se développent les premières bélemnites. Les poissons osseux et les poissons cartilagineux font la loi dans les chaînes alimentaires.

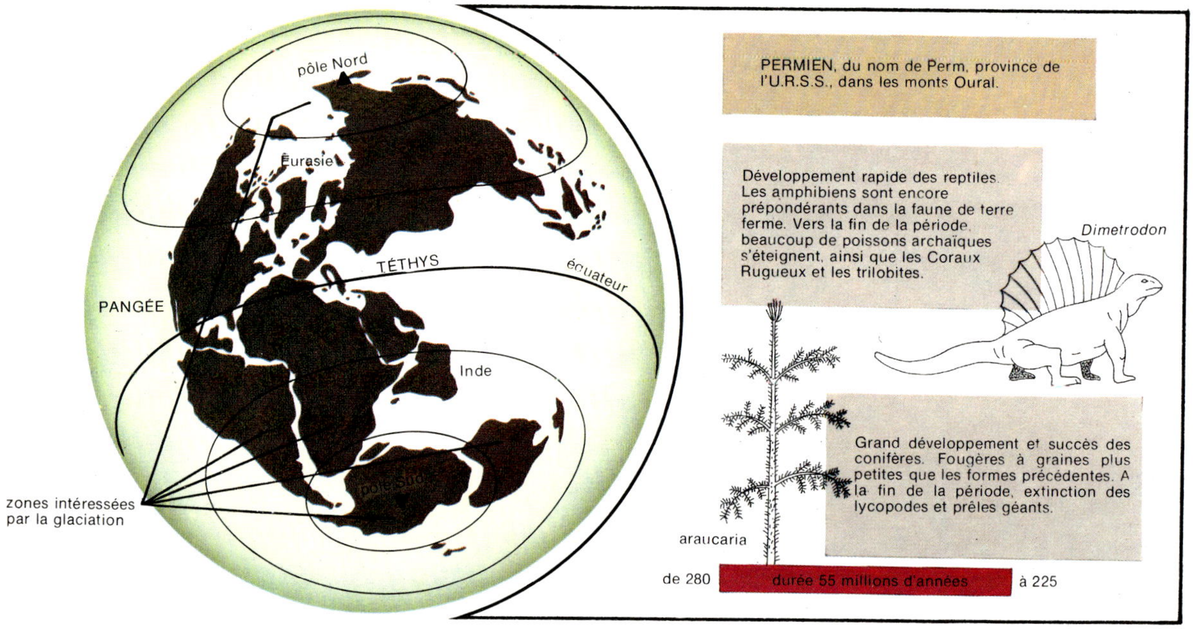

Au Permien

Toutes les masses continentales sont réunies en un supercontinent unique qui a été nommé Pangée (toute la terre). Dans l'énorme bloc s'insinuent quelques mers, (en réalité, de longs golfes) : une, entre l'Inde et l'Antarctique-Australie, une autre, entre le Nord-Est asiatique et le Canada et enfin, sur la ligne de l'équateur, le vaste bassin de la Téthis, du nom de la déesse marine. Dans celui-ci s'accumulent des sédiments, que les nouveaux mouvements des plaques feront émerger sous forme de montagnes (les Alpes et, plus tard, l'Himalaya). Durant le Permien, les monts Oural finiront d'émerger.

Phénomène capital de cette période, la grande glaciation continue celle du Carbonifère. Les témoignages de l'existence des glaciers nous montrent leur plus grande extension : outre l'Antarctique, l'Australie méridionale, l'Inde, une vaste partie de l'Afrique et de l'Amérique méridionale, étaient recouvertes de glaces.

Le climat devient plus sec mais reste assez chaud dans la bande équatoriale ou dans les zones tropicales adjacentes. Les insectes continuent à prospérer avec d'intéressantes solutions au problème de la production, liées au fait que beaucoup de marécages s'assèchent (d'où l'augmentation des formes ayant des larves *non* aquatiques).

La glaciation, dans la partie méridionale de la Pangée, s'est certainement déroulée en ondes successives, dans une lente amélioration des conditions, à partir du milieu de la Période Permienne. A la fin de celle-ci, les glaciers étaient très réduits.

Terres réunies et barrières climatiques

Les êtres vivants pouvaient donc se déplacer sur les terres émergées, sans jamais se mouiller les pieds. On pourrait alors penser que, durant le Permien, végétaux et animaux se sont répandus partout uniformément. Or les restes fossiles montrent

CHAINE ALIMENTAIRE DU PERMIEN

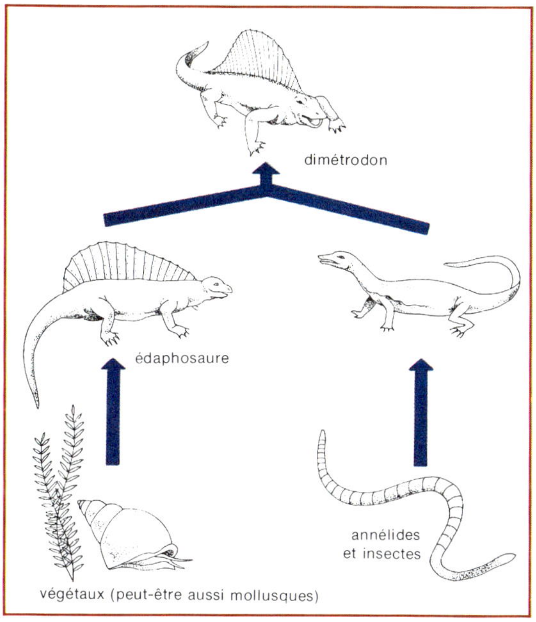

Page ci-contre : fiche relative à la période du Permien. Les adaptations des reptiles répondent, au Permien, aux différentes situations climatiques et écologiques existant dans les diverses parties du supercontinent Pangée. Dans la partie septentrionale, où règne un climat à prédominance sèche, se développent les pélycosaures dotés d'une "voile" sur le dos. Cette formation de la peau, soutenue par de très longues expansions des vertèbres dorsales, opérait comme "échangeur de chaleur" : elle recueillait la chaleur ambiante ou la dissipait suivant les nécessités du moment. Les animaux pouvaient ainsi maintenir leur température presque constante.

A gauche, schéma d'une chaîne alimentaire du Permien.
Ci-dessous : l'Edaphosaurus pogonias, *herbivore et aussi, probablement, mangeur de mollusques, et le* Dimetrodon incisivus, *carnivore prédateur.*

que, au contraire, il existait des populations différentes selon les différentes latitudes. Les barrières n'étaient plus constituées par des bras de mer, mais, par des différences de températures et de climats.

Dans la partie méridionale surtout, les mouvements de la glaciation suscitèrent des formes d'adaptation qui, entre autres, se réalisèrent en plusieurs phases, témoignant du mouvement d'alternance des avances et des retraits des glaces. Des populations différentes se rencontrent dans les régions septentrionales. En pratique, la Pangée est divisée en trois *régions écologiques :* la septentrionale, à climat pas très froid, mais sec ; la bande centrale dans laquelle se maintiennent des conditions chaudes et humides ; la zone méridionale, affectée par la glaciation. Dans le sud, ptéridospermales et conifères sont très répandus. Une des fougères à graines,

INSECTES DU PERMIEN

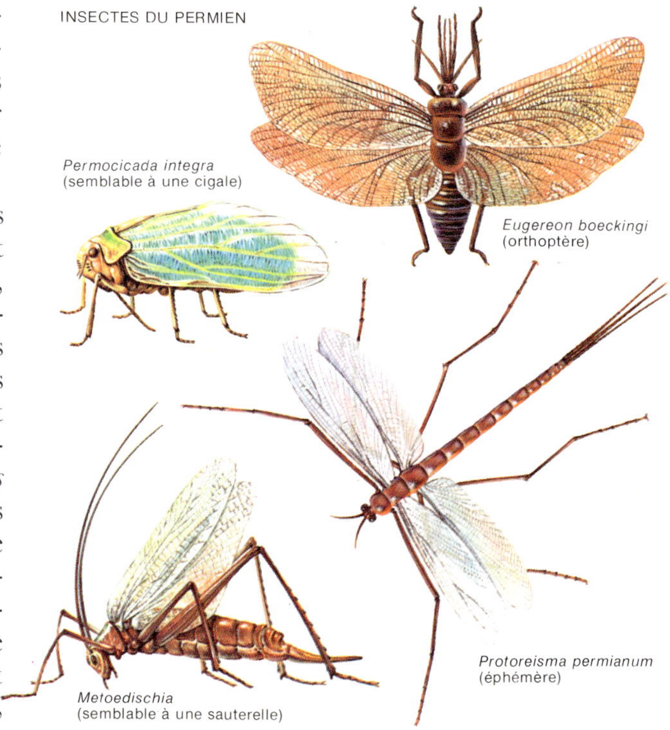

la *Glossopteris,* est une sorte de « fossile-repère » : ses feuilles (en forme de langue, le nom signifiant en grec : « feuille-langue »), se retrouvent dans les couches permiennes d'Amérique du Sud, d'Afrique du Sud, de Madagascar, de l'Antarctique et d'Australie. Les grandes équisétacées et les lycopodes arborescents sont en déclin, mais abondent encore dans la zone équatoriale. Des milieux aussi divers ont évidemment hébergé des faunes différentes.

L'œuf à coquille

Nous savons que l'*Hylonomus,* trouvé dans les strates du Carbonifère Final, est considéré comme un reptile. L'opinion qui prédomine à ce sujet, a pour base la structure de son squelette. Mais l'indice le plus important *n'a pas* encore été trouvé : les couches carbonifères ne nous ont pas livré, jusqu'à présent, un *œuf* à coquille. Les premiers fragments d'œuf se trouvent dans des strates du Permien.

Comment un œuf de reptile est-il fait ?

Il est nécessaire de faire une comparaison avec l'œuf de l'amphibien. Les amphibiens pondent des œufs formés d'une simple enveloppe gélatineuse qui entoure l'embryon : il n'y a que très peu de substances nutritives à la disposition de l'embryon, qui doit donc, très tôt, se développer en larve (têtard) libre de nager et de pourvoir activement à sa propre alimentation, comme un alevin. Énormément d'œufs se dessèchent. Dans l'œuf du reptile (et dans celui de l'oiseau : les deux structures sont très semblables), l'embryon se développe dans un étang privé qui ne peut se dessécher : une petite poche pleine de liquide, appelée *amnios* (du nom grec d'un vase spécialement destiné au sang des victimes offertes aux dieux).

L'embryon peut aspirer de l'oxygène par l'intermédiaire d'une autre petite poche, appelée *allantoïde* (littéralement, du grec, semblable à une saucisse) ; cette structure permet aussi à l'embryon d'éliminer ses produits de refus. L'alimentation est assurée par un gros *jaune,* plein de substances nutritives, relié à l'embryon par le cordon ombilical. Tous ces organes sont renfermés dans une poche plus grande, contenant du liquide, et délimitée par une membrane, appelée *chorion* (c'est l'un des noms par lesquels on désignait, en grec, le placenta). Enfin, il y a la

Page ci-contre : quelques insectes typiques, répandus durant le Permien (en haut), et reconstitution de quelques reptiles Thérapsidés (en bas). Parmi ceux-ci, "reptiles semblables à des mammifères", il existait de robustes omnivores comme le Dicynodon turpior *et des prédateurs acharnés comme les gorgonopsidés (genre* Lycaenops).
Ci-dessous : œufs d'amphibiens, œuf fossile de dinosaure et dessin de l'œuf propre aux reptiles et aux oiseaux.

œufs de grenouille avec embryon en cours de développement

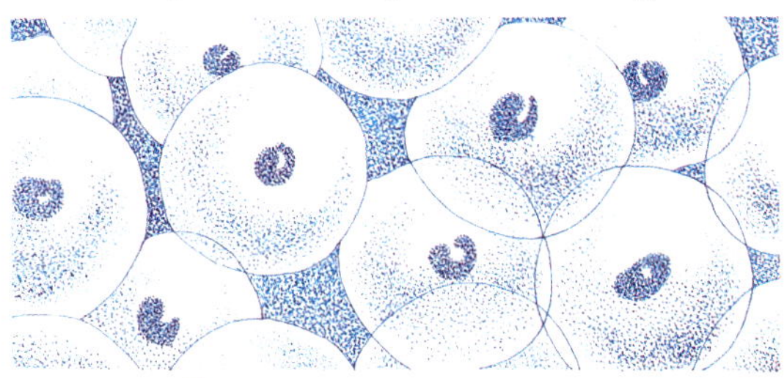

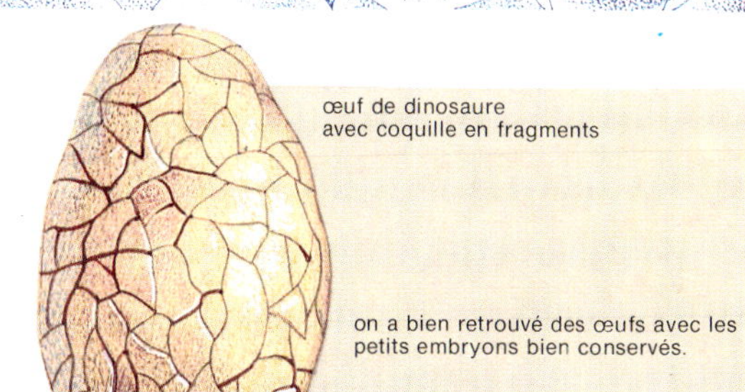

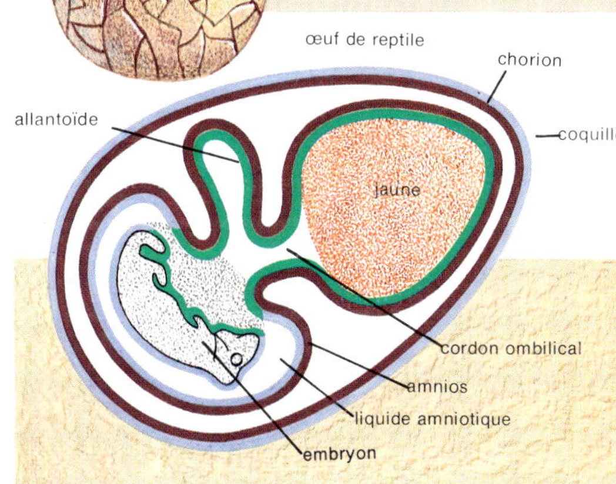

protection extérieure, fournie par la coquille calcaire.

La coquille calcaire est percée d'une grande densité de trous minuscules ; elle est, en somme, poreuse, et laisse l'air s'infiltrer dans l'œuf. L'embryon peut donc effectuer (par l'intermédiaire de l'allantoïde) les échanges gazeux nécessaires : il absorbe l'oxygène et émet de l'anhydride carbonique ; ce gaz réagit avec le carbonate de calcium de la coquille, donnant du bicarbonate de calcium. Progressivement, la coquille s'use et le bicarbonate de calcium, dissous dans le sang, est transféré au squelette en formation dans le nouvel individu. L'épaisseur de la coquille doit être suffisante, pour pouvoir fournir au squelette assez de calcium, mais ne doit pas être excessive, afin de laisser l'air passer et pour permettre aussi au petit de briser sa coquille (rendue d'ailleurs plus fragile par la disparition du calcium), au moment de l'éclosion.

Dans ce milieu parfaitement protégé, l'embryon peut compléter son développement et l'individu qui sort de la coquille est une copie en réduction de ses parents : il n'existe pas de têtards (c'est-à-dire de stades larvaires, nageant librement) de reptile.

Amphibiens, reptiles, mammifères

Comment distinguons-nous le squelette d'un amphibien de celui d'un reptile primitif ? Les pattes du reptile sont ordinairement plus robustes et leur disposition est, souvent, moins inclinée : les reptiles ont tendance à maintenir leur ventre au-dessus du sol, sans le traîner. Ce critère de disposition peut induire en erreur. En effet, de nombreux reptiles vivant dans le voisinage des étangs, ont continué à avoir les pattes inclinées, et non disposées verticalement.

Observons, cependant, le crâne. Sans aucun doute, le reptile, plus actif dans la quête de nourriture et dans la prédation en particulier, présente une structure propre à saisir et à mastiquer, plus solide et plus efficace que celle des amphibiens. L'élément essentiel de cette tenaille est l'os *carré,* sur lequel s'articule la mandibule. Chez l'amphibien, le carré est plus incliné vers l'avant, comme la barre centrale d'un N majuscule. L'évolution vers le crâne reptilien conduit à une disposition *verticale* du carré, qui assure une plus grande solidité. Si l'on se rapporte à la forme du N, on peut obtenir une telle

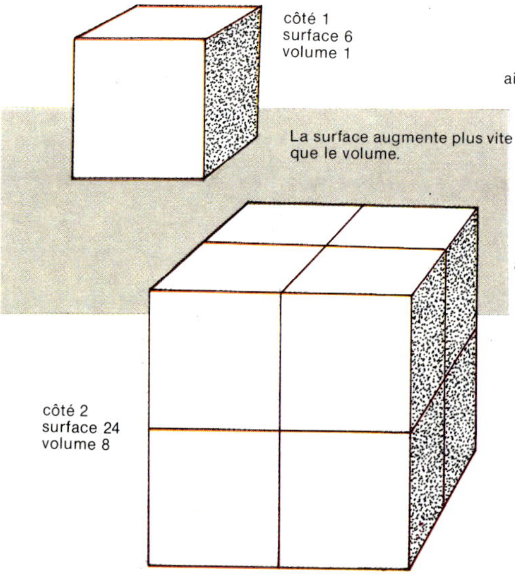

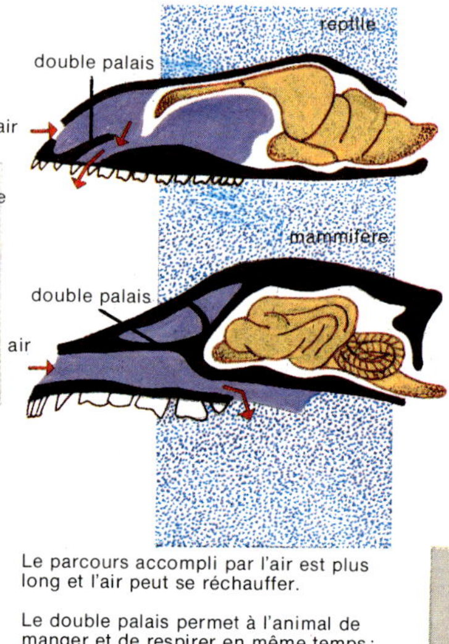

Le parcours accompli par l'air est plus long et l'air peut se réchauffer.

Le double palais permet à l'animal de manger et de respirer en même temps : ainsi l'animal a davantage de nourriture et plus d'oxygène en même temps.

Les dinosaures devinrent énormes.

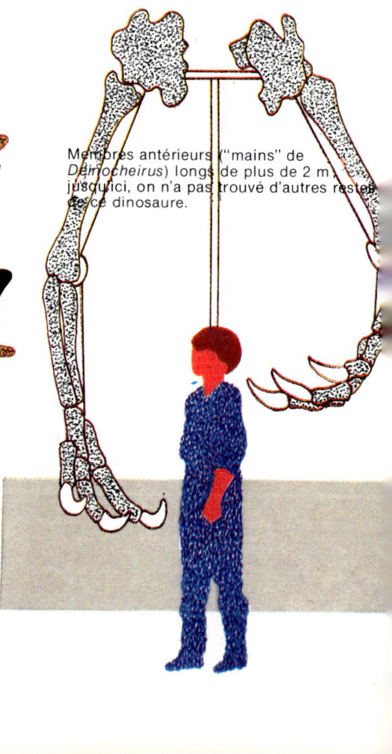

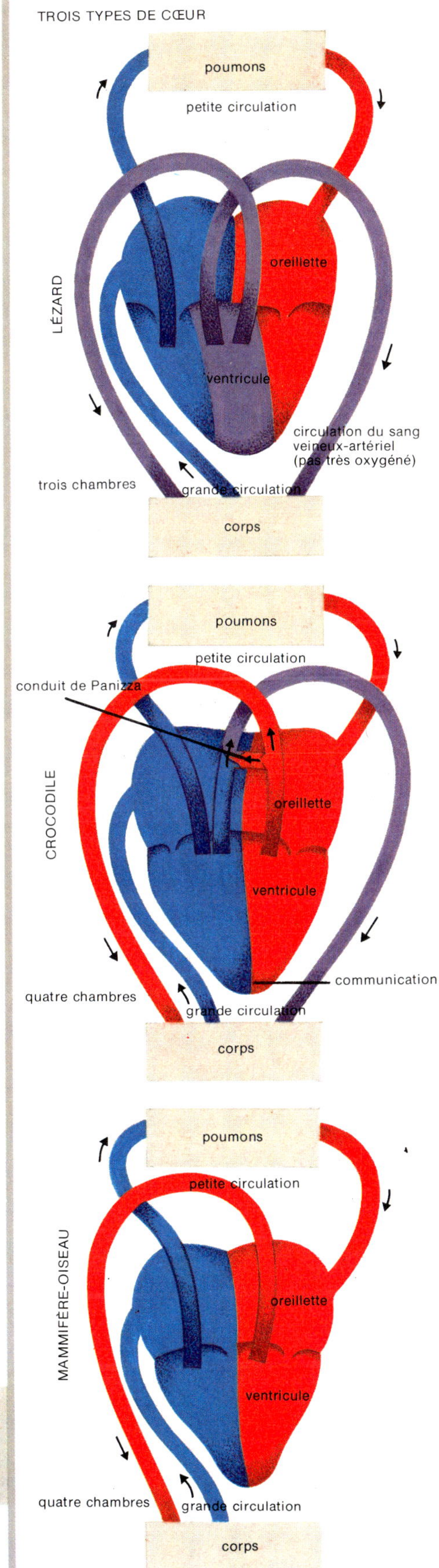

Dans les longues immersions du crocodile, il y aurait des différences de pression entre le sang oxygéné et le sang pauvre en oxygène : pour cette raison, les deux circulations sont mises en communication par le conduit de Panizza.

disposition de deux manières : en redressant la barre, et en la déplaçant en avant pour la faire coïncider avec la première jambe de la lettre, ou bien en la faisant tourner un peu, de façon à la porter en arrière pour la faire coïncider avec le second jambage vertical. Ces deux solutions ont été, l'une et l'autre, suivies dans l'histoire évolutive des vertébrés.

Dans le premier cas, on a un raccourcissement du crâne ; dans le second cas, un allongement. La première disposition détermine, selon D.M. Watson, un filon évolutif qui mène aux reptiles actuels — mais aussi aux reptiles du Mésozoïque et aux oiseaux —, la seconde est propre à ceux que l'on nomme : « reptiles semblables à des mammifères », ou « reptiles mammaliens » (de *Mammalia,* nom latin des mammifères) et aux vrais mammifères. On peut donc admettre que le mou-

Les reptiles, au cours de leur évolution, ont réussi de plusieurs manières, et avec des structures variées, à obtenir que le corps conserve une température constante (ou quasi constante) malgré les variations de la température ambiante. On a représenté ici quelques-uns des aménagements adoptés : l'augmentation des dimensions du corps : le palais secondaire ; un cœur à quatre cavités ; peut-être la viviparité, et des rapports particuliers d'assistance entre parents et enfants, de nature à assurer un développement rapide.

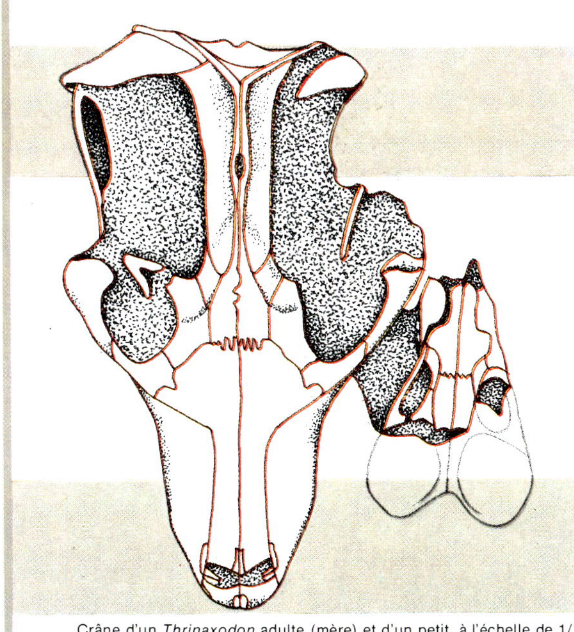

Crâne d'un *Thrinaxodon* adulte (mère) et d'un petit, à l'échelle de 1/1. Les dimensions notables du petit nous autorisent à penser que les "paramammifères" mettaient au monde leurs petits vivants et qu'ils les alimentaient avec une substance (lait ?) qui permettait une croissance rapide.

vement évolutif des mammifères a été très long, et qu'il a dû avoir un prologue très important dès la phase du passage amphibien-reptile. Ce qui s'est produit au Permien, nous autorise à imaginer les reptiles comme un groupe d'une grande potentialité évolutive : ces animaux ébauchaient déjà, alors, les principales innovations qui caractériseront les mammifères. Bien des indices recueillis, surtout dans ces derniers temps, donnent une consistance remarquable à cet intéressant point de vue.

Nouveautés importantes

Pour être efficace dans la chasse, dans la recherche de nourriture en général, dans la fuite aussi, un animal doit avoir un *métabolisme* rapide, c'est-à-dire qu'il doit être capable de transformer rapidement les substances utiles à son corps. Pour activer le métabolisme, il faut que beaucoup d'oxygène soit introduit continuellement dans le corps ; cet élément doit en outre circuler de façon efficace dans tous les organes, transporté par un liquide (le sang). Il faut donc que l'animal puisse continuer à respirer pendant qu'il mange, alors qu'entrent dans son corps les substances à transformer. Pour que cela se produise, il faut qu'il existe chez l'animal une séparation entre la bouche et les conduits qui amènent l'air dans les poumons (conduits dont nous savons qu'ils communiquent avec la bouche elle-même par l'intermédiaire des choanes : voir page 60). Cette séparation *(palais secondaire)*, complètement absente chez les amphibiens, se développe chez les reptiles, et devient de plus en plus efficace dans les formes proches des mammifères et chez les vrais mammifères.

Pour réaliser la meilleure distribution possible du sang chargé d'oxygène dans les différentes parties du corps, une bonne solution est apportée par la séparation, dans le cœur, des zones qui pompent dans le corps le sang artériel (chargé d'oxygène), de celles qui aspirent le sang veineux (pauvre en oxygène) pour l'épurer et l'oxygéner dans les poumons. Cette séparation existe dans le cœur des mammifères et des oiseaux, mais les reptiles sont déjà dirigés dans cette voie (voir figure page 73). En effet, chez les crocodiles, les deux régions du cœur sont séparées. Il est possible que quelques reptiles du passé (les dinosaures, par exemple, qui sont étroitement apparentés aux crocodiles) aient eu un cœur semblable à celui des mammifères et, par conséquent, un métabolisme rapide et efficace.

A la production d'énergie sous forme de *chaleur,* par un métabolisme rapide, l'animal peut substituer des moyens efficaces pour absorber de la chaleur provenant du milieu, ou pour ne pas perdre celle qu'il a absorbée. L'échange de chaleur avec le milieu se fait à travers la surface du corps : plus celle-là est grande, et plus la quantité de chaleur pouvant être absorbée et emmagasinée est grande aussi. Les reptiles ont suivi cette voie et se sont développés en formes grandes, ou positivement gigantesques (dinosaures).

Des réponses au milieu

Rappelons que dans un corps solide géométrique quelconque, lorsque les dimensions augmentent, le volume augmente plus vite que la surface (voir page 72). Grand volume, grande masse, grand poids ; les difficultés de mouvement peuvent, pour un animal très gros, être telles qu'elles annulent l'avantage de la grande surface. Les reptiles ont mis au point divers systèmes pour exploiter au mieux la température ambiante, tout en évitant les inconvénients.

Dans la région septentrionale de la Pangée, le climat ressemblait, à différentes phases du Permien, à celui des déserts à l'heure actuelle. Il est probable qu'à des journées chaudes succédaient des nuits très froides. Certains reptiles, les pélycosauriens (lézards à hache), développèrent sur le dos une intéressante structure constituée de longues extensions

Dans la région méridionale de la Pangée a lieu, au Permien, une glaciation.
Les « reptiles semblables à des mammifères » de ces zones s'adaptèrent au milieu environnant grâce à un revêtement de poils et devinrent probablement homéothermes, *c'est-à-dire : « à température constante », comme les mammifères proprement dits.*
Ci-dessus : le gros, quasi léonin, Anteosaurus *(qui pesait peut-être plus d'une demi-tonne) et un pristérognathidé (de taille nettement plus petite et d'un poids de 50 kg).*
A droite : squelette de Thrinaxodon *(reptile poilu), tel qu'il a été trouvé, recroquevillé dans son terrier.*

SQUELETTE DE THRINAXODON

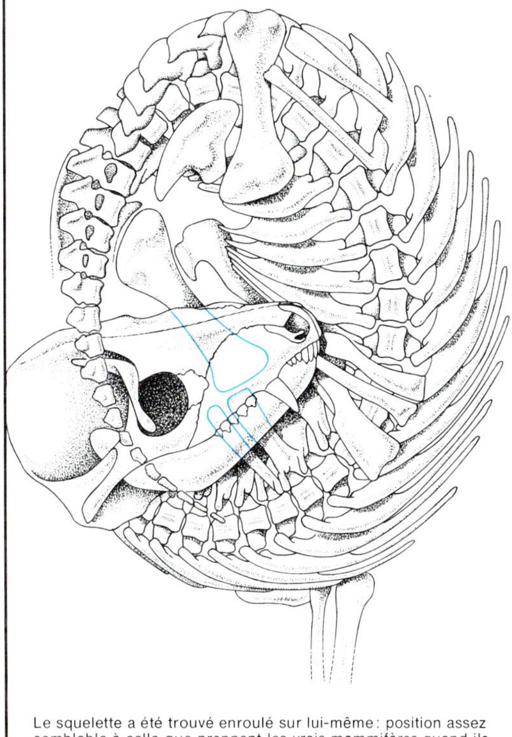

Le squelette a été trouvé enroulé sur lui-même : position assez semblable à celle que prennent les vrais mammifères quand ils dorment ou entrent en léthargie.

des vertèbres : ces épines devaient servir de soutien à un large lambeau de peau (voir planche de la page 69). Pourquoi cette « voile » ? On pense aujourd'hui que cette peau était parcourue de nombreux vaisseaux sanguins et devait donc servir d'échangeur de chaleur entre le corps de l'animal et le milieu : d'où une grande extension de la surface et une très petite augmentation de volume. Les pélycosauriens (dont les restes ont été trouvés en Europe et en Amérique septentrionale) perdaient de la chaleur quand la température ambiante était trop haute, ou au contraire se réchauffaient dès les premiers rayons du soleil : il leur suffisait de disposer leur « voile » parallèlement ou perpendiculairement aux rayons, suivant leur besoin.

Nous disons que les reptiles actuels sont des animaux à sang froid parce qu'*ils ne disposent pas* d'un mécanisme physiologique qui maintienne constamment une température du corps plus élevée que celle du milieu : les reptiles actuels sont, pour cette raison, appelés *hétérothermes* (chaleur différente, c'est-à-dire chaleur variable) ; les vertébrés en mesure de produire leur propre chaleur (mammifères, oiseaux) sont, en revanche, appelés *homéothermes* (chaleur semblable, c'est-à-dire chaleur constante). Les pélycosauriens étaient à sang froid, mais réussissaient à maintenir leur température dans certaines limites, grâce à leur « voile ».

Dans les glaciers de la région méridionale de la Pangée, les reptiles accrurent leur aptitude à maintenir dans leur corps une température constante, grâce au *poil.* Des reptiles poilus ? Les crânes de certaines formes présentent des séries de petits creux analogues à ceux que l'on remarque dans les os du museau des mammifères actuels dotés de *vibrisses* (les moustaches des chats sont, par exemple, des vibrisses). Vibrisses et poils sont des formations de même nature. Il est donc probable que les reptiles des régions froides avaient un *pelage,* revêtement isolant efficace (voir aussi plus loin, page 162).

Les recherches sur les formes semblables à des mammifères (classifiées dans la classe des reptiles comme théropsidés) ont fait récemment l'objet de propositions sur lesquelles nous reviendrons plus loin. Disons tout de même, dès à présent, que plusieurs savants suggèrent de considérer ces animaux non plus comme d'étranges reptiles, mais comme de très primitifs mammifères. Il a même été proposé, pour eux, un nouveau nom : « paramammifères » (L.B. Halstead).

Différentes formes de dents

Les reptiles permiens présentent d'autres adaptations notables, en plus de celles dont nous avons déjà parlé, et qui les rapprochaient de l'homéothermie. Toujours dans la direction évolutive des mammifères, on note par exemple le développement de dentures formées d'éléments différents : dents de devant destinées à mordre (comme les incisives des mammifères), crocs (comme les canines), dents pour déchirer (comme les prémolaires des carnivores actuels, et que l'on appelle : carnassières). De toute évidence, ces dentures sont typiques des prédateurs : nous les rencontrons, parmi les pélycosauriens, chez le *Dimetrodon,* ou, parmi les théropsidés, chez le *Lycaenops* et des formes semblables. Chez les herbivores, on trouve parfois d'étranges plaques de mastication, cependant qu'il n'existe que deux défenses dans la mâchoire, peut-être plus développées chez les mâles (comme chez *Lystrosaurus,* forme répandue dans la partie méridionale de la Pangée, de l'Australie à l'Antarctique, à l'Afrique méridionale, et à l'Inde).

Les petits reptiles aquatiques, appelés mésosauriens, ont de très nombreuses dents semblables à des aiguilles, et non différenciées. Ces animaux étaient des chasseurs acharnés de poissons et de crustacés dans les eaux intérieures et les bas-fonds voisins des côtes. Les pattes, palmées, et la puissante queue étaient parfaitement adaptées à la nage.

A gauche, restes de Tridentinosaurus antiquus, *reptile terrestre du Permien, long de 30 cm environ.*

Ci-dessous : dans les eaux intérieures et peut-être dans les basses eaux côtières de la partie méridionale de la Pangée, les reptiles aquatiques appelés mésosaures, dotés de dents en aiguille, prédateurs de très petits poissons et crustacés, étaient communs.

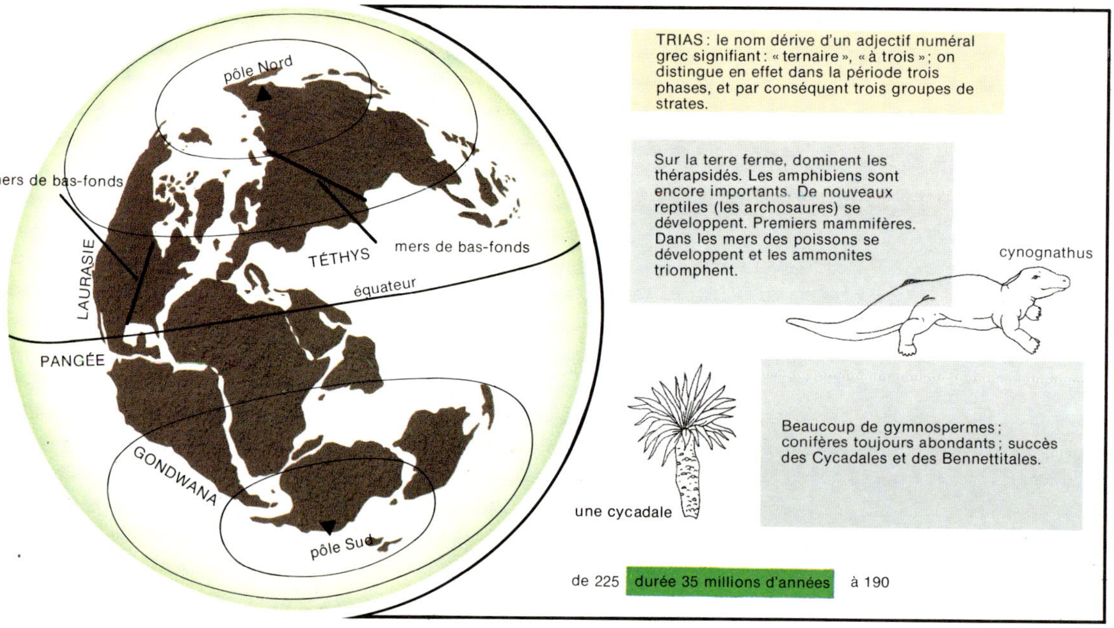

Ci-dessus : fiche relative au Trias. Durant cette période les plantes gymnospermes se répandent largement (plantes qui se reproduisent par graines mais n'ont pas de fleurs apparentes). Aujourd'hui, les gymnospermes les plus répandues sont les conifères (pins, sapins, séquoias, ifs et genévriers).

Ci-contre : les gymnospermes du Trias, à cause du climat plutôt sec, vivaient en associations semblables à celles que l'on note aujourd'hui dans les oasis. Parmi les conifères il y avait abondance d'araucarias (premier encadré), aujourd'hui spontanés uniquement dans l'hémisphère austral, mais ailleurs, souvent cultivés dans les parcs. Les Cycadales et les Gingkoales, autres gymnospermes, étaient aussi répandues au Trias. Aujourd'hui, le Cycas *et le* Gingko *sont cultivés comme plantes de parc (deuxième et troisième encadrés).*
Dans la grande photo, la fameuse forêt pétrifiée de l'Arizona. Ce sont des troncs de gymnospermes du Trias qui, enterrés sous des couches de boues et de sables, se sont transformés par l'action des eaux riches en silice en roches dures. Par la suite, les couches qui les recouvraient ont été érodées et aujourd'hui les troncs en pierre apparaissent en surface.

MÉSOZOIQUE
Trias

L'*Ère Mésozoïque* (« de la vie du milieu ») ou *Secondaire* s'ouvre par la période Triasique, ou Trias.

Pourquoi a-t-on décidé de souligner, par une division nette, le passage du Permien au Trias, précisément en ouvrant une nouvelle ère géologique, celle que, par une expression pittoresque on a appelée aussi : « le Moyen Age de la Terre » ? Nous pouvons dire aujourd'hui que si l'on découvre beaucoup de nouveautés dans le Trias, on y trouve aussi beaucoup d'éléments qui forment un lien avec la période précédente. Dans le passé, cependant, les savants se sont surtout penchés sur certains phénomènes (surtout sur la disparition de différents groupes animaux) et y ont vu l'indice qu'une grande page était tournée dans livre de la Terre.

La Pangée se tient encore en un seul séparent la partie septentrionale (Laurasie) de la partie méridionale (Gondwana). Plusieurs fractures s'ouvrent, qui, plus tard, isoleront les continents.

Le climat est à prédominance chaude et sèche. Les zones désertiques sont nombreuses, mais de vastes oasis se forment.

Continuité et discontinuité

Dans le monde des plantes, on n'observe pas de brusques mutations. Les conifères continuent à dominer (grands araucarias aux feuilles typiques en écailles) ; les cycadales se développent considérablement : ce sont des plantes gymnospermes — comme les conifères —, aujourd'hui représentées par un petit nombre de genres, parmi lesquels le *Cycas*, et comprenant quelques espèces communément élevées comme plantes de massifs et de parcs. Le *Cycas* a un tronc typique, trapu, marqué par les cicatrices des feuilles caduques ; celles-là sont semblables aux feuilles des palmiers, mais en plus coriaces ; les folioles individuelles ont un bord finement dentelé. Les appareils reproducteurs sont, dans les espèces vivantes, découverts ; dans les espèces fossiles, il existait des structures de protection ressemblant vaguement à des pétales poilus, à mi-chemin entre une fleur et un gros pinceau de barbe.

Au Trias commencent à s'imposer aussi les gingkoales, autres plantes sans fleurs dont il ne survit aujourd'hui qu'une seule espèce (voir plus loin, page 94). Quelques formes végétales disparaissent, en général, progressivement. Le Trias voit le déclin des gigantesques équisétales arborescentes et de nombreuses ptéridospermées (fougères à graines).

Passons au monde animal. Dans les mers, tous les trilobites disparaissent. Les coraux dominants du Paléozoïque (coraux rugueux) sont remplacés par des formes qui abondent encore dans les mers actuelles (coraux à six chambres, ou hexacoralliaires, et coraux à huit chambres ou octocoralliaires. Parmi ces der-

Squelette et reconstitution du Tanystrophaeus longobardicus, *reptile appartenant à un groupe (Protorosaure) proche de celui à partir duquel se sont développés les lézards. Cet animal pouvait atteindre une longueur de 4,5 m, dont au moins 3 m pour le cou adapté à la vie près des lagunes (l'animal pêchait sans doute sans entrer dans l'eau). Ce cou est formé d'un petit nombre de vertèbres très longues, à l'allure de flûte douce (certaines sont longues de 32 cm, avec un diamètre de 2 cm environ).*

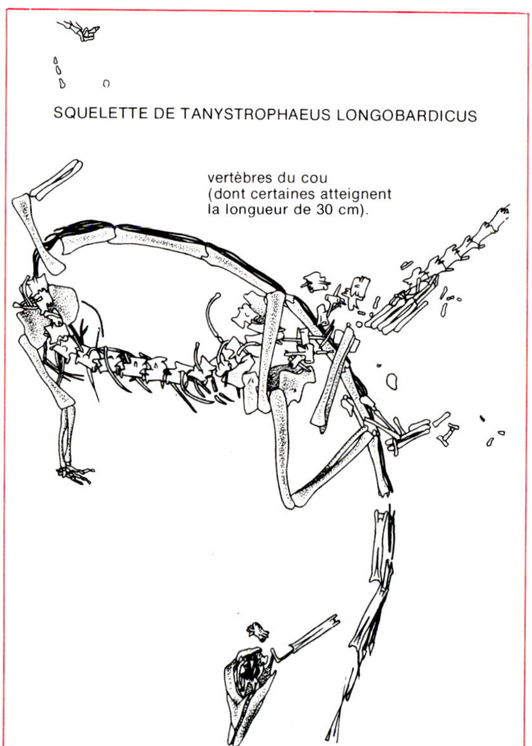

niers, le corail rouge est utilisé en joaillerie). Le développement des ammonites est énorme ; celui des bélemnites est remarquable : ce sont des mollusques dotés d'une coquille *intérieure* caractéristique, en pointe de lance, ressemblant peut-être, par leur aspect extérieur, aux seiches.

Les traces de squales sont nombreuses. On ne retrouve que leurs dents, bien entendu, car leur squelette de cartilage se décomposait rapidement. Ces animaux font la démonstration que le squelette de cartilage peut être un excellent élément de maintien dans un milieu qui porte les corps par l'effet de la poussée hydrostatique (principe d'Archimède) ; et il a, en outre, l'avantage, très appréciable, d'être léger. Les poissons osseux démontrent que les structures osseuses, plus pesantes que les structures cartilagineuses, sont, en revanche, très robustes, et que l'effet de leur poids peut être équilibré par la présence de la vessie natatoire (qu'aucun squale ni aucune raie ne possédera). Les poissons osseux sont abondants au Trias mais ne dominent pas encore comme dans les mers actuelles. Les brachiopodes se développent à nouveau, de façon considérable : certaines forme arriveront jusqu'à nous. Les lis de mer diminuent fortement, et on remarque un développement notable des oursins. Les eaux intérieures sont peuplées de poissons osseux, de mollusques gastéropodes, de crustacés. Comme nous le verrons, les reptiles règnent sur toutes les faunes.

Amphibiens : des géants en difficulté

Les reptiles commencent à jouer, au Trias, un rôle dans lequel ils semblent disposer de tous les atouts : ils sont vainqueurs partout, et toujours. Ils se développent en une gamme étendue de formes ; et tout cela, dans un monde où les amphibiens sont encore sur la brèche.

C'est justement au Trias que l'on trouve les plus grands de tous les amphibiens labyrinthodontes : certaines formes des genres *Mastodonsaurus*, *Capitosaurus* et

Trematosaurus ont jusqu'à 5 mètres de longueur (dont plus de 1,5 mètre pour le crâne seulement). Mais les labyrinthodontes, bien que géants, ne s'écartent pas du modèle de base : ils sont toujours semblables aux énormes salamandres, à la grosse tête disproportionnée, et à la grande queue propre à la propulsion dans l'eau. Hors de l'eau, ces animaux devaient être laids et embarrassés. Les formes nouvelles qui sortirent du groupe des amphibiens au début du Trias furent bien différentes. Ces animaux développèrent la capacité de se déplacer d'une manière entièrement neuve pour les vertébrés : ils se mirent à *sauter,* ne se servant pour cette opération que d'un seul moyen, les membres postérieurs. Parmi les premiers amphibiens sauteurs (qui connurent un si grand succès par la suite et qui sont encore abondants aujourd'hui dans les lacs, les étangs et les lieux humides en général), rappelons le *Triadobatrachus massinoti,* un « crapaud-grenouille » du Trias ancien, moins long qu'une main, à pattes postérieures encore assez courtes.

Les amphibiens labyrinthodontes avaient continué à vivre plutôt dans la région tropicale durant le Permien, en différentes tailles. Les géants du Trias hantaient les eaux intérieures : lagunes et étangs s'ouvrant dans les oasis.

Il convient de préciser que, durant toute cette période mais surtout dans sa seconde partie, les mouvements de la Pangée causèrent de fréquentes variations de niveau du sol avec, pour conséquence, des inondations : il se forma ainsi de nombreux bassins et de véritables mers intérieures qui offrirent des milieux avantageux aux reptiles capables d'adaptations importantes.

Les découvertes de grandes accumulations de fossiles de labyrinthodontes de la même espèce indiquent, au contraire, que dans beaucoup de cas, ces amphibiens furent tués en masse par suite de l'assèchement relativement rapide d'une lagune ou d'un étang.

Reptiles : toujours victorieux

Beaucoup de reptiles s'étaient bien adaptés à la nage : ils avaient atteint un degré d'efficacité appréciable, dans ce mode de déplacement, par le mouvement de la queue, et aussi dans un mouvement parfait des membres, à partir de l'articulation de l'épaule et de la hanche. A cet égard, chez ceux-là, se renforcèrent les ceintures (ceinture *scapulaire,* l'épaule et ceinture *pelvienne,* le bassin), éléments de connexion entre les membres et la colonne vertébrale et, dans les membres mêmes, s'accentua la disposition verticale. Enfin, toujours en rapport avec la nage, dans beaucoup de variétés, les membres postérieurs se développèrent davantage.

S'adaptant petit à petit à la vie hors de l'eau, les reptiles disposaient déjà d'un modèle avec quatre membres robustes presque égaux (la structure que l'on retrouve aujourd'hui chez les lézards et les crocodiles) et d'un autre modèle, à pattes postérieures, robustes, à partir duquel devaient évoluer de très nombreuses formes bipèdes.

Dans l'eau, et près de l'eau

L'influence du milieu aquatique, et en particulier de la mer, continua à servir de stimulus puissant à l'évolution des reptiles.

Les ichthyosaures, reptiles adaptés à la nage en pleine mer, chasseurs de poissons et d'ammonites, se développèrent ; ainsi que les placodontes, aux typiques dents de devant, peut-être aptes à arracher les mollusques bivalves des roches et aux dents plates, pour broyer des matériaux durs — y compris les coquilles ; et les nothosaures, formes au cou serpentin et dont les pattes ont des doigts distincts, mais réunis par une membrane (comme les pattes de canard). Il est probable que les nothosaures devaient passer une bonne part de leur temps sur les rochers, d'où ils plongeaient ensuite pour pêcher ; ils vivaient, en somme, comme les morses

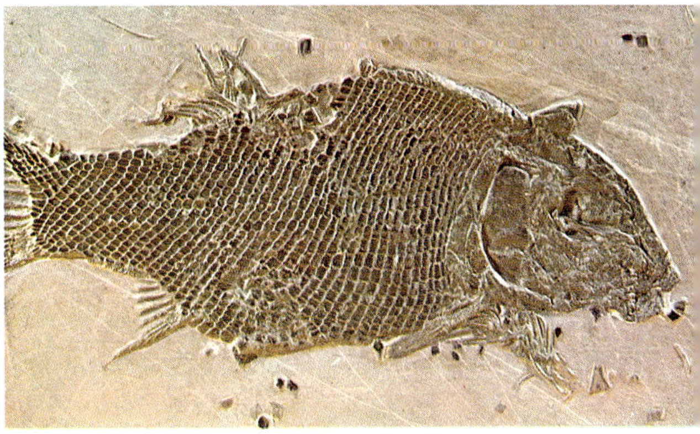

A droite : fossile, assez bien conservé, de Paralepidotus ornatus, *Poisson Osseux du Trias, voisin d'un groupe (Holostéens) aujourd'hui représenté par un très petit nombre de formes* (Amia). *Poissons et mollusques constituaient une riche source de nourriture : parmi les reptiles se développèrent des formes aptes à tirer avantage de cette situation.*

Ci-dessous : reconstitution du Mixosaurus carnalius, *ichthyosaure du Trias moyen, long de 1 à 2 m. Chez ces reptiles, les membres sont transformés en nageoires, probablement utilisées comme gouvernails de profondeur et stabilisateurs. L'organe de propulsion était la queue. En bas, dans la reconstitution, une forme du genre* Placodus.

actuels. Sur les plages des lagunes et des mers intérieures vivaient des formes à cou long qui pouvaient pêcher sans nager, en plongeant simplement la tête dans l'eau. Un cas particulier parmi celles-là est celui du *Tanystrophaeus longobardicus* (voir figure, page 81) au cou presque rigide, formé de vertèbres d'une longueur exceptionnelle.

Il existait enfin des formes dont la structure annonce déjà celle des crocodiles actuels, et en outre de gros lézards d'eau à pattes palmées (genre *Askeptosaurus).*

Sur la terre ferme

Dans les milieux de terre ferme du Trias se développèrent les ancêtres directs des véritables lézards (genre *Prolacerta).* Ces milieux étaient encore dominés, au moins dans la première partie de cette période, par les thérapsidés (ou « paramammifères »). Le *Lystrosaurus* et d'autres formes semblables opéraient dans les zones couvertes de végétation voisines des marais, avec des mœurs semblables à celles des hippopotames actuels.

Parmi les thérapsidés prédateurs, citons le *Cynognathus crateronotus,* sorte de gros chien, long de près de 2 mètres, à pattes à 5 doigts munis de fortes griffes, au nez curieux, aux oreilles externes à pavillon, avec des vibrisses sur le museau, et une denture robuste à canines en crocs. Les paramammifères n'étaient pas tous de grande taille ; il y en avait de petits, comme le *Thrinaxodon* (voir plus loin, page 90), mais tous étaient très actifs à la prédation. A partir de restes de certains spécimens jeunes, il a été possible de déduire que, chez quelques espèces, il y avait un changement de dents (avec chute et remplacement des dents de lait) exactement comme chez les mammiféres *vrais.* En outre la conformation des côtes nous indique que ces animaux avaient déjà le *diaphragme,* ce muscle plat qui, chez les mammifères, sépare la cavité contenant le cœur et les poumons, de celle qui contient l'intestin et les autres viscères.

Dans la seconde moitié du Trias, aux petits paramammifères se joignent, tout aussi petits, les premiers vrais mammifères : nous reviendrons bientôt sur ce sujet.

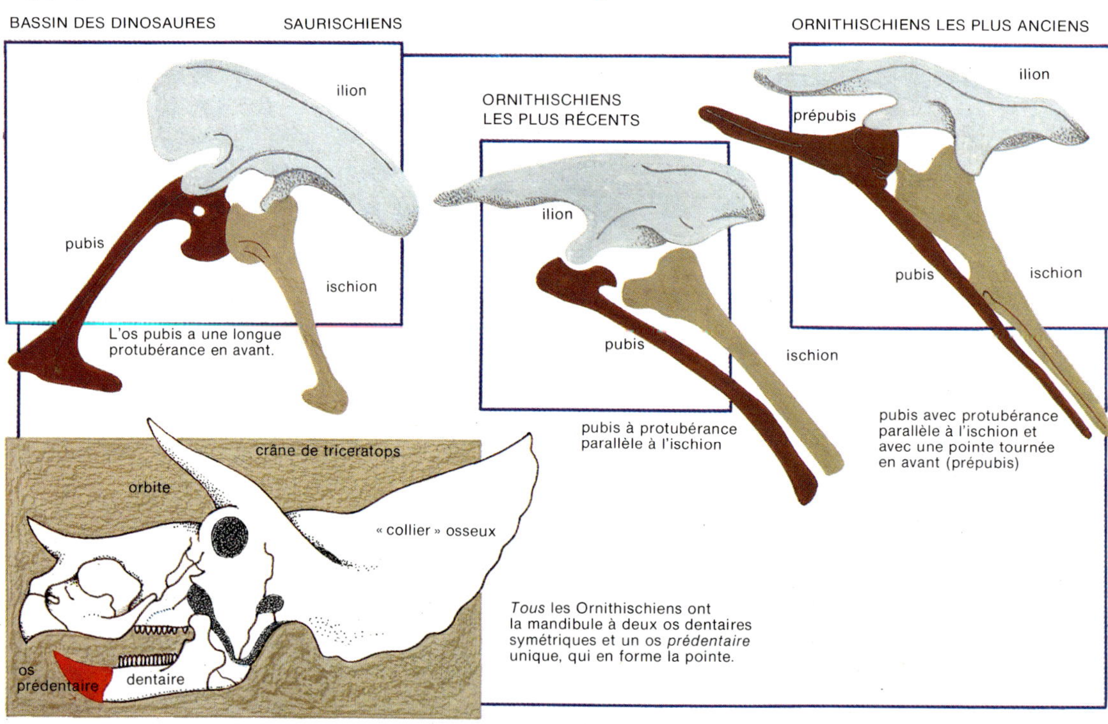

Au début du Trias, les milieux de terre ferme sont encore dominés par des « reptiles semblables à des mammifères » (thérapsidés) : mais c'est aussi le commencement de la grande aventure évolutive des archosaures, le groupe reptilien dans lequel apparaîtront les dinosaures.
Ci-dessus : reconstitution du Cynognathus crateronotus, *thérapsidé long de près de 2 m, et de quelques archosaures du genre* Euparkeria, *de 90 cm de longueur maximale.*

*A droite, squelette de l'*Euparkeria *comparé à celui d'un autre archosaure, l'*Hypsilophodon *(longueur jusqu'à 1,5 m). Les crânes montrent l'évidente fenestration devant l'orbite de l'œil, typique de tous les archosaures. Chez l'*Euparkeria *le bassin est cependant du type saurischien, tandis que chez l'*Hypsilophodon *il est du type Ornitischien.*

Page ci-contre : dessins des différentes structures du bassin qui permettent de distinguer les archosaures saurischiens des archosaures ornithischiens.
On a représenté aussi un crâne d'ornithischien avec l'os prédentaire, *caractéristique de toutes les formes de ce groupe.*

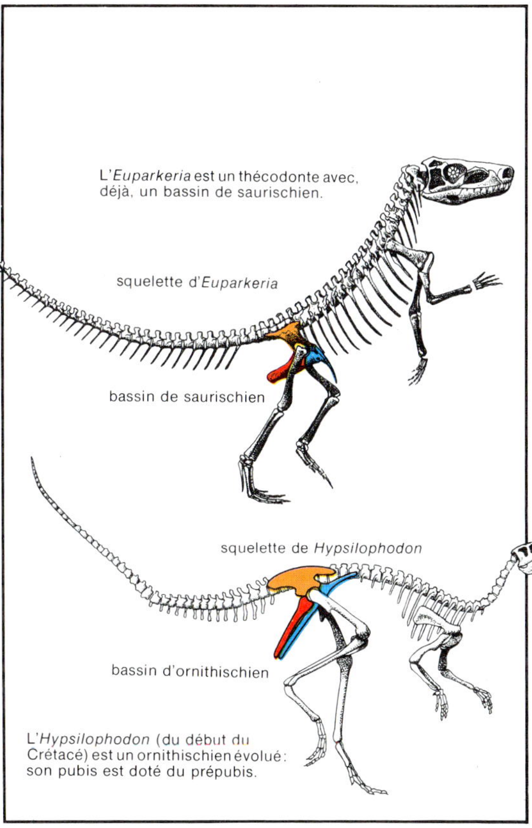

Reptiles dominateurs

Parmi les reptiles triasiques actifs sur la terre ferme, nous nous intéresserons à un animal long d'un peu moins de 1 mètre, bipède, et plutôt agile. Il marche sur les pattes de derrière, plus robustes que les bras, équilibrant le poids de la partie antérieure du corps par la longue queue musculeuse qu'il tient relevée. C'est l'*Euparkeria*. Il est probable qu'il est l'héritier des premiers descendants (cotylosaures) de reptiles plus anciens (comme l'*Hylonomus)* : il a déjà une longue histoire derrière lui. Son crâne est assez gros (ses mâchoires sont robustes), mais la structure osseuse est allégée par de vastes zones vides (fenestrations) ; en particulier, il existe une cavité entre celle de l'orbite (où se logent les yeux) et celle des narines : dans cette dernière, peut-être, se trouvait une glande du sel. Un organe semblable existe aujourd'hui chez les reptiles et les oiseaux qui vivent dans des zones arides : il sert à éliminer l'excès de sels accumulés dans l'organisme.

Ce type de crâne ne se rencontre aujourd'hui que chez les crocodiles, mais dans le passé il a caractérisé tous les grands reptiles appelés du nom collectif d'*archosaures* (lézards dominateurs), et en particulier les dinosaures.

Le vaste ensemble des archosaures peut se subdiviser en *cinq* groupes. Le premier est celui des *thécodontes,* formes relativement primitives et de taille modeste : l'*Euparkeria* est un des thécodontes les plus évolués, avec différentes caractéristiques qui annoncent celles des véritables dinosaures. Un autre groupe est celui des *crocodiles,* les seuls archosaures qui aient survécu jusqu'à nos jours. Il existe ensuite le groupe des *ptérosauriens,* formes volantes dont nous nous occuperons plus tard (page 112). Enfin, les *deux* groupes de dinosaures.

Pourquoi parlons-nous de *deux* groupes, à propos de ces reptiles ? Parce que ces archosaures présentent *deux* types, différents par le bassin, qui permettent justement de distinguer deux filières évolutives (voir le tableau récapitulatif de la page 119).

Chez les dinosaures *saurischiens* (à hanche de lézard), l'os du bassin, appelé *pubis,* dépasse en avant : la même struc-

*Quoique doté d'un bassin de saurischien, l'*Euparkeria *est compris dans le groupe, relativement primitif, des archosaures Thécodontes, dont font partie aussi l'*Ornithosuchus *(ci-dessous) et le* Saltoposuchus longipes *(ci-contre ; longueur : 90 cm). De formes semblables à l'*Ornithosuchus *dérivèrent les grands dinosaures saurischiens prédateurs, appelés Carnosaures. Les premiers saurischiens vrais sont les coelurosaures, prédateurs, bien représentés par le* Coelophysis *(ci-dessous), Trias supérieur, de taille moyenne, mais très élancé.*

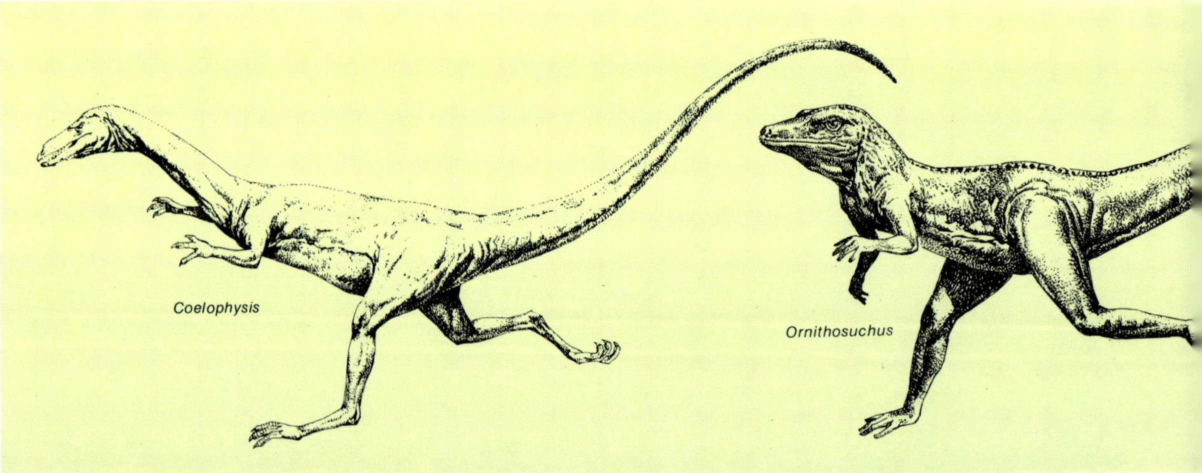

Il est probable que le *Plateosaurus* pouvait se déplacer soit comme quadrupède, soit comme bipède. Dressé sur ses pattes postérieures, il pouvait atteindre les feuilles des plantes les plus hautes.

Le dessin du squelette permet d'observer le bassin typique du saurischien.

ture s'observe chez la majorité des reptiles vivant aujourd'hui.

Chez les dinosaures ornithischiens (à hanche d'oiseau) le pubis est tourné vers l'arrière et allongé ; dans les formes plus tardives, le même os se prolonge par une sorte de pointe tournée vers l'avant. En outre, *tous* les ornithischiens ont un os particulier *(prédental)*, à l'extrémité de la mandibule, et ils sont principalement herbivores (voir dessins, page 84). Il y a lieu de noter que le bassin des ornithischiens, comme leur nom l'indique, est semblable à celui des oiseaux actuels, mais cela ne constitue pas un indice de parenté directe.

Nous traiterons, par la suite, de l'évolution des oiseaux (page 116) et nous verrons comment ces vertébrés descendent de formes de dinosaures saurischiens.

Les premiers saurischiens géants sont herbivores : l'abondance de la nourriture offerte par les plantes favorisa le développement d'animaux de taille toujours plus grande. Le Plateosaurus, *de la fin du Trias, avait les membres antérieurs bien développés, quoique moins longs et moins robustes que les postérieurs : c'était donc un bipède qui pouvait aussi, le cas échéant, se déplacer sur quatre pattes. Certains spécimens de platéosaure sont longs de 9 m.*
Ces animaux vivaient probablement en troupeaux. En quête de nourriture, ils entreprenaient parfois des déplacements d'une zone de pâturage à une autre, c'est-à-dire, du fait de la situation de milieu au Trias, d'une oasis à l'autre.
Il se peut que, dans certains cas, les animaux aient été surpris, durant leur voyage, par des conditions défavorables : ainsi s'expliquent les grands amas de squelettes, tous de la même espèce, véritables cimetières de platéosaures, trouvés dans certains gisements européens.
En haut : reconstitution de platéosaures en route pour des zones plus favorables.
Ci-dessus : les deux positions possibles d'un platéosaure.

Dotés de la hanche du lézard

Bon nombre de thécodontes ont déjà un bassin de lézard : dans ce groupe, on peut noter les tendances évolutives qui conduiront à bien des formes typiques de saurischiens. Par exemple, l'*Ornithosuchus*, long de 3,60 mètres, est un bon modèle de ce que seront dans la suite les gros dinosaures carnivores, appelés Carnosauriens.

On classe déjà parmi les saurischiens les coelurosauriens, longs de 2 mètres, ou un peu plus, formes bipèdes, agiles et élancées. Ces animaux étaient d'agiles prédateurs, et purent coexister d'abord avec les plus grands des paramammifères, puis avec les carnosauriens, plus massifs et probablement plus lents : on peut dire, en toute certitude, que la gamme des proies disponibles n'engendrait pas de situations de forte concurrence pour se nourrir.

rent à considérer avec intérêt les grandes quantités de nourriture offertes par le monde végétal. Et des herbivores de taille appréciable se développèrent. Partant du modèle bipède, ces saurischiens retrouvèrent l'utilité de la marche avec, *aussi*, les pattes de devant ; mais ils conservèrent l'aptitude à se dresser sur les pattes de derrière, tout à fait comme un petit chien de salon qui fait le beau pour un sucre. Un des premiers saurischiens, gigantesque et herbivore, est le *Plateosaurus*, dont la longueur habituelle était de 6 mètres, mais qui pouvait dans certains cas atteindre jusqu'à 9 mètres. Ces formes sont probablement les premières chez lesquelles se développa la capacité de se maintenir à une température à peu près constante grâce à leur grande masse.

Après les voiles des pélycosauriens permiens, et après les expériences d'homéothermie des paramammifères, voici la troisième solution pour rester au chaud mise en œuvre par les reptiles.

Le climat sec du Trias devait d'ailleurs causer pas mal de difficultés aux herbivores. L'assèchement d'une oasis pouvait obliger les platéosauriens à migrer vers d'autres zones vertes et le voyage de la harde dans le désert finissait parfois mal pour tous. Ainsi s'explique la présence, dans certains gisements, de véritables cimetières de platéosaures avec de nombreux squelettes de ces animaux, manifestement morts tous en même temps et ensevelis sous les sables.

Vers la fin du Trias, les premiers ornithischiens sont repérés. Il s'agit d'herbivores. Nous citerons le *Fabrosaurus*, long de 1 mètre et le curieux *Heterodontosaurus* dont les dents de formes variées, et les canines en crocs, pourraient faire supposer qu'il vivait un régime carnivore : en réalité, il est probable que ces crocs leur servaient à se défendre, ou dans les rivalités de mâles. (On rencontre des situations analogues même chez les herbivores mammifères, actuels ou éteints.)

Durant la nuit et jusqu'à l'aube de demain

Les restes d'un petit paramammifère du début du Trias (le *Thrinaxodon)* ont fourni des témoignages très instructifs sur le passage de ces formes aux vrais mammifères. On a trouvé quelques squelettes pelotonnés dans une position typique de mammifère en boule, sur eux-mêmes, pour se tenir au chaud dans leur fourrure : aucun reptile actuel ne se comporte ainsi (voir dessin, page 75). En outre, dans un cas, on a retrouvé les restes d'un adulte (une mère ?) et d'un petit étroitement enlacés. Le crâne du petit, vraisemblablement à peine né, est plus grand par rapport à son corps que celui de l'adulte, ce qui n'est pas le cas général des petits de reptiles (voir dessin, page 73). Les proportions sont analogues à celles que l'on rencontre chez les nouveau-nés et adultes de mammifères. Certains savants (par exemple A.S. Brink) pensent, pour cette raison, que des animaux comme le *Thrinaxodon* devaient mettre au monde *des petits vivants* et les nourrir d'une substance semblable au lait, produite par des glandes spéciales. En effet le développement des petits peut s'accélérer si ceux-ci, déjà grands au moment de la naissance, ont un métabolisme rendu plus efficace grâce à l'administration d'une nourriture énergétique et d'assimilation facile. Le *lait* des mammifères est un aliment de ce genre. Pourquoi exclure une telle situation chez les plus évolués des paramammifères ?

Vers la fin du Trias, le *Thrinaxodon* et les autres paramammifères quittent la scène. Ils sont remplacés par de petits animaux poilus et parfaitement homéothermes, qui font mieux, et avec un meilleur rendement, ce que faisaient déjà probablement leurs prédécesseurs reptiliens. Ce sont les premiers *mammifères* vrais (porteurs de mamelles).

Un exemple typique est offert par le *Morganucodon*, long d'une dizaine de centimètres. Il devait être semblable, par son aspect, à un insectivore actuel. Il avait des dents de forme et de taille différentes : petits crocs comme canines, et prémolaires adaptées au broyage même des substances dures. On a trouvé des restes de *Morganucodon* en Angleterre, en Chine, en Afrique du Sud.

Désormais libérés de la grande peur associée au froid, ces premiers mammifères apprirent à occuper tous les milieux (les *niches écologiques*, pour leur donner leur nom correct) : ils se cachèrent dans les plus petites anfractuosités, creusèrent peut-être des terriers dans le sol. Surtout, ils apprirent à être actifs quand les petits reptiles et les amphibiens étaient forcés de s'arrêter : la nuit. Au coucher du soleil, les morganucodons et leurs semblables se mettaient à chasser insectes, araignées, myriapodes, petits amphibiens et reptiles engourdis par le froid ; peut-être se nourrissaient-ils aussi de graines et de racines.

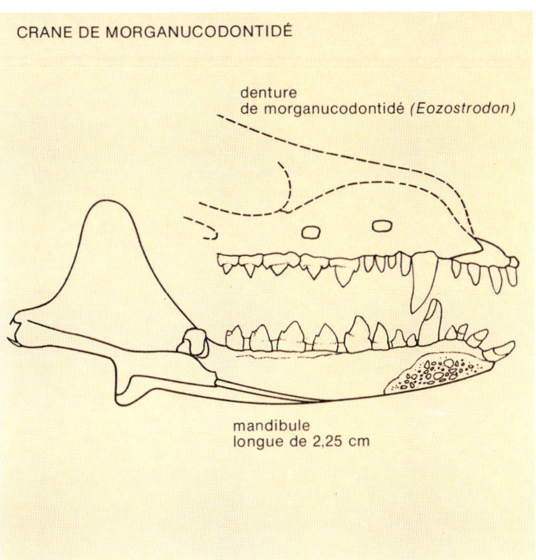

Durant le Trias, et surtout vers la fin de la période, les plus petits des « reptiles semblables à des mammifères » sont remplacés dans les mêmes milieux par les premiers vrais mammifères.
Ces animaux s'habituent très tôt à mener leur vie active le soir et la nuit, évitant la concurrence des reptiles, actifs de jour.
Ci-dessus : reconstitution du Morganucodon.
A gauche : mandibule et maxillaire supérieur d'un morganucodontidé (Eozostrodon). *Les mammifères du Trias, prédateurs et sans doute omnivores, ressemblaient beaucoup aux insectivores actuels.*

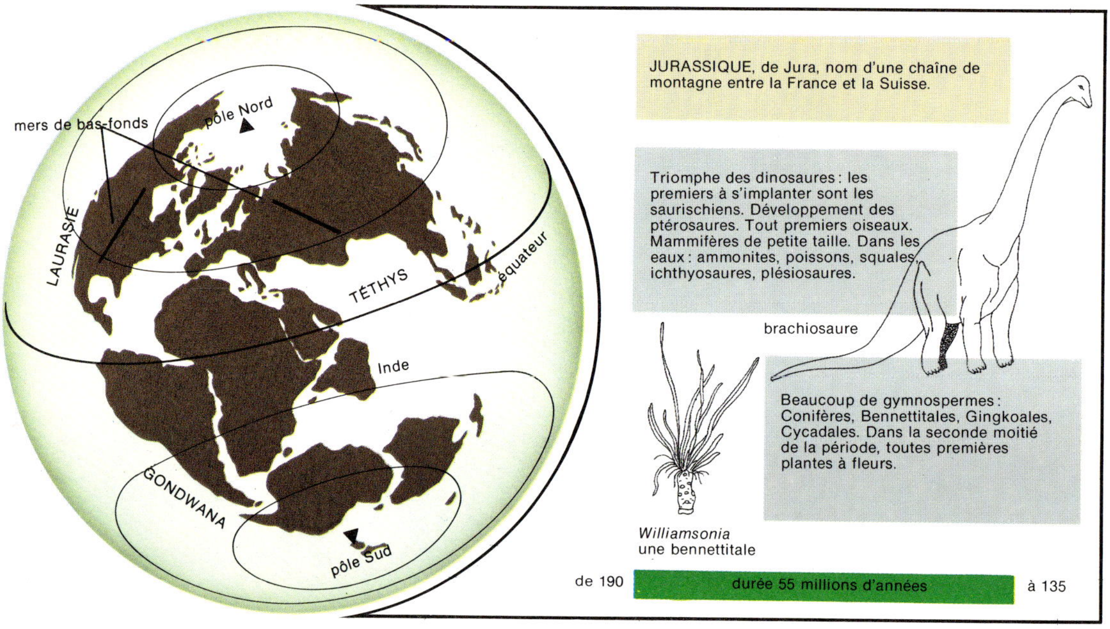

Jurassique

La période Jurassique, au milieu du Mésozoïque, est caractérisée par un climat relativement stable. Naturellement, étant donné la longueur de la période (environ 60 millions d'années), une indication de ce genre n'a qu'une valeur approximative. Le morcellement du supercontinent Pangée provoque de nouveaux changements dans la forme des terres émergées. La majeure partie de celles-là reste néanmoins une vaste bande qui exclut le pôle Sud et frôle à peine le pôle Nord. Au Jurassique, il n'y eut donc pas de froids intenses, et il est probable que les précipitations furent abondantes et fréquentes. La situation devint donc idéale pour le monde végétal, qui en effet prospéra et, naturellement, pour les herbivores. Durant cette période se développèrent les plus grands « mangeurs de plantes » qui aient jamais vécu sur la planète Terre.

Les continents en voyage

Durant le Jurassique, la plaque de l'Amérique septentrionale se détache du Gondwana : dans l'espace ouvert entre cette masse continentale et l'Afrique, commence à s'élargir l'Atlantique septentrional. La fracture entre l'Amérique septentrionale et l'Eurasie se produit aussi durant cette période. De vastes mers, aux eaux peu profondes, se forment, du nord au sud, dans l'Amérique septentrionale et, en Eurasie, entre l'Europe et l'Asie.

L'Antarctique, l'Australie et l'Amérique méridionale se détachent de l'Afrique ; vers la fin de la période, il existe déjà une ébauche de l'Atlantique Sud. Les mouvements des plaques font surgir les Andes et les montagnes Rocheuses. Une rotation du polygone, qui deviendra la péninsule Ibérique, a pour effet de faire s'ouvrir le golfe de Gascogne et de faire se dresser les Pyrénées.

Dans les phases postérieures, l'Inde est déjà détachée de l'Afrique orientale et commence son voyage vers le nord, tout en restant encore au sud de l'équateur. Beaucoup de zoncs sont encore recouvertes de marais et de marécages.

Page ci-contre : fiche relative au Jurassique. Ci-dessus : exemplaires de Gingkoales, Cycadales et Bennettitales, gymnospermes encore abondantes et répandues au Trias. Apparaissent cependant aussi les premières angiospermes, plantes à fleurs apparentes. A gauche, chez les gymnospermes et chez les angiospermes, l'union des cellules sexuelles se réalise dans des structures qui ne se développent plus sur un terrain humide, mais qui se forment, à l'abri, sur la plante même. *Un arbre est, en réalité, un énorme pilier, sexuellement neutre, qui porte les fleurs avec les organes sexuels.*

Les plantes

Sur les bords des rivières et des lacs poussaient, encore en abondance, les fougères et les prêles de dimensions remarquables, sinon même gigantesques. Conifères et cycadales se propagent, formant des forêts. Les gingkoales s'étendent largement ; leur groupe, alors très vaste, n'est plus représenté aujourd'hui que par le *Gingko biloba*. Afin de décrire justement le cas extraordinaire de survivance de cette plante, Darwin inventa l'expression « fossile vivant », appliquée depuis à différentes autres formes végétales et animales (quelques fossiles vivants intéressants sont représentés dans les photos de la page 305). Observons maintenant le gingko dans les jardins : nous nous asseyons sur les bancs ombragés par son feuillage, et nous ne nous préoccupons guère du fait que cette « relique » a été broutée par les dinosaures. Le système de reproduction du gingko ressemble à celui des conifères, mais il a aussi des caractères communs avec les plantes à fleurs (angiospermes). Chaque arbre porte des organes d'un seul sexe (on dit que la plante est *dioïque)* ; le transport du pollen sur les organes femelles est confié au vent ; il se développe une grosse graine entourée d'une pulpe rougeâtre. Entre les feuilles en double éventail, semblables à une version très agrandie des feuilles de la capillaire cheveu-de-vénus, on voit apparaître de curieuses boules rouges à pédoncule, resssemblant à des cerises. Le gingko est, exactement, une voie moyenne entre plantes anciennes et nouvelles.

Dans les forêts du Jurassique abondent aussi les bennettitales, autres plantes à caractères intermédiaires entre ceux de groupes végétaux bien connus. Entièrement éteintes de nos jours, les bennettitales ont été décrites avec précision grâce à de nombreux restes fossiles bien conservés. Elles avaient un tronc ligneux, revêtu d'une sorte de cuirasse formée par les bases des feuilles tombées (donc ressemblant à celui des palmiers) ; les feuilles,

semblables aux frondes des fougères, étaient réunies en touffe à l'extrémité du tronc, lequel pouvait atteindre une longueur de 4 mètres dans le genre *Williamsonia,* un des plus communs). Les organes des deux sexes étaient disposés dans des structures semblables aux fleurs des angiospermes : il n'y avait ni pétales ni sépales, mais une série de folioles presque plumeuses. Il semble possible que la pollinisation des bennettitales ait été assurée, en plus de l'action du vent, par l'activité des insectes ou d'autres arthropodes, très abondants dans les forêts, dans les maquis et dans les steppes durant tout le Jurassique.

Dans la seconde moitié de la période apparaissent les toutes premières angiospermes. Sur les terres émergées, se voient donc, pour la première fois, les *fleurs*. Les végétaux ne sont plus tributaires désormais, pour la reproduction, de la présence de l'eau mais ils établissent des rapports de plus en plus étroits, dans le même but, avec le règne animal, et en particulier avec les insectes.

Ci-dessus : coquille d'ammonite du Jurassique anglais, d'un diamètre d'environ 13 cm.
En haut : reconstitution de quelques reptiles marins du Jurassique. Le Geosaurus *est un archosaure du groupe des crocodiles, parfaitement adapté à la nage : les "doigts" des membres étaient réunis de façon à former des nageoires efficaces. La queue avait deux expansions musculaires qui lui donnaient la forme d'une nageoire fourchue. Ces crocodiles marins étaient prédateurs de poissons et d'ammonites ; ils étaient très abondants dans les mers du Mésozoïque.*

Les milieux marins

Mers qui s'insinuaient entre les diverses masses continentales ; mers intérieures étendues : le Jurassique a été une période idéale pour les animaux marins. Les mollusques abondaient : à part les formes rampant sur les fonds, il y avait de nombreux céphalopodes (bélemnites et surtout ammonites, mais aussi des formes semblables aux calmars et aux seiches). Les poissons cartilagineux (squales et raies) étaient également nombreux. Les poissons osseux (communs aussi dans les eaux intérieures) se répandent et s'affirment en un perpétuel « crescendo ». A l'évidence, tous ces animaux constituaient une intéressante source de nourriture et, parmi les reptiles, les formes les plus adaptées à la prédation se multiplièrent.

Les principaux groupes de reptiles adaptés à la vie marine sont au nombre de trois : les plésiosaures, les ichthyosaures et les crocodiles. Ces derniers connaissent un développement remarquable vers la fin de la période (*Geosaurus,* d'une longueur allant jusqu'à 4 mètres ; *Steneosaurus,* atteignant jusqu'à 9 mètres) ; les membres des crocodiles marins du Jurassique sont assez semblables à des nageoires mais, dans le squelette, ils conservent la structure des doigts distincts, avec un nombre normal de phalanges. Chez les plésiosaures, au contraire, et surtout chez les ichthyosaures, les phalanges deviennent très nombreuses et les doigts se rapprochent, leur ensemble formant une mosaïque d'osselets qui soutiennent les nageoires ;

celles-là, du fait de la structure de la partie supérieure des membres, sont rendues moins mobiles chez les ichthyosaures qu'elles ne le sont chez les plésiosaures. En pratique, il est probable que les ichthyosaures, pour nager, se poussaient avec la queue seulement, ne se servant des nageoires que comme de gouvernails de direction et de plongée ; les plésiosaures, au contraire, se servaient de leurs nageoires comme de rames. Il est certain que les ichthyosaures pouvaient s'immerger sans difficulté et, par conséquent, chasser même en profondeur. En étudiant la mécanique des articulations des plésiosaures, on s'est rendu compte, en revanche, que ces animaux ne pouvaient sûrement pas soulever leurs membres au-delà de l'épaule : ils ne pouvaient donc nager qu'en surface. Ainsi s'expliquent la longueur et l'exceptionnelle flexibilité de leur cou, qui était leur véritable outil de pêche : l'animal le plongeait prestement pour atteindre les proies dont il s'était seulement approché en nageant.

Spécialisations diverses

Ichthyosaures et plésiosaures opéraient dans des zones différentes, respectivement en haute mer, et près des côtes. Dans le régime des plésiosaures, les poissons devaient dominer ; dans celui des ichthyosaures les poissons (osseux et cartilagineux) étaient importants au même titre que les céphalopodes, mais souvent, les différentes espèces semblent adaptées à la capture d'un de ces types de proie *ou* d'un autre. Les dentures des ichthyosaures sont variables : bouches allongées à dents aiguës, propres à happer des proies rapides ; bouches larges, à dents plates, propres à briser des coquilles. Le contenu de l'estomac s'est conservé dans quelques spécimens : on y trouve des restes de poissons ou des restes de céphalopodes. On a aussi découvert d'étranges pelotes constituées de multitudes de petits crochets (longs de 1 à 2 millimètres) : ces crochets sont en tout point semblables à ceux qui se trouvent dans les ventouses des bras des céphalopodes actuels. Dans un fossile de jeune ichthyosaure on a trouvé environ 478 000 crochets : on peut donc estimer que l'animal avait capturé quelque 1 600 céphalopodes (dans les formes vivantes actuelles, il y a 10 bras, avec environ 30 ventouses et crochets pour chacun). Ces restes, qui s'accumulaient dans l'estomac, comme par exemple les coquilles brisées, étaient ensuite vomis périodiquement. Cela se passe aujourd'hui pour les cachalots, prédateurs de calmars.

Les plésiosaures étaient obligés de revenir au rivage pour pondre leurs œufs (et, probablement, sur les plages et sur les récifs). Ils étaient maladroits, comme le sont aujourd'hui les tortues et les morses. Les ichthyosaures, parfaitement adaptés à la vie en pleine mer, étaient *vivipares*. Cette caractéristique a été confirmée par l'examen de certains fossiles exceptionnels : squelettes de femelles dans le ventre desquelles étaient conservés des

Ci-contre : fossile de l'ichthyosaure Stenopterygius quadriscissus. *Outre le squelette, la forme des parties molles du corps est bien visible aussi. Ci-dessous : reconstitution du* Stenopterygius quadriscissus. *Grâce aux fossiles, les savants ont pu fournir des reconstitutions digne de foi de ces animaux. Pendant longtemps, en effet, les reconstitutions avaient été incorrectes. Par exemple, on pensait que le "pli vers le bas" de la colonne vertébrale dans les régions de la queue était dû à une fracture : on ne pouvait soupçonner que, en réalité, la queue elle-même avait* deux *lobes et que seul le lobe inférieur était soutenu par une armature squelettique. De façon analogue, on ignorait l'existence de la nageoire dorsale charnue.*

embryons déjà entièrement développés. Il existe un fossile de femelle morte pendant l'expulsion du petit : une véritable « mise bas » fossile. Les embryons des petits ichthyosaures apparaissent généralement roulés sur eux-mêmes. A l'intérieur de certains spécimens, on a, d'autre part, retrouvé des squelettes de petits, en débris. Ce sont là des témoignages évidents d'une autre habitude des ichthyosaures : le cannibalisme. Ces mœurs existent chez beaucoup de formes aquati-

ques vivipares : signalons le cas du cyprinodonte (carpe à dents) ou *guppy,* bien connu des amateurs d'aquariums ; différentes espèces de squales vivipares dévorent, souvent, les petits à peine expulsés du corps de la mère.

Dans la seconde moitié du Jurassique, évoluent différents plésiosaures au cou court et au crâne gros et long : ce sont les pliosauriens. Les nageoires de ces animaux se mouvaient aussi vers le haut : elles pouvaient donc, non seulement propulser le corps à la surface de l'eau, mais aussi permettre son immersion. Les pliosauriens connaissent leur plus grande expansion au début de la période suivante (Crétacé), dans des formes gigantesques.

Les plus grands parmi les grands

Ayant évolué vers la fin du Trias, à partir d'un groupe dont faisaient partie le platéosaure et le *Melanorosaurus,* les sauropodes représentent indubitablement les dinosaures les plus « populaires ». Il convient de dire tout de suite que cette popularité ne s'accompagne pas d'une connaissance parfaite de ce qu'a pu être le mode de vie de ces animaux.

Pourquoi des formes aussi énormes se sont-elles développées ? Donnons quelques réponses parmi les plus logiques :

Parce que la grande masse était un moyen efficace de contribuer au maintien suffisamment constant de la température de l'animal ; et que cette masse décourageait les prédateurs.

Parce que une grande quantité de nourriture végétale était disponible et que ces formes, herbivores, en profitèrent.

Parce que les végétaux, souvent coriaces, demandaient un long processus de digestion, en grande partie obtenu par leur fermentation. Un processus de cette sorte devait se réaliser sur de grands amas de substances, mâchées dans des estomacs très vastes : les sauropodes n'étaient peut-être rien d'autre que des systèmes de transport énormes, pour un système digestif énorme ; des estomacs immenses, équipés de quatre pattes.

Comment se déplaçaient-ils ? Dans quel milieu vivaient-ils ? Les os des membres étaient pleins (et non creux comme chez la plus grande partie des vertébrés) : ils devaient donc se comporter comme de véritables colonnes, pour supporter le grand poids du corps. Les pattes postérieures avaient (chez le *Diplodocus)* 5 doigts, les 3 doigts intérieurs étant munis d'onglons. Les 2 doigts les plus extérieurs étaient pris dans un coussinet épais et dur, comme celui qui existe dans les pattes d'éléphant. Aux pieds antérieurs, le premier doigt était muni d'une griffe assez grosse. Nous disposons d'observations de traces assez bien conservées, faites, dans certains cas, dans des boues pétrifiées. On a parfois des séries d'empreintes en creux (grandes comme des roues d'autobus), qui nous permettent de déduire que ces animaux se déplaçaient en groupes. Dans d'autres cas, les empreintes (toujours de plusieurs individus) sont curieuses : de place en place, on ne remarque que des traces relatives aux pattes de devant. Comme nous ne pouvons admettre que ces grosses bêtes sautaient ou se livraient à des exercices d'équilibre, nous devons conclure que dans certains cas au moins, ils vivaient dans des eaux peu profondes et se déplaçaient par poussées, de quelques coups de pattes dans le fond, exactement comme le font aujourd'hui les hippopotames.

La structure des vertèbres nous fournit un autre indice : elles sont massives dans la région de la queue ; elles se font bien plus légères et creuses dans la zone du tronc, et deviennent longues mais creuses, et presque fragiles, dans le cou. La reconstitution du sauropode, le dos hors de l'eau, le cou flottant, et la queue pendant un peu à la manière d'une ancre, devient assez acceptable. D'autre part, dans certaines formes (*Brachiosaurus* par exemple), le long cou et les pattes antérieures plus longues que les postérieures suggèrent une reconstitution du type « éléphant-girafe » : pattes en colonnes, pour marcher même sur un sol sec et cou extrêmement long, pour manger les bourgeons des plantes.

Les dents de certains sauropodes (*Diplodocus*) étaient relativement en petit nombre, et en forme de piquet : denture propre à la mastication des plantes aquatiques molles ou des algues. Chez d'autres espèces *(Camarasaurus et Brachiosaurus)*, les dents étaient plus nombreuses, mieux implantées et plus pointues : donc adaptées à traiter des feuilles coriaces, ou même des écorces et des racines. Parmi les os de certains sauropodes, on a trouvé des pierres arrondies : il est probable que ces animaux avalaient ces cailloux (*gastrolithes*, « pierres du ventre ») pour faciliter le travail de trituration des aliments, et leur digestion ; ainsi font aujourd'hui les poules, qui avalent, dans le même but, de la pierraille.

Contre l'hypothèse de l'hippopotame, il faut noter que l'animal aurait couru le risque d'être écrasé par le poids de l'eau et, en tout cas, n'aurait pas pu immerger la tête pour brouter sur les fonds ; contre l'hypothèse de l'« éléphant-girafe », nous

Fiche sur les Sauropodes. On y donne les têtes de quatre des formes les plus connues. La silhouette en clair du Camarasaurus *adulte peut être comparée à la reconstitution du petit, dont le corps est beaucoup plus trapu (avec un cou court). Les deux silhouettes en couleur permettent d'évaluer les dimensions du fameux « supersaurien », sauropode dont on ne connaît pour l'instant que quelques vertèbres et une omoplate.*

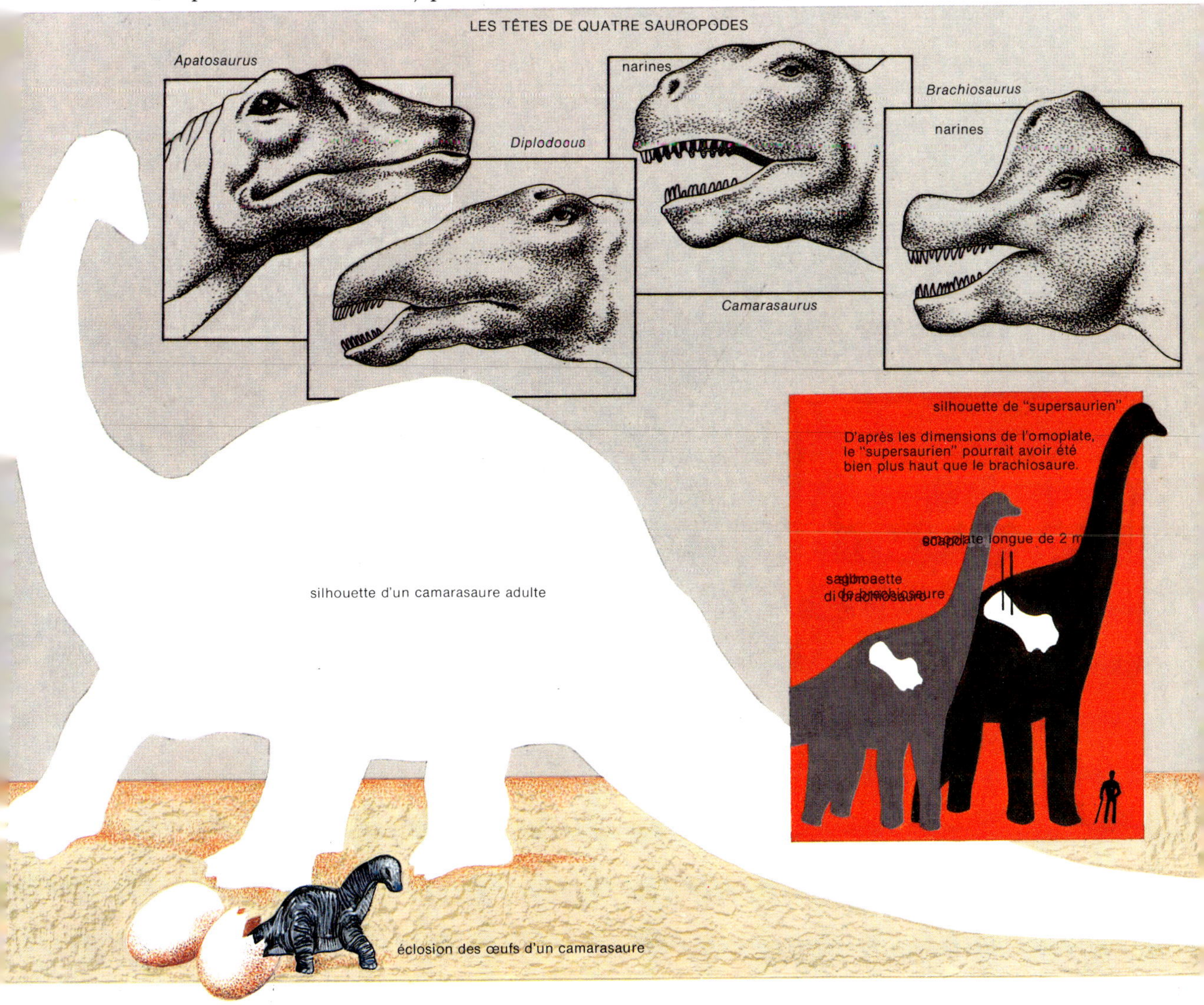

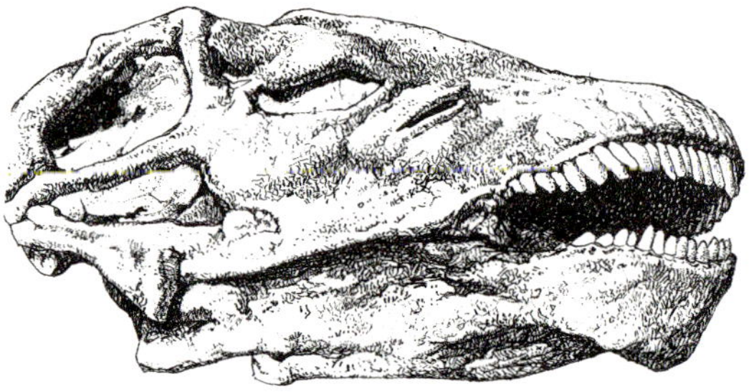

vrai crâne
récemment découvert

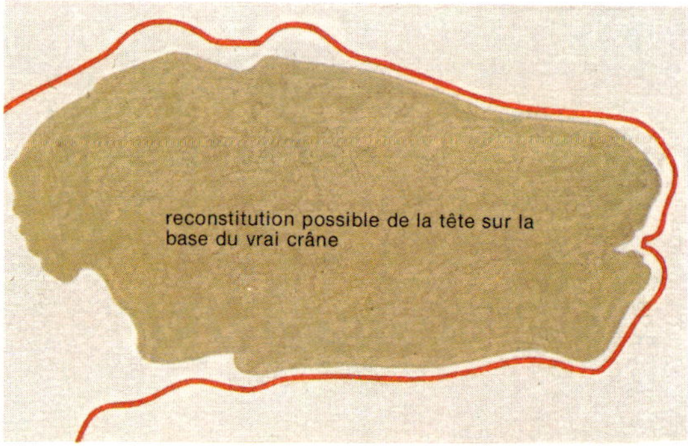

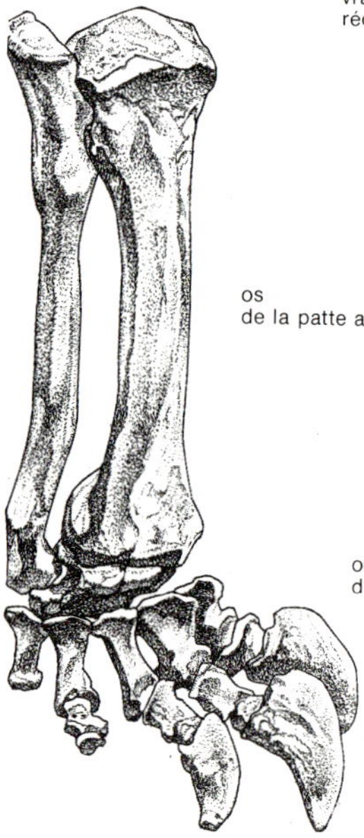

os
de la patte antérieure

onglon
du premier doigt

*L'*Apatosaurus *(plus connu comme brontosaure) est un des dinosaures les plus "populaires". Les reconstitutions habituellement fournies (ci-dessous) doivent être considérées comme inexactes, du fait que la tête de l'animal avait été remplacée par celle d'un* Camarasaurus. *La* véritable *tête de ce géant a été retrouvée récemment (ci-contre, le crâne, qui est ici,* pour la première fois, *publié dans un texte de vulgarisation), et ressemble assez bien à celui du* Diplodocus. *Ci-contre, à gauche, silhouette d'une reconstitution possible (donnée en détail à la page 99). On donne aussi un détail du squelette du membre antérieur.*

Apatosaures (brontosaures) reconstitués avec la tête « traditionnelle ».

avons le témoignage des empreintes. Il n'existait probablement pas de modèle unique : les diverses espèces avaient des modes de vie différents, ne serait-ce que pour éviter la concurrence. Nous savons, en effet, que dans certaines régions coexistaient plusieurs formes distinctes de sauropodes.

La découverte d'un jeune camarasaurus long de 5 mètres seulement (l'adulte dépassait les 16 mètres) a démontré que les jeunes avaient un cou et une queue plus petits, en proportion, que ceux des adultes, tandis que la tête, toujours en proportion, était plus grande. On a supposé que pour obtenir une croissance rapide, les jeunes avaient un métabolisme plus prompt que celui des adultes.

Toujours au centre des polémiques, à propos des différentes interprétations de leur comportement, les sauropodes ne sont pas laissés tranquilles, même dans les musées. C'est le cas de l'*Apatosaurus* (plus connu sous son ancien nom de brontosaure). La tête, faisant partie de tous les squelettes de cet animal (beaucoup de moulages complets existent dans différents musées) était *fausse*. Les os du crâne manquaient, en effet, dans le squelette trouvé par Othniel C. Marsh en 1879, au Como Bluff (Wyoming, USA). Marsh compléta le précieux (et énorme) vestige par une reconstitution, établie essentiellement à base de pièces d'un crâne de camarasaurus. Le fait était connu depuis longtemps, et avec un grand embarras, par les spécialistes. La *vraie* tête (semblable à celle du diplodocus) a été découverte récemment par John McIntosh et David Berman dans un tas d'ossements poussiéreux abandonné longtemps sans avoir été examiné. Dans quelques musées (Pittsburgh, Chicago) on a déjà procédé à une décapitation et à un remplacement ; des moulages sont prêts, en vue d'être envoyés dans les musées du monde entier. Le nouveau crâne, avec ses dents en pic, convient mieux à l'hypothèse d'un apatosaure mangeur de végétaux mous.

Durant tout le Jurassique, il y eut une large diffusion des Cœlurosaures, petits dinosaures saurischiens prédateurs. Ces animaux étaient bipèdes : ils avaient en général les membres antérieurs courts, mais dotés de "mains" (à trois ou quatre doigts) bien développées et aptes à saisir et à retenir les proies. La queue, longue et parfois rigide, permettait d'équilibrer le poids du corps durant la course.
A gauche : reconstitution d'un Ornitholestes, *dont la longueur pouvait atteindre 2 m. Dans le membre postérieur, trois doigts étaient bien développés et un quatrième était tourné vers l'arrière. Tous les doigts portaient des griffes.*
*Ci-dessous : le crâne de l'*Ornitholestes *présente une denture typique de carnivore, avec des éléments qui sont tous assez semblables entre eux.*

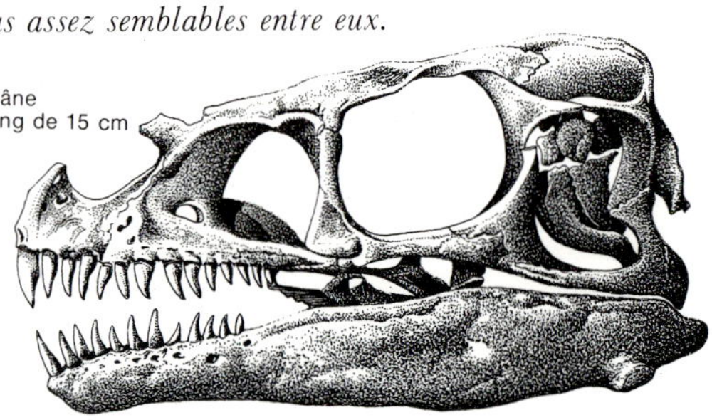

Prédateurs de toutes tailles

Sur les terres émergées abondaient les insectes, les araignées, les myriapodes, qui servaient de proies aux tout premiers lézards (de multiples formes du groupe sont aujourd'hui représentées par le seul tuatara ; encore un de ces fameux fossiles vivants dont on voit un aspect page 305) et à d'autres petits vertébrés. Ceux-ci, à leur tour, étaient chassés par différents reptiles de taille moyenne : cœlurosaures descendant de formes qui avaient vécu au Trias.

Les cœlurosauriens étaient des animaux agiles et élancés : bipèdes, ils se mouvaient avec rapidité. Nous savons tous que pour capturer un lézard en fuite, il faut l'adresse et la rapidité d'intervention d'un chat ; les cœlurosauriens devaient être tout aussi véloces. Certains savants ont proposé d'attribuer cette aptitude à une disponibilité appréciable d'énergie propre, donc à un métabolisme élevé. Il est en somme possible que les agiles cœlurosauriens aient été homéothermes. L'*Ornitholestes* était long de 2 mètres, mais sa hauteur debout était inférieure à celle d'un enfant ; le *Compsognathus* était plus petit qu'un poulet.

Les gros prédateurs bipèdes appelés carnosauriens, sont des descendants de l'*Ornithosuchus*, et de formes semblables. Au début du Jurassique, on trouve trace du *Dilophosaurus*, long de 6 mètres ; vers la fin de la période, nous avons le *Ceratosaurus*, l'*Allosaurus*, le *Megalosaurus*. Dans certains genres, le crâne est orné de crêtes et de protubérances osseuses (voir page 129).

Le mégalosaure est le premier dinosaure dont on ait retrouvé et décrit les restes. En réalité, la description donnée par Robert Plat, en 1677, dans son ouvrage *The Natural History of Oxfordshire* (« Histoire naturelle de l'Oxfordshire » : c'est dans ce comté anglais que l'on fit la trouvaille), est plutôt sommaire, à tel point que, plus tard (1765), R. Brookes put baptiser du nom de *Scrotum humanum* le fragment de l'extrémité du gros fémur de l'animal : l'évidente ressemblance

A droite, reconstitution d'un autre cœlurosaure de la fin du Jurassique, le Compsognathus longipes. *Cet animal avait une longueur totale de 60 cm ; la tête avait à peu près 8 cm de longueur.*
Ci-dessous : dans le crâne du Compsognathus *on note la fenestration de l'orbite, d'abord, et deux fenestrations postérieures ; il existe aussi un "trou" d'allégement dans la mandibule.*
Les pattes de derrière du Compsognathus *étaient très semblables à celles d'un oiseau coureur. Dans le passé, certaines séries d'empreintes sûrement laissées par des* Compsognathus *furent interprétées comme traces d'oiseaux primitifs. De fait, ce saurischien est, par la structure de son squelette, très voisin des premiers oiseaux (voir le dessin page 117).*

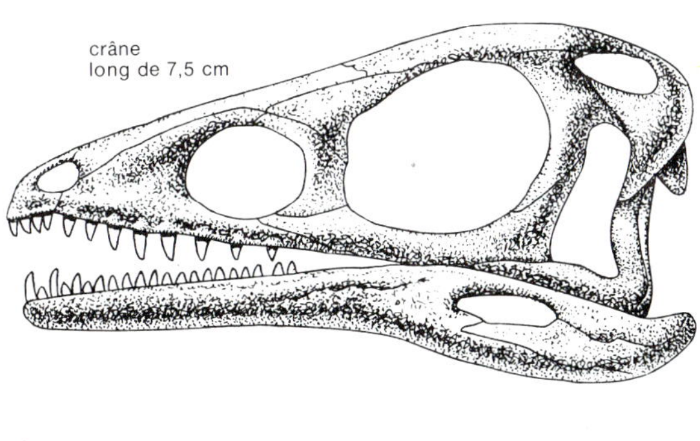

avec la forme de la bourse contenant les testicules de l'homme (le scrotum, en effet) ayant suggéré l'attribution de ce reste pétrifié à un géant antédiluvien. Il n'y eut de description correcte du mégalosaure qu'en 1824.

Nous disposons de témoignages très intéressants sur la vie des allosaures. Des séries de traces, imprimées dans une boue pétrifiée par la suite, permettent de déduire que ces carnosauriens (longs de 10 à 12 mètres) chassaient en groupe, tout comme les loups ou les lionnes. Comme l'union fait la force, ils pouvaient attaquer même les sauropodes, dont la grande masse représentait une défense toute trouvée contre l'attaque d'un prédateur isolé. Le squelette d'un apatosaure montre des vertèbres entamées par la morsure d'un allosaure : la queue du gros herbivore est abîmée, aussi : le carnivore a dû l'attaquer par-derrière, en le prenant précisément par la queue. L'image familière du chat, tenant la queue du rat dans sa gueule, ne doit pas nous induire en erreur : pour tenir compte des proportions, il nous faudrait plutôt penser à un chat mordant la queue d'un veau. Parmi les os du sauropode, on a aussi trouvé quelques dents brisées d'allosaure ; il est certain que le gros herbivore ne se laissa pas maîtriser sans opposer de la résistance.

Comment se passaient ces chasses, ces poursuites ? Faisons des comparaisons. Le plus grand saurien vivant, le varan de Komodo (*Varanus komodoensis,* pouvant atteindre une longueur de 4 mètres et un poids de 135 kilogrammes), n'est pas un animal très rapide ; ses attaques ne sont jamais fulgurantes et il se nourrit souvent de charognes. Le varan est *à sang froid,* mais il résiste parce qu'il vit dans des climats chauds. Ailleurs, il ne survivrait pas. Les crocodiles sont plus grands, mais dans l'eau *seulement* ils opèrent rapidement ; à terre ils sont très maladroits. Que dire d'animaux pesant de dix à cent fois plus ? Devons-nous nous représenter les chasses des allosaures et les fuites des sauropodes comme des scènes cinématographiques, projetées au ralenti ? Les traces indiquent que les foulées étaient assez longues et que tout se passait en somme plutôt rapidement. Quelle dépense d'énergie, au total ! Est-elle tirée tout entière du milieu et conservée grâce aux grandes dimensions du corps ? Ou au contraire fabriquée ?

On en revient à l'hypothèse, déjà formulée, du métabolisme élevé et de l'homéothermie.

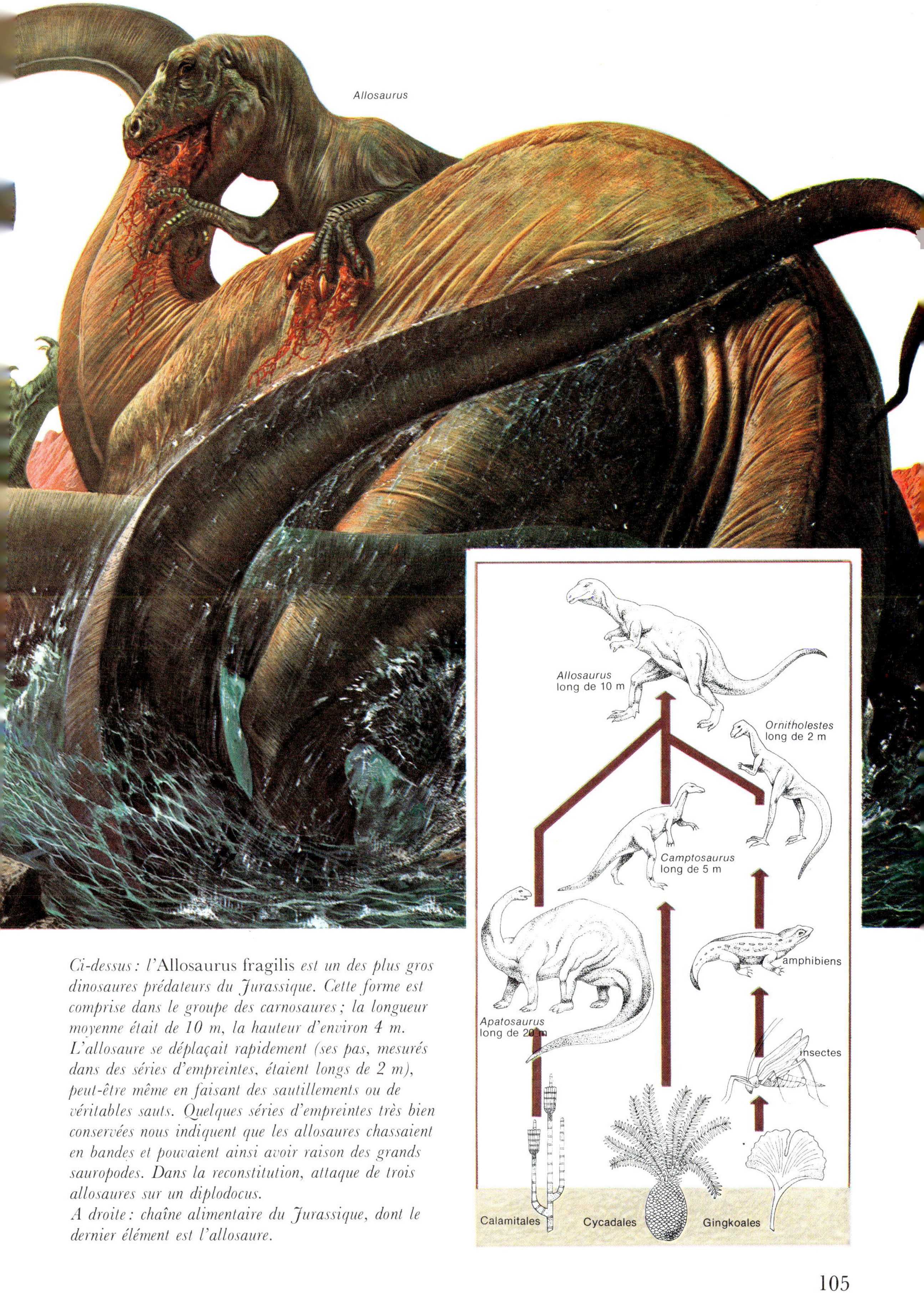

*Ci-dessus : l'*Allosaurus fragilis *est un des plus gros dinosaures prédateurs du Jurassique. Cette forme est comprise dans le groupe des carnosaures ; la longueur moyenne était de 10 m, la hauteur d'environ 4 m. L'allosaure se déplaçait rapidement (ses pas, mesurés dans des séries d'empreintes, étaient longs de 2 m), peut-être même en faisant des sautillements ou de véritables sauts. Quelques séries d'empreintes très bien conservées nous indiquent que les allosaures chassaient en bandes et pouvaient ainsi avoir raison des grands sauropodes. Dans la reconstitution, attaque de trois allosaures sur un diplodocus.*
A droite : chaîne alimentaire du Jurassique, dont le dernier élément est l'allosaure.

Les cœlurosaures étaient agiles et véloces.

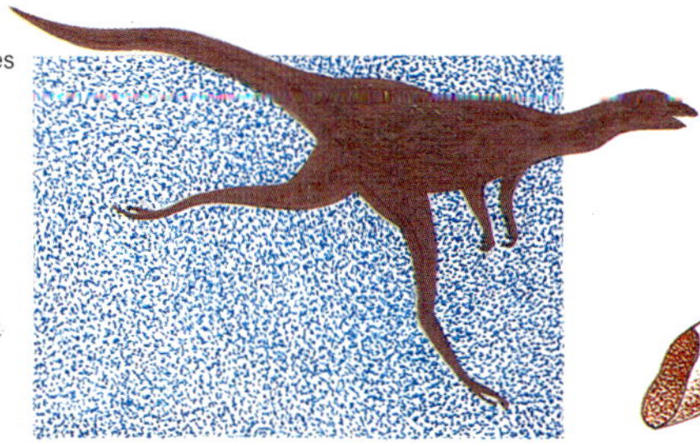

Les ankylosaures développèrent la technique de l'intimidation : en devenant encombrants et supercuirassés.

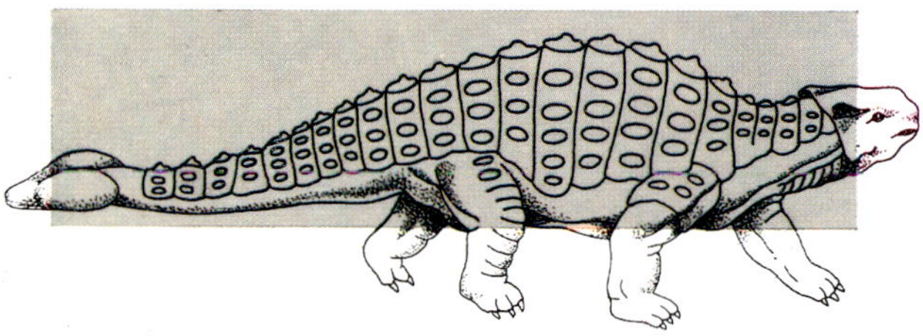

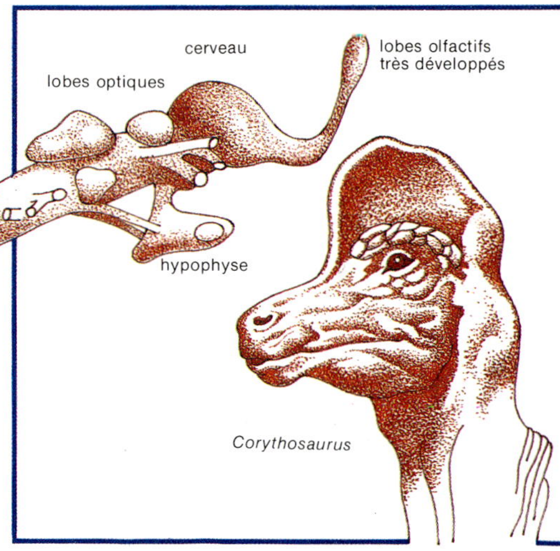

Défense, attaque, énergie

La révision des idées anciennes sur les dinosaures est riche d'arguments intéressants, et nous permet surtout de mieux *comprendre* les fameuses grosses bêtes ; elle nous permet de nous rapprocher de leur mode de vie et de leur comportement. Autrefois, ils n'étaient que des géants mystérieux, de véritables monstres (en latin, *monstrum* est tout ce qui provoque l'émerveillement). Aujourd'hui, ils se révèlent être une très vaste gamme de « solutions techniques » en relation avec le milieu, et avec les rapports entre les différentes espèces ; la possibilité, ensuite, de les considérer comme homéothermes nous les rend presque parents. Les différentes hypothèses ont conduit à étendre le champ des investigations de certaines disciplines, jusqu'à y inclure, aussi, la vie des animaux du passé : les spécialistes du *comportement* comparent les animaux d'aujourd'hui à ceux dont ils connaissent les os, les empreintes, les œufs, les excréments ; les spécialistes de l'*écologie* s'attaquent au problème de la reconstitution des milieux du passé, et des rapports qu'ont pu avoir avec ceux-là les différentes espèces. Et tout se passe sans que les dinosaures perdent un brin de leur prestige : et il semble même qu'ils nous apparaissent de plus en plus comme l'une des plus grandes réussites du monde des vivants.

Le rapport entre prédateurs et proies a suscité de nombreuses innovations. Nous avons déjà fait allusion à la défense, constituée par l'augmentation de la taille des corps. D'autres moyens de défense sont le développement de cuirasses, d'épines, de pointes ; comme toujours, quand on parle des armes, à propos du camp de la *défense,* on passe très vite à celui de l'*attaque.* Les queues épineuses, les doigts, munis de griffes ou de véritables poignards osseux, permettaient, à coup sûr, à nombre de proies de devenir à leur tour assez redoutables pour leurs agresseurs. Une autre voie de salut a toujours été la fuite : beaucoup de dinosaures (spécialement parmi les espèces de taille moyenne et petite) développèrent la bipèdie, l'agilité, la rapidité des réflexes. D'autres rendirent leur odorat plus puissant. Il se peut que les carnosaures aient portés sur eux une forte puanteur de chair (comme les félidés sauvages de nos jours), et que leurs proies aient appris à les flairer de loin. En effet, certaines formes herbivores ont sur leur crâne des structures complexes que l'on a interprétées de la façon la plus logique, comme des excroissances des voies nasales, qui permettaient d'étendre considérablement les surfaces aptes à repérer les odeurs.

Comment les prédateurs répondaient-

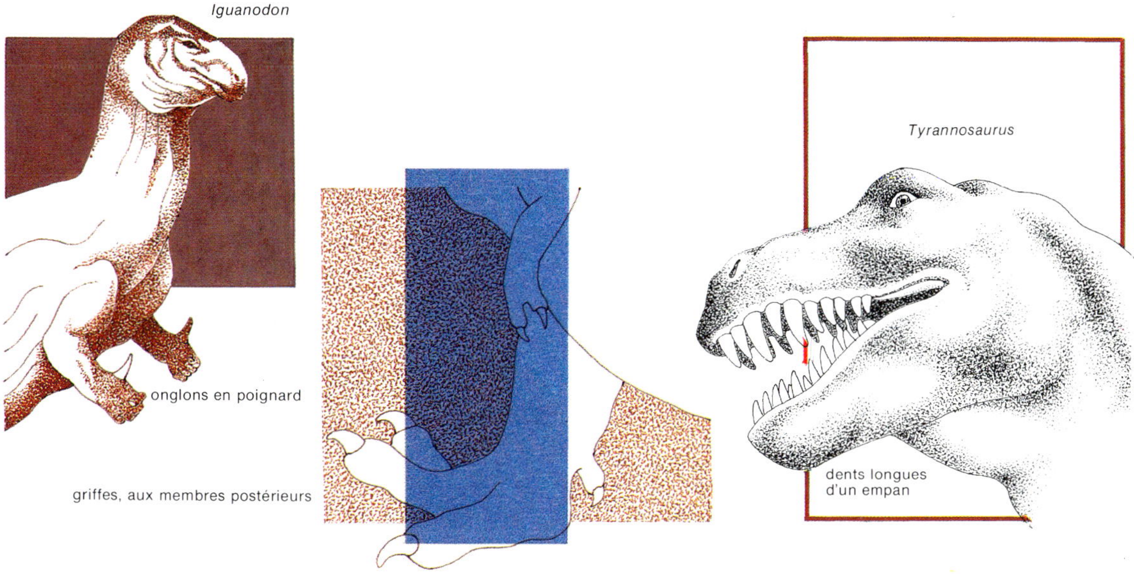

ils aux caractéristiques de leurs proies ? Nous avons vu qu'ils avaient recours au travail d'équipe contre les victimes trop grandes. Ce comportement révèle que ces animaux avaient une vie de relation évoluée, qu'ils avaient une promptitude de réflexes, qu'ils savaient élaborer une certaine stratégie, qu'ils étaient, en somme, plutôt intelligents. De toute évidence les prédateurs développèrent aussi des armes offensives : dents longues d'un empan, mâchoires énormes à muscles puissants, griffes et pattes musclées pour frapper, éventrer, happer.

Le rapport entre prédateurs et proies peut être étudié aussi d'un point de vue purement numérique, statistique. Les os trouvés dans un certain contexte permettent en général de reconnaître avec certitude *quelles* étaient les principales espèces présentes et, à peu près, *combien* d'individus figuraient dans chaque espèce ou chaque groupe. On peut ainsi établir quel était le rapport numérique entre prédateurs et proies. Voyons quelques données relatives aux faunes actuelles. Un lion ou un guépard consomment, tous les 7 à 10 jours, un poids de proies équivalent à leur propre poids. Un varan de Komodo consomme l'équivalent de son poids tous les jours. Il faut donc davantage de proies pour l'entretien d'un animal à sang chaud (et à métabolisme élevé), qu'il n'en faut pour celui d'un animal à sang froid.

Durant le cours de leur très long et triomphal parcours évolutif, les dinosaures ont mis au point de nombreuses structures notables dans les rapports entre prédateur et proie. Chez les herbivores se sont développés des cuirasses, des organes olfactifs très sensibles, des corps de taille très imposante et aussi des organes de défense. Chez les prédateurs, se développèrent des griffes et des dents en poignard, de plus en plus efficaces. Les formes agiles et véloces étaient nombreuses. Les dinosaures étaient très actifs et l'on estime aujourd'hui qu'ils devaient disposer de beaucoup d'énergie produite au moyen d'un métabolisme élevé.

Il en résulte que pour une masse donnée de proies, le nombre des prédateurs à sang froid peut être plus grand que celui des prédateurs à sang chaud. Si donc dans un certain ensemble de fossiles, on remarque que les prédateurs sont *peu nombreux*, on peut considérer ce fait comme une présomption que ces prédateurs étaient à sang chaud. Il faut naturellement que nous soyons sûrs que l'ensemble des fossiles soit vraiment représentatif du rapport numérique ayant existé entre les animaux vivants, dans le lointain passé. Mais on peut avoir des doutes quant à cette certitude. Voici pourtant un nouvel indice qui permet d'établir une comparaison, non pas avec le présent, mais avec une autre phase du passé. Considérons le rapport entre le nombre des restes relatif au Permien Inférieur : on peut compter environ sept dimétrodons, pour dix reptiles leur servant de proie. Or le *Dimétrodon* et ses victimes étaient à sang froid. Au

Jurassique, quand sévissaient les allosaures et autres carnosaures, le rapport devient de un prédateur pour neuf proies. C'est là un indice notable en faveur de l'hypothèse sur l'homéothermie des dinosaures.

Occupons-nous maintenant des os et de leur structure. Observons, au microscope, des coupes minces d'os de dinosaures : nous y remarquons de nombreux petits trous, correspondant à de fins réseaux de vaisseaux sanguins ; on voit aussi de nombreux canaux (dits de Havers), dans lesquels ont lieu des échanges chimiques importants : les coupes apparaissent assez semblables à celles des os de mammifères. Les multiples vaisseaux sanguins indiquent : « sang chaud » ; les nombreux canaux de Havers indiquent : « métabolisme élevé ». Mais ce ne sont pas là des preuves absolues. Bien des reptiles actuels (à sang froid) ont des structures osseuses de ce type, tandis que certains mammifères (à sang chaud) ne présentent pas de structures de ce genre. Mais l'indice *est là,* et il n'est pas négligeable. Si nous voulons être corrects, nous devons dire que les dinosaures étaient, de fait, à sang chaud : ils avaient en effet développé un certain degré d'homéothermie, et avaient un métabolisme assez élevé (cela se déduit, aussi, de leur mode de vie plutôt actif) ; dans bien des cas, ils complétaient ces mécanismes par la grande masse de leur corps. Il convient en outre de rappeler que la température ambiante était assez douce, et peut-être sans grands changements saisonniers.

Pourquoi les dinosaures ont-ils développé la tendance à l'homéothermie ? Question logique, à laquelle nous avons déjà répondu, en présentant tous les avantages liés au métabolisme rapide. Mais on peut donner peut-être une autre réponse encore plus simple, et de valeur historique supérieure. Les dinosaures avaient cette tendance, parce qu'ils descendaient de formes *déjà* homéothermes. Pendant qu'ils se développaient, à la fin du Permien, des formes semblables à des mammifères, et peut-être aussi les autres reptiles s'essayaient à produire de l'énergie et obtenaient un bon résultat. Cette qualité qu'ils avaient acquise, ils la conservèrent et la transmirent aux dinosaures, lesquels, par la suite, l'employèrent plus ou moins. Le climat froid qui domina au Permien Supérieur, surtout à cause de la disposition différente des continents, peut expliquer en partie, chez les reptiles, le développement de l'aptitude à « rester chauds ».

A titre de rappel

Nous allons nous occuper brièvement d'un autre dinosaure, dont la silhouette est bien connue de tout le monde. Il s'agit du genre *Stegosaurus* (espèce décrite en 1877, *S. stenops).* Il y eut beaucoup d'erreurs commises et de polémiques à propos des reconstitutions de cet animal. Celui-là, en tout cas, constitue vraiment une sorte de récapitulation, de rappel de bien des innovations mises au point par les mécanismes évolutifs. C'est un ornithischien. D'une dimension considérable (longueur allant jusqu'à 15 mètres, poids de 1,8 tonne), le stégosaure avait des onglons semblables à des sabots. Comme moyens offensifs, deux paires de longues épines sur la queue, et, sur le dos, les fameuses plaques, chacune longue d'environ un mètre. Pendant des années, les spécialistes ont cherché à disposer ces étranges appendices sur le dos de l'animal : travail décourageant, car l'épine dorsale n'offre aucun indice de leur position.

Ci-contre : reconstitution traditionnelle du Stegosaurus stenops. *A l'heure actuelle, divers auteurs pensent que les plaques dorsales de cet ornithischien n'étaient peut-être pas dressées sur le dos et qu'elles avaient la double fonction de défendre l'animal et d'agir comme « échangeurs de chaleur » (de façon analogue aux « voiles » des pélycosaures du Permien). Les deux reconstitutions possibles sont superposées en deux couleurs.*
On donne aussi un détail du squelette de la queue et la reconstitution d'un individu jeune : les petits naissaient sans plaques.

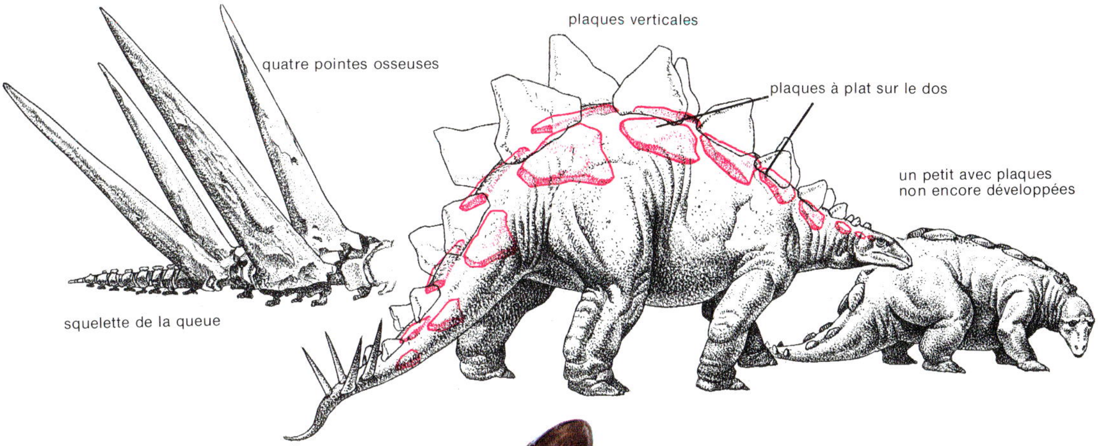

Stegosaurus stenops

La découverte d'un squelette de jeune stégosaure a permis de résoudre en partie le mystère. L'animal naissait *sans* plaques : celles-ci poussaient ensuite comme développement de la peau du dos. Elles ne faisaient pas partie du squelette de façon intégrante et n'étaient donc *nullement* liées à la colonne vertébrale. Comment étaient-elles disposées ? Par paires ? Alternées — comme les touches blanches et noires du piano — ? Verticales ? ou à plat, appuyées sur les flancs ? Ces plaques ont été sectionnées avec soin et examinées au microscope : les traces de vaisseaux sanguins y sont abondantes. Peut-on donner une explication globale permettant aussi une reconstitution acceptable ? Peut-être. Les plaques servaient, soit d'élément protecteur, soit d'échangeur de chaleur. Elles étaient probablement disposées comme les touches blanches et noires d'un piano parce que cette disposition permettait une meilleure exposition à l'air et par conséquent une meilleure dispersion, ou une plus grande absorption, de chaleur. On peut penser que les jeunes, au métabolisme plus élevé, n'avaient pas *encore* besoin de l'échangeur de chaleur. Ou encore, que celui-ci était nécessaire aux adultes parce que ceux-ci, homéothermes, s'échauffaient *trop* dans leur vie active.

Le stégosaure est un des dinosaures chez lequel la cavité qui se trouve à la base de la colonne vertébrale, avant le début de la queue, est la plus évidente. Il s'agit là, de ce légendaire « cerveau sacré ». En termes aussi grossiers qu'imprécis, on a souvent dit que le stégosaure « pensait mieux avec son séant » qu'avec sa tête, parce que la cavité en question est dix fois plus grande que la boîte crânienne. Cette cavité contenait, en réalité, un centre nerveux communiquant avec la queue et les puissants membres postérieurs, et un système de glande, destiné à renforcer la fourniture d'énergie dans les moments de nécessité.

Que mangeait le stégosaure ? La denture est plutôt faible. Un régime à base de végétaux tendres, seulement, pouvait-il être suffisant ? Beaucoup de savants pensent que l'animal devait forcément se nourrir aussi d'aliments à contenu énergétique plus important : petites proies et morceaux de charognes : un régime omnivore. Les rigides distinctions entre herbivores et carnivores ne sont plus de mise. Les dinosaures, comme tous les autres êtres vivants, cherchaient à tirer le meilleur parti de tout ce que leur offrait le milieu environnant.

A ne pas négliger

Nous avons dit que la nourriture disponible (sous forme d'invertébrés) alimentait, en outre, des lézards et des parents du tuatara, c'est-à-dire d'autres petits vertébrés. Quels étaient ces vertébrés ? Des mammifères.

Le passage des paramammifères aux mammifères *vrais* s'était déjà achevé vers la fin du Trias. Les mammifères commencent alors leur progrès long et continu, en marge de la scène dominée par les reptiles, et en particulier par les dinosaures.

Nous pouvons, en poursuivant notre comparaison avec une scène de théâtre, imaginer ces mammifères comme des acteurs jeunes, encore inexpérimentés, qui suivent du regard les évolutions des protagonistes de la comédie, en restant dans les coulisses. Il leur arrive parfois de se faufiler sur la scène : ils font de la figuration, ou bien ils se rendent utiles en nettoyant le plateau. Ils apprennent les rôles, imaginent comme il serait beau, pour eux, d'être les protagonistes... Et le soir, la nuit, quand les vedettes sont parties, les jeunes acteurs vont sur la scène, jouent à rampe éteinte, cherchant à améliorer leur virtuosité.

La denture des mammifères du Jurassique (groupe des pantothériens et, dans une phase ultérieure, des triconodontes) révèle qu'ils se nourrissaient d'insectes, mais qu'ils jouaient aussi le rôle d'« éboueurs », en terminant les restes abandonnés par les carnosaures et les

Ci-dessous : crâne de Triconodon, *mammifère du Jurassique supérieur. Maxillaire supérieur et mandibule sont plutôt longs ; il existe des dents spécialisées des quatre types propres à tous les mammifères : incisives, canines (longues et saillantes), prémolaires, molaires.*
En bas : reconstitution d'un Triconodon *qui, à l'âge adulte, pouvait avoir la taille d'un chat.*
Dans un exemplaire bien conservé de Triconodon, *on compte, en tout, 56 dents. Les molaires présentent les saillies coniques caractéristiques.*

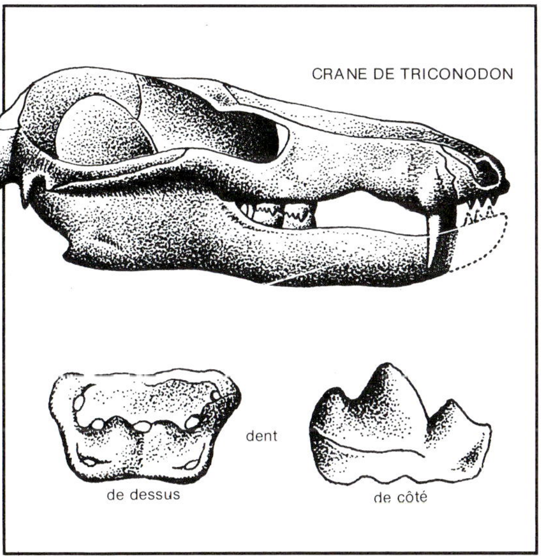

cœrulosaures et que peut-être, ils s'attaquaient aussi aux végétaux durs, et même aux graines. Leur régime était semblable à celui des insectivores et des rongeurs actuels. Petits, ou minuscules (les plus grands atteignaient la taille d'un rat), les mammifères du Jurassique jouaient un rôle écologique propre, non négligeable. Ils opéraient de préférence au crépuscule, ou à la nuit, mais ils occupaient des niches écologiques (dans des zones où ils pouvaient creuser des terriers), fréquentables le jour. Les restes complets de ces mammifères sont rares ; leurs dents, en revanche, sont communes.

Les voies aériennes

Depuis longtemps, les insectes détenaient la maîtrise de l'air. Les vertébrés tentèrent aussi, vers la fin du Trias et ensuite au Jurassique, de s'affirmer dans ce milieu. Pourquoi l'air ? La réponse vient, ici encore, de considérations sur la nourriture. Dans l'air volaient les insectes, proies en abondance, quoique d'ordinaire très petites ; en outre l'air constituait un milieu nouveau pour approcher d'autres proies. En piquant du ciel on peut mieux surprendre un animal à terre, ou même pêcher, en complétant le piqué par un bref plongeon.

Un petit reptile du Trias Supérieur, *Podopteryx mirabilis* (long d'une vingtaine de centimètres), était doté de membranes de peau, soit entre les membres postérieurs et la queue, soit entre les membres antérieurs, qui étaient courts, et les flancs et les « cuisses » des membres postérieurs. Un peu plus grand qu'un cerf-volant vivant (ou lucane), avec la plus grande partie de la voilure du côté de la queue. Le podoptéryx se lançait du haut des arbres, peut-être pour planer au-dessus de ses proies (certainement minuscules) ou encore, pour échapper à ses ennemis. Les futurs ptérosauriens descendent tous d'animaux semblables au podoptéryx.

La structure des ptérosauriens est restée à peu près la même pendant 130 millions d'années. Les espèces sont nombreuses, et se distinguent d'ordinaire par la forme du crâne et surtout par la denture. L'organe de vol est toujours une membrane de peau tendue entre les côtés du corps et le quatrième doigt du membre antérieur, d'une longueur considérable. En proportion, nous devrions avoir un annulaire long d'au moins 4 mètres. Les crânes sont très fragiles, mais dans certains cas le moulage intérieur a été conservé, pétrifié, restituant ainsi l'espace occupé par le cerveau. On a pu alors acquérir la certitude que le cerveau de ces animaux était assez grand, et qu'en particulier la partie relative à la vision était bien développée. Les orbites des yeux sont grandes : les ptérosaures devaient donc y voir plutôt bien. Les structures du cerveau relatives à la coordination des mouvements sont, elles aussi, bien développées. Il est probable que les ptérosaures savaient exécuter des vols planés, mais aussi se cabrer, effectuer des voltiges et d'autres manœuvres avec habileté et promptitude. Chez le *Dimorphodon* (vivant au début du Jurassique, et d'une envergure de 70 centimètres), le crâne est gros, et les dents sont en forme de pic à l'extrémité de la bouche et plus petites et solides vers l'intérieur. Il existait peut-être une poche sous la mandibule, comme chez les pélicans. Chez le *Ctenochasma,* la mandibule est hérissée de pointes très minces, ressemblant à des fanons de baleine. Chez le *Rhamphorhynchus,* les dents sont rares et semblables à de petits poignards : un instrument de pêche ressemblant au harpon des chasseurs sous-marins. Il est probable que la plupart de ces animaux devaient se nourrir de poissons ou d'autres animaux marins ; certains d'entre eux capturaient peut-être des insectes. La trouvaille, faite en 1971 dans le Kazakhstan (URSS), d'un spécimen très bien conservé de ptérosaure, a permis d'élucider définitivement un problème dont on discutait depuis des années. L'animal du Kazakhstan, rapportable au Jurassique Supérieur, a été dénommé *Sordes pilosus* (quelque chose comme : « horreur poilue », voir page 21) : c'est un ptérosaurien gros comme un pigeon, à la bouche dentée et au corps *recouvert d'un pelage serré.* On avait déjà soupçonné l'existence de la pilosité chez les ptérosaures, grâce à des traces associées à d'autres squelettes. Donc, ces animaux étaient *poilus.* Pourquoi auraient-ils développé une telle caractéristique s'ils n'avaient senti la nécessité de conserver leur propre chaleur, chaleur évidemment produite par eux-mêmes ? Les ptérosauriens étaient homéothermes : ainsi s'explique leur aptitude à conduire une vie aussi active.

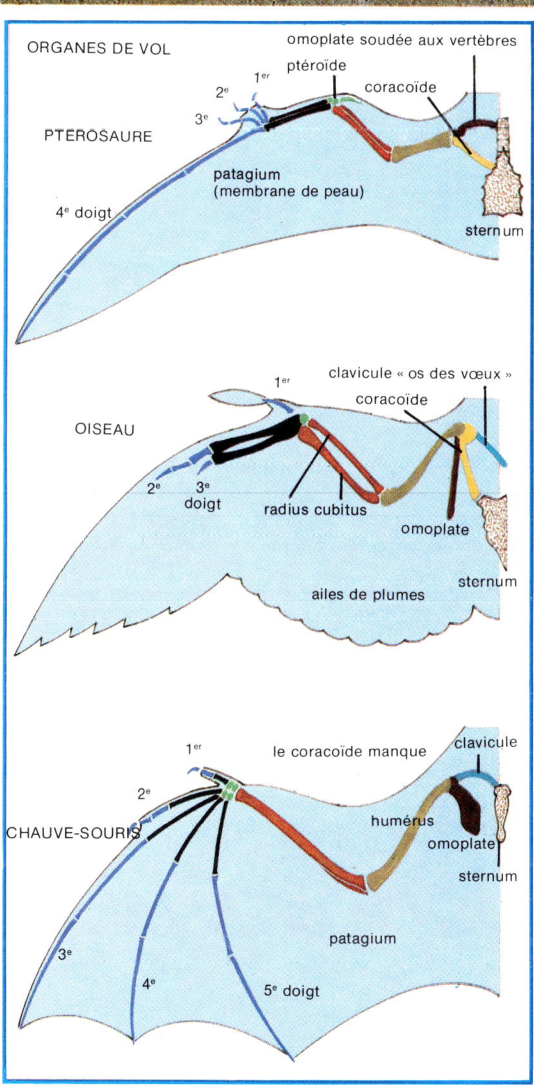

A gauche : la structure des organes de vol des ptérosaures, des oiseaux, des chauves-souris (mammifères de l'ordre des Chiroptères). Les os homologues sont indiqués avec la même couleur. Comme on le voit, chez les ptérosaures les clavicules (qui, chez les oiseaux forment la typique fourchette, « os des vœux » manquaient. Le grand lambeau de peau (patagium) de l'« aile » était soutenu par tout le bras et surtout par le quatrième doigt, très long.
Ci-dessus : fossile de Pterodactylus antiquus, *long d'environ 15 cm. Les ptérosaures aussi sont des archosaures : dans le spécimen représenté ici on voit parfaitement la fenestration en avant de l'orbite.*

L'excellente adaptation aux nécessités du vol est attestée, aussi, par le poids minime des os : ceux-ci sont en grande partie creux, c'est-à-dire qu'ils contiennent de grandes zones de vide. Aujourd'hui, la vieille dénomination de « reptiles volants » ne semble plus acceptable : ces vertébrés velus, homéothermes, à os très légers, étaient-ils *encore* des reptiles ? Même le nom de *ptérosaures* (lézards volants) se révèle impropre, mais on peut le conserver pour des raisons historiques, et pour ne pas créer trop de confusion en introduisant un nom nouveau. Les restes des ptérosaures proviennent presque tous de dépôts marins ou de marais et, comme nous l'avons vu, ces animaux présentent des adaptations à la pratique de la pêche. Est-il possible qu'il ait existé aussi des ptérosaures de terre, chasseurs et non pêcheurs ? La chose est probable : comme nous le verrons, certaines découvertes récentes, attribuables au Crétacé, semblent indiquer la présence de ptérosaures aussi sur la terre ferme. Il est d'ailleurs logique que les restes assez fragiles des animaux volants ne se soient conservés que quand ils tombaient dans la boue, ou qu'ils étaient rejetés sur les plages par les flots, pour être tout de suite recouverts de sable. Le tableau à prédominance aquatique de la vie des ptérosaures est peut-être dû à ces particularités de conservation des restes.

Une autre solution

On rapporte au début du Trias les restes d'un reptile à peu près de la taille du *Podopteryx :* c'est le *Longisquama insignis.* Cet animal était probablement capable, lui aussi, d'accomplir de brefs vols planés : mais il se soutenait au moyen de deux éventails latéraux, constitués de très longues écailles flexibles, se superposant les unes aux autres. Ces écailles, implantées sur les membres antérieurs, font penser aux plumes. On estime, aujourd'hui, que ces premières expériences ont fourni le point de départ au processus qui a conduit au développement des plumes

A droite : reconstitution de quelques rhamphorhynques et ptérodactyles en vol. Les ptérosaures étaient en général dotés d'un revêtement de poils. Ils étaient probablement homéothermes.
Ci-dessous : cinq phases du vol du Rhamphorhynchus gemmingi *(long, queue comprise, d'environ 50 centimètres). La queue, terminée par un lambeau de peau semblable à un petit cerf-volant, jouait un rôle de balancier et peut-être de gouvernail.*

VOL DU RHAMPHORHYNCHUS

Pterodactylus
Rhamphorhynchus

véritables et, par conséquent, des oiseaux.

Dans les calcaires très fins du Jurassique de Bavière, on a retrouvé jusqu'à présent cinq squelettes plus ou moins complets d'un animal à dents, à queue longue, à membres antérieurs bien développés (à 3 doigts), à membres postérieurs de coureur (à 4 doigts). Le squelette est semblable, même par la taille, à celui d'un cœlurosaure (par exemple d'un *Compsognathus*). Et voici la raison pour laquelle il est particulièrement remarquable : aux os sont associées, tout à fait reconnaissables, les empreintes de toute une série de pennes et de plumes en relation avec les membres antérieurs et avec la queue. Etait-ce un reptile emplumé ? ou un oiseau ? L'animal a été baptisé *Archaeopteryx lithographica* et on le considère comme le *premier oiseau.*

Le bassin est celui de l'oiseau, mais une parenté avec les dinosaures ornithischiens *ne semble pas* possible. Cet animal était peut-être un cœlurosaure effectivement adapté à vivre dans les bois. Peut-être courait-il, et faisait-il de petits sauts en se soutenant avec ses « ailes », ou peut-être grimpait-il aux arbres (avec les doigts libres, et munis de griffes, des membres antérieurs) pour se laisser planer ensuite. La solution technique représentée par les plumes offrait, dans les arbres, quelque avantage sur la membrane des ptérosaures : celle-ci pouvait se déchirer dans le choc contre une branche, tandis que l'ensemble des plumes n'offrait pas de résistance, et s'ouvrait en laissant passer un objet étranger. L'homéothermie trouvait, dans le revêtement de rémiges et de plumes, un accessoire des plus utiles. Les « écailles-plumes » se généralisèrent (notons que les écailles des reptiles et les plumes des oiseaux sont formées des mêmes substances et ont la même origine ; elles sont donc homologues (voir page 23). On a compté les rémiges de l'*Archaeopteryx :* elles étaient au nombre de 10 primaires et 14 secondaires, sur chaque aile, exactement comme chez les oiseaux actuels.

Le bassin des oiseaux présente une certaine ressemblance avec celui des dinosaures ornithischiens : il est pourtant certain que les oiseaux descendent des cœlurosaures *saurischiens ;* le bassin au pubis tourné vers l'arrière constitue une adaptation à la position habituelle des membres postérieurs.

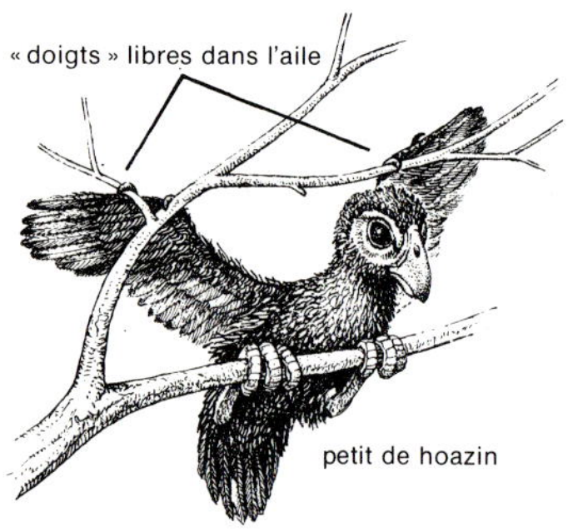

petit de hoazin

tête de hoazin adulte

Les petits se laissent tomber dans l'eau des rivières puis remontent sur les arbres en grimpant à quatre pattes.

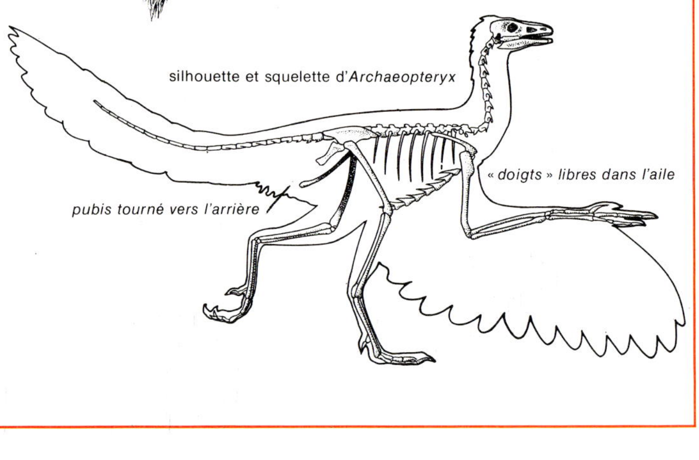

silhouette et squelette d'*Archaeopteryx*

Ci-contre : l'hoazin (Opisthocomus hoazin), *oiseau vivant aujourd'hui dans les forêts brésiliennes et dont les habitudes sont sans doute semblables à celles de l'*Archaeopteryx.
Les petits de l'hoazin sont les seuls oiseaux ayant des doigts libres *et dotés de griffes au membre* antérieur : *ils s'en servent pour grimper aux arbres, d'où, souvent, ils plongent dans l'eau.*
*A gauche : squelette d'*Archaeopteryx lithographica *conservé au Museum d'histoire naturelle de Londres.*
*Ci-dessous : sur la base des cinq squelettes aujourd'hui disponibles, on peut établir des reconstitutions d'*Archaeopteryx *suffisamment sûres.*

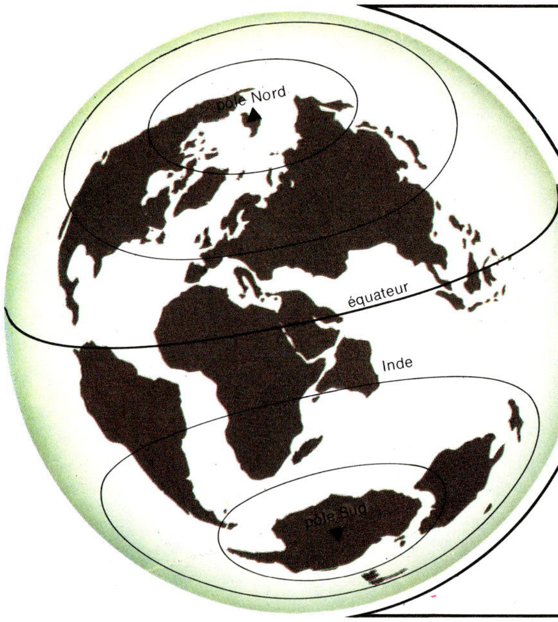

CRÉTACÉ du latin *creta*, terme employé pour désigner la roche calcaire blanchâtre, typique de nombreux gisements de cette période.

Sur la terre ferme, triomphe des dinosaures. Succès remarquable des ornithischiens. Dans les mers, beaucoup d'ammonites. Grand succès des ichthyosaures et des mosasaures. A la fin de la période, écroulement des géants.

Grand succès des plantes à fleurs. Les dicotylédones se répandent d'abord ; ensuite, ce sont les monocotylédones (et, parmi celles-ci, les plus communes des herbes des prairies).

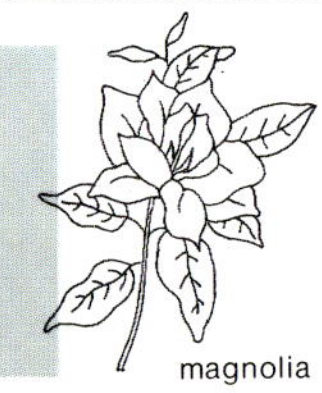

da 190 | durée 55 millions d'années | à 135

Crétacé

La période Crétacée dure 70 millions d'années, et termine le Mésozoïque. Durant cette phase de l'histoire de la Terre se produit le morcellement définitif des supercontinents. Les plaques qui forment les continents actuels se séparent. Seules l'Antarctique et l'Australie restent encore, au moins en partie, liées à l'Amérique méridionale. L'Inde se rapproche de l'équateur, qu'elle dépassera à la fin de la période. Madagascar se sépare aussi de l'Afrique. L'Atlantique est désormais assez vaste et continue à s'élargir. Les éléments de la péninsule italienne et de celle des Balkans se rapprochent du reste de l'Europe du Sud.

De vastes mers, de faible profondeur, séparent les zones orientales des deux Amériques des zones occidentales, et leur présence offre un grand intérêt ; ces mers séparent aussi l'Europe de l'Asie, et la

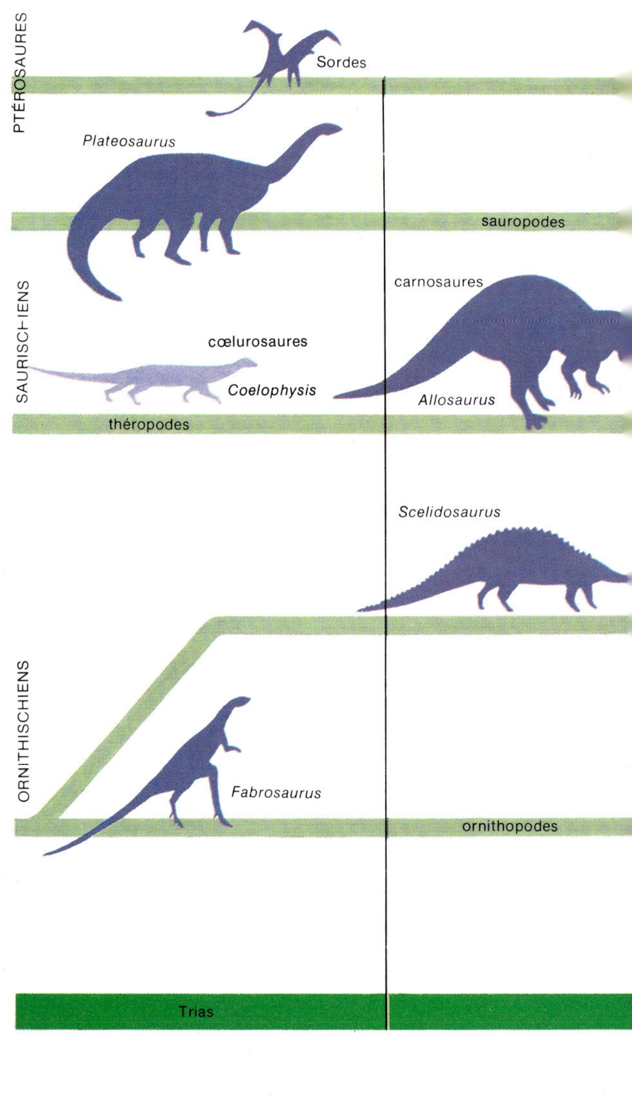

partie occidentale de ce continent de la Sibérie et de l'Extrême-Orient ; elles séparent aussi l'Afrique en une partie occidentale et une autre, plus vaste, comprenant les actuelles régions orientale, centrale et méridionale de ce continent.

Ci-contre : fiche relative au Crétacé. Durant cette période, les dinosaures atteignent leur apogée dans tous les milieux avec une spécialisation de plus en plus remarquable. A la fin de la période, les géants et bien d'autres formes s'éteignent. Les seuls archosaures ayant survécu jusqu'à aujourd'hui sont les crocodiles.
Ci-dessous : évolution des principaux groupes de dinosaures. D'autres archosaures (les ptérosaures) sont indiqués, mais les crocodiles sont omis. Comme on le voit, la différenciation des différents groupes des ornithischiens se dessine après celle des saurischiens.

Fleurs et insectes

Le monde végétal s'oriente vers un aspect de plus en plus moderne. Les plantes à fleurs (angiospermes) se répandent partout, surtout les formes arborescentes, mais aussi nombre d'arbustes. Les conifères sont toujours bien représentés, même dans des régions où ils ne poussent plus aujourd'hui : ce sont les séquoias, araucarias, pins et sapins, cyprès. A ces plantes se joignent les formes à fleurs : à l'odeur de la résine se mêlent de plus en plus les parfums des fleurs, qui jettent des notes de couleurs dans le paysage. Les angiospermes les plus primitives sont celles du groupe des magnolias. La fleur de cette plante a une structure typique,

en cône, où les éléments sexuels, pétales et sépales, sont disposés suivant une spirale conique (une ligne qui rappelle un peu la peau d'une pomme que l'on pèle en rond), disposition ressemblant à celle des cônes (les pignons) des pins et des autres conifères.

L'échange de bons procédés entre plantes à fleurs et insectes continue et se renforce : les animaux transportent le pollen et sucent le nectar et autres sucs sucrés. Les plantes apprennent aussi (à l'aide des épines, des feuilles piquantes, des poisons) à se défendre des excès des déprédations causées par les animaux. Dans la seconde moitié du Crétacé, commence la diffusion des angiospermes monocotylédones, aux feuilles typiques, à nervures parallèles : l'herbe s'impose dans de nombreux territoires. Ces plantes ont dans leurs tissus une quantité notable de silice : elles sont très dures (que l'on pense à la dureté du chaume d'un épi de blé, ou à celle d'une tige de bambou). Les graines de ces plantes, très nombreuses et très riches en substances nutritives, offrent une nourriture abondante aux insectes (surtout les larves) et à beaucoup de mammifères.

Certains insectes perfectionnent, tout au long du Mésozoïque, une aptitude à se nourrir de bois et, dans le même temps, leur comportement donne naissance à des organisations sociales complexes : ce sont les termites. Des développements analogues vers la sociabilité se notent chez les formes ressemblant aux abeilles et chez les fourmis.

L'automne des dinosaures

Les déplacements des masses continentales donnent naissance à de nombreuses montagnes *(orogenèse)* ainsi qu'à une forte activité volcanique ; là où il faisait chaud auparavant, la neige tombe ; dans d'autres régions, le soleil est obscurci par les cendres d'une éruption. Des situations se créent, où il est difficile de trouver de la nourriture.

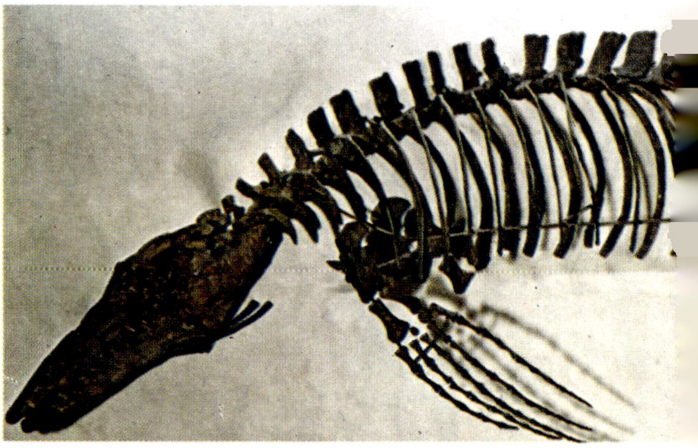

Deux composantes essentielles agissent sur les formes vivantes du Crétacé : l'isolement des différentes terres émergées et l'instabilité, même momentanée et locale, des situations ambiantes. C'étaient donc d'intenses sollicitations qui eurent pour résultat une richesse de formes vraiment spectaculaire, surtout parmi les dinosaures. Cette grande activité se colore pourtant d'un reflet sinistre, si l'on considère que le Crétacé a vu aussi la disparition des légendaires dominateurs. Une saison exubérante, comme un très bel automne, riche de fruits et de moissons abondantes, qui s'achève par un

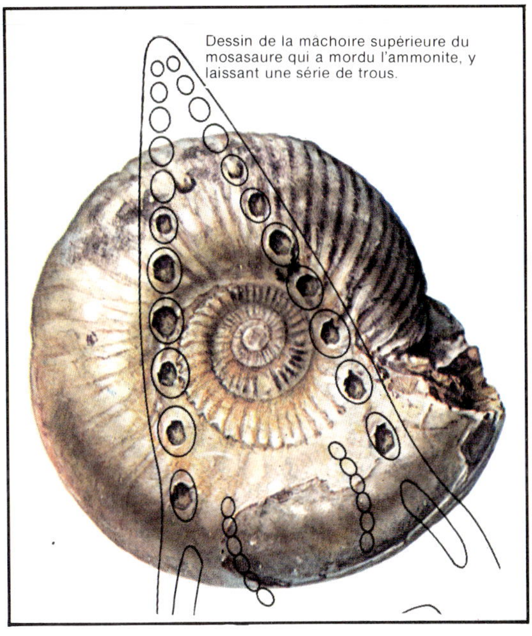

En haut : reconstitution de quelques reptiles qui vivaient au Crétacé, dans des mers de faible profondeur et près des côtes. Les plésiosaures (formes à long cou) et les pliosaures (à cou court et aux maxillaire et mandibule très longs), étaient déjà bien représentés au Jurassique. Ces animaux ne sont pas des archosaures et sont compris dans le groupe des sauroptérygiens. Les ptérosaures que l'on voit planer sont de l'espèce Ptéranodon ingens, *dont l'envergure pouvait atteindre 8 m.*

Ci-dessus : squelette et petite reconstitution de Tylosaurus proriger, *mosasaure pouvant atteindre 6 m de long. C'est un reptile nouveau apparenté aux actuels varans.*

A droite : fossile d'une ammonite de 26 cm de diamètre, qui a été mordue par un mosasaure. Les trous laissés par les dents permettent de reconstituer la denture du prédateur.

hiver hostile à la vie.

Nous reviendrons plus loin, et en détail, sur la question de l'extinction de tant d'espèces apparemment si bien implantées. Pour l'instant, notons que les nombreuses propositions du milieu avaient provoqué une série d'adaptations, trop rigides dans bien des cas. Des changements rigoureux dans les conditions des milieux peuvent avoir amené différentes situations au point de rupture. Et les dinosaures, comme des jouets trop perfectionnés, se sont brisés.

Les ammonites sont des mollusques céphalopodes très importants dans les chaînes alimentaires marines, pendant tout le Mésozoïque. L'animal vivant n'occupait que la dernière (la plus extérieure) chambre de la coquille. Cette dernière n'était pas seulement une structure protectrice (l'animal pouvait s'y enfermer complètement) ; elle avait aussi la fonction d'un organe de flottaison.
Ci-dessous : les trois principaux types de coquille des ammonites, qui se distinguent les unes des autres par l'aspect des cloisons séparant les chambres, dont les lignes d'insertion complexes se révèlent à l'extérieur.
Les ammonites se nourrissaient de plancton, de petits invertébrés et de poissons et étaient à leur tour la proie des reptiles marins, des plus grands poissons, des oiseaux.
*Ci-contre : reconstitution de deux oiseaux du Crétacé : l'*Hesperornis regalis, *long de 1,2 m, aux ailes atrophiées, et l'*Ichthyornis victor, *volant, haut de 20 cm.*

ÉVOLUTION DES AMMONITES

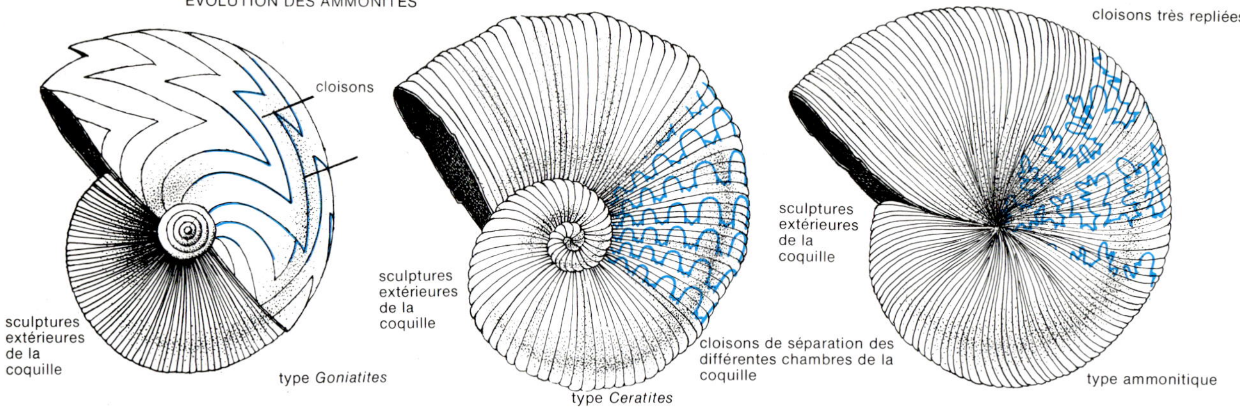

Des mers partout

A la discontinuité des terres émergées, s'oppose évidemment la continuité des mers. Les mouvements des continents isolèrent souvent, d'ailleurs, les mers intérieures ou les zones proches des côtes, et il y eut des évolutions ou des survies locales.

Les mers du Crétacé sont fréquentées par les derniers plésiosaures (*Elasmosaurus,* d'une longueur pouvant atteindre 15 mètres, dont 7 mètres, rien que pour le cou), par bon nombre de pliosaures (formes gigantesques : le *Kronosaurus,* long de 13 mètres, avait le crâne long de 3 mètres) et d'une gamme étendue de poissons osseux. Les ichthyosaures, en déclin, ont des formes très spécialisées : l'*Ophthalmosaurus,* par exemple, avait une bouche dépourvue de dents (il avalait évidemment ses proies tout entières, surtout des ammonites). Les yeux de cet animal étaient protégés par un anneau de plaques osseuses, ce qui constitue un moyen d'adaptation typique aux variations de pression, dues aux immersions en profondeur. Il existait de grandes tortues (*Archelon ischyros,* qui était longue de plus de 4 mètres), assez semblables aux formes actuelles.

Au Crétacé se développent, avec un succès immédiat, les mosasaures. On peut les interpréter comme les ancêtres des varans actuels. Ils descendaient de lézards qui s'étaient adaptés à la vie aquatique. Les formes les plus grandes approchent de 15 mètres. Avec leur bouche énorme, dotée de grosses dents coniques, leur dos orné de crêtes ou de séries de plaques triangulaires, leur queue longue et fuselée, les mosasaures devaient être fort semblables aux serpents de mer

des légendes. Leurs yeux étaient dotés, aussi, d'anneaux en éléments osseux. Parmi les formes les mieux connues, on note celles des genres *Tylosaurus* et *Mosasaurus*. A Georges Cuvier revient le mérite d'avoir reconnu comme lézard marin le fossile de *Mosasaurus* mis au jour en 1780, près de Maiëstricht, aux Pays-Bas, dans la région d'Aix-la-Chapelle, sur la Meuse.

Les milieux marins étaient fréquentés, aussi, par des ptérosaures (*Pteranodon ingens*, dépourvu de dents, avec une bouche en poche, comme un bec de pélican, et doté d'une envergure alaire de près de 8 mètres) ; d'oiseaux aux ailes atrophiées *(Hesperornis regalis)*, spécialisés dans la nage et la pêche près des côtes ; d'oiseaux volants pêcheurs *(Ichthyornis victor)*. Tous ces prédateurs ne devaient guère être en concurrence directe pour la nourriture, car les poissons et les mollusques abondaient. Il est pourtant probable que les mosasauriens, ptérosauriens et oiseaux, fréquentaient les mêmes milieux : on retrouve leurs os, souvent, dans les mêmes couches. Une de ces trouvailles est à l'origine d'une équivoque notable à propos de l'*Ichthyornis*.

Le squelette a été trouvé privé de sa tête, une petite tête de mosasaure gisait parmi les autres os. Les dents en cône sont typiques. Pendant plusieurs années, on a vu des reconstitutions de l'oiseau, avec une bouche couverte par le bec et dotée de dents. En réalité, il est probable que l'*Ichthyornis* avait un bec sans dents.

Les ammonites sont abondantes dans les écosystèmes marins du Jurassique et du Crétacé. Les coquilles de ces mollusques céphalopodes (peut-être assez semblables, à l'état de vivants, au nautile actuel) présentent des séries de sillons resserrés, à allure très compliquée : dans certains cas le dessin rappelle les dentelures de la feuille de chêne (voir dessins page 122).

Que peuvent bien dire ces dessins qui deviennent de véritables arabesques au cours du processus évolutif ? Il s'agit de la marque extérieure des parois qui cloisonnent les différentes chambres de la coquille. (Il convient de préciser que la coquille est précisément divisée en plusieurs chambres qui se succèdent le long de la spirale : il n'y a pas une chambre unique comme dans la coquille des escargots communs.) L'animal vivant n'occupait que la dernière chambre — la plus extérieure. Pourquoi ces parois sont-elles aussi contournées ? Il est évident que la forme plissée donnait une plus grande robustesse à la coquille, dont les parois extérieures pouvaient donc être plus minces et légères, ce qui donnait un avantage certain à l'animal qui devait la traîner derrière lui. Tout le monde sait bien qu'une feuille de carton pliée en deux et posée de chant peut tout au plus supporter le poids d'un crayon ; mais si nous plissons le carton, l'accordéon, ainsi obtenu, peut même supporter le poids d'un dictionnaire. En outre, en agissant de son corps mou sur la paroi plissée, et en réglant ainsi la quantité d'air (ou de quelque gaz produit par l'organisme) contenu dans la coquille, l'ammonite réussissait à faire varier son propre poids spécifique global, et par conséquent, à flotter à la profondeur voulue. Si la paroi n'avait pas été plissée ainsi, la manœuvre aurait probablement été moins efficace et moins rapide. Nous pouvons imaginer l'ichthyosaure ou le mosasaure se précipitant sur la proie à grands coups de queue, mais nous pouvons imaginer aussi l'ammonite s'enfonçant rapidement, laissant la grosse bête, bouche bée.

Dans les marais

Les déplacements des continents occasionnaient de fréquents changements de niveau des terrains. Il pouvait alors arriver que bien des pièces d'eau se trouvent isolées, se transformant en marais. Dans d'autres cas, un cours d'eau pouvait être dévié ; il se formait alors de vastes estuaires où des eaux douces, à cours lent, se mêlaient aux eaux salées de la mer. Ces aires marécageuses devinrent un milieu idéal pour le développement de formes nouvelles de dinosaures, et aussi pour protéger l'évolution continue et relativement lente des crocodiles. Au Crétacé, tandis que les formes marines opèrent avec succès dans les zones longeant les côtes, on distingue déjà dans les marais des formes ressemblant aux alligators et des formes semblables à de véritables crocodiles. Une caractéristique remarquable rend toutefois ces animaux différents des formes actuelles : leur taille. Le *Deinosuchus* pouvait atteindre 18 mètres de longueur, avec une tête longue de 1,80 mètre. Des crocodiles géants continueront à exister aussi dans l'ère suivante : un gavial de 15 mètres, *Rhamphosuchus indicus*, est repéré en Inde dans des couches du Cénozoïque Final.

Dans les marais du Crétacé les premiers serpents mènent leur évolution avec succès : à partir des formes aquatiques à membres très réduits, mais déjà capables d'effectuer des mouvements serpentins pour nager, se constituent des formes totalement privées de pattes qui regagneront la terre ferme. Chez les amphibiens, grenouilles et crapauds se manifestent largement.

Page ci-contre, en haut : reconstitution d'un marécage de la fin du Crétacé. On y voit des crocodiles du genre Deinosuchus. *Certains spécimens de ce genre sont longs de 18 m. Ces crocodiles ne différaient pas, par leur structure, de l'actuel crocodile du Nil qui peut atteindre 7 m de long. Il existait aussi des formes de petites et de très petites tailles.*
Ci-contre, en bas : crâne fossile d'un crocodile nain, dont la longueur totale atteignait à peine 1 m.

Anatosaurus
Deinosuchus

Une trentaine de dinosaures tous identiques

Les mises au jour spectaculaires d'os de dinosaures sont nombreuses, dont certaines sont récentes, mais aucune n'a jamais pu égaler celle qui fut faite en 1878 dans une mine de charbon de Bernissart, près de Mons, en Belgique. On retrouva dans une seule couche, les restes de 29 grands animaux, tous, évidemment, du même genre. L'animal en question était déjà en partie connu depuis 1822. Avec la découverte de Bernissart, on était, pour la première fois, en présence d'une population d'animaux du lointain passé. Aujourd'hui, 11 de ces squelettes occupent les places d'honneur dans une salle du musée d'Histoire naturelle de Bruxelles. Le genre est *Iguanodon : deux* espèces s'y distinguent : *I. bernissartensis* et *I. mantelli.*

Les iguanodons étaient bipèdes, leur hauteur pouvait atteindre 5 mètres, et leur longueur 11 mètres (l'*Iguanodon mantelli,* dont la colonne vertébrale a quatre vertèbres de moins que celle de l'*I. bernissartensis,* est un peu plus petit). C'étaient des ornithischiens du groupe des ornithopodes qui se caractérisent, dans le Jurassique Supérieur, par des formes du type du *Camptosaurus* (voir la figure page 137). Chez les camptosauriens il existait déjà une denture spécialement conçue pour le déchiquetage des végétaux et, dans la partie antérieure de la bouche, une structure semblable à celle qui se retrouve aujourd'hui chez les bovidés : un bec corné dans la mandibule, qui se refermait sur une couche cornée de la pointe de la mâchoire (chez les bovidés, ce sont les incisives qui battent contre un épaississement analogue de la mâchoire, qui est dépourvue d'incisives). Les dents broyeuses des *iguanodons* s'usaient rapidement, aussi des dents nouvelles les remplaçaient au fur et à mesure de leur usure. Cela se produit aujourd'hui pour les molaires des éléphants.

Comment les *iguanodons* vivaient-ils ? Certainement en groupes (ou, devrions-nous dire, en troupeaux, par analogie avec les herbivores de nos jours), peut-être dans des zones boisées, en bordure des marais. Les camptosaures étaient capables de se déplacer soit à quatre pattes, soit sur leurs deux pattes posté-

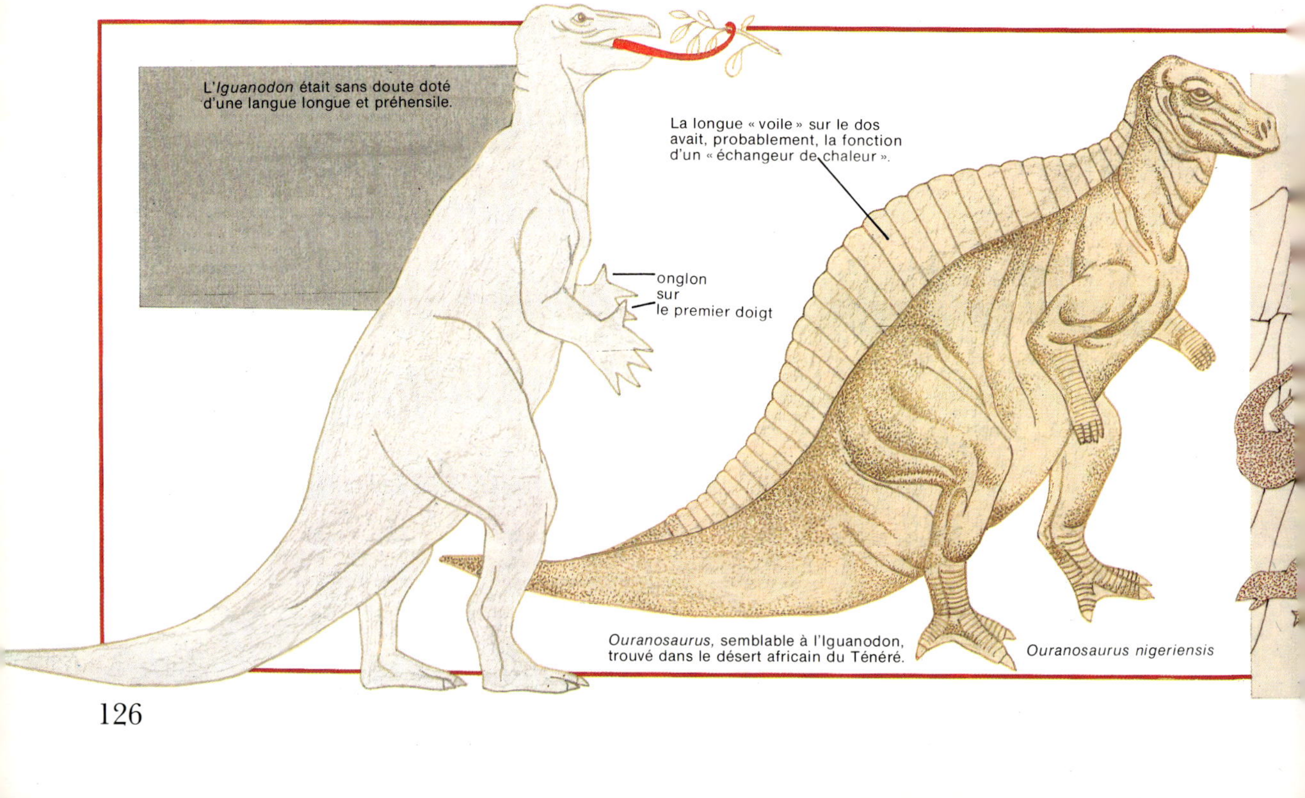

Ci-dessus : les squelettes d'iguanodons du Musée d'histoire naturelle de Bruxelles.
*A gauche : un iguanodon broutant les feuilles de sa langue préhensile. Les savants pensent que cet animal avait une langue semblable à celle que possèdent différents sauriens actuels. Au centre, une forme voisine de l'iguanodon, l'*Ouranosaurus*, doté d'une « voile » dorsale. L'image de droite illustre l'hypothèse d'après laquelle les iguanodons de Bernissart se seraient précipités tous ensemble dans une crevasse, poussés par quelque catastrophe naturelle. Cela expliquerait que l'on ait pu retrouver ces animaux du Crétacé dans une mine de* charbon *: les 29 squelettes se trouvaient dans une sorte de puits qui pénétrait jusqu'aux couches du Carbonifère (période durant laquelle le charbon fossile s'est formé).*

rieures. Ils broutaient, probablement aussi, des végétaux sur le sol. Les iguanodons, eux, étaient toujours debout : ils devaient donc manger des bourgeons et des feuilles de très hautes plantes. On pense qu'ils avaient une longue langue préhensible, utile pour atteindre ou retenir les branches. Les doigts étaient au nombre de trois dans les membres postérieurs et de cinq dans les membres antérieurs : ils étaient tous dotés d'ongles à sabot, à l'exception du pouce de la main, armé d'une grosse griffe cornée semblable à un poignard. Elle devait, sans doute, servir d'arme contre les prédateurs et, peut-être aussi, contre les compagnons d'espèce dans les duels au moment de la conquête des femelles ; il est possible aussi que les onglons aient retenu la femelle durant l'accouplement ou encore, que l'iguanodon l'ait employé comme outil, pour dépecer des écorces ou des troncs. Dans la forte queue, les vertèbres sont raidies par une série de tendons. La queue, de toute évidence non flexible, agissait comme contrepoids de la partie antérieure du corps : une structure de ce genre s'observe chez beaucoup de dinosaures bipèdes, de petite ou grande taille.

Une forme apparentée à l'iguanodon, l'*Ouranosaurus* (dont les restes ont été retrouvés en 1971 dans le désert du Ténéré, entre le Sahara et le Nigeria) présente de l'intérêt ; cet ornithopode est caractérisé par des vertèbres dotées d'excroissances, qui devaient soutenir une crête tout le long du dos, adaptation probable à un climat chaud : la structure permettait peut-être à l'animal de perdre de la chaleur. Comme on le voit, l'innovation, ancienne des pélycosauriens, était encore utilisée, bien que les dinosaures, peut-être homéothermes, s'en servissent pour rester au frais plutôt que pour conserver leur chaleur.

Formes anciennes et formes nouvelles

Pendant tout le Crétacé, on assiste d'une part à des reprises de structures déjà utilisées avec succès dans les temps les plus reculés et, d'autre part, à l'élaboration de structures nouvelles. Cela se produit chez certains animaux, mais aussi pour des végétaux. Ainsi que nous l'avons déjà dit, la fleur du magnolia est une version entièrement rénovée de l'ancien pignon. De même, les minces tiges des herbes (angiospermes monocotylédones) reprennent la forme des feuilles de pin très longues et très minces : les aiguilles ; cette solution avait eu son utilité dans les forêts denses, où les feuilles ne devaient pas se cacher le soleil l'une à l'autre. Elle se révéla également excellente au sol, où le fait de pousser vers le haut sans faire d'ombre aux éléments existant dessous, signifiait se distinguer. Pour tenir tête à la gloutonnerie des herbivores, beaucoup de plantes avaient élaboré des feuilles coriaces ;

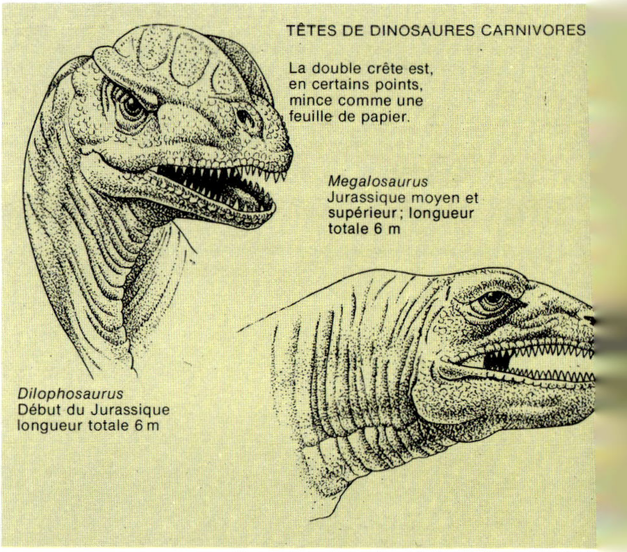

Ci-dessus : les têtes de quatre dinosaures prédateurs. Les crêtes du Dilophosaurus *soutenues par des structures osseuses mais minces comme une feuille de papier n'étaient probablement présentes que sur les mâles et constituaient un signe distinctif de l'espèce. Ci-contre : un* Spinosaurus, *prédateur du groupe des carnosaures et le sauropode* Dicraeosaurus. *Chez le spinosaure, existait une « voile » dorsale soutenue par des expansions des vertèbres. Ces animaux, très actifs et sans doute à métabolisme élevé (donc producteurs de chaleur) risquaient vraiment de mourir de chaud s'ils ne pouvaient dissiper de la chaleur vers l'extérieur, en utilisant justement comme échangeur la « voile » de peau (cadre, en bas).*

Ceratosaurus
Jurassique supérieur
longueur totale 6 m
Deinonychus
Dicraeosaurus
Spinosaurus
dissipation au moyen de la « voile »
trop de chaleur
probablement homéothermie
grande activité
milieu chaud

d'autres choisiront une voie nouvelle : au lieu de rejeter certaines substances résultant de leur métabolisme, elles les transforment en poisons. Un carnosaurien du Crétacé Moyen, le *Spinosaurus,* long de 12 mètres, arbore une crête semblable à celle de l'*Ouranosaurus,* quoique un peu plus courte (elle ne s'étend pas à la queue). Elle avait probablement la même fonction : celle d'échangeur de chaleur.

L'allure générale des gros sauropodes continue à se rencontrer sans innovations importantes : l'*Alamosaurus,* de la fin du Crétacé d'Amérique du Nord, ressemble fort à un apatosaure.

Dans le groupe des ornithischiens, la structure à plaques du stégosaure ne connaît pas d'imitations mais un vaste groupe d'animaux cuirassés, les ankylosauriens, se développe. Ces dinosaures combinent différents éléments — plaques, épines, queues ressemblant à des masses d'armes de chevaliers du Moyen Age —, réalisant toujours une excellente protection du dos et donnant peut-être aussi une certaine capacité d'agression. Très souvent les squelettes d'ankylosaures ont été retrouvés étendus, le ventre en l'air dans la boue qui les avait ensevelis et conservés. On a supposé que le ventre de ces animaux n'était pas protégé par des plaques ou des épines, les prédateurs qui attaquaient les renversaient aussitôt sur le dos, tout comme le font les chasseurs de tortues, et que les carnivores pouvaient alors éventrer leur victime. On pense aujourd'hui que les ankylosaures, herbivores (tous de bonne taille : leur longueur moyenne était de 5 à 6 mètres), étaient entraînés par l'eau, une fois morts, et que, flottant par l'effet de la fermentation même du contenu de leur ventre, ils devaient finir par se renverser (comme les poissons morts dans nos eaux polluées) :

Edmontosaurus
hadrosaure long de 10 m

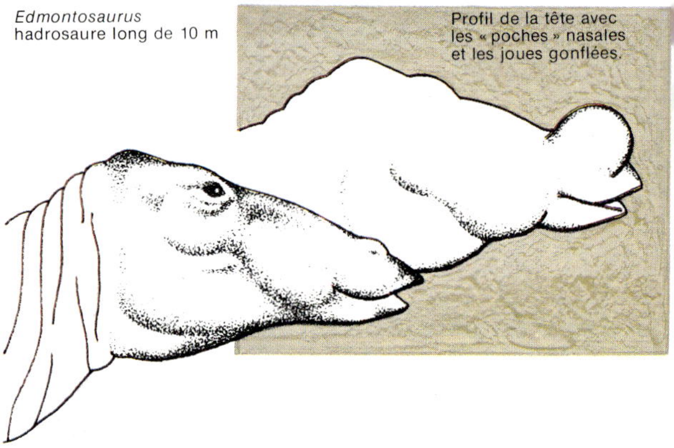

Polacanthus

*Ci-dessous : tête de l'*Edmontosaurus, *dinosaure à bec de canard, d'une longueur pouvant atteindre 10 m. On pense qu'il devait pouvoir gonfler les poches placées en correspondance avec les narines et que, comme d'autres espèces voisines, il avait des joues musculeuses lui permettant de soumettre la nourriture végétale à plusieurs reprises à l'action de sa batterie de dents, afin d'en parfaire la réduction. A droite dans le dessin : silhouette hypothétique du grand ptérosaure* Quetzalcoatlus, *dont on n'a mis au jour que quelques os. Les longues vertèbres du cou et les éléments du bras et du quatrième doigt indiquent que l'animal devait être une sorte de « girafe volante » avec une envergure d'environ 16 m.*
Ci-contre et en bas : reconstitution de deux anchilosaures : le Polacanthus, *long de 4 m, du Crétacé inférieur et le* Palaeoscincus, *d'une longueur atteignant jusqu'à 6 m, du Crétacé supérieur.*

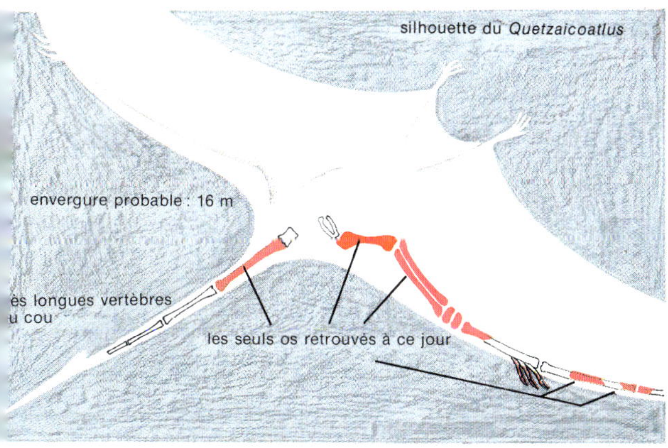

par la suite ils s'ensablaient et étaient ensevelis dans la boue dans cette position.

Le Crétacé Supérieur nous fournit des témoignages sur l'adaptation des ptérosaures à des milieux éloignés de l'eau. On pense donc que des adaptations analogues se réalisèrent aussi précédemment. En 1971, on a mis au jour au Texas les restes fragmentaires d'un ptérosaure, d'une envergure probable de 16 mètres. C'est encore un record : celui du plus grand animal qui ait jamais pu tenir en l'air. Le nom choisi pour ce ptérosaure texan est particulièrement évocateur : *Quetzalcoatlus*, latinisation du nom du dieu aztèque, « le serpent à plumes ». Quelques vertèbres extrêmement longues, que l'on peut attribuer à cet animal, autorisent la reconstitution d'un ptérosaure-girafe. On attend, cependant, une confirmation officielle. La zone dans laquelle on a découvert ce ptérosaure ne contenait pas, au Crétacé, de plans d'eau. Il est possible que le Quetzalcoatlus se soit nourri de charognes d'animaux terrestres, qu'il repérait de haut, se servant des courants d'air, pour planer : c'est, en tout cas, le comportement courant de nombreux rapaces d'aujourd'hui.

Palaeoscincus

Des colliers et des cornes

Dans le Crétacé Moyen et Supérieur se déroule l'évolution d'un groupe fort intéressant d'ornithischiens qui descendent tous d'un ornithopode du Crétacé Moyen retrouvé en Mongolie. Cet animal, long d'environ 2 mètres, avait un bec de perroquet très robuste : on l'a donc dénommé *Psittacosaurus,* « lézard-perroquet ». Sa structure était celle d'un bipède, mais ses

En bas : reconstitution de deux Protoceratops *adultes allant défendre le nid creusé dans le sable, menacé par de petits dinosaures « voleurs d'œufs », du genre* Oviraptor. *La scène est hypothétique, mais nous savons que les herbivores* Protoceratops *luttèrent avec les petits carnivores : on a retrouvé dans un site le squelette d'un de ces prédateurs* (Velociraptor), *uni, en une étreinte mortelle, avec le squelette d'un* Protoceratops ; *les deux animaux se sont tués l'un l'autre.*
Ci-dessous : petits de Protoceratops *sortant de l'œuf. La reconstitution est faite d'après les restes de nids contenant des œufs entrouverts et d'autres contenant encore les embryons.*

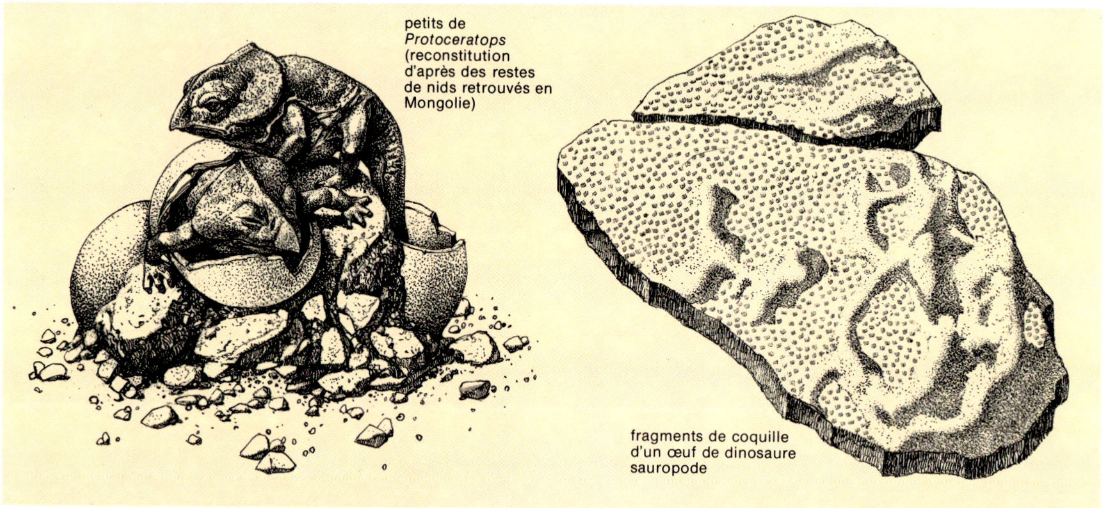

membres antérieurs, assez longs, permettaient aussi une marche quadrupède. De ce fait, ses descendants, à la fin du Crétacé sont presque tous quadrupèdes. On range ces dinosaures sous le nom collectif de cératopsiens. La particularité commune à tous les ornithischiens — présence de l'os *prédentaire* dans la mandibule —, est des plus évidentes chez les cératopsiens. Les formations cornées des extrémités de la mandibule s'encastrent *sous* celles que comporte l'extrémité du maxillaire : l'aspect est toujours celui d'un gros bec. Les dents servant à la mastication se situent en arrière par rapport au bec, et sont très robustes : elles ressemblent à des molaires et elles ont parfois deux racines, caractère tout à fait exceptionnel chez les reptiles. Les cératopsiens se nourrissaient certainement de végétaux qu'ils devaient arracher avec le bec et broyer avec les dents.

Quels végétaux présentent des caractères tels qu'ils puissent être coupés à l'aide d'un outil en forme de pince et ensuite être réduits en menus fragments par une puissante meule ?

Au Crétacé Supérieur se développe, parmi les angiospermes monocotylédones, un groupe de plantes qui apparaît tout de suite en grande taille : ce sont les palmiers. Tout compte fait, il semble que les palmiers (aux feuilles coriaces avec stipes ligneux à dépecer) aient été l'élément essentiel du régime des cératopsiens. Il peut se faire, aussi, que ces derniers aient appris très tôt que les palmiers contenaient une sève sucrée, très nourrissante : d'un coup de bec, la grosse bête pouvait boire le suc de palmier.

Le premier des cératopsiens vrais est le *Protoceratops* : ses restes ont été découverts en Mongolie. Long de 2 mètres, mais très massif, le *Protoceratops* pesait peut-être 1,5 tonne. Son crâne présente déjà une caractéristique typique du groupe tout entier : un gros « collier », constitué à partir d'une expansion des os pariétaux du crâne. La fonction de ce collier a été diversement interprétée. On y a vu, parmi d'autres, celle d'instrument de défense et d'élément de reconnaissance de l'espèce. Il semble assez logique de penser que ce collier était en rapport avec le régime de végétaux coriaces dont se nourrissaient ces animaux. Pour obtenir les meilleures prestations possibles du bec et des dents broyeuses, les cératopsiens devaient avoir des maxillaires et des mandibules robustes et massifs, mais aussi, pour la mastication des muscles extrêmement puissants. Ces muscles trouvaient une attache convenable dans la partie antérieure du collier. En outre, la tête devait peser très lourd : la présence d'autres muscles puissants, dans la région de la nuque, s'insérant sur la partie postérieure du collier, s'imposait. Pour cette raison, comme dans n'importe quel jeu de leviers, les colliers s'agrandissaient au fur et à mesure que les dimensions du crâne et du corps tout entier augmentaient. Il va sans dire que ce type de structure avait *aussi* des fonctions défensives : la nuque est, chez tous les animaux, un point faible sur lequel les prédateurs s'acharnent.

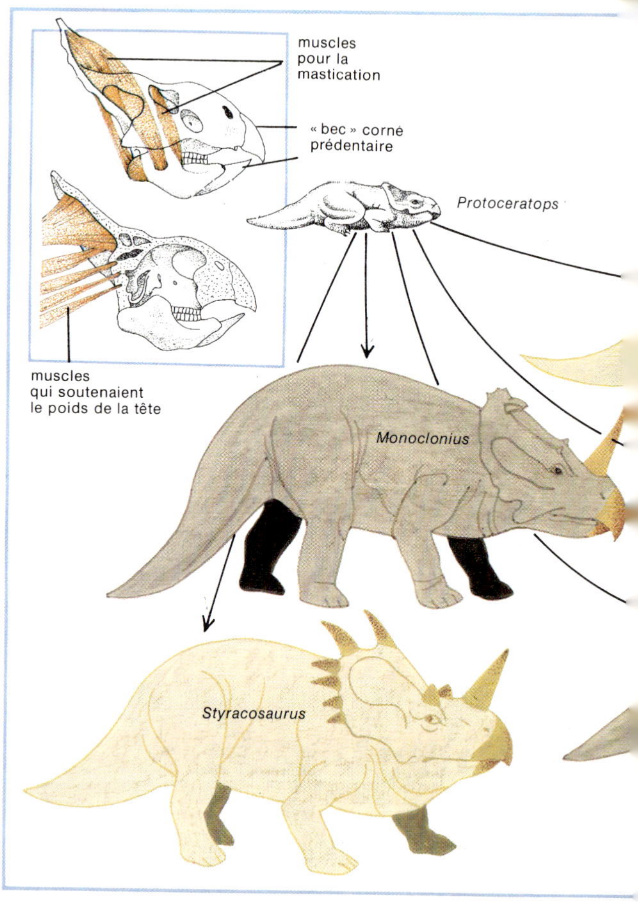

Ci-dessus : reconstitution d'une charge de triceratops. A droite : l'évolution des cératopsiens, illustrée par quelques-uns des genres les plus caractéristiques. L'aventure évolutive part du Protoceratops, *long d'environ 2 m. La seule forme bipède est le* Leptoceratops. *Le petit cadre à gauche indique la disposition des principaux muscles, en rapport avec le crâne, la mandibule et le collier osseux du* Protoceratops.

D'autre part, les cératopsiens développèrent bien d'autres moyens de défense : longues cornes osseuses, placées en diverses régions de la tête, mais surtout sur le front, et en relation avec les os nasaux. Souvent aussi, la peau portait des plaques ou d'autres excroissances osseuses.

Nous connaissons les tout premiers

stades de développement des cératopsiens, grâce à la découverte, faite en Mongolie, de plusieurs nids de *Protoceratops :* les œufs étaient pondus en groupe dans des trous dans le sable, comme cela se passe aujourd'hui chez les crocodiles. Certains de ces œufs contenaient des embryons évidemment morts avant terme.

Beaucoup de cératopsiens postérieurs proviennent de sites d'Amérique du Nord. Il semble que ces dinosaures aient eu deux aires de diffusion principales : une en Asie centrorientale et une autre précisément en Amérique septentrionale. Les genres décrits jusqu'à ce jour sont au nombre de 20. L'espèce la plus connue est *Triceratops prorsus,* décrite par Marsh, en 1889. Il est probable que les tricératops, dont la longueur pouvait atteindre 11 mètres et dont le poids allait jusqu'à 8 tonnes, se comportaient comme les rhinocéros actuels : ils broutaient systématiquement les palmiers, mais s'ils étaient dérangés, ou s'ils craignaient une attaque de quelque prédateur, ils se déchaînaient de toute leur masse et en toute certitude, ils mettaient l'ennemi en fuite ou le traitaient fort mal. Les cornes frontales du tricératops avaient jusqu'à 1 mètre de longueur. Les vrais ennemis, dont les cératopsiens avaient à se garder, n'étaient peut-être pas les gros prédateurs, mais les petits dinosaures « voleurs d'œufs » (comme l'*Oviraptor)* ou des mammifères ayant les mêmes habitudes. Dans les milieux relativement arides, auxquels ils étaient bien adaptés (les palmiers croissant aussi dans des régions bordant les déserts : ce sont les plantes des oasis), il n'y avait guère de nourriture et les petits prédateurs s'étaient spécialisés dans le pillage des nids. Ce sont là, évidemment, des hypothèses, mais qui paraissent assez raisonnables, si l'on considère la situation du milieu.

Têtes dures

Le groupe des ornithischiens ornithopodes (nous en avons déjà rencontré, comme exemple remarquable, l'iguanodon) connaît au Crétacé Supérieur un grand essor : on trouve alors des développements, à spécialisations très particulières, qui permettent d'isoler des groupes mineurs de formes très proches. Dans un de ces groupes mineurs, l'épaisseur des os du crâne se développe énormément. Dans le genre *Stegoceras* (long de 3 mètres), la « coupole » qui protège le cerveau (un peu plus grand qu'un œuf de poule) est épaisse de 5 centimètres. Elle est faite d'une masse d'os très solides et compacts. Ces crânes offrent une résistance exceptionnelle aux attaques du temps : souvent détachés du reste des os de l'animal, ils se sont conservés, presque intacts, en grand nombre. Nous connaissons donc les différentes versions du modèle « dinosaure à tête dure ». La denture nous apprend que, comme tous les ornithopodes, ce sont des herbivores. Leur tête dure pouvait être une défense contre les carnivores. Pourquoi cette limitation à la tête ? Les chercheurs attribuèrent autrefois cette caractéristique à une malformation, à une maladie ou à un défaut de fonctionnement. Il semblerait étrange, en vérité, qu'un tel défaut de fonctionnement ait pu être présent chez tant d'animaux d'espèces et de tailles différentes. Souvent, de plus, l'épaississement du crâne est accompagné d'un développement d'excroissances sur les os du nez, de petits colliers sur la nuque, et de renforcements autour des orbites. On propose aujourd'hui une interprétation qui se base sur le comportement de ces animaux. Le développe-

Ci-contre : cérémonies d'accouplement de dinosaures (genre Camptosaurus *du Jurassique supérieur). Cette reconstitution est basée sur les comportements de divers sauriens actuels et la découverte de traces de « morsures d'amour » sur les vertèbres du cou de certains dinosaures herbivores.*
Ci-dessous : reconstitution hypothétique d'un duel pour la conquête des femelles entre deux Stegoceras. *Ces ornithischiens Ornithopodes font partie d'un groupe caractérisé par la présence d'os crâniens extrêmement épais. Dans le cadre : profil de crâne de* Pachycephalosaurus.

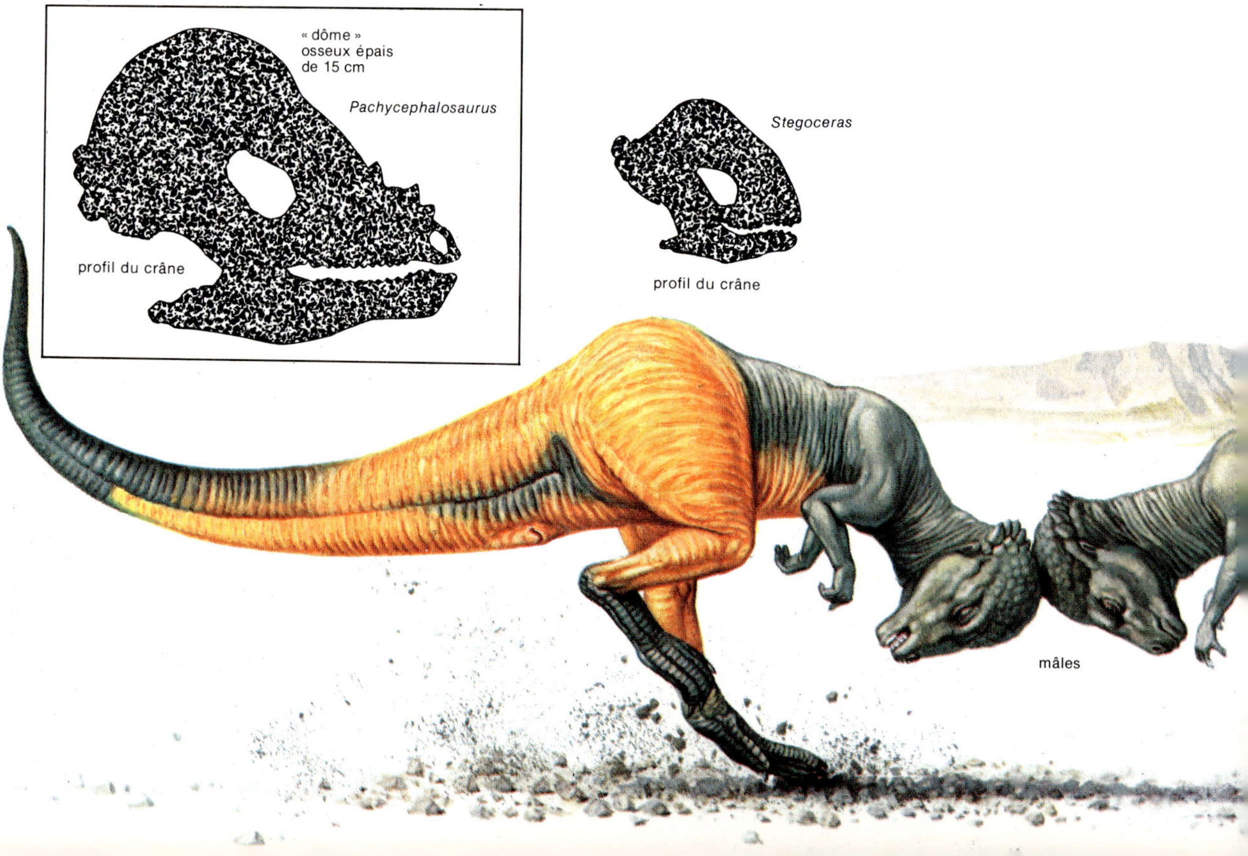

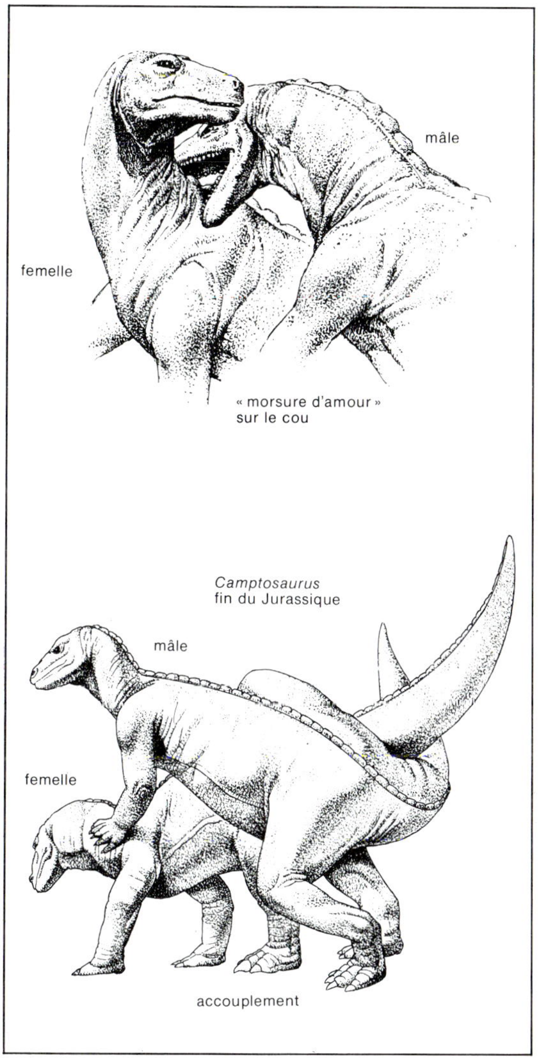

ment de ces crânes étranges serait lié à des questions de *sexe :* ce serait un élément utile aux mâles, lors des combats pour la possession de la femelle. Les éthologues étudient depuis des annécs le comportement des reptiles actuels : les défis et les duels entre mâles sont très communs, par exemple chez les sauriens, groupe qui comprend les lézards, les geckos et les varans. Pourquoi ne pas admettre que le *Stegoceras* et ses cousins (un des plus grands, le *Pachycephalosaurus,* mesurait 8 mètres et les os de son crâne étaient épais de plus de 15 centimètres) se battaient déjà en duel, et même qu'ils s'affrontaient à coups de tête comme les bouquetins et les béliers ? Une autre donnée est relative à la vie sexuelle des dinosaures. Les mâles n'avaient pas d'organes sexuels extérieurs ; ils devaient avoir un pénis semblable à celui des crocodiles, des serpents et des lézards : un organe qui pouvait être projeté au dehors au moment de l'accouplement et qui, en temps normal, se trouvait retiré dans une poche de l'ouverture unique, constituant le débouché de l'intestin et de l'appareil

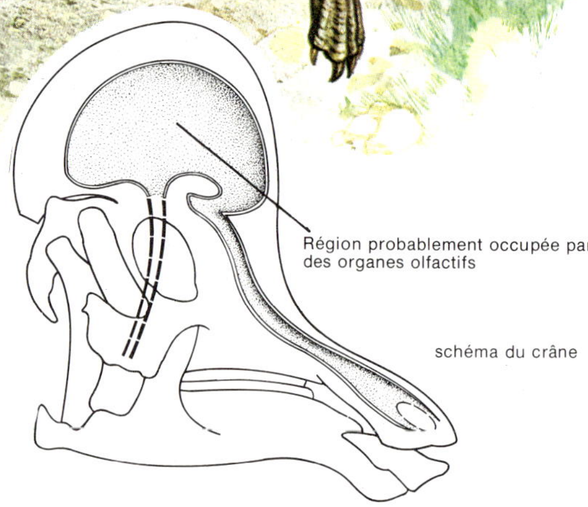

Ci-dessus : dinosaure à bec de canard typique, dont la tête est ornée d'un cimier osseux. C'est le Corythosaurus excavatus. *Le schéma décrit la structure du crâne, et la vaste cavité du cimier qui communique avec les cavités nasales qui ont probablement pour fonction d'augmenter le flair de l'animal.*
Ci-contre : un Anatosaurus, *et le détail d'une partie de la batterie des dents à lamelles d'un autre dinosaure à bec de canard, le* Kritosaurus.

uro-génital (orifice appelé cloaque). Pour réaliser l'accouplement et injecter le sperme, le dinosaure mâle devait amener son orifice au contact de celui de la partenaire, opérant une « monte » qui pouvait être assez difficile, étant donné les dimensions des pattes, des ventres et des queues. Aujourd'hui, bien des sauriens (par exemple du genre *Anolis*) se mordent sur le cou durant l'accouplement : la morsure sert à retenir la femelle mais aussi à la stimuler. Les os du cou de certains dinosaures herbivores présentent des stries qui *ne peuvent* avoir été causées par des morsures de prédateurs. Les marques correspondent à celles que des becs ou des dents de dinosaures herbivores pourraient avoir laissées, donc plutôt faites par des compagnons d'espèce.

Becs de canard et crêtes

On peut penser que la souche des dinosaures à bec de canard dérive du *Batrachosaurus* du Crétacé Inférieur de Mongolie. Le groupe devient, par la suite, très riche en genres et en espèces : vers la fin de la période, ces ornithischiens sont présents dans tous les continents (l'Amérique méridionale vient s'y ajouter par l'intermédiaire d'une liaison qui s'établit dans la région d'Amérique centrale).

Les *Batrachosaurus*, désignés globalement sous le nom d'hadrosaures, atteignaient des tailles remarquables : longueur de 9 mètres, dans le genre *Anatosaurus*, et poids probable de plus de 3 tonnes. La partie antérieure de leur mâchoire était plate, large et arrondie et recouverte d'une couche cornée. La mandibule avait un prédentaire de forme analogue qui s'insérait *sous* le maxillaire, et qui était aussi doté d'un revêtement corné. Leur bec est très différent de celui, de perroquet, des cératopsiens qui justifiait pleinement le nom commun de ces dinosaures. Dans le fond de la bouche se trouvait un mécanisme de broyage d'une rare efficacité : sur chaque branche de la mandibule, et sur les parties correspondantes du maxillaire, étaient implantées des séries très drues de dents en lamelles (chez un individu, on en a compté plus de deux mille).

En outre, nous avons des informations détaillées sur les parties molles du corps des hadrosaures, car certains spécimens ont été retrouvés dans un état de conservation exceptionnel : ils avaient des joues musculeuses et dilatables, avec lesquelles ils poussaient, à plusieurs reprises, les masses de nourriture dans la meule, constituée par la batterie des dents. De cette manière, ils pouvaient traiter n'importe quelle substance végétale, même la plus coriace. Les pattes antérieures (à quatre doigts, dont deux dotés d'un petit

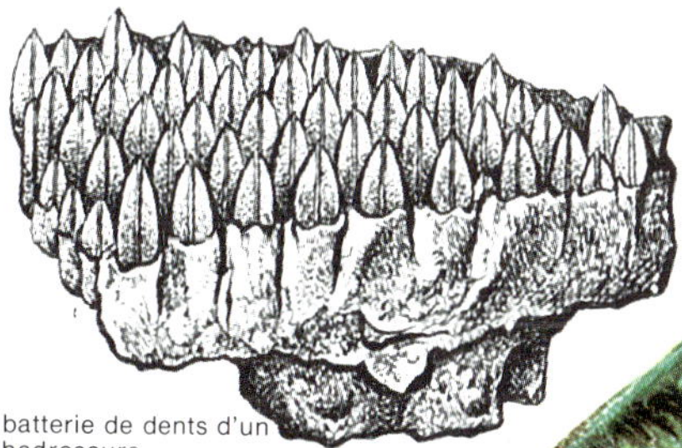

batterie de dents d'un hadrosaure.

La peau de certains dinosaures, exceptionnellement conservée, présente une mosaïque d'écailles serrées, comme celle de certains sauriens actuels, qui ont des couleurs très vives : nous pouvons donc admettre que les dinosaures à bec de canard et peut-être tous les dinosaures étaient aussi très colorés.

sabot) étaient palmées. Mais nous ne savons pas si les postérieures, qui étaient fort grosses et à trois doigts dotés de massifs onglons-sabots, l'étaient aussi.

Comment vivaient les hadrosaures ? Les pattes palmées suggèrent une adaptation à la nage ou au moins à la vie dans l'eau ; les restes alimentaires indiquent pourtant que l'alimentation était surtout constituée de plantes des forêts. Ces témoignages se contredisent. Comme on n'a jamais trouvé, dans le même site, des jeunes et des adultes, nous sommes autorisés à penser que les œufs devaient être pondus aux abords des marais où s'accomplissait une bonne partie du développement des petits et des jeunes : protégés par l'eau, ils pouvaient échapper aux prédateurs. Plus tard, devenus adultes, et de ce fait un peu moins vulnérables — en raison de leur masse même —, ces animaux abandonnaient les marais et commençaient à explorer différents milieux, surtout les forêts, et même des zones non boisées, à climat sec.

Il existe un groupe très important d'hadrosaures « à casque » ou « à crête », chez lesquels, outre la bouche normale à bec de canard, se sont développés exceptionnellement l'os prémaxillaire et l'os nasal,

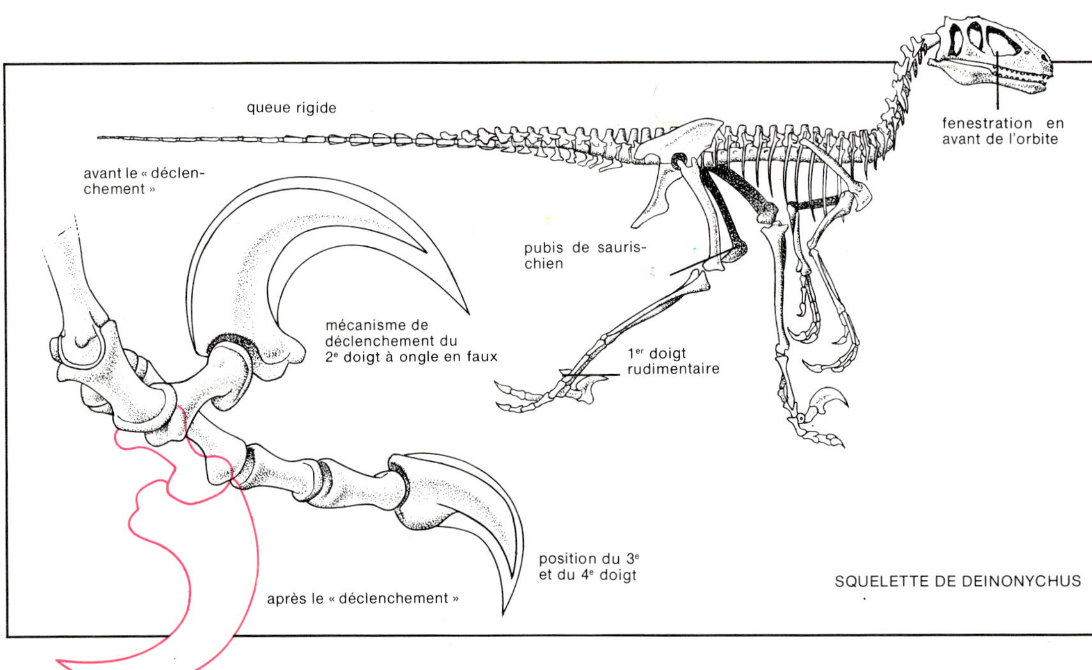

Ci-contre : squelette et pattes du Deinonychus, *petit cœlurosaure de 2,4 m de long. La queue est formée de vertèbres dotées d'une extension en étui qui communique à toute la partie une remarquable rigidité. Les membres postérieurs ont le second doigt muni d'une griffe en forme de faux, disposant d'une sorte de mécanisme de déclenchement.*
Ci-dessus : le site (près de Billings, Montana, U.S.A.), où les restes du Deinonychus *ont été retrouvés.*

donnant ainsi naissance à des structures étranges. Comme nous l'avons déjà dit (page 106), ces structures avaient une fonction liée à l'odorat, mais devaient servir aussi d'instrument de reconnaissance des compagnons d'espèce.

Qui les mangeait ?

C'est alors un monde plein d'odeurs que nous rencontrons, mais aussi de sons (peut-être des rugissements, des grondements, des bramements ?) ; un monde plein de couleurs aussi, grâce à la quantité de fleurs et aux peaux probablement bariolées des dinosaures. Et les prédateurs s'affairaient à répandre les nuances rouge-brun du sang... A la fin du Crétacé vivent des carnivores de taille moyenne et d'autres, vraiment énormes. L'aventure des cœrulosaures se poursuit ; beaucoup d'entre eux étaient sans doute omnivores ; coureurs rapides, ils pouvaient attaquer les herbivores, mais ils ne dédaignaient pas les œufs, et, peut-être, complétaientils leur régime par des végétaux. Citons l'*Ornithomimus*, l'*Oviraptor*, le *Velociraptor*.

Chez le *Deinonychus* (« ongles terribles »), les pattes postérieures ont quatre doigts pourvus de griffes. Le premier doigt est très réduit ; le second a un onglon énorme, très acéré : l'animal le tenait plié par-dessus le troisième et le quatrième doigt en marchant, pour éviter de l'user. Ce comportement est aussi celui des casoars, gros oiseaux coureurs australiens. En affrontant sa victime, le *Deinonychus* se dressait sur une seule patte et lançait avec son onglon en faux un coup mortel. Ce jeu d'équilibre complexe était facilité par la longue queue qui fait contrepoids, raidie par des éléments osseux associés aux vertèbres enfilées les unes dans les autres, comme des étuis. Les membres antérieurs avaient trois fortes griffes.

Le tyran et les autres

Retrouvé au début du siècle dans le Montana (États-Unis), en deux exemplaires, et décrit par Osborn en 1905, le *Tyrannosaurus rex* est sans nul doute un des dinosaures les plus connus et les plus populaires. Au grand prestige du géant s'ajoute celui, sinistre, du méchant. C'est l'ogre de la légende transformé en animal : il est épouvantable, mais éloigné dans le temps (ce qui rassure le spectateur qui en regarde comme nous le squelette, dans un musée). On comprend donc la place qu'occupe le tyrannosaure dans le monde des images, des contes et films d'anticipation scientifique. Des moulages du crâne se trouvent dans les principaux musées d'histoire naturelle : 60 dents, au bord en dents de scie, dont plusieurs longues d'un empan. Le crâne, allongé, a la taille d'un bébé veau. Aujourd'hui ce méchant est moins seul, car différentes trouvailles lui ont adjoint des compagnons assez semblables : l'*Albertosaurus* du Canada (ce genre peut comprendre aussi les animaux précédemment classés dans le genre *Gorgosaurus*), et le *Tarbosaurus bataar* de Mongolie (les gisements de cette région ont également fourni de nouveaux squelettes du tyrannosaure lui-même).

Comment vivait le « lézard tyran » (en grec, *tyrannos* est le maître absolu d'une cité) ? Il mangeait de la viande, cela est sûr, mais *quelle* viande ? et *en quelle quantité ?*

La longueur moyenne du tyrannosaure est de 15 mètres ; son poids est estimé à quelque 10 tonnes. Un poids de viande équivalent à celui de l'animal pouvait être fourni par la moitié d'un sauropode de 20 tonnes, ou par trois hadrosaures de 3 tonnes. Combien de temps cette quantité de nourriture pouvait-elle lui suffire ? En comparant sa masse avec celle d'un animal à sang froid, comme un crocodile ou un varan de Komodo, nous pourrions conclure qu'un tel butin devait suffire au tyrannosaure pour des mois. Mais si nous admettons que le tyrannosaure était un animal à métabolisme élevé, il nous faudra augmenter sensiblement la fréquence de ses festins, donc le nombre de ses victimes. Malheureusement nous ne disposons guère de données, sur le rapport prédateur-proie du tyrannosaure : les squelettes de notre « affreux » ne sont pas très communs. L'idée de la chasse acharnée à l'herbivore géant, suivie d'une grande ripaille et d'une très longue période de repos et de digestion, semble tout de même difficile à accepter. Le géant engourdi et ensommeillé avec le ventre à l'air, nous rappelle une fois de plus l'ogre à qui le Petit Poucet dérobe les bottes de sept lieues. Un tyrannosaure passant sa longue digestion à somnoler

Ci-contre : squelette du Tyrannosaurus rex *conservé au Musée d'histoire naturelle de New York. Dans le cadre, en haut, partie terminale des membres postérieurs et antérieurs de ce gigantesque carnosaure. Il est probable que les membres antérieurs, qui ont seulement deux doigts mais des muscles suffisamment puissants à l'épaule, permettaient à l'animal de s'assurer au sol pendant l'opération compliquée qui devait le faire passer de la position de repos (sur le ventre) à la position normale, dressé sur les deux membres postérieurs. Dans le cadre, en bas, les phases de cette gymnastique supposée.*

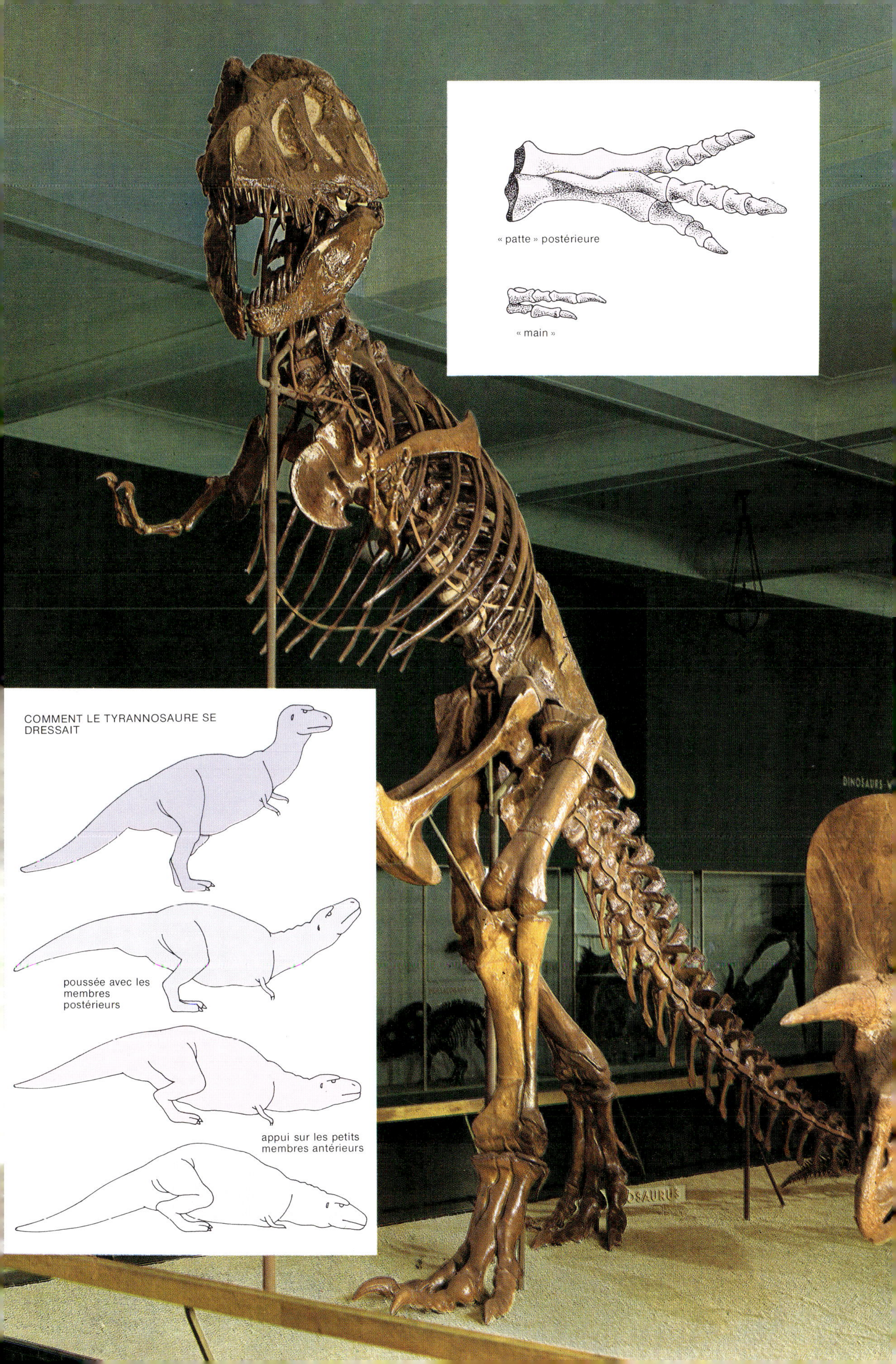
« patte » postérieure
« main »
COMMENT LE TYRANNOSAURE SE DRESSAIT
poussée avec les membres postérieurs
appui sur les petits membres antérieurs

QUE MANGEAIT LE TYRANNOSAURE ?

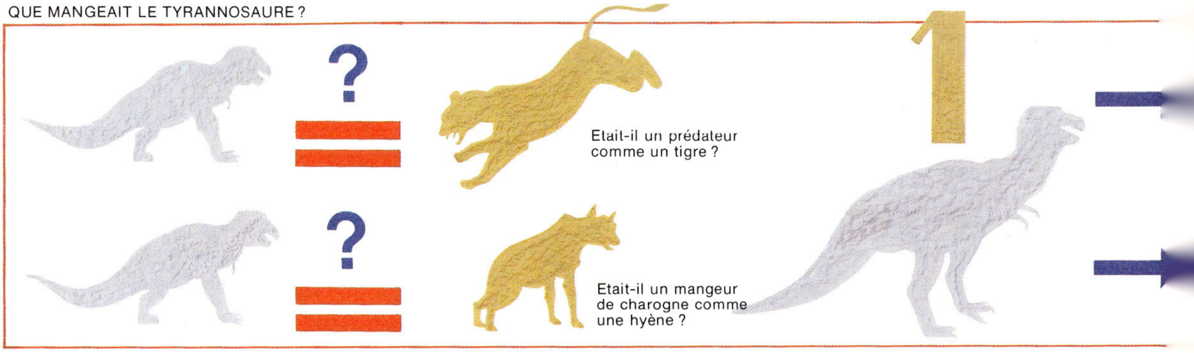

Indubitablement, le tyrannosaure était carnivore : sa denture ne laisse aucun doute à ce sujet. Les grandes dimensions du corps qui pouvaient être cause d'une certaine laideur ont porté d'ailleurs certains auteurs à formuler l'hypothèse que ce gros carnosaure était un mangeur de charognes (voir le schéma). Dans la reconstitution, deux tyrannosaures luttent pour s'emparer de la carcasse d'un Anatosaurus. *Comme il est indiqué dans la partie droite du schéma, la quantité de chair nécessaire à un prédateur est bien plus grande lorsqu'il s'agit d'un homéotherme (à température constante).*

Tyrannosaurus rex

nous pensons qu'il était *homéotherme*, c'est-à-dire à empérature constante », il lui fallait consommer un oids de chair égal au sien en un temps relativement urt (quelques journées) : le poids d'un tyrannosaure 0 t) = le poids de 3 hadrosaures. Le régime pouvait onc être de 1 hadrosaure tous les 3 ou 4 jours.

i en revanche nous admettons qu'il était *hétérotherme*, 'est-à-dire à « température variable », son poids en iande pouvait alors suffire pour plusieurs semaines : 3 adrosaures ou 1/2 sauropode par mois.

Tyrannosaurus rex

pouvait facilement être encorné par un tricératops ou même, pourquoi pas, être attaqué par de petits carnivores bien armés comme le *Deinonychus*. L'hypothèse la plus logique semble alors être celle d'un tyrannosaure mangeur de charognes : comme un vautour démesuré, il prenait de temps en temps la quantité de viande qu'il lui fallait dans les carcasses qu'il pouvait trouver. Il ne tuait, peut-être, que les animaux les plus petits et n'employait alors pas ses dents pour saisir et déchirer ses victimes, mais il les abattait à l'aide de ses grosses pattes munies de griffes puissantes.

Des séries d'empreintes attribuables à des tyrannosaures ont été découvertes, et on a pu mesurer la longueur d'un pas : celui-là est relativement court, deux mètres environ. L'animal se déplaçait peut-être comme une oie gigantesque l'aurait fait à petits pas et en se dandinant, la queue servant de contrepoids au tronc et à la tête.

Les pattes antérieures, très courtes, sont à elles seules un mystère. Pourquoi étaient-elles aussi petites ? Pourquoi n'avaient-elles que deux doigts, mais dotés de griffes robustes ? Ces bras pouvaient à peine atteindre la bouche. D'autre part, l'étude approfondie des os a révélé qu'ils avaient une musculature puissante dans la région de l'épaule. Il semble logique d'admettre que ces bras servaient d'appui à l'animal lorsqu'il se remettait sur ses pieds après le repos, ce qui constituait une opération difficile (voir les dessins de la page 143). A propos des mains du dinosaure, rappelons que l'on a découvert, en 1965, dans des couches du Crétacé Supérieur du désert de Gobi, en Mongolie, les membres antérieurs et les omoplates d'un animal qui était de toute évidence un dinosaure prédateur (voir figure page 72). Une comparaison, en toute proportion, avec le tyrannosaure, mènerait pour la taille totale de l'animal à des valeurs exceptionnelles (au moins 30 mètres de long). Il

Ci-contre : reconstitution du Tarbosaurus bataar, *trouvé en Mongolie. Le « museau » de ce carnosaure était orné d'une protubérance sur les os nasaux. Les membres antérieurs avaient deux doigts, comme chez le tyrannosaure. La longueur de la tête à la queue était de 12 m (en moyenne, le tyrannosaure était long de 15 m).*

Ci-dessous : la denture du tyrannosaure et des formes proches de celui-ci (groupe des Deinodontidés) était constituée d'une soixantaine d'éléments tous approximativement de la même forme. Certaines de ces dents sont longues d'un empan : le dessin en représente une à l'échelle réelle.

DENT DE CARNOSAURE

Les dents de carnosaure avaient à peu près toutes la même forme.

serait peut-être plus rationnel de faire la comparaison avec le modèle du *Deinonychus* (voir les figures pages 128 et 141). Le nom choisi pour ces restes est des plus éclairant : *Deinocheirus,* « mains terribles ». A propos de celles-ci, une intéressante hypothèse a été avancée. Le grand développement des insectes sociaux n'aurait-il pas trouvé un contrepoids dans l'augmentation chez les dinosaures dotés d'onglons, du nombre d'animaux capables d'en démolir les nids, comme procède l'actuel fourmilier géant ? Les « mains terribles » indiqueraient-elles l'existence de « dinosaures-fourmiliers » ? Ce serait là une preuve de plus de l'énorme capacité d'adaptation qui a caractérisé ces reptiles.

Rapports entre parents et enfants

Ci-contre : reconstitution de quelques mammifères du Paléocène. En haut, un Planetetherium, *en bas un* Taeniolabis *et le plus modeste* Ptilodus. *Ci-dessous : les différents types de rapports existant, dans divers groupes animaux, entre géniteurs et enfants. En fait, les modes de comportement et en particulier les relations avec la progéniture et les soins apportés par les géniteurs (*soins parentaux*) ont une importance très considérable dans la définition des différents chemins évolutifs. La protection assurée aux petits par les mammifères offre de nombreux avantages.*

L'histoire évolutive des animaux, et en particulier des vertébrés, est encore une histoire de rapports entre les anciens et les jeunes, entre les géniteurs et leurs enfants. Les différentes solutions et les innombrables variations de ces rapports peuvent, en partie, expliquer la persistance de certains animaux. Il est évident, par exemple, que l'œuf est un élément important dans le mode d'établissement du rapport entre le corps de la mère et l'embryon, c'est-à-dire l'enfant en gestation. Si l'œuf comprend l'amnios et la coquille (reptiles et oiseaux), il sépare en quelque sorte, l'embryon du corps de la mère. Un rapport bien différent existe entre mère et embryon, quand ce dernier se développe au contact intime du corps maternel (mammifères marsupiaux) ou même entièrement *à l'intérieur* de ce corps (mammifères placentaires). Mais la protection des enfants peut être plus grande. Car, à ces règles de base qui sont satisfaites par des structures déterminées (le placenta, par exemple), peuvent s'ajouter des moyens, liés surtout au domaine du comportement — et qui sont donc plus souvent observables dans certaines espèces, et moins dans d'autres, appartenant à un même groupe animal.

	amphibiens	rep
rapports avec le corps de la mère		œufs à coquille calcai
nid	parfois, nids d'écume ou de boue	nids dans le sab ou les herbes pourries
aptitudes à la naissance	larves libres	petits déjà indépendants
après la naissance	en général autonomie par rapport aux parents	exemples rares de soins parentaux

Considérons les amphibiens : chez les grenouilles actuelles, la règle est la ponte des œufs — sans coquille et sans amnios — dans l'eau. La fécondation a généralement lieu pendant que les œufs sont émis hors du corps de la mère. Toutefois il y a une exception, la pipa du Surinam *(Pipa pipa),* chez qui les œufs fécondés adhèrent au dos de la mère : ils y restent collés, et très vite la peau de la mère pousse autour, créant ainsi de petits logements où se développent les têtards, protégés et tenus dans l'humidité. Les petits pipas quittent ces loges quand ils *n'ont plus* de queue, quand donc ils ont dépassé le stade larvaire de têtards. De façon pratique, la pipa a réinventé le rapport de protection existant chez les mères des mammifères.

Voici un autre exemple : le crocodile femelle rassemble ses œufs dans un creux de sable, les recouvre de substances végétales décomposées puis elle cache le tout sous une dernière couche de sable. Les substances en putréfaction dégagent de la chaleur, et c'est dans des œufs réchauffés par cette couveuse naturelle fabriquée à partir d'herbes pourries et de sable, que les embryons deviennent de petits crocodiles. Lorsque ceux-ci sortent du nid, en poussant de faibles cris, la mère a tôt fait de les prendre dans sa gueule et de les porter, un par un, jusqu'à l'eau, où ils peuvent enfin nager. On reconnaît, là, le comportement typique des oiseaux (le nid

oiseaux	marsupiaux	placentaires
eufs à coquille calcaire	courtes gestations (sans placenta)	gestations longues (avec placenta)
nids très élaborés	rares terriers chez les petites formes	terriers, chez les petites formes
petits aptes (nidifuges) ou petits inaptes (nidicoles)	petits tout à fait inaptes (presque des embryons)	petits souvent actifs et parfois inaptes
soins parentaux, enseignement, apprentissage	soins parentaux protection du marsupium	soins parentaux importants enseignement, apprentissage

Avec la fin du Crétacé on assiste, dans le monde, à un important « changement de garde ». Les effets ne sont pas immédiatement évidents parce que les reptiles gigantesques sont remplacés par des oiseaux et surtout par des mammifères de taille petite ou minuscule. Ceux-là, dont les mœurs étaient restées surtout nocturnes pendant une bonne partie du Mésozoïque, succèdent aux reptiles, qui avaient été des animaux diurnes, et occupent les diverses niches écologiques de ces derniers, (voir schéma ci-dessus). Le diagramme illustre l'alternance et l'enchevêtrement des grands parcours évolutifs.

et l'apport de chaleur), et des mammifères (la chatte qui transporte ses chatons en les tenant par la peau du cou). De plus le crocodile à sang froid parvient à procurer de la chaleur à ses œufs par une combinaison mixte, naturelle/artificielle.

Les animaux du passé avaient-ils déjà des comportements aussi complexes ? De tels comportements ont-ils été propices à l'évolution ? La réponse est probablement positive. Nous savons que bien des animaux acquièrent différents modèles de comportement de leurs parents et compagnons d'espèce. N'en était-il pas de même pour les dinosaures, et même pour les reptiles les plus anciens ? Comment ne pas croire que les allosaures apprenaient à chasser en troupe ? Ou que les petits du thrinaxodonte, peut-être allaités par la mère, devaient être mis à l'abri dans quelque terrier. Il paraît possible que la répartition de la nourriture entre les carnosaures ait déjà imposé l'établissement d'une sorte d'ordre hiérarchique, qui pourrait rappeler l'attitude actuelle des lions et des lionnes. Il se peut aussi que les rites de conquête de la femelle aient avantagé les mâles les plus forts, mais aussi les plus aptes à défendre terriers ou nids. Les femelles des ichthyosaures aidaient peut-être la compagne à mettre bas, comme cela se passe aujourd'hui chez les dauphins. Le grand développement des reptiles au Mésozoïque nous autorise à penser que bon nombre des échantillons que nous observons aujourd'hui chez les oiseaux ou chez les mammifères avaient *déjà* été appliqués par les dinosaures et d'autres reptiles contemporains.

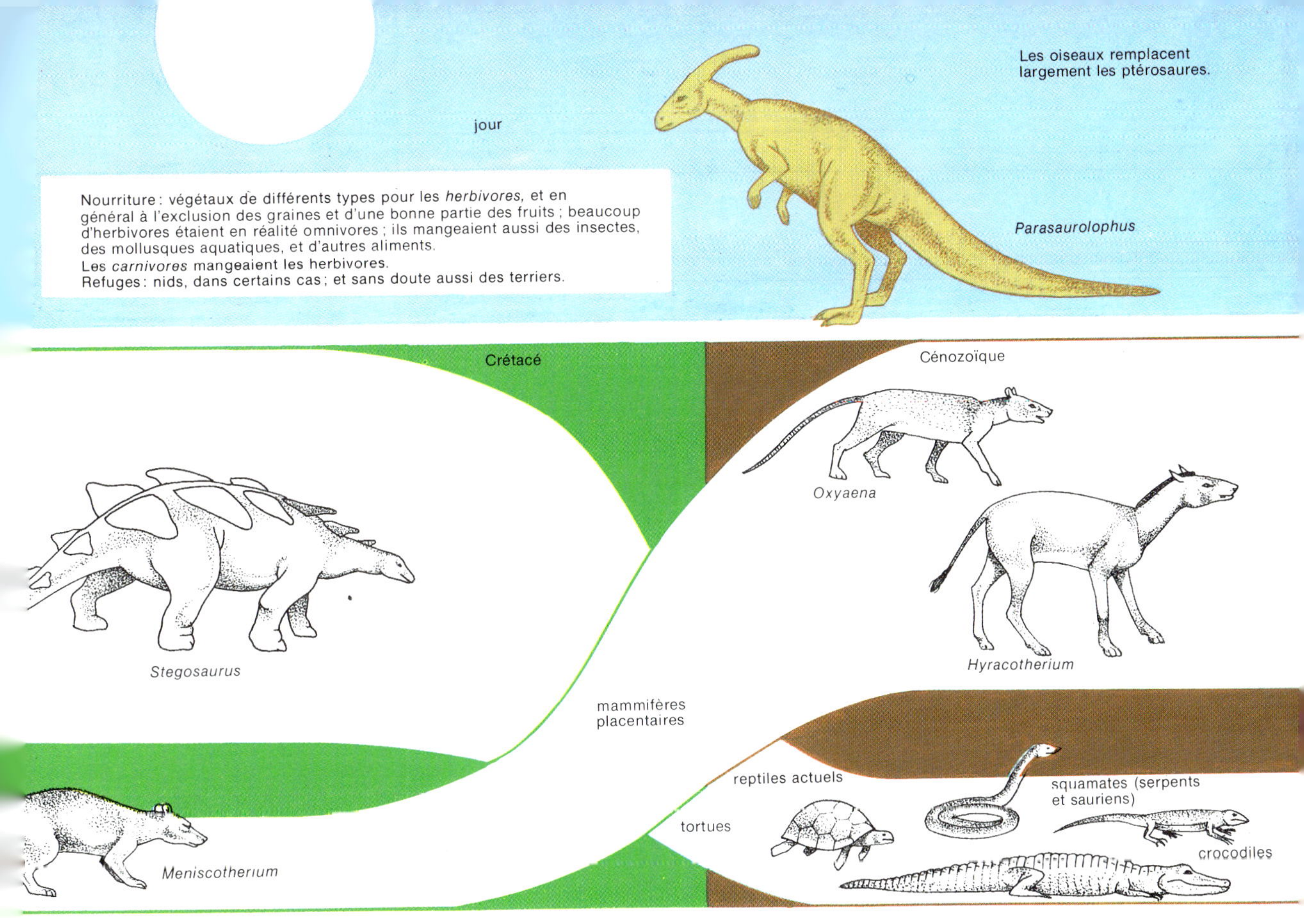

Cette place est libre ?

Du Trias au Crétacé, les mammifères sont représentés par des formes petites ou mêmes minuscules.

Vers la fin du Crétacé on note, déjà, une certaine spécialisation de divers groupes : on a repéré des animaux ressemblant à des opossums (marsupiaux), à des insectivores et à des primates (deux groupes de placentaires). Les petits animaux qui, pendant des millions d'années, ont opéré le soir, la nuit, ou sous terre, commencent à s'aventurer, et à explorer les milieux, tout en se transformant rapidement.

Les forêts, au sous-bois d'arbustes serrés, se présentent comme un domaine bien commode. Grâce à leur petite taille et à leur agilité, ces animaux réussissent à se glisser partout, sans être vus. Ils ont un revêtement de fourrure : ils ne craignent donc pas les épines ni les brindilles pointues ; ils y trouvent même une protection sûre. Le poil rend l'homéothermie extrêmement efficace : ces petits animaux n'ont pas besoin de recevoir beaucoup de chaleur du milieu, et les conditions de clair-obscur des forêts et du sous-bois leur sont même favorables. Leur progression ne rencontre pas d'obstacles.

Les mammifères mangent n'importe quel type de nourriture : insectes, vers, restes de viande, feuilles, écorces, fruits, graines dures. Les petits sont nourris au lait maternel ce qui leur permet une maturation rapide.

Lorsque plus tard les dominateurs — les dinosaures — se heurteront à de graves difficultés, dans des milieux hostiles, les mammifères sauront, avec calme, les remplacer. Ils ne se contenteront pas de demander, comme nous l'aurions fait, après l'entr'acte d'un spectacle en découvrant un siège vide, si la place est libre. Ils l'occuperont, tout simplement.

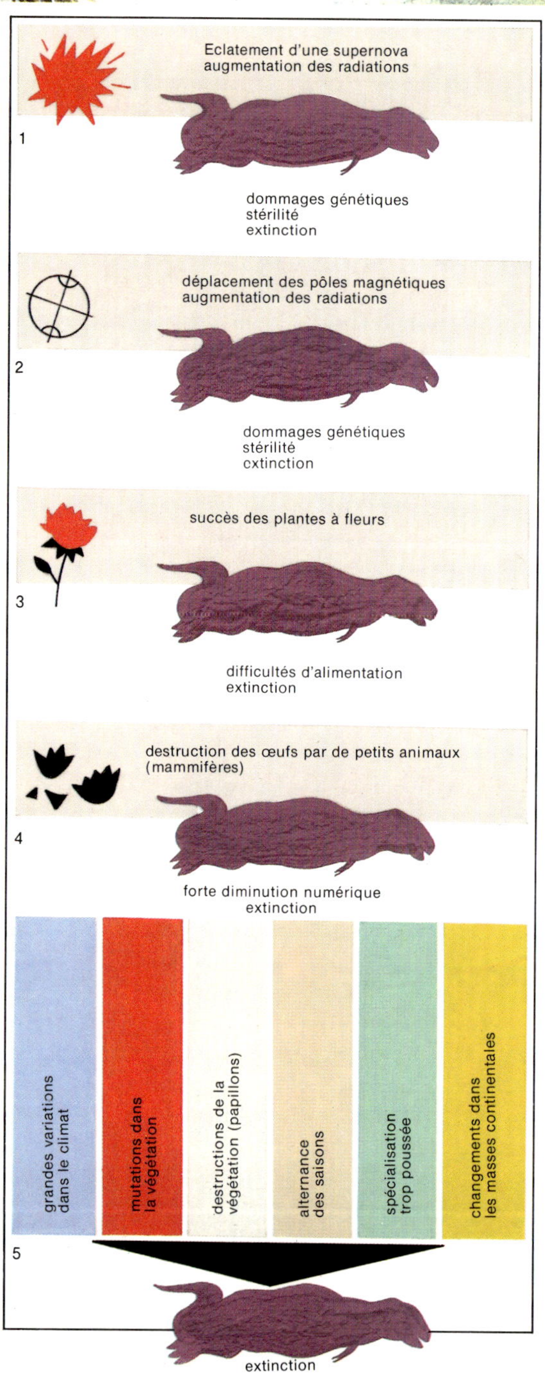

Pourquoi les dinosaures se sont-ils éteints ?

Le Mésozoïque se termine. Une nouvelle ère s'ouvre, le Cénozoïque (« de la vie récente »), ou Tertiaire. Il ne s'agit pas d'interpréter ces « clôtures » et « ouvertures », comme s'il s'agissait de portes ou de passages d'une pièce à une autre. Le « passage », en termes géologiques, est marqué par une certaine transformation dans les couches du terrain, dont témoigne l'évolution des fossiles. Telle est la *réalité* inscrite dans les roches : dans les couches qui suivent celles du Crétacé, il *ne se trouve plus* aucune trace des groupes des vertébrés suivants : saurischiens, ornithischiens, ptérosauriens, mosasauriens, pliosauriens, ichthyosauriens. Parmi les invertébrés, on note l'importante disparition des ammonites et des bélemnites, et c'est la grande énigme de la chute des

géants, de la disparition des dominateurs...

Il est important de noter, tout de suite, que le « grand écroulement » n'a pas été limité aux *seuls* dinosaures, mais qu'il a touché aussi d'autres formes vivantes : formes volantes (ptérosaures) et formes marines, parmi lesquelles même des invertébrés du type mollusque. Pourrait-on identifier une cause unique, capable d'expliquer l'extinction de formes vivant dans *trois* milieux différents ? La prudence et la logique nous suggèrent d'envisager *plusieurs* causes.

Avant tout, observons qu'il n'est pas possible, à propos d'événements si lointains dans le temps, d'avoir une certitude quant à la durée du phénomène. Nous ne pouvons dire, en somme, si un certain jour, ou une certaine année, ou à un siècle donné, les dinosaures étaient encore là et si le jour, l'an ou le siècle suivant ils n'y étaient plus.

Ci-dessus : reconstitution, volontairement tragique, de la fin d'un dinosaure (Tyrannosaurus rex*), mort de froid.*
Page ci-contre : on a proposé maintes hypothèses pour expliquer l'écroulement des dinosaures et de nombreux autres reptiles à la fin du Crétacé : (1) l'explosion d'une supernova *avec émission de radiations nocives ; (2) l'altération du champ magnétique terrestre (diminution de la protection contre les radiations nocives et contre la pluie de particules cosmiques) ; (3) l'expansion des plantes à fleurs, non consommables pour les dinosaures ; (4) destruction des œufs par des mammifères. En réalité aucune de ces causes ne peut, à elle seule, expliquer réellement l'extinction. Le phénomène est certainement le résultat de plusieurs causes (5).*

Dans l'ensemble, on peut dire que le dernier chapitre de l'histoire des géants a duré au moins une dizaine de millions d'années. Nous admettrons facilement que dans un temps aussi long tout ait pu arriver, que se soient produits bien des événements, dont certains ont été exceptionnels. Il est cependant nécessaire de délimiter la portée des événements en cause.

Déclin

Ainsi que nous l'avons vu, certains des dinosaures herbivores connaissent, dans la partie finale du Crétacé, un développement extraordinaire : on assiste à un véritable boom des « becs de canard » et des cératopsiens. Dans les toutes dernières phases de la période, il semble pourtant que quelque chose soit venu compromettre ces fulgurantes carrières.

Les couches du Crétacé Supérieur d'Amérique septentrionale ont reçu les noms de certains gisements fameux. En partant de la phase la plus ancienne, on trouve, dans l'ordre : Belly River, Edmonton, Lance. Un relevé soigneux, conduit par le paléontologue Edwin H. Colbert, a fourni les données ci-après. On trouve 29 genres de dinosaures à bec de canard dans les couches de Belly River ; on en compte 7 dans Lance. Pour les cératopsiens, on a 16 genres dans Belly River et 7 dans Lance. On passe de 19 à 6, pour les ankylosaures. Seuls, les prédateurs marquent une constance relative : 15 genres dans Belly River, 14 dans Lance. Il convient, d'autre part, de dire que, dans Lance, le tricératops est représenté à de très nombreux exemplaires. Donc, dans ces zones, il n'y a pas eu de substitution des genres anciens par de nouveaux genres, mais il y eut plutôt une décroissance des groupes, à l'avantage, on le comprend, des genres restants, qui prospéraient. Le fait que cette diminution ait particulièrement atteint les herbivores, nous autorise à penser que la nourriture se trouvait moins facilement et que la plante et la flore devaient changer. Les carnosaures trouvaient encore à se

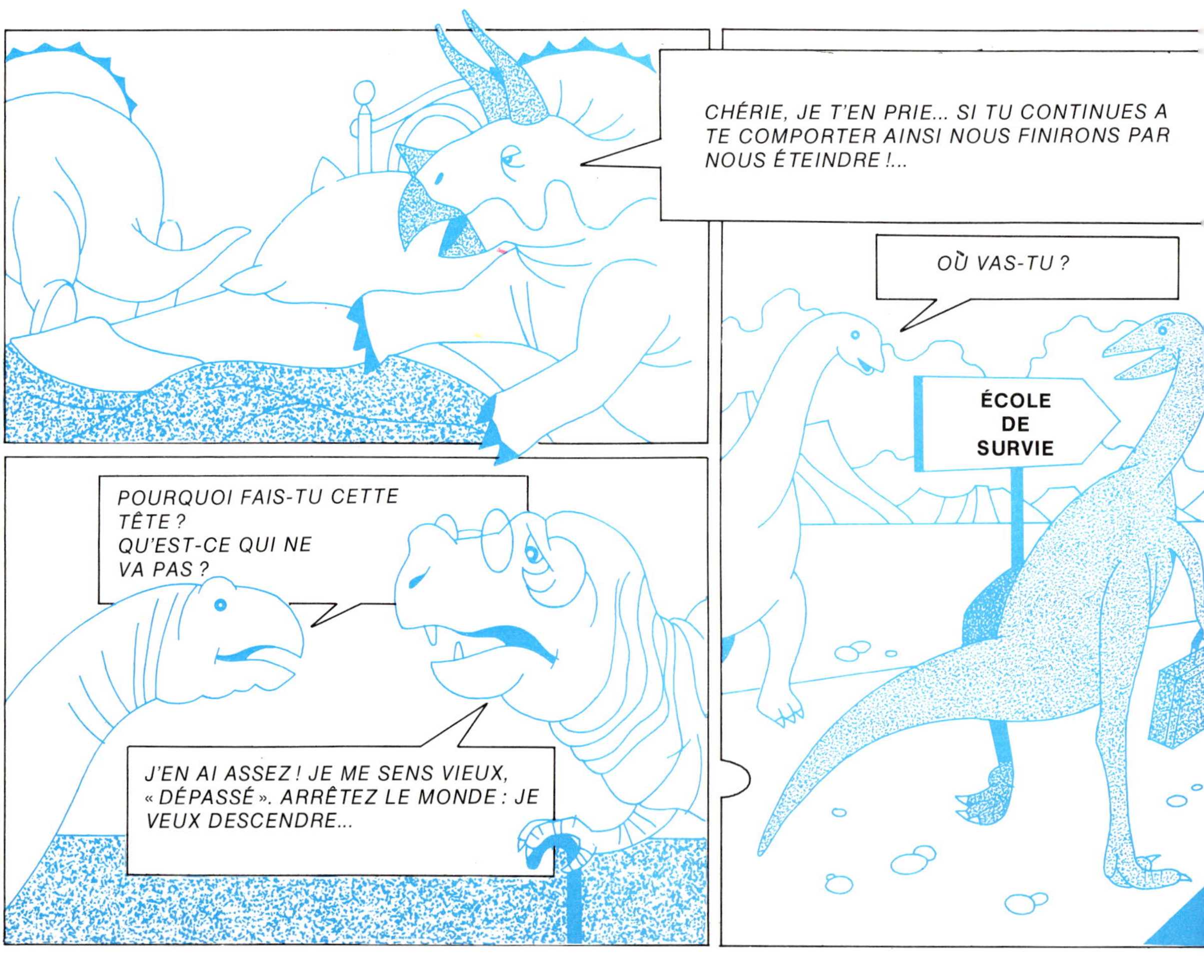

nourrir et ils poursuivaient leur carrière : cette donnée semble confirmer la thèse selon laquelle ils n'étaient pas de véritables prédateurs (et à ce titre, spécialisés dans l'attaque de proies déterminées), mais bien des mangeurs de charognes, se satisfaisant de n'importe quel déchet de viande.

Nous avons voulu proposer quelques hypothèses humoristiques, sous la forme de quatre petites bandes dessinées, illustrant la situation difficile dans laquelle se sont trouvés les dinosaures vers la fin du Crétacé. En effet, le troisième et le quatrième dessin ont un fondement scientifique qui manque aux deux premiers. Il est improbable que les dinosaures se soient éteints parce qu'ils étaient las de leurs relations sexuelles, ou de vivre, mais il est en tout cas très probable que les oiseaux sont les descendants directs *des cœrulosaures et qu'une des causes d'extinction soit à rechercher dans un excès de spécialisation.*

Qu'est-ce qui n'allait pas bien dans le monde végétal ? Qu'y avait-il de *changé ?* Nous le savons déjà : les angiospermes (les plantes à fleurs) envahissaient les lieux. Les dinosaures, eux, avaient l'air d'être toujours bien au jeu : batteries de dents des hadrosaures ; becs et quasi-molaires pour les cératopsiens. A l'évidence, les plantes ont connu une crise, qui s'est répercutée sur les herbivores. En effet, trop attentifs aux aventures des animaux, et en particulier à celles des géants, les chercheurs ont souvent négligé d'attribuer toute leur valeur, dans le passage du Mésozoïque au Cénozoïque, aux témoignages livrés par le monde végétal. En fait, on enregistre de nombreuses disparitions parmi les plantes aussi, et surtout, on note, en correspondance exacte avec la fin du Crétacé, une forte diminution de la quantité de pollens fossiles présente dans les strates. On dirait que toute la vie végétale a connu des difficultés et une productivité moindre. Pourquoi ?

Nous savons que les continents ont continué à se déplacer en se heurtant violemment : toute la fin du Mésozoïque est une époque de grande activité *orogénétique* (naissance des montagnes). A de vastes surfaces assez planes se substituent des zones montagneuses. Les volcans sont en activité pleine et continue. Beaucoup de régions se trouvent à des altitudes si élevées qu'elles peuvent se couvrir de neige. La majeure partie des mers continentales de faible profondeur se dessèche, laissant la places aux marais et aux prairies : ainsi viennent à disparaître les milieux fréquentés par de nombreuses formes marines (mosasaures, diverses ammonites, pliosaures), mais surtout, les barrières que constituaient ces mers se trouvent éliminées. Les animaux de terre ferme sont confrontés à des espaces très vastes, qu'ils peuvent traverser. Ils se dispersent sur d'immenses territoires. Et la poussée évolutive due à la concurrence dans des aires relativement restreintes, s'atténue. Moins de poussée, moins de genres nouveaux. En revanche, les montagnes élèvent un obstacle tout nouveau, infranchissable, qui empêche, en outre, la végétation de prospérer. Les angiospermes ne savent pas encore s'adapter aux hautes altitudes ; la retraite stratégique des conifères sur les hauteurs n'en est encore qu'à ses débuts. Les montagnes, en somme, sont nues.

D'importantes masses continentales sont arrivées au voisinage des pôles. Il en résulte un abaissement général de la température sur les terres fermes. D'intenses précipitations se produisent, donnant des neiges sur les montagnes, et des alluvions dans les basses terres.

De quoi vivent les plantes ? D'une chose essentielle qui est, nous le savons, la *lumière solaire* et de son énergie, qui parvient sur la surface terrestre. Bien des savants admettent que des événements bouleversants ont pu se produire qui ont pendant longtemps atténué l'apport de lumière à la terre par le soleil. La chute d'une météorite grosse comme un astéroïde pourrait avoir soulevé des masses de poussières qui auraient envahi l'atmosphère de la planète tout entière durant des années. Des traces de cette éventualité se révéleraient par une accumulation anormale d'un élément (l'*iridium*, ordinairement présent dans les météorites) précisément dans les couches entre Crétacé et Cénozoïque. On suppose aussi que d'énormes panaches de cendres et de poussières se sont propagés en hauteur, à la suite d'éruptions volcaniques, causant une diminution durable de la lumière du soleil. Lorsqu'il y a moins de lumière, la vie végétale est moins exubérante : d'où l'existence d'une *crise* pour les herbivores et pour les carnivores. Certains chercheurs, évaluant les effets de la radioactivité sur le fonctionnement des cellules, et en particulier sur les organes de la reproduction, admettent qu'un taux élevé de radiations ait pu stériliser tous les animaux dont on constate la disparition. Quelle serait la cause de ces radiations ? Elles pourraient résulter d'une *supernova* (explosion et désintégration d'une étoile devenue vieille) assez voisine du système solaire. Ou encore, le champ magnétique de notre planète pourrait s'être altéré (c'est là un phénomène certain et bien étudié) au point de ne plus servir d'écran aux radiations normales qui proviennent de l'espace (et du Soleil en particulier).

Il s'agit, là, d'événements rares, mais envisageables ; toutefois, ces hypothèses sur la stérilisation de masse sont considérées aujourd'hui comme peu vraisemblables.

Les continents, où se distinguent désormais des zones tempérées, des zones chaudes, et des zones froides, et sur lesquels se succèdent des périodes chaudes et froides au rythme des saisons que nous connaissons, étaient devenus des lieux de

Les dinosaures ont aujourd'hui une existence toute particulière dans le monde des gamins : ce sont des monstres mythiques avec lesquels on peut s'amuser. Il se peut que les enfants qui jouent aujourd'hui avec des pantins ou avec des jeux de patience deviennent un jour paléontologues, et qu'ils s'occupent d'évolution : les dinosaures, ces vieux amis, ne les effraient plus, c'est certain.

séjour inhospitaliers pour les dinosaures. Si ces derniers étaient vraiment à sang froid, ils ont pu avoir été tués par le froid. Et s'ils étaient homéothermes ? N'oublions pas que les dinosaures étaient dépourvus de revêtement isolant (plumes ou poils) ; donc, même en produisant une certaine quantité de chaleur, ils n'étaient sûrement pas en mesure d'affronter des variations brutales et rapides de la température.

Chute

Dans une phase aussi critique, la concurrence exercée par d'autres espèces animales peut avoir été déterminante. Quels sont aujourd'hui les animaux capables de détruire une forêt ? Les *insectes,* cela est évident, et en particulier les papillons, avec leurs larves très voraces (les chenilles). A la fin du Crétacé, un important développement de ces végétariens est signalé, et il y a lieu de rappeler qu'à l'époque, la régulation biologique exercée par les oiseaux insectivores n'existait pas ou à peine. L'idée des dinosaures herbivores condamnés à *mourir de faim* par les papillons est assez plausible. Il se pourrait que les termites aient contribué à l'ouvrage, en endommageant les troncs.

Et les mers ? On peut admettre que les changements climatiques aient bouleversé la vie du *plancton* (l'ensemble des très petits êtres qui prospèrent à la surface), ce qui aurait privé de nourriture beaucoup d'autres animaux (par exemple les ammonites). Tout cela peut-il avoir condamné à mort les mosasaures, les pliosaures, les ichthyosaures, déjà sur leur déclin ? L'hypothèse est acceptable. Pour les ptérosaures marins, il est plus logique de penser d'abord à une concurrence des oiseaux à dents et ensuite des premiers « nouveaux » oiseaux.

Est-ce vraiment fini ?

Il n'y a plus rien à faire : les dinosaures s'en sont allés. Leur époque est close. Ou bien pas encore ? Si nous nous rappelons ce que nous avons dit à propos de l'*Archaeopteryx* et de son évidente parenté avec les cœulursaures, nous pouvons accepter une autre réalité : les dinosaures ne sont pas tous morts. Aujourd'hui vivent leurs parents, les descendants de leurs cousins, les héritiers de la même souche. Ce sont les 9 000 espèces d'oiseaux. Cela peut être un billet de consolation lorsque nous regardons dans un musée les squelettes, muets, des géants. Aujourd'hui eux-mêmes ou leurs tout derniers héritiers, sont là, en train de chanter dans le monde entier qu'ils remplissent aussi de leurs splendides couleurs. Ou alors, préférons-nous la nostalgie des grands animaux disparus, et l'idée d'une extinction mystérieuse, en nous contentant d'imaginer leur triomphe passé ?

Pouvons-nous jouer avec eux, grâce à l'infinité de produits que nous proposent des fabricants spécialisés ? Depuis les modèles à reconstituer jusqu'aux séries de miniatures à l'échelle, en passant par les posters, les reconstitutions, grandeur nature, dans nombre de parcs, les cartes à jouer et les puzzles, les dinosaures, aujourd'hui, sont même des objets de commerce. Doit-on s'étonner ou s'indigner ? Pourquoi ? Notre époque a tout transformé en marchandise, en choses à vendre. Tout compte fait, il vaut peut-être mieux jouer avec une figurine de dinosaure plutôt qu'avec une imitation de fusil (si semblable à un vrai) ou avec un « rayon de la mort » ou un « désintégrateur spatial à laser », objets vraiment monstrueux.

Salle évocatrice dans le Museum royal de l'Ontario, à Toronto. On notera le squelette de tyrannosaure, bien complet, présenté ici avec la série entière des côtes ventrales. Ces côtes nous fournissent justement un témoignage indiscutable sur les dimensions remarquables de la panse de l'animal, dont le poids devait approcher de 10 tonnes.

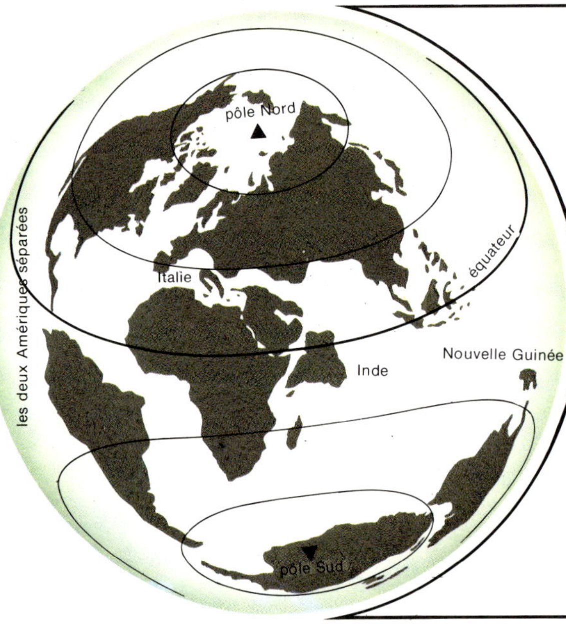

CENOZOÏQUE, « de la vie récente » : cette ère est subdivisée en 5 périodes.

Succès définitif des angiospermes, qui deviennent l'élément dominant des flores. Les aires écologiques actuelles se définissent : forêt, jungle, prairie. Les gymnospermes conifères tendent à se déplacer dans des zones froides, donc même sur les montagnes.

chêne

Parmi les mammifères, se développent d'abord tous les ordres actuels (et quelques-uns qui, par la suite, s'éteindront), puis les familles et les sous-familles ; enfin les genres et dans certains cas jusqu'aux espèces qui vivent encore aujourd'hui.

Arsinoitherium zitteli

Cénozoïque

L'*Ère Cénozoïque* dure un peu plus de soixante millions d'années : bien peu de chose au regard des ères précédentes. Naturellement, puisqu'elle est plus proche de nous dans le temps, nous pouvons mieux en distinguer les événements, enregistrés, comme à l'ordinaire, dans les couches de la Terre. Il est donc possible de distinguer cinq périodes, toutes de durées relativement brèves. A cette partie de l'histoire de la Terre s'applique aussi la dénomination d'*Ere Tertiaire*, ou, simplement, de *Tertiaire*.

Au début de l'ère, les blocs continentaux, résultant de la rupture des supercontinents, sont au nombre de sept : Amérique septentrionale, Eurasie, Afrique (avec l'appendice de l'Arabie), Inde, Amérique méridionale, Antarctique, Australie (ces dernières sont toutes trois encore assez voisines pour être réunies par des ponts de terre ferme tantôt émergés, tantôt submergés).

L'Inde chevauche l'équateur, l'Antarctique continue à comprendre le pôle Sud. Dans toute la première partie de l'ère (qui correspond aux périodes appelées Paléocène et Eocène), l'activité orogénétique (qui avait été très considérable durant tout le Mésozoïque Supérieur) s'est peut-être ralentie parce qu'il n'y a pas d'importantes rencontres entre blocs continentaux. En revanche, dans beaucoup de zones, le niveau du sol subit un exhaussement, avec pour conséquence l'assèchement de mers internes ainsi que de divers bassins tels que lacs et marais.

La formation des montagnes s'accélérera vers le milieu de l'ère, lorsque par exemple l'Italie, la Yougoslavie et la Grèce bousculeront, à partir du sud, l'Europe, faisant surgir définitivement la chaîne des Alpes, ou, lorsqu'à la fin de l'ère, dans le choc de l'Inde contre l'Asie méridionale, se dresseront les plus hautes (et les plus jeunes) montagnes de la planète : le massif de l'Himalaya.

Le climat est modérément froid dans les zones proches des pôles, mais ailleurs, il est assez doux.

durée : 63 millions d'années
de 65 à environ 2 millions d'années avant notre temps

PALÉOCÈNE : ancien récent
ÉOCÈNE : récent de l'aurore
OLIGOCÈNE : récent peu important, un peu récent
MIOCÈNE : récent dans une moindre mesure
PLIOCÈNE : très récent

durée : 11 millions d'années
de 65 à 54 millions d'ans avant notre ère

durée : 16 millions d'années
de 54 à 38 millions d'ans avant notre ère

durée : 12 millions d'années
de 38 à 25 millions d'ans avant notre ère

durée : 19 millions d'années
de 26 à 7 millions d'ans avant notre ère

durée : environ 5 millions d'années
de 7 à environ 2 millions d'ans avant notre ère

A gauche : fiche relative au Cénozoïque. L'Ère Cénozoïque dure, dans l'ensemble, moins que certaines des périodes des ères précédentes. Les périodes qui subdivisent le Cénozoïque sont, d'un point de vue géologique, plutôt courtes. Les dispositions des continents se rapprochent peu à peu de leur état actuel. Le volcanisme est intense et les phénomènes orogéniques sont importants. Dans la flore, les angiospermes deviennent prédominantes. Les mammifères se multiplient dans tous les milieux. Les insectes sont en plein essor : en particulier, de nombreux parasites externes se développent, et se logent dans la fourrure des mammifères ou entre les plumes des oiseaux. Dans les mers et dans les eaux intérieures, il se produit une diffusion spectaculaire des Poissons Osseux, de plus en plus diversifiés.

Ci-dessous : le Cervin, énorme bloc de roche déracinée qui a trouvé son aplomb actuel grâce à la poussée en hauteur exercée sur lui par la formation de la chaîne alpine, dont les phases principales se sont déroulées au cours du Cénozoïque.

Nouveaux modes de vie

Le Cénozoïque voit le remplacement progressif des reptiles par les mammifères et les oiseaux, et aussi la conquête, par les animaux de ces deux classes, de nouveaux espaces vitaux. Le milieu se couvre progressivement de plantes angiospermes (à fleurs apparentes) : arbres de haute taille, arbustes, herbes. En particulier les angiospermes monocotylédones herbacées envahissent de très vastes territoires.

Comme toujours, les nouveautés du monde végétal *précèdent* celles du monde animal : les plantes à fleurs font leur boom avant que ne s'imposent de façon décisive les mammifères et les oiseaux et l'implantation de vastes prairies précède la grande expansion des herbivores les plus actifs (les mammifères à deux sabots égaux et symétriques, artiodactyles, aux doigts pairs) et des granivores spécialisés, tels que bien des oiseaux de l'ordre des passereaux.

Les plantes récentes créent d'intéressantes méthodes pour obtenir la pollinisation, c'est-à-dire le transport des gamètes mâles sur les femelles : elles utilisent comme véhicule les animaux et d'autres éléments du milieu.

Page ci-contre : plantes herbacées dans la toundra. Les plantes qui deviennent de plus en plus communes dans les régions de plaines sont les monocotylédones du groupe des Paturins (Graminacées). Plantes à chaume long et mince, aux tissus fortement imprégnés de silice, les paturins sont très robustes et connaissent tout de suite un grand succès grâce à leur production caractéristique de graines en grand nombre (en épis).

Ci-dessous : parallèle fait entre la subdivision traditionnelle des ères, sur la base de la présence de la vie animale, et une autre subdivision tenant compte de l'apparition des formes végétales. Comme on peut le voir, chaque grand changement chez les animaux est précédé par un grand changement dans le monde des plantes. Les dessins indiquent les avantages offerts à un animal à sang chaud par les poils, qui constituent un revêtement isolant, et le principe d'une homéothermie commandée par le cerveau, propre aux mammifères et aux oiseaux.

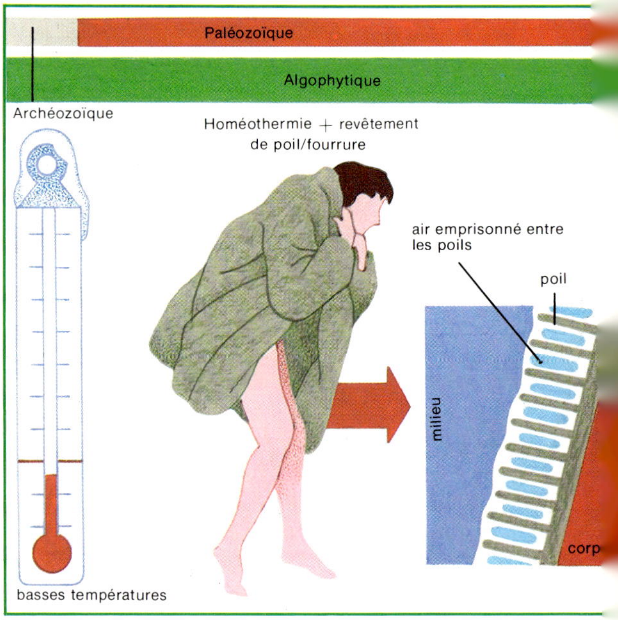

Le « modèle » mammifère

Nous nous référons à un mammifère actuel, mais la description s'applique aussi à toutes les espèces fossiles du Cénozoïque. Les vertébrés de cette classe sont à sang chaud (homéothermes vrais) et ils ont le corps recouvert de poils. Parfois, en plus des poils, il existe aussi des écailles. Dans la peau sont réparties de nombreuses glandes qui fabriquent et sécrètent divers liquides (sueur, liquides odorants, sébum, *lait*).

La mandibule est formée d'un os unique *(dentaire)* et s'articule au *squamosal* de la partie supérieure du crâne. L'os carré et d'autres éléments osseux, présents dans le crâne des amphibiens et des reptiles, se sont modifiés profondément chez les mammifères, et ont donné naissance à l'ensemble complexe des osselets de l'*oreille* interne.

La partie supérieure du crâne contenant le cerveau *(boîte crânienne)* est fixée directement au squelette, osseux, du palais.

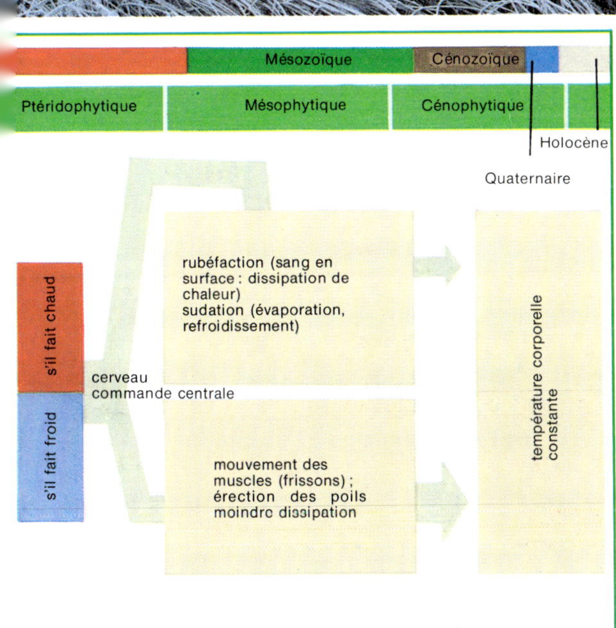

Les dents ont presque toujours des racines : elles sont, typiquement, de quatres sortes : *incisives, canines, prémolaires, molaires.* Il y a en général deux dentitions : les dents de lait, *caduques,* constituent la première dentition chez les jeunes ; elles tombent, et sont remplacées par les dents *permanentes.*

La cavité intérieure du thorax est séparée de la cavité abdominale par un muscle appelé *diaphragme.* Le cœur a quatre cavités séparées (deux oreillettes et deux ventricules : voir le dessin page 73). Le métabolisme est élevé et le besoin de nourriture est important. Il existe un équilibre entre l'énergie que le mammifère dépense pour se procurer ses aliments et celle qu'il en tire, sous forme de chaleur, par l'intermédiaire de ses systèmes de régulation interne de température.

Un élément essentiel, pour rendre efficace ce système de régulation (qui est commandé par le cerveau), est le revêtement isolant, formé par le pelage. Les poils retiennent beaucoup d'air, qui est un très mauvais conducteur de chaleur (rappelons que les murs isolants sont creux et contiennent donc de l'air) et qui empêche donc la dispersion dans l'atmosphère de la chaleur engendrée par l'animal. Le mammifère dispose en outre de systèmes de refroidissement toujours commandés par le cerveau. Si, par exemple, il fait très chaud, notre peau rougit : le sang arrive en abondance dans les fins vaisseaux superficiels et la chaleur qu'il transporte est en partie dégagée par la surface. En outre, chez certains mammifères (et nous appartenons à cette catégorie), les nombreuses glandes sudoripares émettent, sous l'effet de la chaleur, un liquide (sueur) qui s'évapore au contact de l'air, abaissant la température de la peau et par conséquent celle du corps. S'il fait très froid, nous frissonnons : c'est un mouvement rapide des muscles qui assure une production de chaleur d'appoint. Il arrive que nos poils se hérissent : c'est la chair de poule. Ce phénomène est encore plus évident chez les mammifères plus poilus que nous : pour affronter le froid, le cerveau commande aux muscles, qui peuvent faire dresser les poils et les disposer de façon à augmenter la quantité d'air pris au piège pour mieux isoler le corps.

Le lait est produit par des glandes spéciales sudoripares transformées : elles sont en général rassemblées dans les mamelles et le lait est dégorgé par les mamelons. Il n'existe pas de vrais mamelles ni de mamelons chez l'ornithorynque, chez l'échidné et le zaglossus. Ces animaux (monotrèmes) pondent des œufs. Ces œufs sont semblables à ceux des reptiles, mais leur coquille a l'aspect d'un parchemin ; à peine éclos, les petits sont logés dans un pli profond du ventre de la mère. Tous les mammifères vrais ne font pas d'œufs ; on peut donc accepter la proposition selon laquelle les monotrèmes ne sont pas des mammifères très étranges, mais plutôt les derniers représentants des thérapsidés.

Les mammifères marsupiaux mettent bas, comme nous l'avons déjà vu, à un stade en fait, encore embryonnaire, et placent leurs petits dans le marsupium. Chez les mammifères placentaires, le développement se fait tout entier dans l'utérus de la mère, où l'embryon est nourri et peut se débarrasser des substances de déchet grâce à un organe (le *placenta*) qui se forme par fusion intime du chorion avec la paroi de l'utérus (voir page 71).

L'embryon des placentaires ne respire pas : ses poumons sont « à plat ». Le sang (par le canal du cordon ombilical) circule aussi dans le corps et dans les poumons de la mère. Au moment de la délivrance, se produit dans le cœur la séparation des deux oreillettes (voir page 73) et la petite circulation (du sang aux poumons) entre en fonction ; les poumons eux-mêmes se remplissent d'air. C'est cela qui se produit lorsque le nouveau-né ouvre la bouche, souvent en même temps que le premier cri bien connu.

Une caractéristique relative à la structure des cellules est celle-ci : dans le sang de tous les mammifères, les *globules rouges* (érythrocytes), c'est-à-dire les cellules qui contribuent à la distribution de l'oxygène dans le corps, se forment comme des cellules normales, mais perdent leur noyau par la suite. Les globules rouges ne peuvent donc pas se reproduire : ils doivent être fabriqués de façon continue, en particulier dans la moelle des os longs.

Aucun autre vertébré n'a de globules rouges privés de noyau.

Le « modèle » oiseau

Les oiseaux sont des vertébrés *homéothermes* vrais, dont le corps est revêtu de *pennes* et de *plumes* qui sont l'équivalent (voir page 23) des écailles de reptiles : c'est en cela que les pennes se distinguent des poils des mammifères. Au regard des écailles et des pennes (qui se forment dans les couches supérieures de la peau), les poils ont une structure plus complexe et leur bulbe est planté profondément dans la peau même. En outre, les poils sont associés à plusieurs sortes de glandes (par exemple aux sudoripares) qui *manquent* aux oiseaux et aux reptiles. Les oiseaux ont aussi de véritables écailles, surtout sur les membres postérieurs.

Les membres antérieurs sont transformés en organes de vol *(ailes)* ; mais beaucoup de formes sont incapables de voler, dont certaines ont des ailes atrophiées (kiwi : voir la photo en page 305).

Le maxillaire et la mandibule sont recouverts d'un étui corné *(bec)*. Le maxillaire s'articule sur la boîte crânienne.

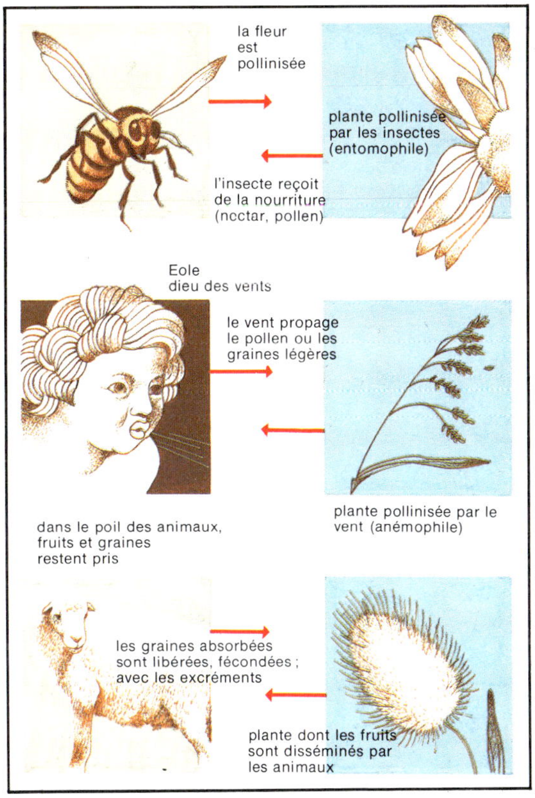

Ci-dessus : les plantes terrestres à graines (dans la photo : zone de reboisement avec cyprès) utilisent plus d'un moyen pour obtenir l'union des cellules sexuelles (gamètes), et ensuite, la diffusion des structures aptes à donner naissance à une nouvelle plante (les graines, précisément). La graine a, dans la série évolutive des végétaux, une signification analogue à celle de l'œuf à coquille dans l'histoire des vertébrés : elle permet à l'être vivant d'attendre le moment propice à son développement, en se passant d'eau.

A droite : échange de bons procédés entre animaux, milieu et plantes. Les insectes pollinisent les fleurs et en tirent du nectar ; le vent transporte pollen et graines ; les animaux transportent graines et fruits : s'ils mangent les fruits, ils libèrent les graines fécondées, en même temps que leurs matières fécales.

Lorsque nous, mammifères, ouvrons la bouche, nous abaissons seulement la mandibule : les oiseaux, eux, ouvrent le bec en abaissant la mandibule et en relevant le maxillaire. De même que chez les reptiles, la mandibule est formée de plusieurs os.

Les clavicules (les deux os qui, dans la partie supérieure de notre thorax, délimitent les caractéristiques salières) sont soudées en un élément unique : c'est la classique « fourchette » du poulet rôti qui fait l'objet, quand on l'a mangé, d'un jeu où l'on s'efforce de la briser pour désigner un gagnant. Dans les formes volantes, le sternum est doté d'un large *bréchet*, sur lequel s'insèrent les muscles qui actionnent les ailes.

Les oiseaux n'ont pas de diaphragme. Les mouvements des poumons, à l'inspiration et à l'expiration, sont coordonnés à des mouvements des membres antérieurs. Les poumons ont de nombreuses expansions (sacs aérifères) qui atteignent différentes parties du corps, jusqu'au système squelettique. Les os présentent de nombreuses cavités : ils sont pneumatiques, caractère qui se rencontrait déjà chez les ptérosaures.

La partie la plus basse du *larynx*, région du système respiratoire qui, chez les mammifères, abrite toujours les cordes vocales, présente une structure spéciale, appelée *syrinx :* c'est l'organe du chant, qui n'existe que dans cette classe.

Les œufs sont enfermés dans une coquille calcaire. Dans le stade initial du développement, les embryons ont des ébauches de dents, qui disparaissent ensuite : cela constitue un lien de parenté évident avec des ancêtres reptiles.

Au Paléocène : des mammifères végétariens et prédateurs

Dans la salle d'attente où ils piétinent longuement pendant que les dinosaures dominent, les mammifères sont essentiellement insectivores, chasseurs de proies minuscules (vers, chenilles et petits vertébrés), et peut-être mangeurs d'œufs et granivores. De rares formes (les plus anciens primates) se nourrissaient également de feuilles.

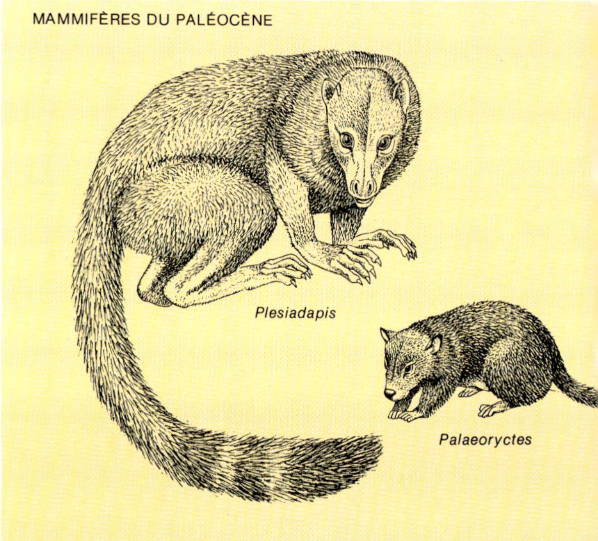

Au Paléocène, première période du Cénozoïque, se développent, à partir du groupe des condylarthres déjà signalés vers la fin du Crétacé, des formes herbivores d'assez grande taille : ce sont les pantodontes. D'intéressants exemples sont fournis par le *Pantolambda*, de la taille d'un mouton, et par le *Barylambda*, long comme un cheval mais beaucoup plus trapu. Cet animal, à la grosse queue, pouvait peut-être se dresser sur ses robustes pattes postérieures pour atteindre les hautes branches des arbustes et des arbres : ses doigts étaient munis de curieux ongles en sabots. Sur les arbres prospéraient des primates *(Plesiadapis)* et des formes capables de se lancer de haut pour planer (comme le galéopithèque actuel). De très nombreuses musaraignes rivalisaient avec des formes plus primitives (multituberculés) déjà en voie d'extinction.

Les mammifères carnivores se développèrent avec un certain retard. Les vrais ennemis des herbivores de taille moyenne et grosse, durant le Paléocène, étaient, aux bords des rivières et des lacs, les crocodiles, et, sur la terre ferme, surtout dans les zones à découvert, de gros oiseaux prédateurs.

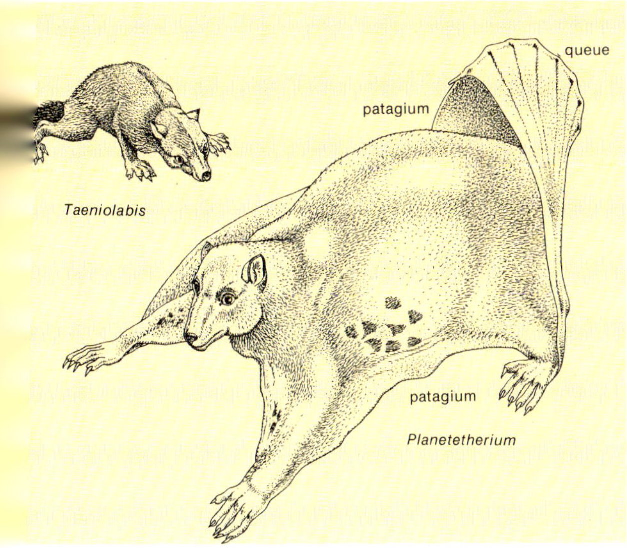

Les mammifères du Paléocène sont déjà bien différenciés : ce sont, dans la majorité des cas, des animaux aptes à vivre sur les arbres ou dans la forêt touffue.
A gauche : Taeniolabis, *multituberculé, forme attardée existant déjà au Mésozoïque ;* Plesiadapis, *primate à longue queue ;* Palaeoryctes, *insectivore semblable aux musaraignes ;* Planetetherium, *animal à larges lambeaux de peau entre ses flancs et ses membres et entre les membres postérieurs et la queue (de telles structures rendent possibles des vols planés de courte distance, comme en pratique aujourd'hui le galéopithèque, unique représentant de l'ordre des Dermoptères).*

Ci-dessous : un Barylambda, *long de plus de 2 m, et un* Pantolambda, *gros comme un mouton, mais ressemblant un peu au chat. Ces formes étaient végétariennes. Chez le* Barylambda, *les ongles avaient la forme de petits sabots ramassés.*

Des géants à sang chaud dans la mer

Les mammifères ont dû très tôt se lancer dans l'exploration et l'exploitation des milieux aquatiques, et en particulier marins. Issues probablement du groupe condylarthres herbivores, de nombreuses formes, apparentées aux actuels siréniens (lamantin ou vache marine, dugong) se développèrent. L'ordre, auquel ces mammifères appartiennent, doit son nom à l'existence, chez les femelles de ces animaux, de grosses mamelles pectorales : les marins, qui les virent émerger des eaux, crurent apercevoir les fameuses enchanteresses, à demi filles et à demi poissons. Les siréniens de l'Eocène se révèlent apparentés au groupe dont l'évolution aurait conduit aux éléphants.

Des animaux ressemblant aux dauphins apparaissent, peut-être issus de mammifères terrestres prédateurs (qui se classent aussi dans les condylarthres), vers la fin du Paléocène : ce sont les premiers cétacés (bien établis à partir de l'Eocène : genre *Protocetus*). Ce sont des formes à dents robustes, qui permettent de saisir et de déchirer poissons et céphalopodes ; les dents aptes à briser des coquilles ne s'imposaient plus, après la disparition des ammonites. Les cétacés s'insérèrent donc en partie dans la niche écologique qui avait été celle des ichthyosaures et se trouvèrent en compétition avec les squales.

Plus tard (Oligocène), apparaîtront des formes, au gabarit gigantesque, et soumises à une alimentation fondée sur le plancton. Ce sont les baleines, les plus grands animaux qui aient jamais vécu sur la planète Terre, capables seulement d'attraper les animaux les plus petits existant dans les eaux. Le plancton est retenu dans la gueule de la baleine par une opération de filtrage effectuée au moyen des *fanons* (formations cornées en peignes qui remplacent les dents).

Un cétacé gigantesque se montre à l'Eocène : c'est le *Basilosaurus* (appelé aussi *Zeuglodon*). Le nom générique indi-

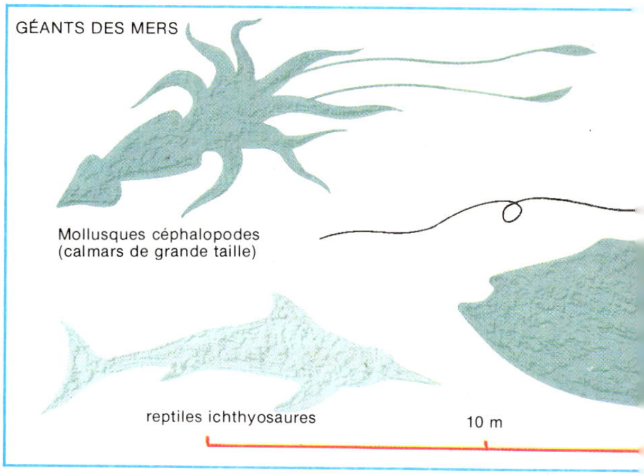

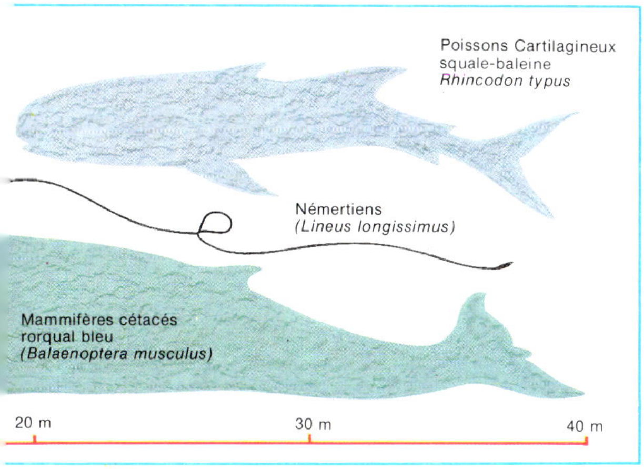

Ci-dessous : reconstitution du Basilosaurus cetoides, *cétacé de l'Eocène, d'une longueur atteignant jusqu'à 20 m.*
La structure des vertèbres rendait le corps très flexible. Les membres antérieurs de ce mammifère étaient transformés en nageoires ; les postérieurs étaient totalement réduits et le corps se terminait en une grande nageoire caudale horizontale. La denture était de type prédateur.

Les milieux marins, riches en nourriture, ont, à différentes phases, favorisé le développement de formes gigantesques.
A gauche : silhouette de quelques géants.
En valeur absolue, le plus long *de tous les animaux est un ver némertien ; c'est le* Lineus longissimus *qui, n'ayant qu'un diamètre de quelques centimètres, atteint la longueur de 40 m.*

que qu'au moment de la découverte (due à l'Américain Harlan, en 1834), le squelette long et serpentin avait été attribué à un reptile, le « lézard-roi ». Le *Basilosaurus* était long de 20 mètres. Ses membres antérieurs étaient déjà transformés en vigoureuses nageoires et ses membres postérieurs étaient limités à quelques osselets pris dans le corps (comme cela se passe chez les cétacés actuels). Les dents, triangulaires, avaient des bords dentelés. Un tel prédateur remplaçait avantageusement les mosasaures.

Dans l'air, sur les arbres, sous terre

Quels que fussent les désastres écologiques, les déséquilibres climatiques, les événements exceptionnels qui caractérisent la fin du Crétacé, parmi les animaux de terre ferme, sculcs les formes petites et très petites y échappèrent. A la fin de cette période, une « porte étroite » ne laissa passer que des êtres de dimension réduite ; et c'était une « porte étroite » *froide*, car les êtres qui la passèrent étaient petits et *homéothermes*. Evidemment — nous le savons — il y eut des exceptions, depuis les petits lézards jusqu'aux crocodiles (qui, d'ailleurs, comme les amphibiens, hantaient les milieux aquatiques, et non la terre ferme).

Déjà au Paléocène, des variations de ces animaux petits et très petits arrivent dans des formes et des tailles très variées. Et bientôt les mammifères commencent à se concurrencer. L'évolution apporta de nouvelles spécialisations, ou le renouveau d'aptitudes oubliées, ou d'anciennes adaptations. Dans la période suivante, à l'Eocène, les restes de divers primates montrent qu'ils avaient sûrement repris l'habitude d'opérer de nuit : les grands yeux presque frontaux du petit *Tetonius* en fournissent un remarquable indice. Sur les arbres commencent à abonder des animaux ressemblant à des écureuils

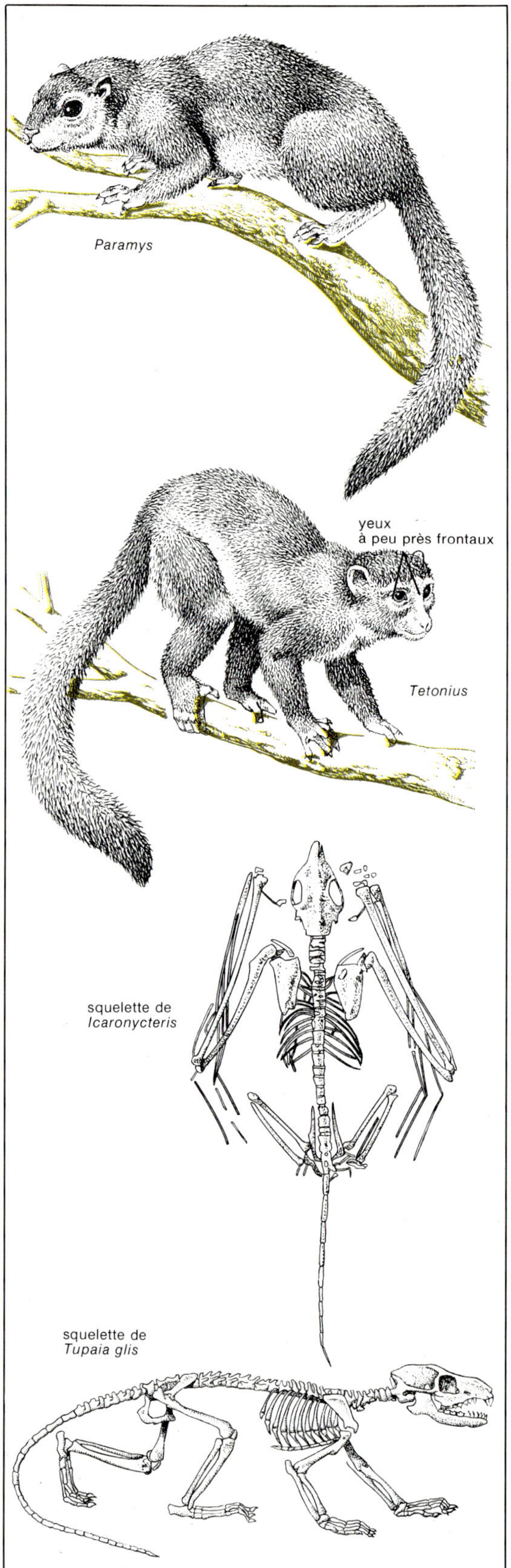

(rongeurs), et il est certain que beaucoup d'insectivores cherchaient refuge dans le sol, creusant des terriers, comme font aujourd'hui les taupes et les hérissons.

Page ci-contre : mammifères de l'Eocène. Paramys, *un des premiers rongeurs, ressemblant déjà à un écureuil ;* Tetonius, *primate aux yeux disposés à peu près frontalement ; squelette d'*Icaronycteris index, *la première chauve-souris dont on a des restes importants ; squelette d'un tupaïa actuel* (Tupaia glis), *assez semblable aux formes du Cénozoïque.*
A droite : deux tupaïas communs, primates révélant de fortes affinités avec les insectivores.
Ci-dessous : deux hérissons (Erinaceus europaeus) *insectivores habitués à vivre au sol.*

Eocène : mammifères terrestres prédateurs

De nombreux mammifères prédateurs se développent à l'Eocène. Leurs parentés avec les condylarthres et avec les crétodontes (dents carnassières) sont plutôt complexes (et, il faut le dire, elles ne sont pas toutes admises par les savants). Ces animaux opéraient dans des milieux qui serviront par la suite aux divers groupes de l'ordre des carnivores. Ainsi certaines variétés jouaient le même rôle écologique que les actuels félidés, les chiens et les loups, les hyènes, les ours, les mangoustes et les belettes. Les animaux de l'Eocène ne peuvent pourtant pas toujours être reconnus comme les ancêtres directs des formes actuelles : dans bien des cas les ressemblances sont dues à des réactions analogues aux milieux, et à la spécialisation dans un certain type de chasse.

Parmi les formes analogues à celles des chiens et à celles des loups, rappelons le *Dromocyon,* de la taille d'un setter, et le colossal *Andrewsarchus mongoliensis.* De ce carnivore (classé dans un des groupes des condylarthres), on n'a retrouvé que le crâne (long de 84 centimètres) et quelques rares fragments : il est donc difficile de reconstituer son aspect général, mais on ne peut avoir de doute sur sa taille : une longueur d'au moins 4 mètres et une hauteur à l'épaule de 2 mètres sont assez probables, au vu de la tête.

Certains de ces animaux marchaient en posant sur le sol la paume des mains et des pieds (c'est le cas de l'*Oxyaena lupina,* créodonte qui nous apparaît comme un singulier amalgame de martre, de chat, de blaireau et de hyène) ; d'autres, en revanche, s'étaient déjà habitués à marcher sur la pointe des pieds : c'est ce qui se constate aussi chez les carnivores actuels (on peut s'en rendre compte en regardant la façon de marcher de notre chat et de notre chien).

Chez l'*Andrewsarchus* les ongles réalisaient un compromis entre la griffe et le sabot : les membres antérieurs et les membres postérieurs, avaient quatre doigts mais le premier doigt était déjà réduit : comparons-les encore avec les pattes de derrière du chat et du chien. La robuste épine dorsale de ces mammifères nous autorise à penser qu'ils pouvaient sauter ou courir sur de courtes distances. La grande taille (par exemple dans le cas de l'*Andrewsarchus)* semble pourtant contredire en partie l'image d'animaux aussi agiles que les carnivores actuels. Il se peut que beaucoup de ces prédateurs de l'Eocène aient pratiqué en réalité un régime mixte, comme celui des ours bruns, ou encore, qu'ils aient surtout mangé des charognes.

Herbe et ongles

Vers la fin du Paléocène et, plus tard, dans l'Eocène, les mammifères herbivores connurent une grande expansion. Ils exploitèrent les forêts et par la suite, ils se tournèrent vers les nouvelles prairies. La quantité de nourriture disponible favorisa l'implantation de formes parfois fort grandes.

Pour acquérir une parfaite aptitude à vivre dans plusieurs milieux, ces mammifères disposèrent d'une nouvelle forme d'ongles. Les griffes, semblables à de petites serres, avaient été, jusque-là, propres à toutes les formes primitives. (Elles existent encore, par exemple, chez les insectivores et chez les rongeurs : nous avons tous vu une souris escalader, sans crainte de tomber, un mur à peine rugueux). Elles seront remplacées par des structures plus épaisses et plus ramassées, capables donc de supporter le poids du corps et de le répartir sur des sols mouvants ou durs. Ces structures sont les *sabots.* Aux mammifères dotés de sabots on attribue la dénomination générale d'ongulés.

Le premier animal équipé de sabots, est le *Phenacodus primaevus,* encore classa-

CLASSE : MAMMIFÈRES *(MAMMALIA)*
sous-classe EUTHÉRIENS *(Eutheria*, mammifères placentaires)

ordres
INSECTIVORES (musaraignes, taupes, hérissons)
DERMOPTÈRES (galéopithèque)
CHIROPTÈRES (chauves-souris)
+ OXYAENIDAE (*Patriofelis* et autres formes)
PRIMATES (lémuriens, singes, homme)
ÉDENTÉS (tatous, + *Megatherium*, fourmiliers)
PHOLIDOTES (le pangolin, seul)
RONGEURS (écureuils, porcs-épics, rats, souris)
+ HYENODONTIDÉS *(Hyaenodon)*
+ CRÉODONTES *(Tricentetes)*
CARNIVORES (belette, chat, chien, ours, phoque, morse)
LAGOMORPHES (lièvres, lapins)
+ CONDYLARTHRES *(Phenacodus, Hyopsodus)*
+ MÉSONYCHIDÉS *(Andrewsarchus)*
+ PANTODONTES *(Coryphodon)*
CÉTACÉS (dauphins, cachalots, baleines + *Basilosaurus*)
TUBULIDENTÉS (l'oryctérope, seul)
+ PYROTHÉRIENS *(Pyrotherium)*
+ ASTRAPOTHÉRIENS *(Astrapotherium)*
+ NOTUNGULÉS *(Toxodon)*
+ LITOPTERNES *(Macrauchenia)*
+ DINOCÉRATES *(Uintatherium)*
PÉRISSODACTYLES (tapir, rhinocéros, chevaux)
ARTIODACTYLES (suidés, hippopotames, chameaux, cervidés, bovidés)
HYRACOIDES (damans)
+ EMBRITHOPODES (*Arsinoitherium*, seul)
PROBOSCIDIENS (+ mastodontes, + *Deinotherium*, éléphants)
+ DESMOSTYLIDÉS *(Palaeoparadoxia)*
SIRÉNIDÉS (dugong, manate)

ble parmi les condylarthres. Gros comme un sanglier, il marchait sur ses doigts et sur la paume comme les ours, aujourd'hui. Il ressemble encore, à bien des égards, à ces carnivores primitifs, les créodontes, dont nous avons déjà parlé : son régime alimentaire devait pourtant être herbivore.

Bien plus grand et massif, le *Coryphodon*,

*A gauche : tableau indiquant (avec exemples) tous les ordres actuels et éteints de la sous-classe des euthériens (mammifères placentaires). Les formes éteintes sont marquées par le signe +. De la classe des mammifères (*Mammalia*) font partie les différents groupes éteints du Mésozoïque* (Morganucodontes, Pantothériens, Triconodontes, Symétrodontes, Multituberculés) *et actuellement, en outre des Euthériens, l'infraclasse des Métathériens qui comprend les Marsupiaux (voir page 230).*
Les Monotrèmes, « mammifères » ovipares (échidné, zaglossus, ornithorhynque) sont aujourd'hui considérés par de nombreux auteurs comme les derniers représentants des « paramammifères » du Trias.
Ci-dessous : trois mammifères prédateurs de l'Eocène moyen et supérieur, représentants des ordres Oxyaénidés et Mésochinidés.

Patriofelis
(mésonichidé)
Andrewsarchus mongolensis
(mésonichidé)
Dromocyon
(oxyaenidé)

d'une longueur pouvant atteindre 3 mètres, est signalé déjà dans le Paléocène Final : cet herbivore vivait peut-être en bordure des rivières, comme aujourd'hui les hippopotames. Les longues canines supérieures pouvaient servir à arracher les végétaux aquatiques et peut-être les utilisait-il lors des duels entre mâles. Les accessoires qui nous paraissent bien étranges, sinon même monstrueux, peuvent souvent être pris dans ce sens, ou, de façon plus générale, comme éléments distinctifs de l'espèce.

Ainsi chez le *Uintatherium mirabile* (long de 3,30 mètres avec un crâne de 75 centimètres), les canines saillantes sont beaucoup plus longues chez les mâles que chez les femelles (de taille plus modeste). Le crâne de cet herbivore était orné de trois paires d'excroissances osseuses qui, de son vivant, étaient recouvertes de peau, comme les cornes de la girafe. On remarque un caractère intéressant chez le *Uintatherium* et une forme voisine, *Eobasileus* (roi de l'aurore) : la partie supérieure de la boîte crânienne est à peu près concave, ce qui en réduit sérieusement la capacité. D'autre part, les os du crâne atteignent dans ces espèces, une grande épaisseur. Les mâles rivaux se battaient peut-être en duel à coups de tête, tout comme nous l'avons imaginé chez les dinosaures (voir page 136).

Les pattes de ces gros herbivores ongulés (compris dans le groupe des dinocérates, aux cornes terribles) sont dotées de sabots massifs. Malgré la ressemblance que nous pouvons relever avec les rhinocéros ou les hippopotames, ce ne sont *nullement* les ancêtres de ces formes. D'une façon générale, aucun gros animal du passé n'est le grand-père d'une grosse forme actuelle. Dans le processus évolutif, on note une tendance au développement des grandes formes à partir de petites formes. Une esquisse d'explication peut se trouver dans la disponibilité importante de nourriture ainsi que dans la colonisation de nouveaux milieux où elle se trouve en abondance.

Du petit au grand

Un animal de petite taille se met à explorer un milieu qui lui semble riche en nourriture et qui paraît relativement sûr parce qu'il n'est pas encore fréquenté par de nombreux prédateurs. Il mange en désespéré. Si les vivres offertes par la nature continuent à être disponibles, il est bien probable que ses descendants grandiront progressivement. Les individus les plus gros se reproduisent le plus facilement et, par conséquent, le caractère « gros » s'impose : cela constitue une défense simple contre les prédateurs (qui, entre-temps ont tenu à l'œil les colonisateurs du nouveau milieu, et qui les ont suivis). Voici donc, par exemple, dans les prairies, des herbivores énormes, aux sabots de plus en plus durs et à pattes solides. Le gros herbivore doit consacrer le plus clair de son temps à manger, comme le font aujourd'hui les éléphants dans la savane. Le danger d'une attaque par prédateur existe. Le gros herbivore trouve des solutions : grossir encore et, en même temps, développer une sorte d'arme qui puisse frapper les assaillants — mais surtout les effrayer — (voir les défenses des éléphants, les cornes des rhinocéros), et enfin acquérir la capacité de charger l'ennemi.

ONGULÉS DU PALÉOCÈNE ET DE L'ÉOCÈNE

Coryphodon
(Paléocène-Eocène moyen)

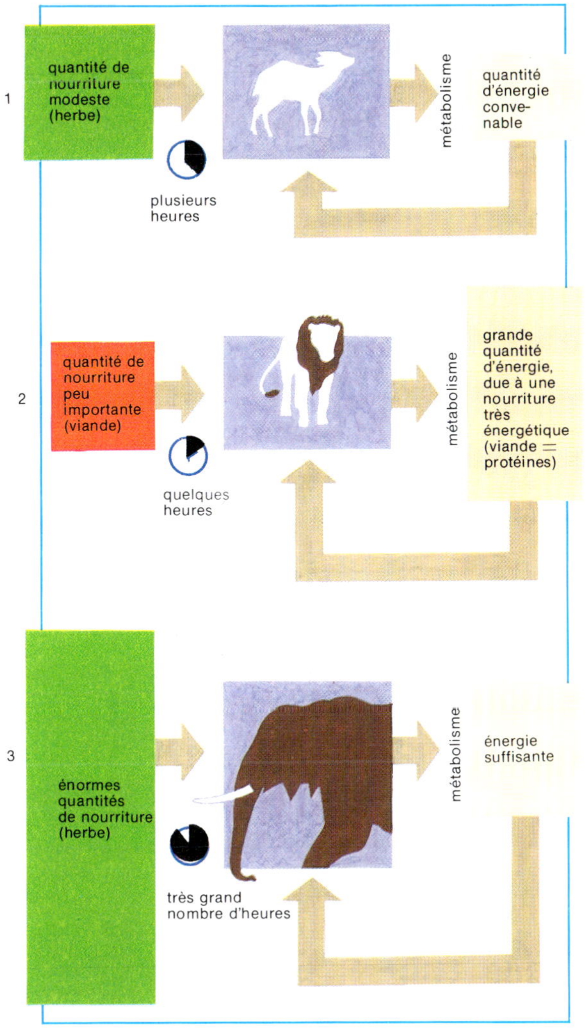

Si nous voulons retrouver la trace des ancêtres des géants d'aujourd'hui, il nous faut chercher, dans les premières phases du Cénozoïque, parmi les petites formes portant des caractères qui nous informent sur leur évolution.

La « bête du tonnerre » de l'Oligocène

Il peut arriver qu'une forme ancienne, gigantesque, représente alors une extraordinaire « réussite » réalisée *alors* et qui n'a pu se répéter, cependant que dans le groupe auquel elle appartenait, d'autres rameaux comprenant des formes plus

A gauche : un petit herbivore (1) consomme, en un temps relativement court, une certaine quantité de végétaux et en tire une quantité d'énergie modeste pour entretenir ses processus vitaux ; un carnivore (2) assure rapidement sa nourriture (pas en très grande quantité) et en obtient beaucoup d'énergie ; un gros herbivore (3) met un temps considérable pour absorber une très grande quantité de nourriture et n'en obtient pas une très grande quantité d'énergie.
Ci-dessous : reconstitution de trois ongulés qui se sont succédés entre la fin du Paléocène et l'Eocène.

Uintatherium (Eocène moyen)

Eobasileus (Eocène supérieur)

A gauche, les os du Brontotherium *étaient bien connus des Indiens d'Amérique, et en particulier des Sioux du Dakota, qui les attribuaient au « cheval du tonnerre » de leurs légendes. Cet animal mythique courait (ainsi s'expliquait l'origine du tonnerre), épouvantant les bisons, que les hommes pouvaient alors chasser plus facilement.*
Le nom du genre, choisi par O.C. Marsh, signifie : « bête du tonnerre » et fait précisément allusion à la légende indienne.
Ci-dessous : reconstitution du Brontotherium platyceras, *gros ongulé du groupe des titanothères. Ce sont des animaux proches, au point de vue évolutif, des chevaux. Le brontothère pouvait atteindre une hauteur au garrot de 2,5 m.*

petites, continuaient à évoluer. C'est le cas des titanothères, gros ongulés, dont le représentant le plus connu est le *Brontotherium platiceras* (la bête du tonnerre aux cornes plates) qui date du début de l'Oligocène d'Amérique septentrionale. Les titanothères, définitivement éteints dès avant le Miocène, font partie d'un vaste ensemble d'ongulés à partir desquels allaient se développer en diverses lignées d'une part, les chevaux et, d'autre part, les tapirs et les rhinocéros (voir l'arbre généalogique, voir page 186). Il faut cependant observer que les titanothères sont plus proches du « rameau » des chevaux.

Le *Brontotherium* était long de 4,30 mètres et haut de 2,5 mètres au garrot (c'est-à-dire à l'épaule). Le museau ressemblait à une houe à deux branches. Le nom du genre a été choisi par le paléontologiste Osborn, dans la seconde moitié du siècle dernier, d'après des légendes d'Indiens nord-américains, les Sioux (Dakota). Ceux-ci croyaient que durant la chasse au bison, ils bénéficiaient de l'aide d'un légendaire cheval céleste, énorme dont la présence se manifestait par un bruit de piétinement produit par le tonnerre et ils conservaient des os gigantesques de brontothères dans lesquels ils reconnaissaient les restes des « chevaux du tonnerre ». Certains trophées étaient fabriqués avec des os fossiles de cette provenance. Ils furent observés par des paléontologues qui découvrirent, par la suite, des squelettes entiers de ces grands herbivores.

Pairs ou impairs

Pour tout ce qui a trait à la course (la fuite ou la charge), une structure représentée par un membre doté de doigts très robustes peut se révéler utile ; ainsi que pour l'appui au sol, un nombre limité de doigts. Cette réduction du nombre des doigts, accompagnée d'un reforcement des doigts restants, prouve son efficacité sur des sols durs ou peu mouvants, les sols des prairies.

Il va de soi que ce type d'avantages supprimait chez ces animaux, l'aptitude à s'agripper ou celle de prendre les objets. Les ongulés herbivores suivirent cette voie à plusieurs reprises : deux groupes importants d'animaux, aux doigts robustes et en nombre réduit, sont parvenus à nos jours. Les solutions adoptées sont variées. Un des groupes a développé une tendance à conserver un nombre *impair* de doigts, en se servant du doigt central comme élément de soutien principal (le *troisième* doigt). L'autre groupe a préféré avoir un nombre pair de doigts permettant une répartition égale du poids, principalement sur le *troisième* et sur le *quatrième* doigt. Le premier groupe est à l'origine de l'ordre des périssodactyles, imparidigités, le second à l'origine de l'ordre des artiodactyles, paridigités, comme nous l'avons déjà dit.

Les périssodactyles ont connu leur période faste vers le milieu du Cénozoïque. Aujourd'hui, il n'en existe plus que 6 genres et peu d'espèces : ce sont les tapirs, les rhinocéros, les chevaux, et bien

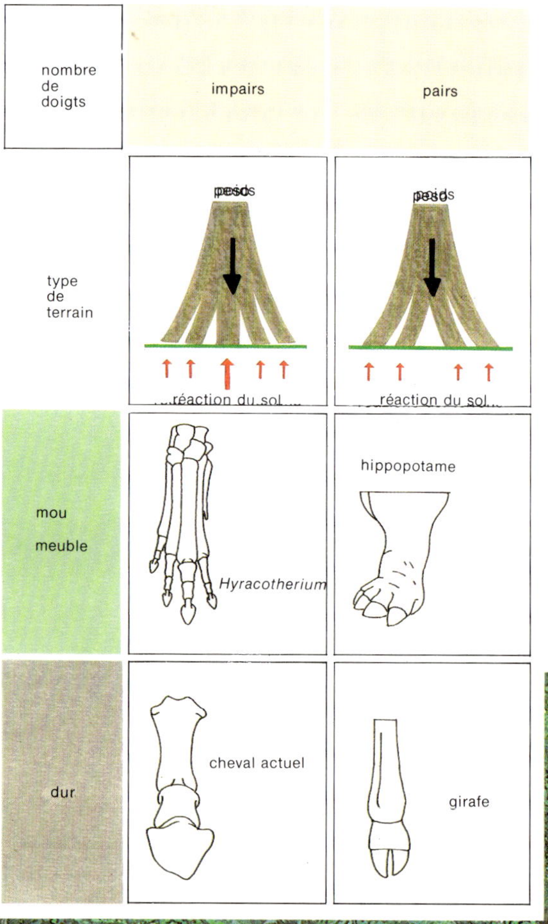

entendu, les ânes et les zèbres. L'histoire évolutive des artiodactyles commence à l'Eocène et elle n'est pas terminée. Elle compte 80 genres, à espèces nombreuses : elles vont des sangliers et cochons — aux hippopotames, des chameaux aux girafes, des cerfs aux bovidés, des antilopes aux chèvres, pour n'en citer que quelques-unes.

La réduction du nombre des doigts semble pouvoir être mise en parallèle avec la transformation de sols relativement mous et mouvants en sols durs. Dans le même temps, les deux groupes, abandonnent le système d'appui sur les doigts *et* sur l'ongle-sabot, pour transférer leur poids presque entièrement sur ce dernier élément : les périssodactyles et les artiodactyles deviennent *onguligrades* (qui marchent sur les ongles).

Page ci-contre : la forme et la structure des pattes constituent une solution aux situations présentées par les différentes natures du sol. Dans le vaste groupe des mammifères Ongulés se dessinèrent bientôt deux solutions structurales différentes. Dans un cas, le poids de l'animal tend à être déchargé principalement sur un doigt *(le troisième) ; dans l'autre cas, le poids est réparti sur* une paire de doigts *également développés.*

Ci-dessous : une harde de Palaeotherium *(genre très voisin du groupe des chevaux) et de* Lophiodon *(genre qui a donné naissance aux tapirs).*

Des quantités d'oiseaux !

La documentation sur les oiseaux volants fossiles est rare : les espèces fossiles décrites sont au nombre de 800 environ. Les restes de ces animaux sont voués, la plupart du temps, à se fragmenter et à se disperser : il n'y a pas (dans les formes du Cénozoïque) de parties dures, comme des dents, qui se conservent dans tous les cas ; les animaux tombés ont souvent été dévorés par des charognards (surtout mammifères). Cela est vrai, en particulier, pour toutes les variétés qui vivent dans les bois. La situation des oiseaux qui habitent les milieux aquatiques est un peu différente : leurs dépouilles tombées dans l'eau, et non dévorées, peuvent aisément atteindre le fond, où, recouvertes de boue, elles trouvent de bonnes conditions au processus de fossilisation. C'est pourquoi les formes vivant le long de la mer, ou dans les lacs et les marais bénéficient de témoignages des plus parlants. Mais ne nous laissons pas abuser par cette particularité : il est probable que les espèces occupant la ramure des arbres, ou le sol, étaient nombreuses.

Malgré les difficultés relatives à la conservation, les restes d'oiseaux récupérés dans les couches du Cénozoïque révèlent une imposante implantation progressive de cette classe. En fait, le processus remonte à la dernière phase du Crétacé (comme on l'a déjà vu). En pratique, nous avons un os par-ci, une empreinte par-là, une plume... Mais toutes ces pièces sont des témoignages qui indiquent que de très nombreuses espèces appartiennent à tous les principaux ordres vivants et à bien d'autres éteints. On peut dire qu'au Cénozoïque, les oiseaux volants se manifestent dans tous les milieux qu'ils fréquentent aujourd'hui encore.

La structure « de base » de tous ces oiseaux est assez uniforme. Le membre antérieur n'a en général que 3 doigts seulement et il porte les pennes : le nombre de celles-ci, chez les voiliers, tend à rester constant (et c'est le même nombre qui, nous l'avons déjà vu, se rencontre *déjà* chez l'*Archaeopteryx :* voir page 116). Le nombre et la disposition des doigts sur les membres postérieurs montrent quelques variations. Le nombre des vertèbres du cou est, lui aussi, différent selon les espèces (chez les espèces vivantes, il peut en atteindre 25). Ce chiffre mérite d'être comparé à celui que l'on trouve chez les mammifères : dans la classe à laquelle nous-même appartenons, le nombre des vertèbres du cou est constant, qu'il s'agisse du cou très court de la taupe ou de celui de l'homme, ou du cou démesuré de la girafe : il y en a toujours 7.

La classe des oiseaux semble avoir été en expansion continue ; et les premières menaces visant leur existence seraient pour certaines espèces, causées par l'activité de l'homme chasseur (ou, plus généralement, altérateur des milieux : voir plus loin, aux pages 261 et 262).

Quelques grands oiseaux éteints par la faute de l'homme sont restés dans la légende : rappelons le terrible roc rencontré par Sindbad le Marin dans son voyage, et décrit dans les *Milles et Une Nuits :* probablement figuré comme un *Aepyornis* de Madagascar (voir plus loin, pages 234 et 235).

Dès le Crétacé Supérieur on trouve des oiseaux semblables à des flamants *(Gallornis)*, à des grèbes *(Enaliornis)*, à des fous *(Elopteryx)*. Au Paléocène et à l'Eocène, il existe des oiseaux semblables à des cormorans *(Odontopteryx)*, à des phaétons *(Prophaëton)*, à des vautours *(Neocathartes)*.

Dans le Crétacé supérieur et dans les premières périodes du Cénozoïque, les oiseaux volants connaissent un important développement. Beaucoup de formes semblables à des formes actuelles existent déjà, et presque tous les ordres sont représentés. Les espèces fossiles connues sont au nombre d'environ 800. Les formes vivantes en comptent environ 9 000.
A droite : quelques oiseaux actuels dont les ancêtres sont déjà connus au Paléocène et à l'Eocène.
Ci-dessous : un vol de flamants (Phœnicoptéridés). Le genre Gallornis, *semblable à un flamant, est du Crétacé.*

Voler ? et pourquoi ?

En certaines périodes et dans certains milieux, les oiseaux se trouvèrent à la fin des chaînes alimentaires. En particulier, dans des milieux de terre ferme où ils avaient été de redoutables prédateurs *avant* l'arrivée de mammifères pratiquant la même spécialité. Et ils continuèrent à l'être dans des zones où les mammifères carnivores ne pouvaient se propager du fait de l'existence de barrières constituées en général par des bras de mer infranchissables (cas typique de l'Amérique méridionale). Dans bien des cas ces adaptations touchèrent des oiseaux *non volants*. Quelle peut-être l'histoire évolutive de ces animaux « de l'air » devenus animaux « de terre ferme » ? Notons que, tandis que chez beaucoup d'oiseaux marins la perte du pouvoir de voler a conduit à un emploi ingénieux des ailes comme organes de nage, comme pagaies (c'est le cas des manchots), chez de gros oiseaux de terre ferme les ailes se sont réduites parce qu'elles ne servaient plus à voler et ces animaux sont devenus des *bipèdes* absolus. Une telle réduction de l'organe de vol doit pouvoir être équilibrée avec un quelconque avantage.

Examinons encore la question de la nourriture. L'abondance d'un certain type d'aliments peut avoir mené au développement de formes très grosses : celles-ci éprouvaient de grandes difficultés à prendre leur vol, mais pouvaient renoncer à ce mode de déplacement parce qu'elles n'en avaient pas besoin pour la recherche de la nourriture même. Il est probable que l'adaptation à la vie au sol a dû initialement tenir à l'instauration d'un régime à base de feuilles, fruits ou graines. Certains auteurs estiment, par exemple, que le *Diatryma steini* lui-même, haut de 2,4 mètres, devait avoir un régime semblable à celui des casoars actuels (comprenant surtout des fruits). Le grand bec aurait été plutôt en bec de perroquet qu'en bec d'aigle. Il est certain, en tout cas, que ce gigantesque oiseau

Ci-dessous : les adaptations des petits reptiles et des oiseaux à différents milieux.
Les oiseaux n'ont pas toujours été des animaux de l'air. Dans certains cas il y eut des adaptations intéressantes à la vie au sol.
Ci-contre, en bas : tableau indiquant tous les ordres actuels de la classe des Oiseaux et les principaux ordres éteints.

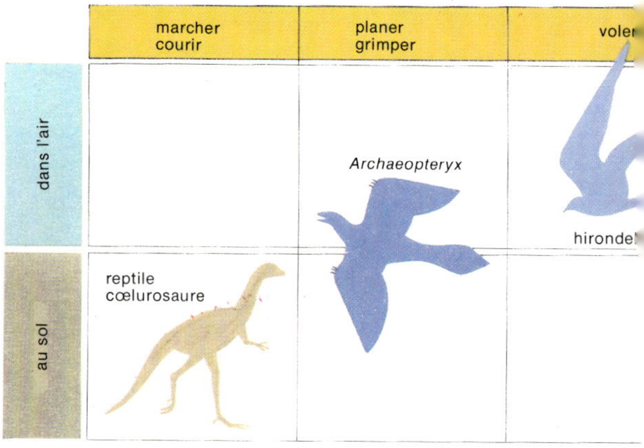

Ci-contre : reconstitution du Diatryma steini, *gros oiseau attesté par document de la base de l'Eocène. La grande quantité de nourriture disponible, de nature végétale, (herbes, feuilles même coriaces, fruit, graines dures), dans les prairies et aux lisières des forêts, conduisit au développement de formes de taille imposante. Leur masse même empêchait ces animaux de voler et, en conséquence, les ailes se réduisirent. Plus tard des oiseaux semblables au* Diatryma steini *utilisèrent certainement leurs fortes pattes de coureurs et leurs robustes becs pour devenir de très efficaces prédateurs (Diatrymidés), ennemis redoutables par conséquent des mammifères herbivores.*

était un excellent coureur : les pattes avaient trois doigts tournés vers l'avant et un doigt tourné vers l'arrière ; les griffes étaient robustes et de section triangulaire. D'autres formes affines (Diatrymidés) exploitèrent leur habileté à la course pour chasser des proies. Voici donc, en résumé, comment on reconstitue le processus : beaucoup de nourriture végétale — pas de concurrents — accroissement de la taille — perte de la capacité de voler — développement de l'aptitude à la course — réduction des ailes — augmentation de la puissance du bec — conversion finale à l'activité de prédateurs.

CLASSE DES OISEAUX *(AVES)*

Ordres :

+ ARCHAEOPTÉRYGIFORMES *(Archaeopteryx)*
+ HESPÉRORNITHIFORMES *(Hesperornis)*
TINAMIFORMES (tinamous, ou perdrix de la steppe
STRUTHIONIFORMES (autruche, andou)
RHÉIFORMES (nandous, autruches sud-américaines)
CASUARIFORMES (casoars, émeus)
+ AEPYORNITHIFORMES *(Aepyornis)*
+ DINORNITHIFORMES (*Dinornis*, moa)
APTÉRYGIFORMES (kiwi)
PODICIPITIFORMES (grèbes)
GAVIIFORMES (plongeons)
SPHÉNISCIFORMES (manchots)
PROCELLARIIFORMES (albatros, pétrels)
PÉLÉCANIFORMES (phaétons, cormorans, pélicans, fous, frégates)
CICONIIFORMES (cigognes, hérons, ibis)
PHÉNICOPTÉRIFORMES (flamants)
ANSÉRIFORMES (cygnes, oies, canards)
FALCONIFORMES (vautours, faucons, aigles, buses)
GALLIFORMES (faisans, perdrix, paons, poules, pintades, dindons, hoazin)
GRUIFORMES (foulques, grues, outardes, sériéma, *Phororachos*)
CHARADRIIFORMES (phalaropes, avocette, pluvier, mouettes, sternes)
COLUMBIFORMES (pigeons, tourterelles)
PSITTACIFORMES (tous les perroquets)
CUCULIFORMES (coucous et formes apparentées)
STRYGIFORMES (effraies, hiboux, chouettes)
CAPRIMULGIFORMES (engoulevent)
APODIFORMES (martinets)
TROCHILIFORMES (tous les colibris)
TROGONIFORMES (quetzal et formes apparentées)
COLIIFORMES (collious, oiseaux-souris et formes apparentées)
CORACIADIFORMES (martin-pêcheur, huppes, guêpier)
PICIFORMES (tous les pics, toucans)
PASSÉRIFORMES (l'ordre le plus vaste, avec 5 000 espèces décrites : moineaux, hirondelles, oiseau-lyre, oiseau de paradis, grives, pies, merles, rossignols, pinsons, étourneaux, oiseaux, jardiniers, corbeaux)

Le groin et la bosse

Les cochons sont parents des chameaux. L'affirmation peut paraître curieuse à qui observe, un peu superficiellement, les animaux actuels. Mais le simple examen des pattes nous permet d'affirmer qu'il s'agit, dans les deux cas, d'artiodactyles. Les doigts sont en nombre pair : il y en a quatre chez le porc (le premier doigt a disparu et le troisième et le quatrième sont plus développés, tandis que le deuxième et le cinquième sont courts et un peu divergents) ; chez les chameaux, il n'y a que deux doigts (le deuxième et le cinquième, ainsi, bien entendu, que le premier, ont totalement disparu).

Rappelons que le modèle initial des mammifères est le modèle *pentadactyle* (à 5 doigts ; voir le dessin page 59). La numérotation des doigts se fait d'après cette disposition fondamentale, qui se rencontre chez tous les mammifères primitifs et chez les formes proches.

Si nous examinons les témoignages de l'histoire évolutive des artiodactyles, nous ne pourrons que confirmer la parenté entre les animaux roses au groin caractéristique, élevés aujourd'hui dans des porcheries, et les « vaisseaux du désert » aux bosses typiques.

Des condylarthres primitifs dérivent certaines sortes à doigts pairs qui donneront elles-mêmes naissance aux suidés et aux hippopotames, ainsi que des sortes à partir desquelles se développeront en grand nombre les chameaux et les lamas et tous les autres artiodactyles.

Dès l'Eocène les anthracothériens (les bêtes du charbon) connurent un grand succès : ce nom leur vient de ce qu'ils furent principalement découverts dans des gisements de lignite, charbon de formation assez récente. Ces animaux étaient plus grands qu'un cochon actuel. Le crâne de l'*Anthracotherium magnum* mesure à lui seul 70 centimètres ; les pattes antérieures ont 5 doigts (le premier est très réduit) ; les pattes postérieures n'en ont *déjà* plus que 4. Il possède des canines en boutoirs et des incisives spatulées, propres à arracher des herbes relativement molles. Les anthracothériens vivaient près des fleuves.

Les formes très primitives orientées vers la lignée évolutive des chameaux sont de taille modeste. Dans l'Eocène Supérieur et au début de l'Oligocène on trouve des animaux de la taille d'un gros lièvre *(Cainotherium)* et une grande abondance d'oréodontes, plus grands, dont certains sont bien adaptés à la vie aquatique, tandis que d'autres vivaient sur la terre ferme et sur des sols durs. *Poëbrotherium,* de l'Oligocène, ressemble déjà à un lama (voir aussi à la page 17).

Toujours dans l'Oligocène, vivait l'anthracothérien *Bothriodon,* ancêtre probable des hippopotames. Un peu plus tard, des formes semblables à des pécaris apparaissent : c'est de cette souche que viendront les suidés.

Comme nous le verrons, l'atout maître, chez les artiodactyles, fut l'évolution d'un mécanisme digestif qui permettait une meilleure exploitation des végétaux.

Enormes, mais sans corne sur le nez

Les périssodactyles, définis comme groupe autonome *avant* les artiodactyles, mais venant eux aussi des condylarthres, prospèrent à l'Eocène. Ces mammifères abandonnent très tôt le milieu aquatique et semi-aquatique, et leurs doigts robustes dotés de sabots (toujours en nombre impair) furent un « instrument » excellent pour la conquête de la prairie et des clairières. Les formes de grande taille nous disent que la nourriture abondait et qu'il n'y eut jamais de concurrence avec les artiodactyles : à la rigueur, dans quelques cas, le groupe le plus récent trouva

A droite : arbre évolutif (arbre phylogénétique*) des artiodactyles des deux groupes des suidés-pécaris-hippopotames et des chameaux.*
Ci-dessous : mammifères de l'Oligocène d'Amérique du Nord. Ce sont tous des artiodactyles (le Protoceras, *ressemblant vaguement à un cerf, est un artiodactyle ruminant, voir page 215) à l'exception du* Subhyracodon, *qui est un périssodactyle ressemblant à un rhinocéros, mais dépourvu de corne.*

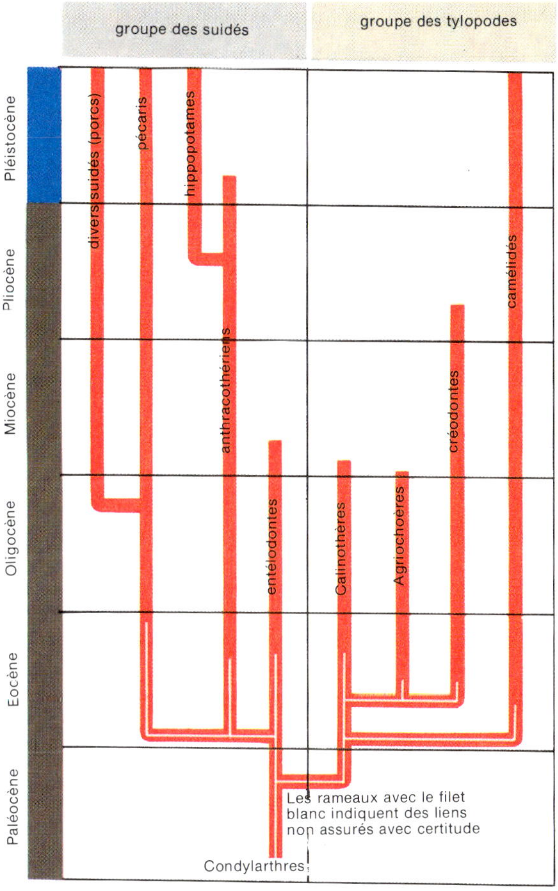

des adaptations qui permettaient la cohabitation.

Comme nous l'avons déjà signalé, on distingue chez les périssodactyles deux filières d'évolution : l'une, relative aux formes semblables aux chevaux, l'autre comprenant les tapirs et les rhinocéros. Nous avons décrit les parents géants du cheval (le brontothère et les autres titanothéridés). Nous citons ici le plus grand des rhinocéros, qui fut aussi, de façon absolue, le plus grand mammifère de terre ferme qui ait jamais existé, à notre connaissance aujourd'hui. Il s'agit de l'*Indricotherium parvum* du début de l'Oligocène, de Mongolie et de Chine ; en dépit du nom spécifique (*parvum*, en latin, signifie : « petit ») cet ongulé était long de 8 mètres et sa hauteur au garrot était de 5,50 mètres. Le cou était fort long : cet animal se nourrissait évidemment de feuilles de grands arbres. Il avait, dans la mâchoire supérieure, deux incisives dirigées vers le bas et, dans la mandibule, deux autres, dirigées en avant. La structure du squelette et du museau lui-même indique clairement que les animaux du groupe *Indricotherium* et les autres formes voisines (désignées sous le nom de baluchithériens) appartenaient à la lignée évolutive des rhinocéros. Mais ils n'avaient cependant pas développé la caractéristique *corne* implantée sur les os du nez (le nom de rhinocéros signifie : « corne sur le nez »). Rappelons que la corne (chez certaines espèces il en existe deux disposées l'une derrière l'autre) est constituée d'éléments cornés de même nature que les poils, réunis pour former une structure rigide. Il est assez probable que les grandes tailles, soutenues par une nourriture abondante, devaient décourager les prédateurs les plus entreprenants : plus tard, la « corne sur le nez » aurait eu cette même fonction d'épouvantail, en plus de son rôle d'élément de reconnaissance de l'espèce.

Des périssodactyles semblables à des tapirs sont signalés déjà à l'Eocène Final : par la structure et la taille, ils ne diffèrent pas sensiblement de leurs descendants actuels.

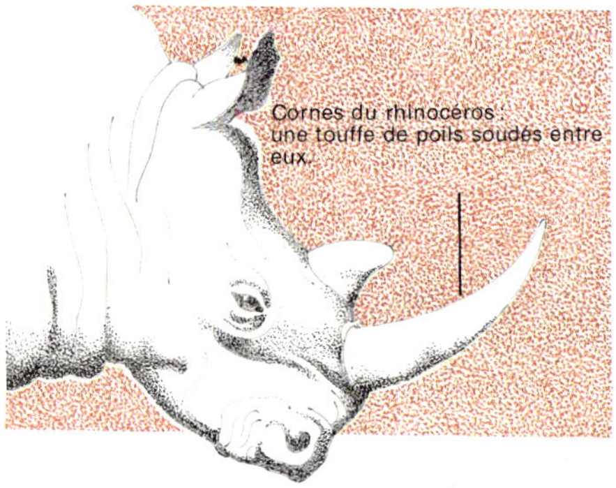

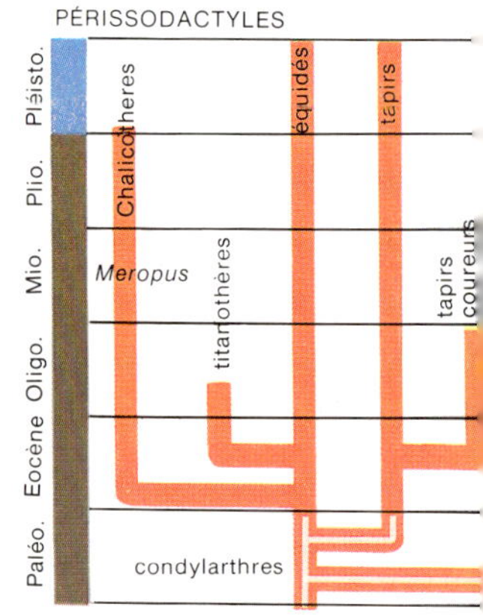

Ci-dessus : la corne du rhinocéros (certaines espèces, comme le rhinocéros blanc, en ont deux) est constituée de formations cornées de la même nature que les poils, soudées de façon à former une structure rigide. C'est en somme une sorte de tresse ou de touffe dure, comme celle que portaient les Indiens américains Tchoumachs (tribu de Californie sud-occidentale) : la touffe devait être empoignée par le « Grand Esprit », qui pour empêcher que les guerriers frappés ne tombent à terre, tirait vers le haut jusqu'aux Pâturages du Ciel.

A droite : arbre phylogénétique des périssodactyles : tapirs-rhinocéros forment un groupe distinct de celui des équidés (chevaux). Le Brontotherium *(voir figure page 176) et les autres titanothères sont, comme on le voit, proches de la filière évolutive des chevaux. Ci-contre : reconstitution de l'*Indricotherium parvum*, le plus grand mammifère terrestre ayant jamais existé. C'était un grand rhinocéros, dépourvu de corne et au cou très long. L'animal avait une hauteur au garrot de 5,5 m ; il devait se nourrir d'herbes et de feuilles, mêmes coriaces.*

rhinocéros
amynodontes
rhinocéros
coureurs
(Hyracodon)
Indricotherium parvum

Les Carnivores, parfaites machines de chasse

Dans la plupart des ouvrages de zoologie, l'ordre des Carnivores est subdivisé en deux sous-ordres : fissipèdes (formes terrestres) et pinnipèdes (formes adaptées à la vie marine). Dans les pinnipèdes se comptent les phoques, les otaries, les morses. Sur l'évolution de ces derniers animaux, nous n'avons que peu d'indications. Au Miocène Inférieur, on note la présence d'espèces déjà adaptées à la vie en milieu aquatique. Toutefois, nous avons des raisons de considérer que les parents les plus proches des formes aquatiques sont à rechercher dans le groupe des ours. Précisons que, dans la majorité des cas, les pinnipèdes ne sont pas *carnivores,* c'est-à-dire mangeurs de chair, mais *ichthyophages,* ou mangeurs de poissons.

Tous les carnivores dérivent de condylarthres prédateurs et de créodontes : il est probable que les différentes lignées évolutives (y compris, justement, celle des formes aquatiques) se sont définies à l'Eocène. Certains auteurs proposent de réunir toutes les formes prédatrices qui « annoncent » les vrais carnivores dans un groupe (ordre des Hyénodontes). Il est bien représenté par une forme comme *Hyaenodon horridus* (qui remonte au début de l'Oligocène). L'animal est long de 1,4 mètre, avec un crâne long de 27 centimètres. Le développement remarquable des carnassières (prémolaires destinées à couper dans la chair comme des cisailles) révèle qu'en général les hyénodontes *n'avaient pas* les habitudes des hyènes actuelles (qui mangent des charognes et ont des dents surtout faites pour briser les os). Mais ils étaient d'actifs prédateurs, armés pour lacérer la peau de leurs victimes et détacher les muscles (la chair) des os. Chez le *Hyaenodon* les membres ont encore 5 doigts, dont le premier est, cependant, déjà réduit.

La définition des groupes aujourd'hui représentés par les ours, les martres, les belettes, les hyènes, les chiens et les chats,

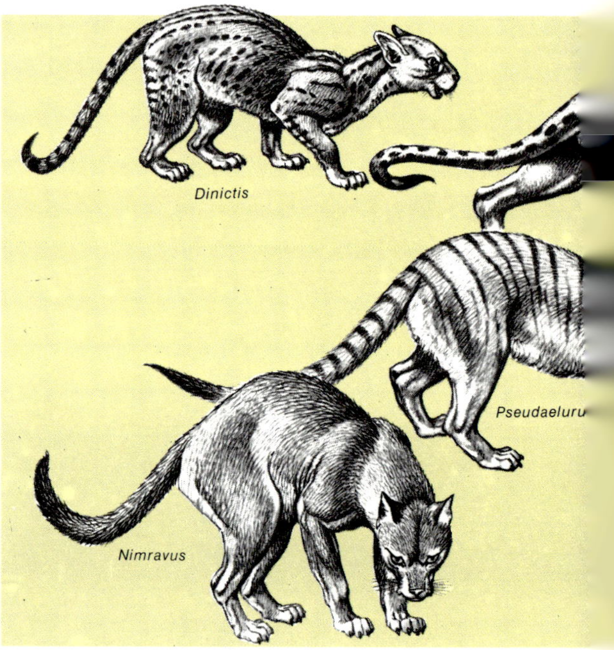

se réalise entre la fin de l'Eocène et l'Oligocène. Les formes les plus anciennes, les hyénodontes, cèdent bientôt le pas aux formes nouvelles. Les chiens et chats ont des ancêtres communs dans le groupe des miacidés.

L'histoire du « modèle chat » est très bien documentée. Les félidés (c'est le nom de la famille actuelle) sont si parfaitement adaptés à leur travail de prédateur, que l'on peut tirer de l'examen de ces animaux maintes indications sur les transformations survenues dans le passage de petits mammifères, à peu près semblables à des insectivores (condylarthres, créodontes primitifs), à des animaux comme le lion ou le tigre. Dans l'ensemble, la famille des félidés déploie une vaste gamme de tailles et de spécialisations qui ne se rencontre pas chez les chiens (il n'en existe pas de la grosseur du tigre) ni chez les ours (il n'y en a pas de petits comme le chat).

Il semble que même la durée de la gestation — vraiment courte — ait été adaptée à la nécessité, pour la mère, de conserver toute l'agilité nécessaire à sa vie extrêmement active. Aussi, les petits félins, à peine nés, sont-ils incapables de se tirer d'affaire tout seuls ; ils ne savent

L'historique de l'évolution des Carnivores semblables à des chats *se déroule suivant deux filières principales : celle des Machairodontidés (espèces aux dents en forme de sabre, toutes éteintes) et celle des félidés représentée par différentes formes éteintes et, aujourd'hui, par trois sous-familles : les Félinés (chat, lynx, ocelot, puma), les Panthérinés (lion, léopard, tigre), les Acinonyx avec le seul guépard Acinonyx jubatus.*

pas marcher et leurs yeux ne fonctionnent pas encore ; à ces inconvénients, peuvent remédier la mère ou son entourage, capable de tenir tête vaillamment à tout ennemi éventuel. Les soins parentaux assurés par les adultes aux petits développent un « sens » aigu de la harde, qui trouvera son application dans la chasse en groupe.

La réduction du nombre de doigts (qui a des résultats si radicaux chez les ongulés) est relativement faible chez les carnivores. Il n'y a, en fait, jamais moins de 4 doigts à chaque membre. Dans bien des cas, même, il reste le premier doigt du membre antérieur, quoique réduit (faisons une vérification rapide sur les pattes de devant de notre chat : le premier doigt est là, et aussi sa griffe). La présence persistante du premier doigt dans les membres antérieurs peut être mise en relation avec la nécessité d'établir le meilleur contact possible, avec le sol ou avec un tronc à la fin d'un saut. Les carnivores n'ont jamais perdu la capacité de grimper aux arbres, qui était propre à tous les mammifères primitifs (et que les insectivores, les rongeurs et les primates ont conservé). Les ongles, d'autre part, ont poussé, en prenant la forme d'outils qui leur permettaient de frapper les proies, ou au moins de les maintenir solidement. Donc, il reste une certaine mobilité des doigts. (Quand le chat attrape la souris, il écarte ses « doigts » comme un pianiste qui plaque l'octave sur le clavier du piano.) En outre, pour éviter une usure rapide des griffes acérées, beaucoup de félins ont développé un mécanisme qui permet de porter en arrière la dernière phalange du doigt, phénomène que l'on appelle : « ongles rétractiles ». Ce mécanisme, nous le savons, n'existe pas chez les chiens ni chez leurs parents, ni chez les ours, ou les martres ; il manquait chez les hyénodontes et, parmi les félidés, il manque chez le guépard.

L'aventure des chats part d'animaux plutôt petits, à peu près de la taille de notre chat tigré, et se scinde, à l'Oligocène, en deux histoires distinctes. Le genre *Dinictis* peut s'interpréter comme ancêtre commun des « chats mordeurs » et des « chats agresseurs » (ou à dents « en lame de sabre »). Dans l'espèce *Dinictis felina*, le corps est long de 1,10 mètres, avec une hauteur à l'épaule de 60 centimètres. Les membres avaient encore 5 doigts (sans ongles rétractiles). Les canines supérieures étaient très développées, mais ne présentaient pas encore de lames de sabre : la mandibule possédait une sorte de lobe qui correspondait à la pointe de ces dents, dans le maxillaire.

D'après l'opinion de nombreux paléontologues, les formes aux dents en lame de sabre doivent être comprises dans une famille indépendante qui a reçu le nom de machairodontidés, du nom d'un des genres les plus caractéristiques le *Machairodus* du Pliocène Initial (voir figure page 196).

Chez l'*Hoplophoneus* de l'Oligocène, les canines supérieures en lame de sabre sont déjà très longues : il existe des lobes pour les recevoir dans la mandibule.

Dans le Pliocène Supérieur, et au début du Pléistocène, un des prédateurs les plus redoutables et les plus répandus (de l'Europe à l'Asie méridionale) était l'*Homotherium*, aux dents en sabre plutôt courtes, aux membres antérieurs plus longs que les postérieurs, et à queue courte.

Enfin arrivent les formes sans doute les plus connues, celles du genre *Smilodon* (« dent-ciseau ») de la taille du tigre, à la queue courte. Chez certains machairodontidés, maxillaire et mandibule pouvaient former un angle de 95 degrés ; chez un lion qui bâille, le maximum de l'angle est de 65 degrés. Les machairodontidés avaient des muscles très puissants dans le cou et dans la nuque : en proportion, les muscles masticateurs (qui permettent la fermeture de la gueule) étaient moins développés qu'ils ne le sont chez un lion ou un tigre actuels. Evidemment, les variétés à dents en lame de sabre tuaient leurs victimes d'un seul coup, asséné avec une force extrême. Il est probable, aussi, qu'elles se nourrissaient surtout des parties intérieures et du sang de leurs proies, sans avoir, par conséquent, à mâcher les chairs musculeuses avec leurs dents énormes et encombrantes.

Les vrais félidés, les « mordeurs », ont eu aussi leur filière évolutive avec des espèces à grosses canines (*Nimravus*, par exemple, vers la fin de l'Oligocène). Mais chez celles-ci, le broyage a toujours été prédominant.

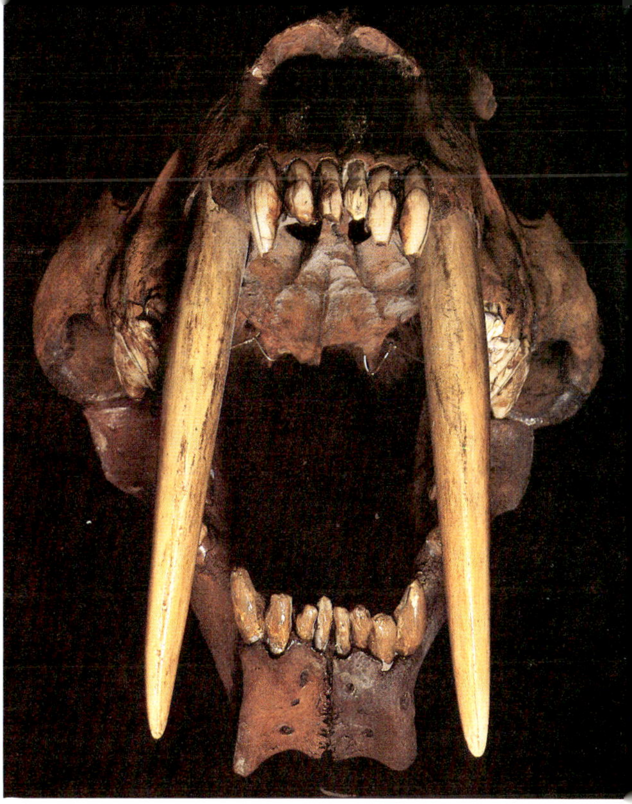

A droite et en bas : squelette et détail de la denture d'un machairodontidé du genre Smilodon. *Les pattes sont robustes et relativement trapues. Les zones d'insertion des muscles du cou sont larges, grâce à quoi l'animal assenait, par un mouvement rapide vers le bas, de mortels coups de « sabre » à ses proies.*

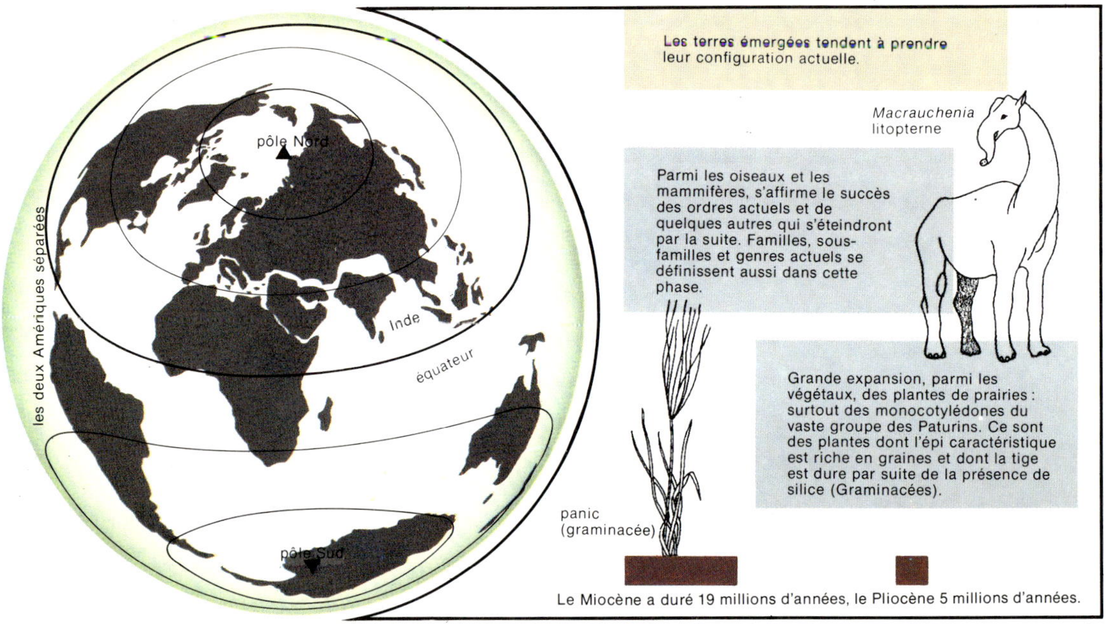

Cénozoïque Supérieur

Ci-dessus : fiche relative au Cénozoïque supérieur. Ci-contre : fouille des strates du Miocène près d'Orchard (Nebraska U.S.A.). Ce site a livré une quantité imposante de restes d'hippopotames et d'équidés ensevelis à la suite d'une éruption volcanique. Durant la phase géologique à laquelle on peut rapporter ces couches, les cônes volcaniques en activité les plus proches étaient situés dans le Nouveau-Mexique, à un millier de kilomètres d'Orchard. Le nuage de cendre doit avoir été immense.

Miocène et Pliocène

Les continents, au Cénozoïque Supérieurs, s'orientent vers la disposition que nous connaissons aujourd'hui. Les dernières périodes sont caractérisées par une forte activité orogénique (naissance ou croissance de nombreuses montagnes), et par un volcanisme intense (on signale de nombreuses éruptions).

Le rapprochement entre Amérique méridionale et Amérique septentrionale est constant : il y aura cependant de fréquentes phases au cours desquelles l'isthme correspondant à l'actuelle Amérique centrale sera submergé pour émerger à nouveau : plusieurs fois, les deux blocs continentaux seront isolés, puis réunis, avec de notables conséquences en ce qui concerne la répartition des faunes. L'activité géologique en Amérique centrale est encore très grande : les cônes volcaniques en activité y sont nombreux et la terre tremble souvent.

Le voyage vertigineusement rapide de l'Inde (toujours en termes géologiques, bien entendu) est sur le point de s'achever : à une vitesse qui a été estimée à environ 16 centimètres par an, la plaque atteint l'Asie à la fin du Cénozoïque. De même, la péninsule italienne et la péninsule balkanique se réunissent à l'Europe, définitivement. Le bassin de la Méditerranée, reste de l'antique Téthis, se ferme à l'orient. Ce phénomène important provoque une nouvelle croissance des Pyrénées, du Caucase, de l'Atlas. Sur la bordure occidentale de l'Amérique méridionale se dressent les Andes, conséquence du mouvement de dérive continu de la plaque. Et les montagnes Rocheuses trouvent, elles aussi, en Amérique septentrionale, une nouvelle assise au Cénozoïque Supérieur.

Chroniques de catastrophes

Les témoignages sur les événements géologiques sont souvent très détaillés pour la raison qu'il s'agit, dans l'absolu, de phénomènes récents. Par exemple nous connaissons parfaitement les milieux qui ont été impliqués dans certaines grandes éruptions volcaniques. Ces panoramas que nous avons sur la vie d'une certaine phase du Cénozoïque se présentent, bien des fois, comme d'immenses (et dramatiques) photographies instantanées qui ont fixé dans le temps une association biologique, un certain stade de développement des espèces, et tout ce qui s'ensuit.

Récemment, près d'Orchard, dans le Nebraska (Etats-Unis), on a découvert les vestiges d'une riche faune, tuée par les cendres d'une éruption volcanique de puissance exceptionnelle : le cône, qui a peut-être vomi ces cendres, se trouvait à un millier de kilomètres de distance, dans le Nouveau-Mexique. La catastrophe s'est produite il y a environ 10 millions d'années, vers la fin du Miocène. Dans ce site on a retrouvé, outre de nombreux animaux extrêmement intéressants, les restes d'un « cheval » à *un* doigt *(Pliohippus)* et d'un « cheval » à *trois* doigts (forme à attribuer au genre *Hipparion*).

La victoire du cheval

Quand on considère les animaux qui font partie de la faune actuelle et qu'on les retrouve, dans des formes assez semblables, au Cénozoïque (en particulier dans ses phases terminales), on est porté à commettre une erreur de jugement : on voit les espèces d'aujourd'hui comme la station d'arrivée, et comme le sommet du processus évolutif. De toute évidence, les formes actuelles sont *une* station pour les groupes en évolution, mais il *n'est pas* dit expressément que les espèces contemporaines cessent d'évoluer. Par exemple, l'ordre des proboscidés (les éléphants) est aujourd'hui en net déclin : on n'en trouve plus que deux genres qui ne renferment chacun qu'une seule espèce, contre les dizaines de genres qui existaient au Pliocène.

Quant à l'évolution des équidés (la famille qui comprend aujourd'hui le cheval, le zèbre, l'âne, toutes espèces de l'unique genre *Equus*), nous pouvons dire que le moment de sa plus grande prospérité a été au Pliocène et au Pléistocène (voir plus loin, page 237).

Le périssodactyle de la famille des équidés qui a eu la plus ample diffusion et qui est demeuré le plus longtemps en scène est l'*Hipparion*. C'était un « cheval » à trois doigts, mais tout son poids se portait sur le doigt central, le troisième. Les doigts latéraux ne touchaient même pas le sol ; ils pouvaient avoir quelque utilité en terrain meuble. De fait l'*Hipparion* apparaît parfaitement adapté à la course dans les prairies. Les molaires de cette forme avaient évolué et pouvaient aussi bien broyer les feuilles des arbres que réduire en menus fragments les herbes (bien plus dures, parce que riches en silice) : nous savons tous à quel point une feuille ou un chaume de graminée peuvent être durs et même coupants.

L'histoire des équidés a commencé dans l'Eocène avec l'*Hyracotherium* qui était présent en Europe et en Amérique septentrionale, et que l'on connaît aussi sous son ancien nom générique d'*Eohippus*, « cheval de l'aurore ». La réduction du nombre des doigts est, chez cet animal, dont la taille est celle d'un gros lièvre, à peine à ses débuts : le membre antérieur a 5 doigts, tandis que le postérieur en a 4. Ils ont de petits sabots et, dans l'ensemble, les membres sont adaptés à des terrains meubles et marécageux où l'hyracothérium trouvait sa pitance. Les molaires ont 4 cuspides ; il existe des prémolaires (à 3 cuspides), des canines et des incisives.

Par la suite, le phénomène évolutif se déroulera principalement en Amérique

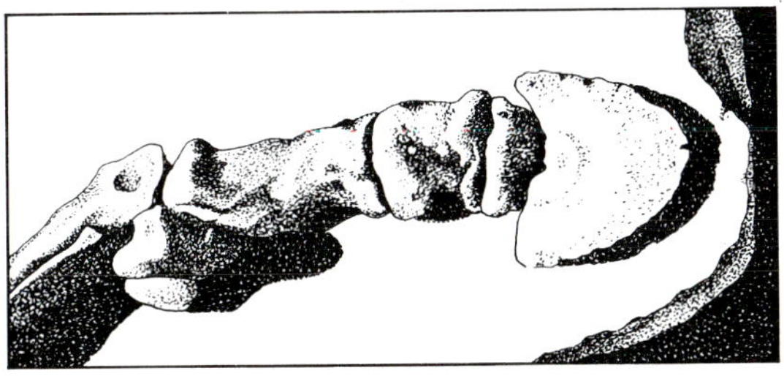

Pliohippus
patte à un seul doigt

Hipparion
patte à 3 doigts

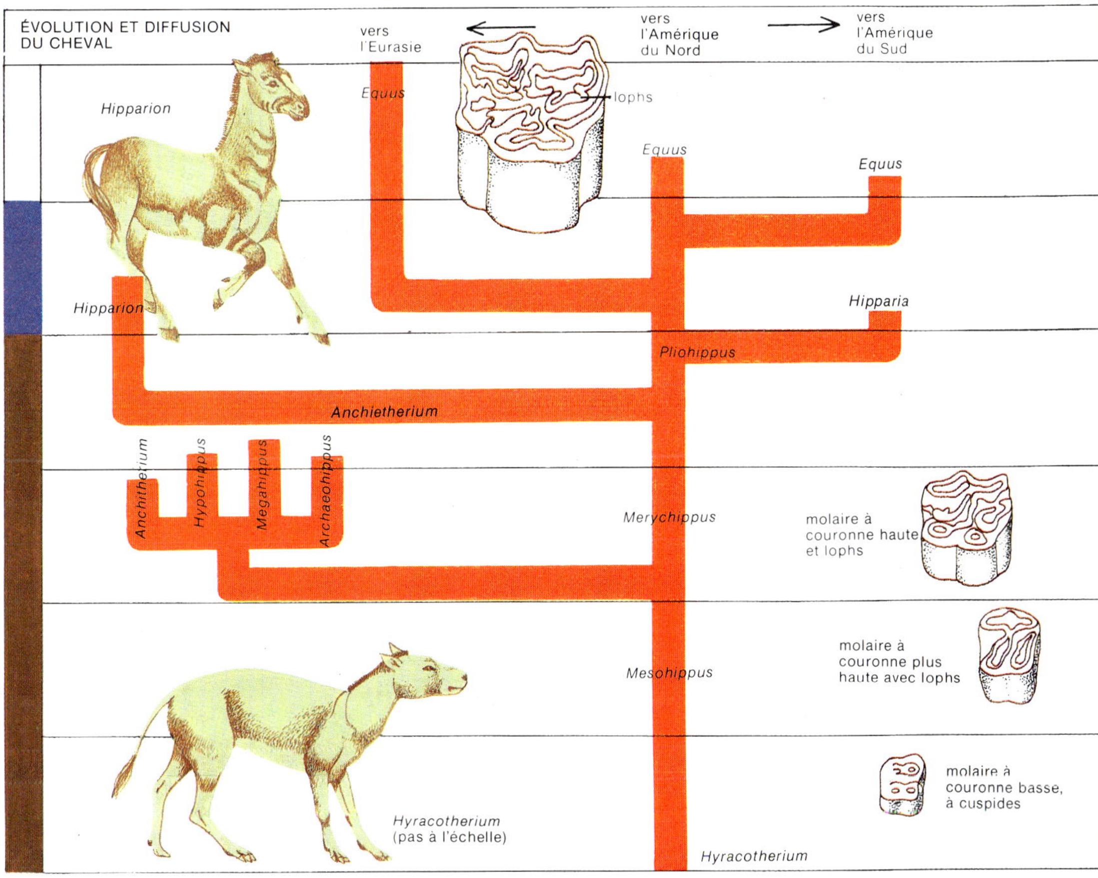

septentrionale, et les différents genres qui naîtront petit à petit se répandront dans l'Eurasie (à travers la région correspondant au détroit de Behring, alors émergé). Plus tard, quelques formes atteindront aussi l'Amérique du Sud, lorsqu'un pont de terre s'établit entre les deux sous-continents: mais il s'agit alors de formes déjà dirigées vers le « rameau » (moins exubérant, comme nous l'avons dit), des « chevaux » à un seul doigt.

Dans les différentes étapes qui mènent

En haut : reproduits d'après deux photographies, détails des membres antérieurs de deux équidés présents dans le « cimetière » miocène d'Orchard (Nebraska) : à gauche, le sabot unique d'une forme du genre Pliohippus ; *à droite, le sabot avec une petite encoche centrale du troisième doigt, d'une forme attribuable au genre* Hipparion.

Ci-dessus : l'arbre phylogénétique des équidés. La branche centrale représente l'aventure évolutive qui s'est déroulée en Amérique septentrionale ; les branches à gauche sont celles des formes qui se sont imposées à la suite de migrations, même en Eurasie ; les branches de droite sont relatives au petit nombre de formes attestées par des témoignages en Amérique du Sud.

à l'*Hipparion* (les espèces d'équidés fossiles que nous connaissons sont à peu près au nombre de 350), il y a un allongement constant du museau et un allongement des os correspondant dans notre squelette à la paume de la main et à la plante du pied.

Dans la denture se précise une batterie de molaires, et les prémolaires elles-mêmes ont tendance à devenir molaires. Les cuspides se réunissent et la couronne, qui se fait de plus en plus haute, présente des saillies semblables aux murailles d'un château du Moyen Age *(lophs)*. Les canines se réduisent à de simples ébauches.

Peut-être parce que son type de pied était moins défini, l'*Hipparion* a survécu longtemps: cet équidé à trois doigts s'est éteint, en Eurasie, il y a moins de 2 millions d'années. Entre-temps, et à la même époque, les formes à un seul doigt évoluaient *(Pliohippus, Equus)*. Elles se sont éteintes dans les deux Amériques et restèrent cantonnées dans la seule Eurasie. Le cheval ne réapparut en Amérique que lors de l'arrivée des *conquistadores* espagnols qui semèrent panique et deuil, car ces étranges animaux terrorisaient les indigènes.

Histoires d'éléphants

L'histoire des éléphants est une histoire de trompes, mais aussi et surtout une histoire de dents (donc de régimes) et une histoire de pattes. Les éléphants et leurs ancêtres sont réunis dans l'ordre des proboscidiens.

On rapproche les animaux de cet ordre, d'autres mammifères (appartenant à d'autres ordres) avec lesquels ils

*A gauche : parmi les équidés, la forme qui a connu le plus grand succès est l'*Hipparion. *D'après des témoignages du Pliocène au Pléistocène inférieur, ce cheval, à trois doigts, se répandit, en différentes espèces, dans l'Amérique septentrionale et en Eurasie. Le deuxième et le quatrième doigts ne touchaient pas le sol en sorte que le poids se déchargeait sur le troisième doigt seul. Il est cependant probable que les doigts latéraux avaient encore quelque utilité, spécialement sur des terrains meubles. L'*Hipparion *était certainement un bon coureur même s'il lui arrivait parfois d'être attaqué et terrassé par les prédateurs, comme le* Machairodus cultridens, *« tigre aux dents en sabre » et à la queue courte. Les formes du genre* Equus *sont attestées par des témoignages de fossiles en Amérique et en Eurasie. Ci-dessous : fossiles américains du Nord du genre* Equus.

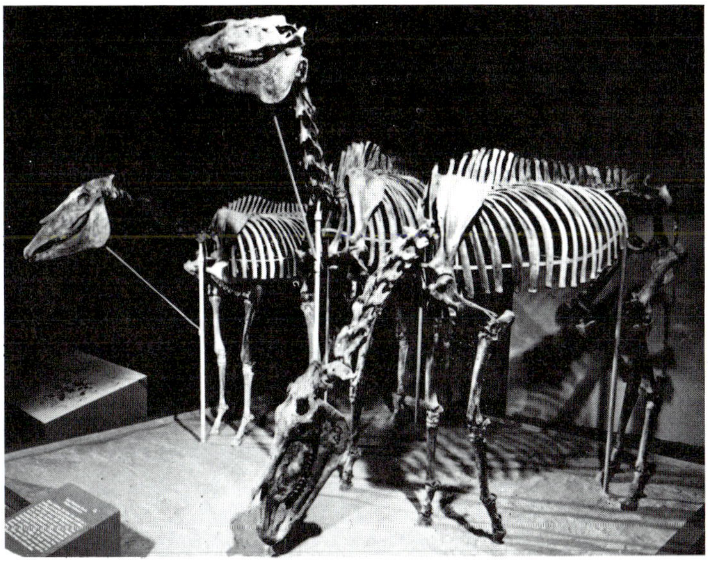

forment le groupe des ongulés. Dans toutes ces formes, le développement des sabots n'est pas aussi évident que chez les *vrais* ongulés. Il a donc été décidé de réunir les différents ordres en question en un groupe dit des pénongulés (presque ongulés). En plus de différents ordres éteints (dont nous parlerons) le groupe comprend les ordres actuels des proboscidiens, précisément, celui des siréniens (voir page 168) et celui des hyracoïdes. Il est probable que tous les pénongulés descendent des condylarthres, groupe dont nous savons qu'il a donné naissance à la plupart des mammifères prédateurs, et aux ongulés.

Parents

Quelques mots sur les hyracoïdes. L'ordre ne comprend plus aujourd'hui que les damans, mais dans le passé il a été riche en formes. Les hyracoïdes actuels ressemblent à des marmottes, mais bien des caractères de leur structure nous indiquent qu'ils n'ont aucune parenté avec ces rongeurs. On trouve un intérêt particulier, à la patte des damans, car un épais coussinet, sous le peau, formé de tissu très élastique est un élément que l'on retrouve dans la patte des éléphants. Les ongles sont plats et épais ; celui du second doigt du membre postérieur, qui est une petite griffe, représente une exception. Les incisives sont à croissance continue (comme chez les rongeurs), et correspondent aux défenses des éléphants. Comme elles font parfois saillie latéralement, ces dents peuvent faire penser à des canines de carnivore.

Les damans ont une autre particularité commune aux éléphants et aux siréniens : les testicules ne font pas saillie à l'extérieur, mais sont contenus dans la cavité abdominale pendant toute la vie. Les damans vivent sur les arbres ou, à terre, dans les zones de steppes et ils sont exclusivement végétariens.

Aujourd'hui les damans ne dépassent pas la longueur de 50 centimètres ; on en connaît trois genres : *Dendrohyrax* (daman des arbres), *Procavia* (daman des roches), et *Heterohyrax* (daman des steppes). Dans le passé il en a existé de grande taille : *Megalohyrax,* de l'Oligocène d'Afrique était grand comme un mouton, mais ressemblait à un petit cheval trapu.

Ancêtres

Les tout premiers proboscidiens ne nous sont pas connus. On désigne souvent, comme ancêtre de tous les éléphants, le genre *Moeritherium* de la fin de l'Eocène d'Egypte. Ce genre n'est représenté, avec plusieurs espèces, que dans *une seule* localité, le site fossilifère du Fayoum, au sud-ouest du Caire, près du lac Mœris. Ce lac, appelé ainsi dans l'Antiquité, a donc donné son nom au genre, qui signifie : « bête du Mœris ». On considère qu'il s'agit peut-être bien d'une forme voisine de celle du véritable ancêtre, mais *non* d'un chef de lignée de toutes les souches évolutives suivantes. Dans l'espèce *Mœritherium lyonsi,* la hauteur à l'épaule est de 70 centimètres. Les secondes incisives sont développées comme de courtes défenses, aussi bien dans le maxillaire que dans la mandibule. La lèvre supérieure était saillante, mais elle ne formait pas encore, avec les canaux nasaux, une vraie trompe. Il est opportun de faire remarquer que la trompe *n'est pas,* en réalité un nez monstrueux, mais plutôt une énorme extension de la lèvre supérieure, très musculeuse, qui se confond avec les narines.

Les mœrithériums, herbivores, vivaient comme des hippopotames, en bordure des cours d'eau, et peut-être *dans* l'eau.

Avec les genres *Phiomia* et *Palaeomastodon,* à l'Oligocène, se dessinent déjà deux filons évolutifs distincts.

Des rameaux évolutifs différents

Le *Phiomia* a 4 défenses, 2 supérieures et 2 inférieures ; sa trompe est encore rudimentaire, sorte de groin très flexible. Dans cette filière se développent, par la suite, des animaux à incisives inférieures « en lame », comme le *Platybelodon,* sorte de grotesque bèche vivante, chez qui la lèvre supérieure plate et musculeuse couvrait le très long maxillaire. Plus tard (au Pléistocène), on verra des formes, comme l'*Anancus arvernensis,* assez semblables à l'éléphant : elles n'ont que les défenses supérieures, d'ailleurs presque droites, et très longues. Le nom générique signifie : « sans courbe ». Mais leurs molaires sont très différentes de celles que présentent les formes actuelles.

Les molaires des éléphants se sont développées comme des machines à moudre l'herbe. Quand des dents de ce type ne

Page ci-contre, en haut : arbre phylogénétique des Proboscidiens. Ne sont indiqués que les genres les plus importants. En réalité, l'ordre a connu un grand essor et les espèces ont été nombreuses. Aujourd'hui, évidemment, les Proboscidiens sont en déclin : il n'y a plus que deux genres seulement, avec une seule espèce pour chacun d'eux (il existe des opinions divergentes en ce qui concerne les sous-espèces).
Ci-contre, en bas : l'éléphant africain, appartenant au genre Loxodonta. *Il peut atteindre une hauteur de 4 m au garrot et peser jusqu'à 7,5 tonnes. L'éléphant indien appartient au genre* Elephas. *Il peut atteindre la hauteur de 3 m et le poids de 5 tonnes.*

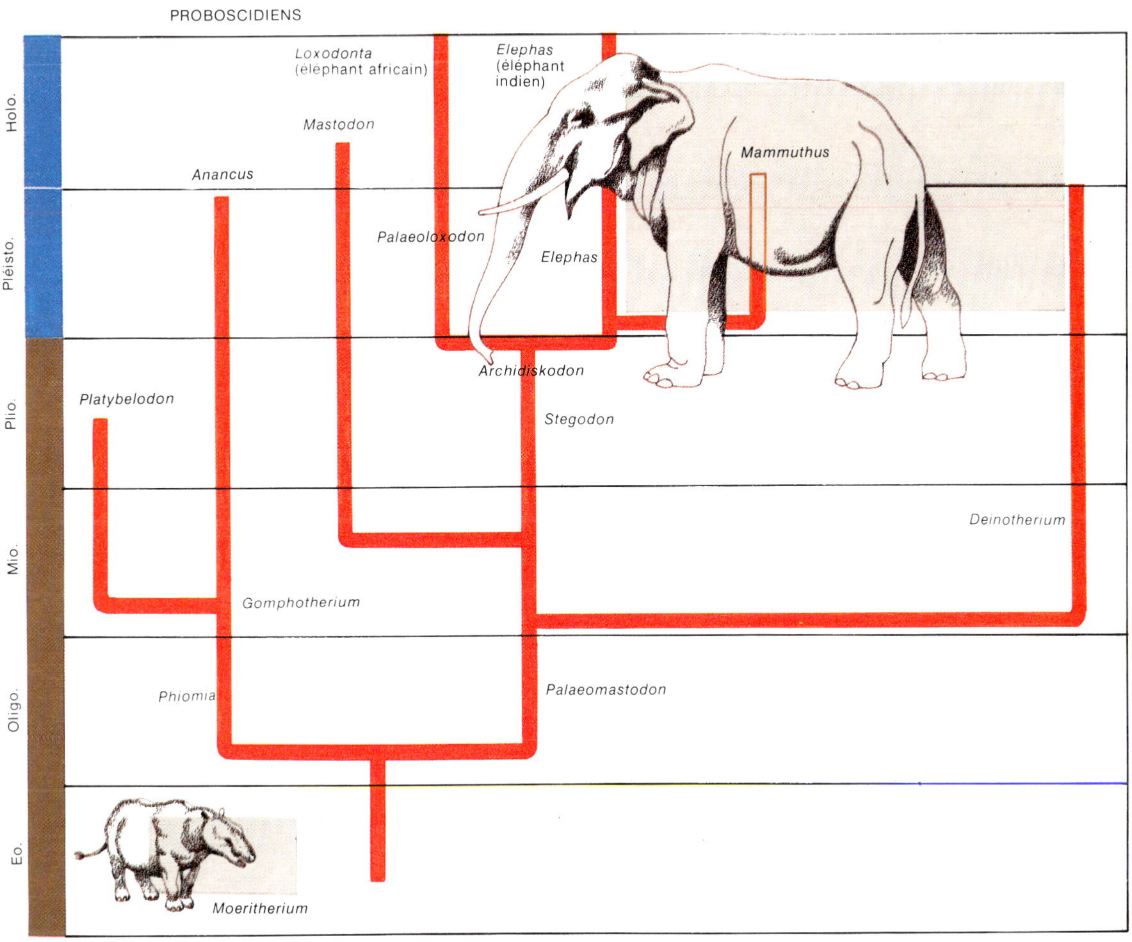
PROBOSCIDIENS
Holo.
Pléisto.
Plio.
Mio.
Oligo.
Eo.
Loxodonta
(éléphant africain)
Elephas
(éléphant
indien)
Mastodon
Anancus
Mammuthus
Palaeoloxodon
Elephas
Archidiskodon
Platybelodon
Stegodon
Deinotherium
Gomphotherium
Phiomia
Palaeomastodon
Moeritherium

Evolution du crâne des proboscidiens

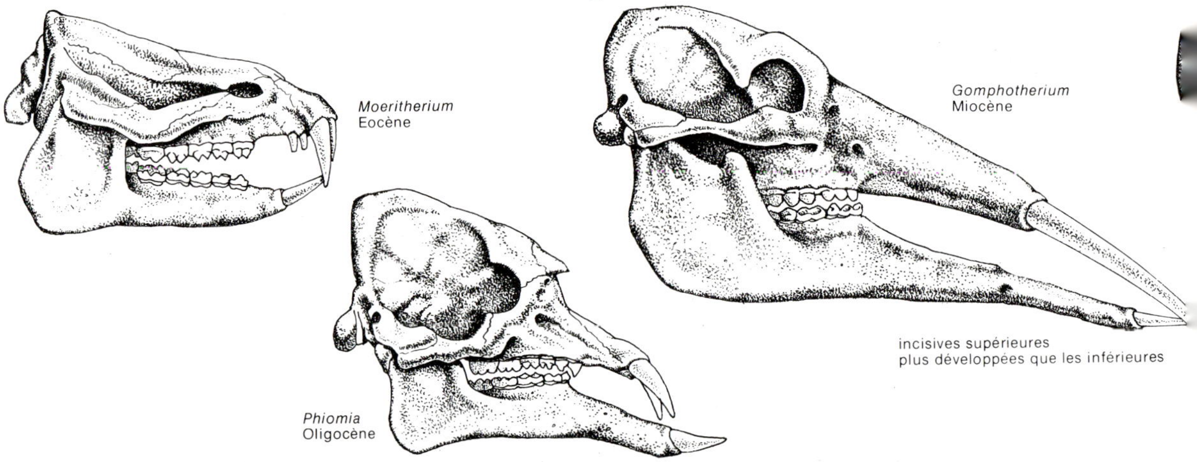

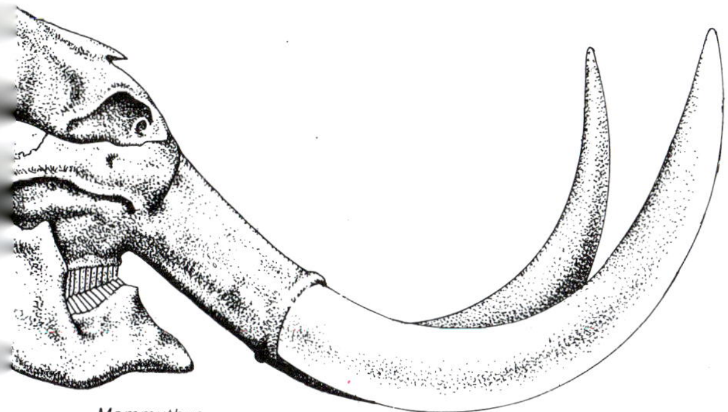

A gauche : crânes de proboscidiens de diverses périodes du Cénozoïque.
En bas : reconstitution de l'attaque par deux smilodons d'un Archidiskodon imperator *en train de s'enfoncer dans une mare d'asphalte.*
Les prédateurs eux-mêmes disparaîtront, pris au piège de cette épaisse substance. Les trouvailles rapportables à des situations de ce genre sont nombreuses dans le Rancho la Brea (aujourd'hui parc Hancock), à Los Angeles. Dans la zone d'où la grande cité californienne est implantée, il existait, à la fin du Cénozoïque et au Pléistocène de vastes étendues où affleurait l'asphalte. Ces surfaces étaient assez souvent recouvertes par des marécages ou des petits lacs de faible profondeur. Les animaux qui s'aventuraient près de ces plans d'eau pour boire s'enfonçaient dans la couche d'asphalte sous-jacente et en restaient prisonniers.

sont pas présentes, c'est qu'on a à faire à des animaux se nourrissant de feuilles, et non d'herbe ; c'est le cas de l'*Anancus.*

Les proboscidiens sont devenus de très gros animaux (les éléphants actuels sont les seuls géants de la terre ferme), parce qu'ils pouvaient disposer de beaucoup de nourriture. D'autre part, comme on l'a déjà vu (page 175), cette herbe devait être consommée en grandes quantités. Le temps nécessaire à l'approvisionnement est en tout cas limité (même un animal qui mange sans arrêt, comme l'éléphant, doit pourtant, un moment donné, se reposer). En outre, il est évident que ces longues heures passées à la pâture exposent les proboscidiens de façon continue aux prédateurs. A ce danger, deux réponses : la masse et la présence des défenses. Mais il faut que l'éléphant, dans sa totalité, soit bien fonctionnel, et il est nécessaire que ses molaires opèrent avec un grand rendement, de façon à rendre acceptable le temps passé à traiter la nourriture. Il convient, en outre, que ces sortes de dents ne se gâtent jamais ou bien qu'elles soient, si cela arrivait, rapidement remplacées.

Chez les animaux de la lignée du *Palaeomastodon,* se développent de grosses molaires dotées de cuspides : ce sont des dents très bien adaptées à la mastication de l'herbe. Ces cuspides, plutôt arrondies, ressemblent à des tétines, ou à des mamelons.

En haut : deux paléontologues à l'œuvre pour la récupération d'un squelette de mammouth.
Le grand proboscidien à la toison laineuse s'est éteint en des temps relativement récents (il y a environ 10 000 ans). Sa structure ressemblait à celle de l'éléphant indien, mais il était plus grand. Ses molaires étaient à lamelles comme celles des éléphants actuels.
Ci-dessus : un squelette de mammouth (Mammuthus primigenius), *aujourd'hui conservé à la Smithsonian Institution de Washington (D.C., U.S.A.).*

Des dents pour broyer

Le nom de *Mastodon,* donné à un genre de proboscidiens du Pliocène, et notre terme « mastodonte » signifient : « à dents mamelonnées ». Le mot de « mastodonte », si souvent employé pour désigner tout objet de taille démesurée et massif, a aussi cette origine : c'est un exemple de l'étrange histoire des mots. En disant d'un édifice, ou d'un ami corpulent que c'est un mastodonte, on affirme, en fait, qu'il existe chez lui des dents en forme de mamelon, bien qu'il s'agisse évidemment d'une référence faite à l'éléphant ancien.

Au cours du processus de l'évolution, les saillies en mamelons des molaires tendront, chez beaucoup d'espèces, à s'as-

sembler en structures allongées, comme des chaînes de montagnes, dans la direction de l'axe de la mandibule ou du maxillaire *(structure bunodonte).*

On rencontre des molaires à mamelons assez primitives chez le *Deinotherium* (représenté par plusieurs espèces, certaines de taille modeste, d'autres de plus de 3 mètres). Cette forme, liée à la lignée du *Palaeomastodon,* a peut-être suivi en réalité un chemin évolutif particulier. Les jambes sont longues, la trompe est courte ; les incisives supérieures manquent ; les incisives inférieures sont bien développées, mais la mandibule a subi une torsion de plus de 90 degrés et les défenses sont dirigées vers le bas : elles devaient servir à déterrer des tubercules ou des racines. Les dinothériums ont survécu en Europe et en Afrique jusqu'à il y a, environ, 2 millions d'années.

Une autre branche évolutive mène du *Palaeomastodon* au *Stegodon* et à l'*Archidiskodon* (voir planche page 201). Dans ces formes, la structure des molaires se perfectionne : les cuspides se réunissent dans le sens transversal et forment des saillies *(lophs)* entre lesquelles il existe un tissu appelé cément dentaire.

Enfin, chez les mammouths (genre *Mammuthus*), et chez les éléphants actuels — l'indien (genre *Elephas*) et l'africain (genre *Loxodonta)* —, les molaires sont formées de véritables lamelles (correspondant aux *lophs*) soudées au cément. Les molaires travaillent en batterie, et elles sont remplacées au fur et à mesure qu'elles s'usent, « avançant » vers la partie antérieure de la bouche. D'ordinaire, l'animal n'emploie que deux molaires seulement de chaque côté (donc huit, en tout). Cette denture constitue une nouvelle solution au problème déjà résolu par les batteries de dents des dinosaures à bec de canard.

Les mammouths de l'espèce *Mammuthus primigenius* se sont éteints il y a près de 10 000 ans. Ils ont été activement chassés par l'homme. Les restes de ces animaux et, peut-être, un souvenir lointain de leur présence, ont alimenté maintes légendes : en Sibérie, on raconte que les tremblements de terre étaient provoqués par des mammouths qui vivaient sous terre, et qui faisaient trembler le sol en se secouant. En réalité, beaucoup de mammouths nous sont parvenus congelés, avec leurs chairs encore intactes et leur manteau laineux, splendide et touffu.

Rappelons enfin que la plus grande partie de l'ivoire en circulation à l'heure actuelle est de l'ivoire de mammouth, qui provient donc de Sibérie et de Russie et qui est transporté le long des voies commerciales dans les régions méditerranéennes. En Amérique, outre l'ivoire de mammouth, il y avait aussi de l'ivoire de mastodonte.

Voici quelques détails sur le genre *Mastodon*, qui marque la fin d'un des rameaux évolutifs dérivés du *Palaeomastodon :* il est apparu dans le Pliocène et se maintient jusqu'à environ 10 000 ans avant notre ère (*Mastodon americanus*, certainement chassé par l'homme, en Amérique). Le mastodonte était haut de plus de 3 mètres à l'épaule, et il avait un manteau de poil épais. Ses molaires ont gardé leurs mamelons, avec toutefois une légère tendance à former des crêtes *(lophs)*.

A droite : reconstitution du mastodonte et d'un couple de bœufs musqués (Ovibos muschatus).
Ci-dessous : squelette de mastodonte américain (Mastodon americanus). *Ce proboscidien, qui s'est éteint il y a à peu près 10 000 ans, était caractérisé par des molaires à reliefs typiques, à mamelons.*

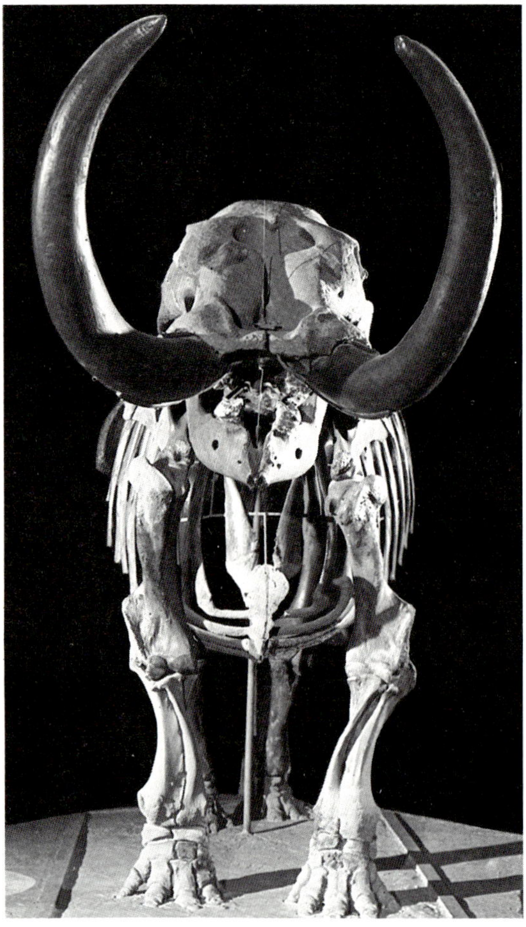

La trompe et les pattes

Pourquoi les éléphants ont-ils une trompe ? Cet animal, qui grandit et grossit de plus en plus doit trouver un moyen d'atteindre la nourriture. Pour un herbivore, la nourriture peut se trouver en hauteur (les feuilles) ou bien, en plus grande abondance, au sol (l'herbe). La solution qui consiste à avoir un long cou n'a pas été adoptée par des animaux qui avaient déjà un crâne plutôt gros et des dents massives. Alors une extraordinaire nouveauté s'est mise au point : la « main nasale », ainsi qu'on l'a autrefois définie. La trompe permet à ces animaux de cueillir de la nourriture au sol, ou encore à la hauteur de la tête, ou même bien plus haut. Si nous observons aussi comment les

éléphants actuels s'en servent — pour prendre une douche, pour se nettoyer en soufflant du sable sur leur corps —, nous devons admettre que la trompe est, à la vérité, un instrument remarquable. Elle avait été adoptée par d'autres mammifères, aujourd'hui éteints, et elle existe, mais très réduite, chez les tapirs. Rappelons que l'extrémité de la trompe est très sensible et sert au toucher. Les appendices charnus agissent comme des doigts. Chez l'éléphant indien, le « doigt » est unique, et placé en position supérieure. Chez le mammouth, la structure était analogue (on la connaît bien grâce aux spécimens congelés) : c'est l'indice qu'il y a une affinité étroite entre les genres *Elephas* et *Mammuthus*. Chez l'éléphant africain, les appendices sont au nombre de deux : un supérieur, plus long, et un inférieur.

La patte des proboscidiens a évolué de façon à soutenir efficacement un corps, qui se faisait de plus en plus grand et lourd. Les doigts sont dotés de muscles et de peau. En général, le premier et le cinquième doigt sont réduits et dépourvus de sabot : l'appui est donc formé par les trois doigts centraux et par un épais coussinet élastique placé derrière les doigts en question. La peau, sous ces pieds, est recouverte de plaques cornées. La surface globalement couverte par les quatre pieds d'un éléphant actuel est d'à peu près 1 mètre carré. Il faut observer que l'articulation ressemblant à un genou dans le membre antérieur est en réalité le poignet de l'éléphant. En pratique, ces animaux *digitigrades* (qui marchent sur les doigts) ont redécouvert le soutien en colonnes dont usaient déjà les gigantesques sauropodes.

Une histoire comme une autre

L'histoire de l'ordre des primates n'est pas très différente de celle de divers autres ordres de mammifères. Les formes les plus anciennes, très proches des mammifères mésozoïques et des insectivores, ont ensuite évolué en donnant naissance à des animaux bien conçus pour la vie dans les forêts, et en particulier sur les arbres. Une des lignées évolutives de cet ordre a conduit à l'homme : un animal dont la capacité d'adaptation au milieu est exceptionnelle. C'est le seul être vivant qui ait réussi à *modifier profondément le milieu* pour l'adapter à ses besoins. L'histoire de notre espèce est rendue, justement, très complexe du fait du continuel changement du rapport avec le milieu, et du rapport entre individus. Le processus ne peut être analysé correctement sans considérer quelques-uns des facteurs (en particulier les facteurs culturels et sociaux) qui sont entrés en jeu à partir d'une certaine phase. Nous raconterons donc l'histoire en question en la divisant en deux épisodes. Et ici nous aborderons le premier, nous réservant de débrouiller par la suite (de la page 240 aux suivantes) l'écheveau complexe du second.

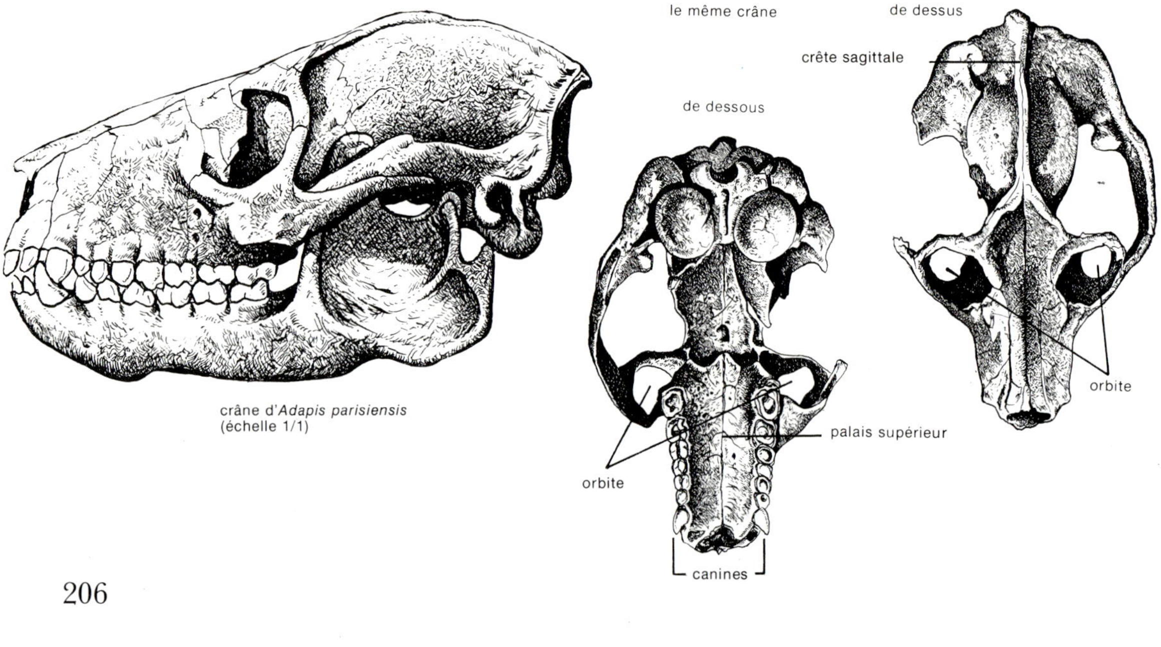

crâne d'*Adapis parisiensis* (échelle 1/1)

Les primates : deux cents espèces vivantes

Le nom de l'ordre a été choisi dans le passé en le faisant dériver du latin *primus*, « premier », par référence à la présence, dans le groupe, de l'homme, premier de tous les êtres vivants. Aujourd'hui nous serions plutôt portés à interpréter cet adjectif avec une certaine ironie, considérant que notre espèce est surtout la première à maltraiter la nature, mais toujours prête à se défiler quand il s'agit d'assumer la responsabilité de l'affaire.

L'ordre comprend deux sous-ordres : prosimiens et singes. L'homme fait partie du second. Voici quelques caractéristiques générales : les primates sont des mammifères placentaires, de taille petite et moyenne (de la taille d'un gros rat à celle du gorille, haut en moyenne de 180 centimètres) ; mains et pieds ont en général le pouce opposable, résultat de l'adaptation à la vie sur les arbres, ce qui permet une rapide et solide prise : c'est une qualité vitale dans de tels milieux ; les doigts ont des ongles plats, rarement des griffes ; le cerveau est assez développé, en particulier dans la partie relative aux perceptions extérieures ; dans le crâne se distingue toujours l'orbite oculaire délimitée

L'ordre des Primates comprend deux sous-ordres : prosimiens et simiens. L'homme fait partie du second sous-ordre. Les prosimiens sont probablement plus proches, comme structure et comme mœurs, des primates du Cénozoïque initial. Bien adaptés au fouillis des forêts, ils ont les yeux disposés presque frontalement et peuvent donc compter sur une vision stéréoscopique (en relief). Ci-contre, en haut, un prosimien vivant, le macaque maki (Lemur macaca).
*Ci-contre, en bas : à l'Eocène, il existe déjà des prosimiens assez semblables à diverses formes actuelles ; l'*Adapis parisiensis *en est un exemple.*

Dans cette page : deux exemples de simiens : à gauche le cercopithèque vert (Cercopithecus aethiops), *de la superfamille des cercopithécoïdés, famille des cercopithécidés ; ci-dessus, un chimpanzé* (Pan troglodytes), *superfamille des Rominoïdés, famille des pongidés.*

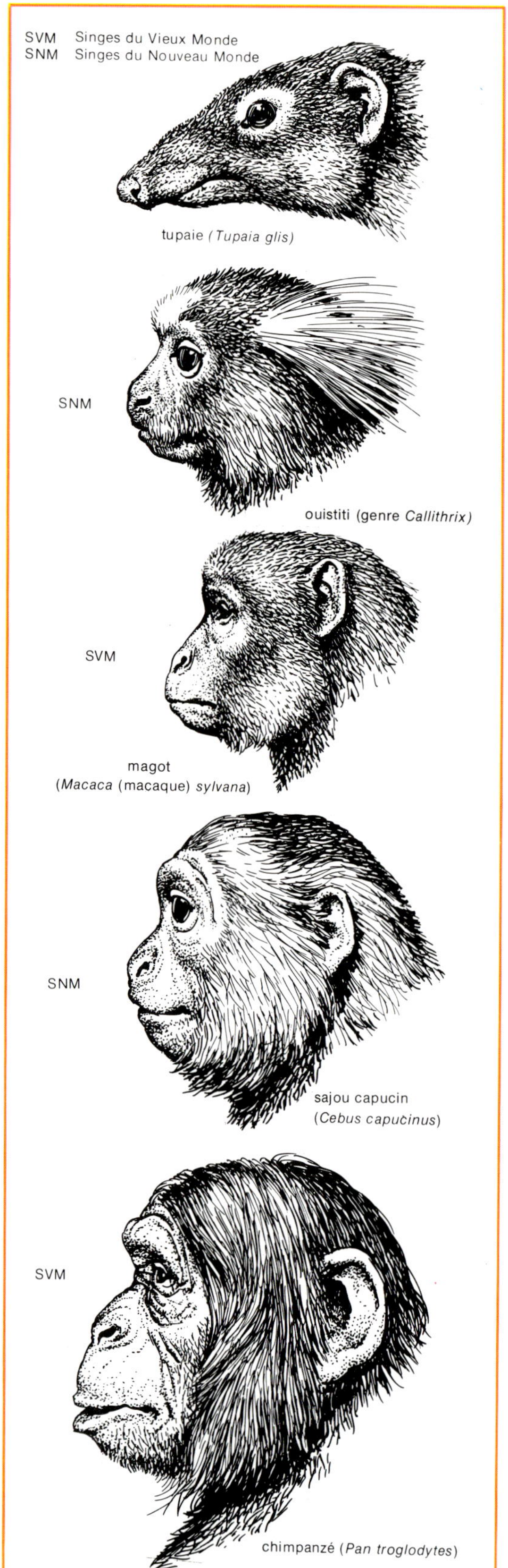

par un arc osseux vers les tempes ; habituellement, il y a deux mamelons, placés sur la poitrine ; le pénis pend toujours à l'extérieur et les testicules, extérieurs, sont contenus dans une bourse de peau *(scrotum)*.

Les formes actuelles ressemblant le plus aux tout premiers représentants de l'ordre sont les tupaïas. Ces prosimiens sont d'agiles petits animaux ressemblant à de grandes musaraignes. Ils ont des queues grandes et voyantes (dans une espèce, qui saute de branche en branche, la queue a l'air d'une grande plume, et sert de parachute). Les doigts ont de courtes griffes. Le placenta des tupaïas est semblable à celui que l'on rencontre chez les insectivores : c'est un indice d'affinité entre les deux ordres.

Parmi les autres prosimiens nous citerons : les lémurs, les indri, les loris, les galagos, l'aye-aye et les tarsiens. A l'Eocène a existé une forme comparable à un lémurien, l'*Adapis parisiensis*. Actuellement tous les prosimiens sont de taille modeste. Dans ces formes, les yeux sont toujours frontaux : cela permet d'avoir une vision en relief (vision stéréoscopique) fort utile pour des animaux qui se lancent de branche en branche, dans l'enchevêtrement des forêts. La structure osseuse de l'oreille est, chez les prosimiens, plutôt simple. Ce n'est que chez les formes les plus évoluées (les tarsiens), et ensuite chez les singes, que l'on trouve un vrai conduit qui mène à l'oreille interne *(méat auditif)*. Cet élément de la structure

A gauche : au cours de l'évolution des primates le museau s'est raccourci progressivement, ce qui a eu pour conséquence une diminution des facultés olfactives. Les formes les plus primitives, encore proches des insectivores, ont le museau très allongé.

Ci-contre : arbre phylogénétique des primates. Les dessins reproduisent certains restes significatifs : dents des toutes premières formes interprétables comme primates ; un fragment de mandibule d'une forme à ranger dans le groupe des ancêtres probables de tous les singes ; fragment du crâne d'un ramapithèque.

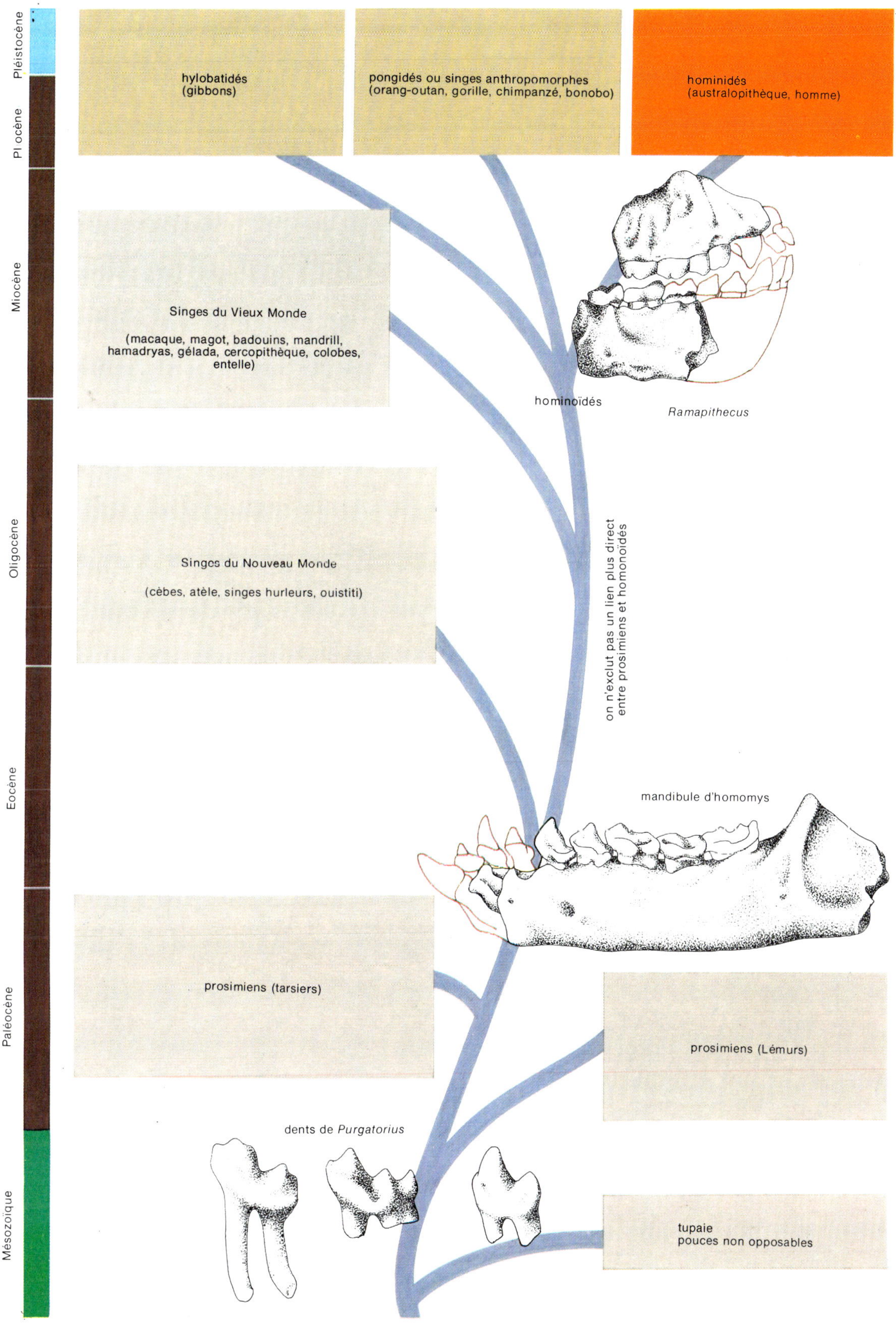
Pléistocène
Pliocène
Miocène
Oligocène
Eocène
Paléocène
Mésozoïque
hylobatidés
(gibbons)
pongidés ou singes anthropomorphes
(orang-outan, gorille, chimpanzé, bonobo)
hominidés
(australopithèque, homme)
Singes du Vieux Monde
(macaque, magot, badouins, mandrill, hamadryas, gélada, cercopithèque, colobes, entelle)
hominoïdés
Ramapithecus
Singes du Nouveau Monde
(cèbes, atèle, singes hurleurs, ouistiti)
on n'exclut pas un lien plus direct
entre prosimiens et homonoïdés
mandibule d'homomys
prosimiens (tarsiers)
prosimiens (Lémurs)
dents de Purgatorius
tupaie
pouces non opposables

a une importance particulière pour reconnaître les deux sous-ordres des primates. Parmi les formes éteintes, il s'attache un intérêt spécial aux *Homomyidés,* prosimiens répandus dans l'Eocène d'Europe, d'Asie orientale et d'Amérique septentrionale. De ces animaux descendraient tous les singes suivant deux lignes évolutives distinctes, l'une s'étant développée en Amérique, et l'autre dans l'Ancien Monde.

Les singes se distinguent en effet en deux grands groupes : singes du Nouveau Monde (ou platyrhiniens) et singes de l'Ancien Monde (ou catarhiniens). Notre espèce fait partie de ce second groupe.

Les singes du Nouveau Monde ont, typiquement, le nez plat, avec les deux narines écartées, (le nom de platyrhiniens veut dire : « au nez plat »). En général, ils sont dotés d'une queue, ordinairement préhensile. Ce sont des formes arboricoles (ils vivent exclusivement sur les arbres, sans jamais descendre au sol), répandues dans l'Amérique méridionale. Les platyrhiniens ont disparu de l'Amérique du Nord à l'Époque Oligocène. Leur régime alimentaire est surtout végétarien, mais ils se nourrissent à l'occasion d'insectes, de vers, de petits vertébrés. Tous les platyrhiniens sont compris dans la super-famille des céboïdés. Parmi les représentants les plus connus de ce groupe, on compte bon nombre des petits singes entretenus comme animaux domestiques, et aussi des pensionnaires de zoos : cèbes, ouistitis, singes hurleurs, saïmiris. Les fossiles sont surtout abondants au Miocène.

Les singes de l'Ancien Monde ont les narines rapprochées et le nez assez prononcé (dans l'ensemble, on a l'idée d'un nez dirigé vers le bas : catarhinien signifie « au nez descendant »). On distingue deux super-familles : cercopithécoïdes (formes généralement dépourvues de queue) et huminoïdes (formes toujours sans queue). Parmi les plus connus des cercopithèques actuels, citons : les macaques, la guenon, le rhésus, les babouins, le théropithèque, le cercopithèque vert.

Hominoïdes

De nombreux sites africains nous ont fourni une série de témoignages qui se rangent dans une séquence assez logique.

Dans la super-famille des hominoïdes, se définissent trois filières évolutives. Un animal comme le *Propliopithecus* (dont la mandibule est longue de 6 centimètres, avec une denture complète de 32 dents, parmi lesquelles des canines un peu grosses) peut très bien être considéré comme un prédécesseur des gibbons, *ou bien* des grands singes (gorille, chimpanzé, orang-outan, tous compris dans la famille des pongidés), *ou bien* de la famille dans laquelle se serait développé l'homme (hominidés). Il est possible qu'il s'agisse d'un véritable *ancêtre commun* ou, du moins, d'une forme assez semblable à celle qui pourrait avoir été un ancêtre commun. Il est intéressant de noter que ces formes oligocènes révèlent une affinité avec les prosimiens. Peut-être a-t-il existé un lien entre prosimiens et de très anciens hominoïdes, sans qu'il y ait eu une dérivation de ces derniers à partir de l'autre souche du Vieux Monde, celui des cercopithécoïdes. Il est possible que le *Parapithecus* (à mandibule de 35 millimètres) soit un très ancien hominoïde, peut-être déjà un peu orienté vers la filière des gibbons. Un ancêtre direct de ces animaux est le *Prohylobates* du Miocène Moyen. Le long du « rameau » des pongidés se placent l'*Aegyptopithecus,* le *Proconsul,* le *Dryopithecus* (avec plusieurs espèces), le *Sylvapithecus.*

Ci-contre : un des sites qui ont fourni des restes d'hominidés sur les rives du lac Turkana, en Ethiopie, dans la région des Afars. Dans le cadre : fragments et reconstitution de la mandibule, de la mâchoire supérieure et de tout le crâne du Ramapithecus, *aujourd'hui considéré comme le premier hominidé qui nous soit connu. Des restes du* Ramapithecus *ont été trouvés dans différents lieux du Vieux Monde.*
L'interprétation correcte de certains de ces fragments n'a été réalisée que tout récemment.

RAMAPITHECUS
reconstitution
du crâne
reconstitution
de la mandibule

Le singe de Rama

En 1936, ont été découverts sur les monts Siwalik, en Inde, les restes d'un primate d'un puissant intérêt. Leur interprétation correcte n'est venue, à la vérité, qu'assez tard, après que d'autres restes, attribuables à la même forme, eurent été mis au jour en divers sites de l'Ancien Monde (Kenya, Grèce, Turquie, Hongrie). Ce primate a reçu la dénomination générique de *Ramapithecus,* singe de Rama, pour rappeler le héros du grand poème épique indien, le *Ramayana.* Pourquoi les restes du *Ramapithecus* sont-ils aussi intéressants ? Disons-le vite : à mi-chemin entre le Miocène et le Pliocène (datation acceptable : entre 12 et 9 millions d'années avant notre ère) ce primate présente, dans sa denture et dans quelques caractéristiques qui ont pu être relevées d'après les rares fragments du crâne, différents éléments *non* imputables aux singes, pas plus anciens que vivants, mais en revanche assez semblables à des éléments analogues, présents chez l'homme.

Par exemple, l'arcade dentaire (c'est-à-dire l'arc le long duquel se disposent les dents) a une forme, en parabole, très humaine. Et le palais, qui n'est pas plat, mais en voûte, est plus proche de celui d'un homme que de celui d'un singe. Quant aux dents, la disposition des cuspides des molaires est semblable à celle que l'on rencontre dans des formes primitives de singes, mais aussi chez le *Dryopithecus :* à l'évidence, il s'agit là d'un caractère ancien, qui se conservait parce qu'il était utile à qui en était pourvu.

Quel pouvait être le régime du ramapithèque ? Il est probable que tout au long de son évolution (qui a pu durer jusqu'à

Ramapithecus punjabicus

5 millions d'années, car tel est l'écart dans le temps qui existe entre les restes les plus anciens et les plus récents), il y a eu une lente mutation dans son mode de vie. De la vie dans la forêt, le ramapithèque est passé à une vie qui se déroulait surtout dans les clairières et plus tard dans les zones de terrain découvert : d'où un régime de feuilles, fruits, petits insectes ou autres invertébrés, et ensuite, d'herbes, de bourgeons, de racines, de fruits durs et de graines. C'est ce que nous pouvons déduire de l'observation de sa denture. Il est probable que le ramapithèque tenait le buste droit quand il s'asseyait sur le sol (voir plus loin, pages 253 à 255) ; peut-être se déplaçait-il en marchant sur les pattes de derrière seulement, pour avoir ainsi les mains libres.

Dans certains cadres (en particulier dans le site du Kenya), on a retrouvé des débris de roche volcanique qui semblent ébréchés. On pense que, peut-être, le ramapithèque a fabriqué ces objets, ou qu'il les a simplement ramassés et utilisés ?

On admet aujourd'hui que le ramapithèque, éloigné de nous dans le temps d'une vingtaine à un peu plus d'une douzaine de millions d'années, doit être compris dans la famille des hominidés, c'est-à-dire, dans notre famille.

Nous sommes parfaitement d'accord avec ce point de vue.

Le compte rendu de la première partie du voyage qui conduit du tupaïa à l'homme se termine ici, par la présentation de cet être, notre parent.

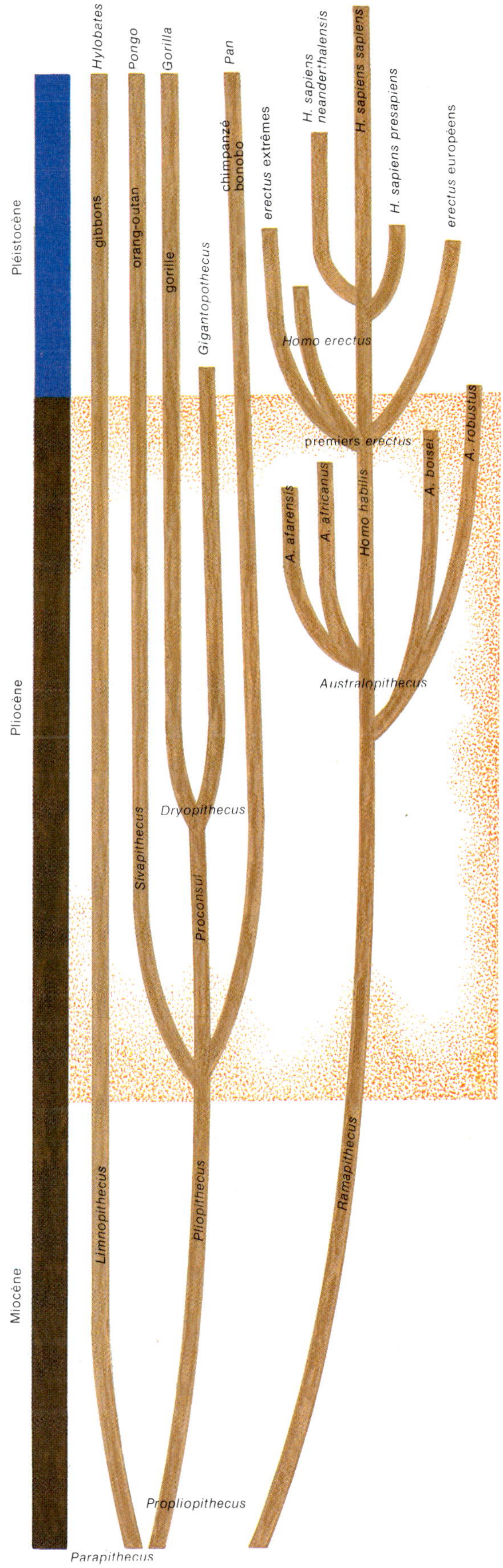

Ci-contre : reconstitution du Ramapithecus punjabicus. *On notera sa position assise, le dos droit, sans doute liée à l'habitude de rechercher la nourriture par terre, se servant adroitement de ses mains. L'adaptation de la denture à la mastication de substances dures ou coriaces est fondamentale dans le développement futur des Hominidés. A droite, l'arbre évolutif des Hominoïdés.*

Un estomac pour conquérir le monde

Les mammifères terrestres, qui dépendent, dans une plus ou moins large mesure, du monde végétal pour leur alimentation, ont des structures et surtout des tailles assez différentes. Ils appartiennent à divers ordres : il existe des rongeurs petits et très petits, qui fuient les prédateurs en courant et en se réfugiant dans des trous de toutes sortes ; il y a d'énormes proboscidiens (les éléphants) qui, justement, à cause de leur masse, sont rarement attaqués ; il y a, parmi les périssodactyles, les rhinocéros, dont la peau, dure, constitue presque une cuirasse protectrice et dont la capacité de courir en chargeant peut décourager maints ennemis ; il existe enfin, toujours parmi les périssodactyles, les rapides équidés (chevaux, zèbres, ânes), coureurs des plus véloces et dotés d'une grande résistance, capables de « semer » n'importe quel poursuivant.

Ces capacités se retrouvent, en quelque sorte résumées, dans les différentes formes du vaste groupe des artiodactyles, les ruminants. Voici en effet les petits tragules, à peu près de la taille du lièvre, ou les munjaks, qui peuvent facilement se cacher au milieu de la végétation ; voici des formes très agressives et de grande taille (buffles, bisons, gnous), capables de prévenir les attaques des prédateurs en les chargeant ; et de très agiles coureurs (gazelles, antilopes, chevreuils). Ces animaux se sont adaptés à différents milieux, tous caractérisés, néanmoins, par la présence de végétaux en abondance. Les ruminants se sont équipés de manière à traiter la nourriture d'origine végétale de la façon la plus efficace. C'est là, l'atout majeur du succès de tout le groupe. Et cela a été réalisé, en somme, par le développement d'une conformation particulière de l'estomac, auquel sont liées des modulations de comportement complexes en ce qui concerne la consommation des aliments.

Nourriture abondante mais difficile à traiter

Le problème d'un séjour prolongé sur le lieu d'approvisionnement en nourriture est résolu, par les ruminants, qui abrègent simplement cette phase de leur journée. Comment peuvent-ils le faire ? Ils absorbent l'aliment très rapidement, et ils ne s'occupent pas, tant qu'ils sont sur le pâturage, de le réduire de façon à le rendre assimilable : ils se bornent à l'ingurgiter, et le propulsent vers le bas, à toute allure. Naturellement, à n'importe quelle occasion désagréable (l'apparition intempestive d'un ennemi), ils peuvent toujours avoir recours à leurs pattes agiles ou, dans bien des cas aux cornes, éléments fort utiles pour la défense et l'attaque.

Qu'arrive-t-il à ces végétaux ingurgités à peu près entiers ? Les plantes terrestres comprennent des cellules aux parois rigides, faites d'une substance semblable à un sucre complexe, la *cellulose*. Cette substance est extrêmement intéressante du point de vue énergétique : ses molécules contiennent beaucoup d'*énergie chimique* (comme c'est aussi le cas des sucres, en général). Mais elle est assez difficile à traiter, à transformer de façon que l'énergie et d'autres substances utiles, plus simples, soient rendues disponibles.

Ci-contre, en haut : l'importante subdivision de l'ordre des artiodactyles dans les deux branches principales qui comprennent d'une part le sous-ordre des non-ruminants (suidés, pécaris et hippopotames) et, de l'autre, le sous-ordre des tylopodes (chameaux et lamas) et le sous-ordre très vaste des ruminants (plus de 70 genres vivants). Les chameaux et les lamas sont capables d'effectuer la rumination, mais leur estomac a une structure différente de celle de l'estomac des vrais ruminants : il est en outre certain que cette capacité s'est créée indépendamment. Dans le schéma, la structure de l'estomac d'un ruminant type. Les flèches indiquent le trajet suivi par les aliments. La digestion proprement dite ne se produit que dans la caillette. Ci-contre, en bas : hippopotames adultes avec un petit, dans les environs des cascades Murchison (Ouganda).

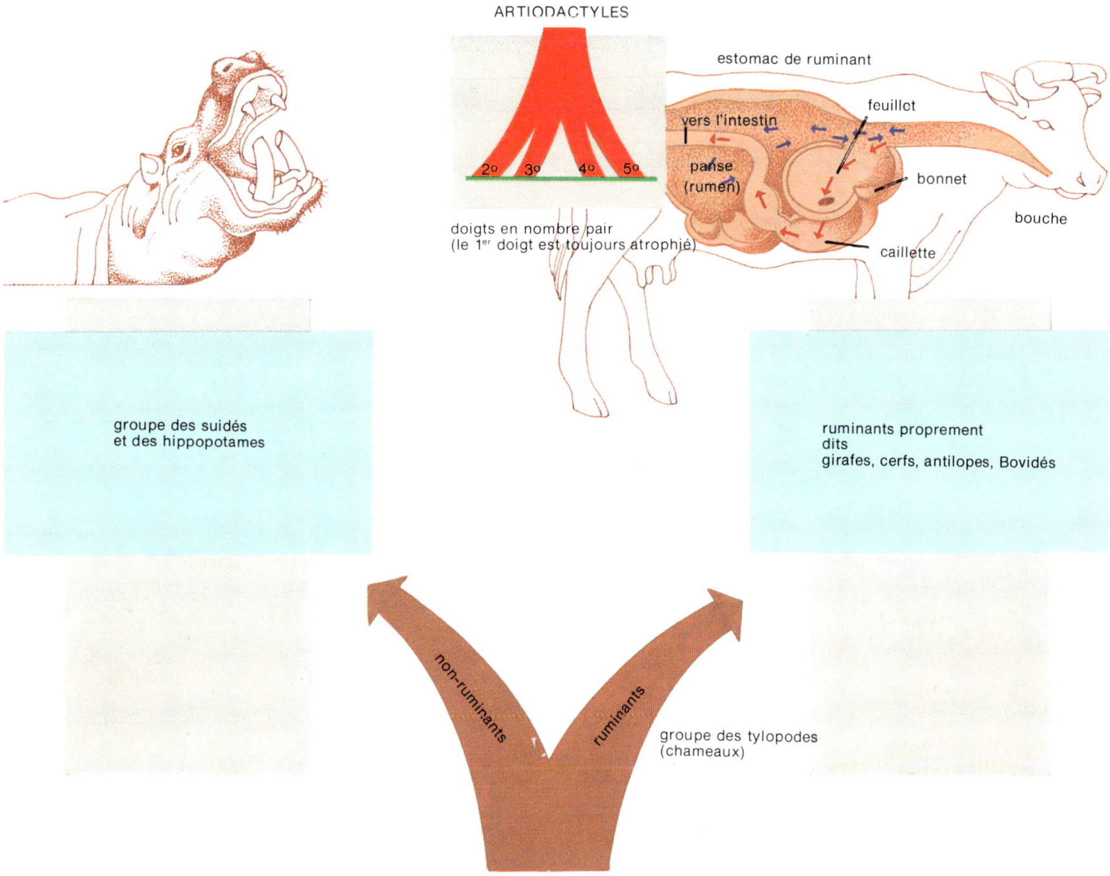
ARTIODACTYLES
2° 3° 4° 5°
doigts en nombre pair
(le 1er doigt est toujours atrophié)
estomac de ruminant
vers l'intestin
feuillet
panse
(rumen)
bonnet
bouche
caillette
groupe des suidés
et des hippopotames
ruminants proprement
dits
girafes, cerfs, antilopes, Bovidés
non-ruminants
ruminants
groupe des tylopodes
(chameaux)

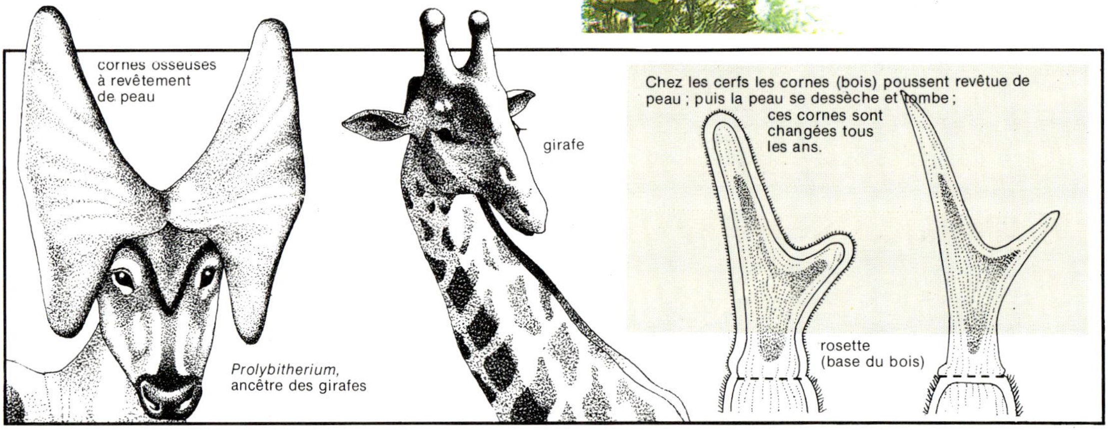

Une observation

La cellulose est difficile à digérer. Par le fait, de très nombreux animaux herbivores *ne* la digèrent *pas* et l'éliminent en grande partie dans leurs excréments. L'observation que nous proposons peut ne pas plaire, mais nous nous sentons autorisés à suggérer de considérer la différence entre les excréments d'un cheval (ou d'un âne) et ceux d'un bovin (un bœuf, une vache laitière). Ils diffèrent sensiblement d'aspect. Dans les crottins du cheval on distingue nettement des parties végétales encore presque intactes qui, on le sait, sont souvent becquetées par les petits oiseaux en quête de graines. Les bouses de vache apparaissent molles : une bouillie noirâtre ; rien de ce qui a été mangé n'est plus reconnaissable.

Les ruminants hébergent dans leur estomac une grande quantité d'êtres procaryotes (des bactéries) capables de diviser la cellulose, permettant aux sucs digestifs présents dans l'estomac d'agir *sur toutes les parties* des substances et d'en tirer *tous* composés utiles, en particulier, aussi, ceux de type protéique, et les vitamines. Les végétaux sont, en somme, digérés, complètement transformés, en partie par les bactéries hôtes, en partie par les ruminants eux-mêmes. Comme on l'a dit des sauropodes, on peut dire aussi que chez les ruminants, on est en présence de cuves de fermentation, de « chambres » de trai-

Ci-dessus : reconstitution de quelques artiodactyles du Miocène d'Amérique du Nord. Il s'y trouve des non-ruminants (Entélodontes, comme Dinohyus*), ressemblant à un sanglier géant, tylopodes (comme* Alticamelus*, forme voisine du groupe des camélidés) et ruminants (formes proches des antilocapres, comme* Syndyoceras *et* Cranioceras*).*
En haut : les cornes ne sont présentes que chez les ruminants. Elles peuvent être de deux types : protubérances osseuses revêtues de peau (comme chez les girafes et les formes éteintes apparentées) ou encore structures osseuses qui sont renouvelées chaque année, grandissant et se ramifiant. Tel est le type des cornes de cerfs. Les cornes des Bovidés sont des étuis cornés implantés rigidement sur des protubérances osseuses.

tement chimique, marchant sur quatre pattes. Ici, d'ailleurs, le rendement est amélioré par la température constante et élevée du corps (peut-être, pouvait-il se produire chez les dinosaures, malgré la masse, quelques oscillations de température) et surtout par un mécanisme de préparation des matières vraiment exceptionnel. Les ruminants sont en état de traiter des herbes bien plus dures que celle que pouvaient manger les sauropodes, au Mésozoïque.

Quatre chambres

L'estomac des ruminants est formé de plusieurs parties (voir le dessin de la page 215). Les végétaux, grossièrement mâchés, viennent de la bouche, traversent l'œsophage et parviennent au *rumen* (ou panse). Là, les bactéries travaillent, et divisent les molécules complexes. La bouillie passe alors dans le *bonnet* et, par un mouvement de contraction musculaire, est ramenée dans la bouche, où le tout est mâché à nouveau. Cette seconde mastication peut se produire, c'est évident, non plus sur place, dans le pâturage exposé, mais en n'importe quel endroit sûr et protégé : dans la clairière, au bois, dans l'étable (pour les espèces domestiques). Enfin les matières retournent, par une autre voie, dans le *feuillet* et dans la *caillette*, où se fait la digestion proprement dite (c'est seulement dans la caillette que débouchent les glandes qui produisent les sucs digestifs). Chaque substance est transformée et assimilée : ce qui explique pourquoi les excréments d'un ruminant ne montrent plus aucune trace des matières initiales.

Il est intéressant de noter qu'un appareil analogue, mais plus simple, apte à donner une rumination relativement efficace, existe *aussi* chez les chameaux et les lamas ; on a donc des raisons de penser que chez ces artiodactyles (sous-ordre des tylopodes non catalogués officiellement comme ruminants : voir l'arbre phylogénétique de la page 185) les adaptations de l'estomac se sont produites indépendamment de ce qui s'est passé chez les ruminants vrais.

Cornes et dents

Les ruminants apparaissent à l'Eocène, alors que la subdivision des artiodactyles non-ruminants (suidés, pécaris et hippopotames), d'une part, et celle des tylopodes (chameaux) de l'autre s'était donc déjà manifestée. Un lien direct de descendance à partir des condylarthres n'est pas à cxclurc.

Les formes les plus primitives sont celles du groupe des tragulidés, représentés aujourd'hui par de petits tragules (répandus en Indonésie : voir le dessin page 221) : on doit citer l'*Archaeomeryx*, dépourvu de cornes, mais doté, comme les tragules justement, de canines supérieures saillantes. C'est là, comme ces animaux étaient aussi herbivores, une particularité qui rappelle la solution présentée par l'ornithischien *Heterodontosaurus :* dents saillantes, comme instrument de défense ou élément apte à décourager les prédateurs. L'observation est due à Halstead.

D'autres ruminants proches du groupe des tragules se développèrent à l'Oligocène et dans tout le Pliocène : c'étaient des animaux de taille moyenne et grande, dotés de cornes courtes mais d'appendices osseux, longs et curieux, sur les os nasaux. Ces appendices étaient probablement recouverts de peau chez l'animal vivant. Les genres *Syndyoceras* et *Synthetoceras* sont typiques.

Les premiers cerfs véritables sont du Miocène (genre *Dicrocerus) :* ils descendent de formes telles que le *Cranioceras* (reconstitué dans la planche de la page 217), qui révèlent des affinités avec les tragulidés.

Chez ces ruminants, qui s'implantèrent rapidement et donnèrent des formes géantes jusqu'au Pléistocène, les cornes (andouillers) sont remplacées tous les ans, avec de nouvelles ramifications. Ce sont des éléments osseux revêtus de peau, avec nerfs et vaisseaux sanguins (le velours) au moment où ils croissent : la peau se dessèche ensuite et tombe (voir dessin page 216).

Alors que chez les tragulidés et chez les formes éteintes voisines de ceux-ci la denture était complète, à partir des cerfs, on observe une réduction des éléments dentaires. Les incisives supérieures manquent ; les canines inférieures sont pareilles aux incisives. Les pieds n'ont pas une véritable plante et les troisième et quatrième doigts sont équipés de sabots.

Ci-contre, en haut : les ramifications des bois du Megaloceros giganteus, *sorte de cerf éteint en Europe occidentale et centrale il y a environ 12 000 ans. Bien qu'énormes, les cornes du mégalocéros étaient proportionnées aux dimensions de l'animal, qui avait plus de 2,5 m de hauteur au garrot. Le mégalocère fréquentait les territoires herbeux et découverts ; il n'a sans doute pas pu s'adapter à la consommation des feuilles, des écorces et des substances végétales coriaces.*
Ci-contre, en bas : un groupe de daims communs, photographiés dans un parc anglais.

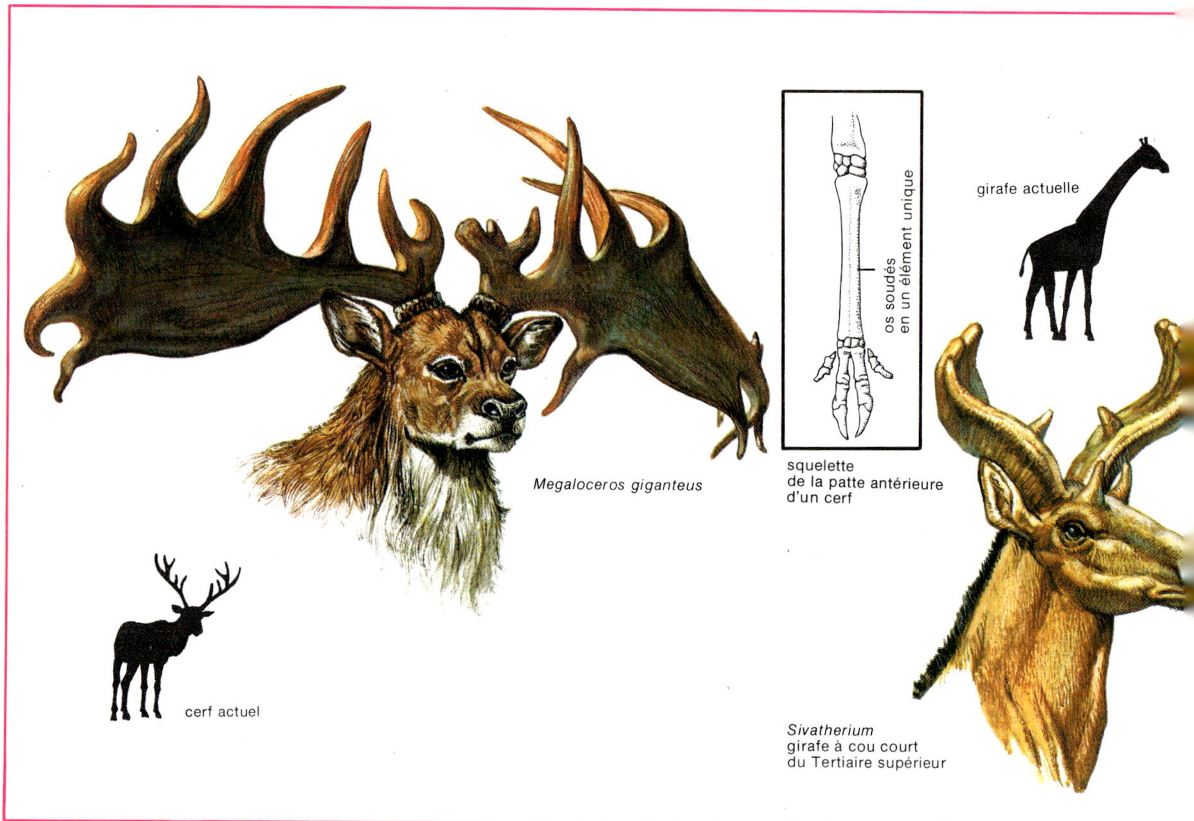

Les cornes sont habituellement présentes chez les deux sexes ; dans quelques cas assez rares, seuls les mâles en sont ornés. La forme des cornes est très variable et elles constituent un élément distinctif des différentes espèces.

Les girafes aussi se définissent au Miocène. Les cornes sont des protubérances osseuses, revêtues de peau. Dans certaines formes éteintes, ces structures sont notablement développées. Le cou, proverbialement long, s'est en revanche développé au maximum, précisément dans les espèces actuelles. Il ne s'agit d'ailleurs pas d'une « exclusivité » de la girafe : un tylopode nord-américain du Miocène *(Alticamelus latus*, voir planche, page 217), avait un cou très long pour pouvoir se nourrir de feuilles d'arbres : cette caractéristique justifie le nom commun, alors en usage, de « chameau-girafe ». La girafe présente des structures particulières, du plus grand intérêt, dans son réseau de vaisseaux sanguins : ceux-là règlent la circulation et stabilisent la pression du sang dans la région de la tête, même lorsque le très long cou passe d'une hauteur de 6 mètres au niveau zéro du sol. Une telle structure a dû connaître une évolution complexe.

La girafe met bas debout et le nouveau-né tombe (sur un flanc, donc sans dommages) d'une hauteur de plus de 2 mètres. Ce type de comportement fort élaboré permet d'admettre qu'une évolution a eu lieu non seulement au niveau des structures, mais encore du comportement de l'animal.

Il existe de très nombreuses formes vivantes et fossiles d'antilopes ; il n'y a plus aujourd'hui qu'un seul genre d'antilocapridés. Les antilopes sont comprises dans le groupe des bovidés : il est probable que tous les animaux de ce groupe dérivent de formes proches des tragules, suivant une évolution longue et bien distincte de celle des cerfs et des girafes

Quelques ruminants des familles cervidés, girafidés, tragulidés, antilocapridés et bovidés. On a donné les reconstitutions d'animaux maintenant éteints et, à titre de comparaison, la silhouette des formes actuelles qui en sont proches.
Dans le petit cadre, la structure de la patte antérieure du cerf ; les os du metapodium *(c'est-à-dire des os correspondant à la paume de notre main) sont soudés en une structure unique ; les phalanges du deuxième et du cinquième doigt sont réduites.*

La spécialisation est extrême : dans la mâchoire supérieure existe une sorte de coussinet corné, contre lequel agissent les incisives inférieures. Ce dispositif qui sert à arracher l'herbe « en vitesse » atteint un rendement maximum. On peut en dire autant de l'appareil digestif.

Les modalités de comportement sont extrêmement élaborées. Il existe parmi les bovidés toute une gamme de signaux qui sont en usage entre les membres d'une même espèce. Les cornes (qui sont constituées d'un étui corné implanté sur une protubérance osseuse) *ne sont pas* caduques et ont pour rôle, dans plusieurs cas, de signaler à d'autres espèces (en particulier aux prédateurs) que l'animal peut être dangereux.

Les bovidés sont capables d'émettre des sons modulés de diverses façons, et même grossièrement articulés : ils s'en servent pour communiquer entre compagnons d'espèce. Enfin, il y a de très importants signaux odorants. Tous les bovidés sont pourvus de glandes spéciales qui produisent et émettent des substances odorantes, dont le rôle est fondamental dans les approches sexuelles, et pour délimiter les territoires.

Aux genres *Bos* (sous-famille : bovinés), *Capra* et *Ovis* (sous-famille : caprinés) appartiennent des espèces domestiquées de longue date : respectivement le bœuf, la chèvre, le mouton. D'autres ruminants sont quasi domestiques : le caribou et le renne (genre *Rangifer*) et certaines sortes de buffles.

L'isolement

Il y a eu des phénomènes évolutifs particuliers durant le Cénozoïque, dans certains blocs continentaux et dans certaines zones. Par exemple, en Afrique, les damans connurent un développement remarquable par suite du manque, durant le Cénozoïque Inférieur et Moyen, d'ongulés semblables aux chevaux. Quant au développement des cétacés (dont nous nous sommes occupés, page 168), ses premières phases se sont déroulées en Afrique, grâce à la présence de formes carnivores capables de tirer parti des vastes pièces d'eaux stagnantes qui existaient alors dans le continent.

Un grand herbivore à pattes très particulières (qui le font se rapprocher des pénongulés, voir page 198) n'est connu qu'en Afrique : c'est l'*Arsinoitherium zitteli,* de l'Oligocène du Fayoum. L'arsinoithérium, que l'on attribue à un ordre particulier (embrithopodes), a deux étranges appendices osseux en forme de demi-lune sur les os du nez. En quelque sorte, cet animal, grand comme un rhinocéros, apparaît soudainement et disparaît sans laisser de descendants. C'est vraiment une aventure mystérieuse, en partie explicable, seulement, par une évolution solitaire. (Une silhouette d'arsinoithérium figure dans le schéma de la page 160). Jusqu'à présent on n'a retrouvé, dans aucune autre région, des restes d'animaux qu'on aurait pu rapprocher de cette espèce unique des embrithopodes.

On signale aussi de très intéressantes péripéties dues à l'isolement, en Amérique méridionale, en Australie et à Madagascar. Pour les deux premières régions, le rôle des mammifères marsupiaux est important.

L'Amérique méridionale

Au Paléocène, le sous-continent américain méridional hébergeait peu de mammifères : parmi les placentaires, on n'y trouve que quelques tatous et certains ongulés dérivés des condylarthres. Il existe en outre quelques marsupiaux primitifs.

L'espace occupé sous d'autres cieux par les carnivores (condylarthres évolués, créodontes) est ici envahi par les marsupiaux. Ce sont des formes qui dérivent du modèle très ancien de la sarigue. En particulier, s'implante le groupe des borhyénidés (avec le genre *Borhyaena* dont les plus grandes espèces eurent la taille d'un loup).

Comme les proies ne manquaient pas, il y eut aussi un développement de la taille : les derniers borhyénidés *(Arminiheringia)* ont les dimensions d'un ours brun. Enfin, au Pliocène, le groupe des marsupiaux carnivores sud-américains s'enrichit d'une sorte de tigre aux dents en lame de sabre dont les lobes typiques de la mandibule sont en correspondance avec les grandes canines : le genre est justement nommé *Thylacosmilus*, « poche-ciseau ». Ce prédateur resta en scène jusqu'au début du Pléistocène (il y a environ 2 millions d'années). Parmi les prédateurs importants existaient, comme nous l'avons déjà indiqué, plusieurs grands oiseaux (voir plus loin, page 228).

Naturellement parmi les marsupiaux, on trouve beaucoup de formes qui se nourrissaient d'insectes et d'autres invertébrés, ainsi que de nombreux herbivores, souvent faits pour vivre sur les arbres, mais toujours de taille moyenne, ou petite.

Mammifères du Miocène d'Amérique du Sud. Sur la gauche, un couple de Theosodon, *avec un petit. Ces ongulés, longs de 2 m, faisaient partie de l'ordre, aujourd'hui éteint, des Litopternes. Les membres de ces animaux présentent toujours un nombre* impair *de doigts, claire convergence évolutive avec l'ordre des périssodactyles. Le* Theosodon *avait encore trois doigts, mais les autres litopternes n'ont plus que* le seul *troisième doigt, et la réduction est donc encore plus poussée que celle que l'on observe chez les chevaux ; chez ces derniers, en effet, il existe des rudiments (stylets) du deuxième et du quatrième doigts, structures qui sont totalement absentes chez les litopternes.*
A droite de la reconstitution, nous voyons un groupe de Borhyénidés (genre Borhyaena*), marsupiaux prédateurs de la taille d'un ours.*

Placentaires

Le Cénozoïque d'Amérique du Sud produisit certains ordres d'ongulés qui n'arrivèrent jamais ailleurs.

Les litopternes sont des animaux adaptés à vivre comme les chameaux et comme les chevaux : dans certains cas ils se risquèrent à imiter les éléphants. Les reconstitutions de ces ongulés nous paraissent bizarres parce que l'on relève chez elles des caractéristiques que nous sommes habitués à observer comme typiques dans diverses formes actuelles (formes dont la bizarrerie, à la longue, ne nous frappe plus). Que dire d'une sorte de chameau à trois doigts, au cou de girafe, et doté d'une trompe plutôt longue ? Tels étaient les litopternes du genre *Macrauchenia*, du Paléocène. L'ouverture nasale, décalée très en arrière vers le front, ne laisse aucun doute sur le fait que la lèvre supérieure formait une trompe. A coup sûr, cet animal se servait, comme l'éléphant, de cette trompe pour arracher feuilles et herbes : elle ne devait pas être très développée, car le cou était long.

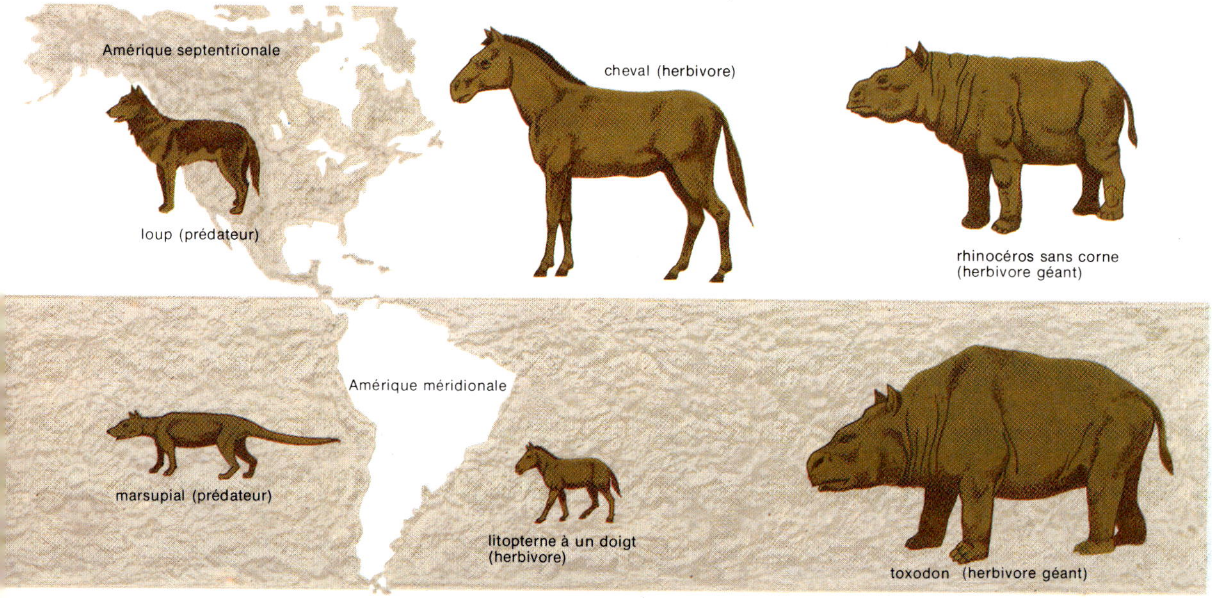

Dans l'ordre des notongulés (ongulés du sud) se rangent des animaux ramassés et massifs comme les rhinocéros (genre *Toxodon* du Pliocène : quelques restes de ces formes ont été découverts par Darwin, au cours de son voyage de recherche). A l'Eocène, les notongulés étaient devenus de massifs herbivores *(Homolodotherium)*, qui correspondent, en Amérique septentrionale, aux gros périssodactyles chalicothères, rameau divergent de la branche des équidés (voir schéma page 186). Comme les chalicothères *(Moropus)*, les homolodothères n'avaient pas de vrais sabots mais de forts onglons, aptes à extirper des racines ou des tubercules ou peut-être aussi à abattre (un peu comme avec une hache) des arbustes ou des arbres, pour amener au sol frondes et feuilles. Dans les deux Amériques, étant donné la grande abondance de viande disponible, constituée par les herbivores, des carnivores de tailles variées se développèrent. A noter la présence de nombreux carnivores, chasseurs en bande (formes semblables à des loups, dans le sous-continent septentrional). Dans le sous-continent méridional, la niche écologique correspondante est occupée par des prédateurs marsupiaux et par des oiseaux coureurs.

Dans des milieux semblables, des formes relativement semblables tendent à évoluer (en structure et en apparence), même s'il n'existe pas d'affinités effectives entre les groupes intéressés. On nomme ce phénomène : convergence évolutive.
Ci-dessus : à la fin du Cénozoïque, les faunes des deux Amériques présentent de nombreux cas de convergence. On a placé ici à titre de comparaison des mammifères de divers ordres. Dans le sous-continent méridional, il n'y a pas eu de prédateurs placentaires : c'est pourquoi des marsupiaux ressemblant à des loups s'y développèrent.

Page ci-contre : reconstitution du Macrauchenia, *litopterne du Pliocène d'Amérique du Sud à long cou et courte trompe. Au second plan, le* Toxodon, *notongulé de la taille d'un rhinocéros.*

Les édentés

C'est un nom erroné, attribué à un groupe de mammifères sud-américains parmi les plus singuliers, qui a connu un grand développement au Cénozoïque, et jusqu'au Pléistocène. Le nombre des espèces fossiles est au moins dix fois plus grand que celui des espèces actuelles. Pourquoi édentés ? Ce nom ne s'applique correctement qu'aux seuls fourmiliers, chez lesquels un processus d'atrophie conduit, chez l'adulte, à la disparition complète des dents (les embryons et les

Macrauchenia
Toxodon

jeunes ont des dents rudimentaires). D'autres formes, par exemple les tatous, ont jusqu'à cent dents, à la vérité très petites et uniformes.

Certains de ces mammifères se sont limités à une alimentation à base d'insectes, très petits mais disponibles en grandes quantités (les insectes sociaux, comme les termites et les fourmis, qui vivent par millions dans leurs nids). Les tatous sont les seuls mammifères munis d'une véritable *cuirasse osseuse*. Cette carapace est constituée d'éléments de tissus osseux qui peuvent s'articuler de différentes façons : comme on le sait, les tatous savent s'enrouler en boule dans leur cuirasse, se rendant inexpugnables pour n'importe quel prédateur. Durant l'Eocène, à partir de la souche de ces mammifères cuirassés, se sont développés les glyptodontes, dont les carapaces ont été retrouvées et utilisées par l'homme comme simples cabanes « préfabriquées ».

D'autres édentés remarquables sont les bradypes. Les formes actuelles sont arboricoles : le bradype tridactyle vit suspendu aux branches, avec le dos vers le bas ; pour se tenir, il se sert de ses forts onglons. Cet animal vit dans les forêts d'Amérique du Sud ; sa fourrure soyeuse est si humide que des algues s'y développent : l'animal les récolte en se peignant et il les mange.

De l'Eocène au Pléistocène Supérieur se sont développées des formes semblables aux bradypes mais vivant à terre : ce sont

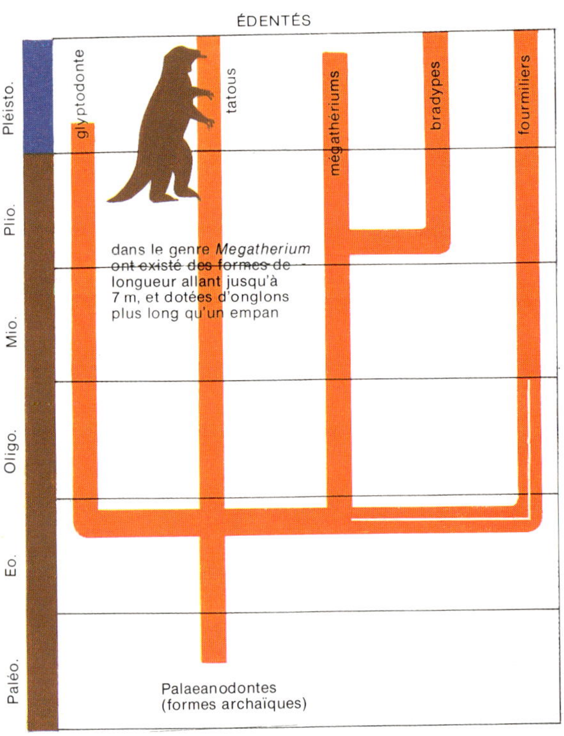

*Ci-dessus : arbre phylogénétique des Édentés. Le plus ancien tatou que nous connaissions, qui peut sans doute se concevoir comme modèle probable de l'ancêtre commun de tous les édentés, est une forme de la fin du Paléocène d'Amérique du Nord, l'*Utaetus. *Il est évident que le pont de terre ferme dans la région centre-américaine a permis la migration de ces animaux vers le Sud et que leur développement s'est accompli exclusivement dans le sous-continent méridional.*
En haut : squelette de Megatherium ;
Ci-contre : un bradype tridactyle, en haut et un tatou à neuf bandes, en bas.

les mégathères. Les glyptodontes, de structure analogue, ont un aspect vraiment imposant (leur longueur approche les 4,5 mètres). Certaines carapaces, parmi les plus grandes (genre *Mégatherium),* atteignaient presque 7 mètres. La grosse queue et la conformation des membres postérieurs indiquent que, souvent, l'animal se dressait sur ses pieds pour atteindre les plus hautes branches des arbres. Les griffes, très longues et fortes, servaient à creuser ainsi qu'à abattre les troncs. Dans une grotte de Patagonie, on a retrouvé des restes de mégathérium et les restes d'une installation humaine qui ont suggéré l'idée que l'un de ces gros animaux avait été gardé en captivité. Il est sans doute plus probable que l'animal, peut-être blessé, avait été traîné dans la grotte et achevé par les hommes pour servir de réserve de viande. Mégathères et glyptodontes survécurent longtemps et purent échapper à l'isolement de l'Amérique méridionale : au Pléistocène, quand l'isthme, vers le nord, devint praticable, ils migrèrent dans le sous-continent septentrional et s'y diffusèrent largement (voir schéma page 243).

Un dernier rameau des édentés donna naissance aux fourmiliers, animaux qui se spécialisèrent dans la capture des insectes sociaux d'une façon formidable. Les dents sont absentes, et une structure musculaire complexe permet de projeter une très longue langue, recouverte de mucus, sur laquelle fourmis et termites se collent littéralement. Les premiers témoignages fossiles sur les fourmiliers remontent au Miocène. Si vraiment les dinosaures « aux mains terribles », comme le *Deinocheirus* (voir page 146) se servaient *déjà* des onglons pour casser les nids des insectes sociaux, nous devons admettre que la spécialisation du fourmilier se borne à imiter celle du dinosaure en question. Rappelons que les autres mammifères armés d'onglons sont bien adaptés à la prise d'insectes : pensons au pangolin et à l'oryctérope, qui ne sont pas des édentés, mais appartiennent respectivement aux ordres des pholidotes et des tubulidentés (voir le tableau page 173).

Il est difficile d'interpréter en termes d'atout, donc d'élément utile dans les processus de sélection, aucune des caractéristiques des tatous actuels : ses membres contiennent de très denses ramifications des vaisseaux sanguins qui permettent donc une excellente distribution de l'oxygène à l'occasion d'un effort accompli ; d'autre part l'homéothermie est imparfaite, et l'animal, à peu près comme un reptile actuel, est très sensible aux fluctuations de la température ambiante, à tel point qu'une saison vraiment froide peut tuer les tatous. Le mécanisme particulier de développement de l'embryon des tatous est remarquable : après la fécondation, l'œuf commence à se développer, puis le développement s'arrête, et c'est seulement au bout de 14 semaines, que l'œuf s'implante sur la paroi de l'utérus et continue à croître. Dans chaque œuf mûrissent *toujours* quatre embryons avec un placenta unique, et il naît ainsi quatre petits du même sexe (vrais quadruplés).

Oiseaux et divers

Isolés et, en particulier dans les milieux découverts, sans concurrents, les oiseaux coureurs connurent en Amérique du Sud de notables implantations, même dans le Cénozoïque Supérieur. Le *Phororhacos inflatus* du Miocène Moyen atteignait jusqu'à 3 mètres de hauteur et il était grand prédateur.

S'il subsiste des doutes sur l'activité exclusivement prédatrice de certains oiseaux non volants plus anciens (c'est le cas du *Diatryma steini,* dont nous avons parlé page 182), en ce qui concerne le phororacos, il n'y en a pas : les pattes ont des griffes aptes à lacérer qui, toutes proportions gardées, rappellent celles de l'allosaure. Le crâne, au robuste bec recourbé, est long de 35 centimètres ; les ailes sont réduites à des moignons. Il est intéressant de noter les parentés effectives de ces oiseaux. Malgré leur taille, qui

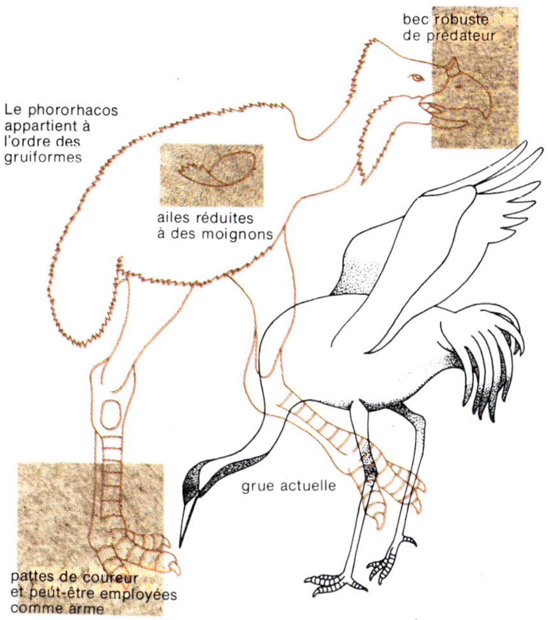

A gauche : le Phororhacos inflatus, *gros oiseau prédateur du Miocène d'Amérique du Sud, avait des pattes à trois doigts robustes et un quatrième doigt rudimentaire tourné vers l'arrière. La tête mesurait jusqu'à 60 cm de long (dont 35 cm pour le bec, dont l'élément supérieur était fortement incurvé vers le bas). Les ailes étaient réduites à de simples moignons, mais tout de même dotées de plumes. La hauteur pouvait atteindre 3 m.*
Bien que certaines caractéristiques extérieures puissent rappeler les autruches ou les casoars actuels, le phororhacos doit être classé dans les Gruiformes (l'ordre des oiseaux comprenant les grues, les foulques, les outardes).

Ci-dessous : reconstitution du Phororhacos inflatus.
Pattes et bec indique que le phororhacos avait des mœurs carnivores : dans les régions des hauts plateaux herbeux et des plaines de Patagonie, cet oiseau se trouvait au sommet des chaînes alimentaires.

rappelle celle de l'autruche, et le bec, qui fait penser à celui d'un aigle, le phororhacos est le précurseur des sériemas, oiseaux de Patagonie hauts de moins d'un mètre, et voisins des grues (voir le tableau page 183).

Nous devons rappeler qu'à l'Oligocène, une période d'émersion des terres a permis à deux ordres importants de mammifères, déjà présents dans le continent septentrional, de migrer vers le sud ; ce sont les rongeurs et les primates. Ces derniers donnèrent assez rapidement naissance aux diverses formes de singes platyrhiniens (voir page 208).

Ci-dessous : un koala avec son petit.
Ci-contre : un tableau avec la liste des familles de marsupiaux et un arbre phylogénétique que l'on propose aujourd'hui, sur la base, également, de récentes découvertes de fossiles.
Ci-contre, en bas : deux spécimens de grand kangourou roux (Macropus rufus).

L'Australie

Des formes de marsupiaux les plus anciennes que nous connaissions (*Eodelphis* du Crétacé Supérieur d'Amérique du Nord) sont dérivées différentes formes, qui se répandirent un peu partout, même en Eurasie. Au Tertiaire Inférieur, venus d'Asie des marsupiaux plutôt petits et semblables à des opossums, parvinrent en Australie. Ils connurent, sur cette terre un développement extraordinaire, sans égal ailleurs, même pas en Amérique méridionale.

L'isolement a obligé les marsupiaux australiens à dominer totalement dans tous les milieux, et les solutions apportées aux différentes situations ont donné naissance à des formes extraordinairement semblables dans leur rôle écologique, mais aussi dans leur aspect, à presque tous les mammifères placentaires. Le plus ancien des fossiles de marsupiaux australiens que nous connaissions est le *Wynyardia* de l'Oligocène de Tasmanie : c'est un végétarien ressemblant à un wombat.

Le processus de différenciation a dû se produire à l'Eocène (voir le tableau de la page 231).

Nous ne savons pas encore grand-chose sur les parentés effectives entre les différents groupes de marsupiaux. Certaines découvertes récentes ont cependant permis, sur la base de restes remontant à la fin de l'Oligocène ou au début du Miocène, de dessiner un arbre généalogique qui paraît assez convaincant et qui, curieusement mais en toute logique, propose des séquences qui se sont produites aussi chez les placentaires.

Un tel arbre pourrait se ramifier à partir de formes semblables aux actuels péramélidés (bandicoots) : animaux plutôt petits (avec parfois de longues pattes postérieures, un peu comme des rats sauteurs) qui mangent des insectes et des vers et parfois des graines et des racines. Les péramélidés ont, en général, comme tant d'autres formes vivant dans des terriers, un *marsupium* s'ouvrant vers la partie postérieure (pour éviter que, lorsque l'ani-

CLASSE MAMMIFÈRES *(Mammalia)*
sous-classe MÉTATHÈRES *(Metatheria)*

Tous les animaux de cette sous-classe sont compris dans l'ordre des MARSUPIAUX *(Marsupialia)*, comprenant les 9 familles ci-dessous :

DIDELPHIDÉS (sarigues et autres formes nord-américaines)

DASYURIDÉS (rats marsupiaux, dasyures, dont le « diable de Tasmanie », *Sarcophilus harrisii*, et le loup marsupial : *Thylacinus cynocephalus*).

MYRMÉCOBIIDÉS (Numbat, ou *Myrmecobius* « fourmilier marsupial »)

NOTORYCTIDÉS (taupes marsupiales)

PÉRAMÉLIDÉS (bandicoots)

CAENOLESTIDÉS (rats-sarigues sud-américains)

WOMBATIDÉS (tous les wombats)

MACROPODITÉS (souris-kangourous, rats-kangourous, kangourous proprement dits)

Dans l'ensemble, les marsupiaux aujourd'hui vivants sont classés dans 71 genres, comprenant 241 espèces).

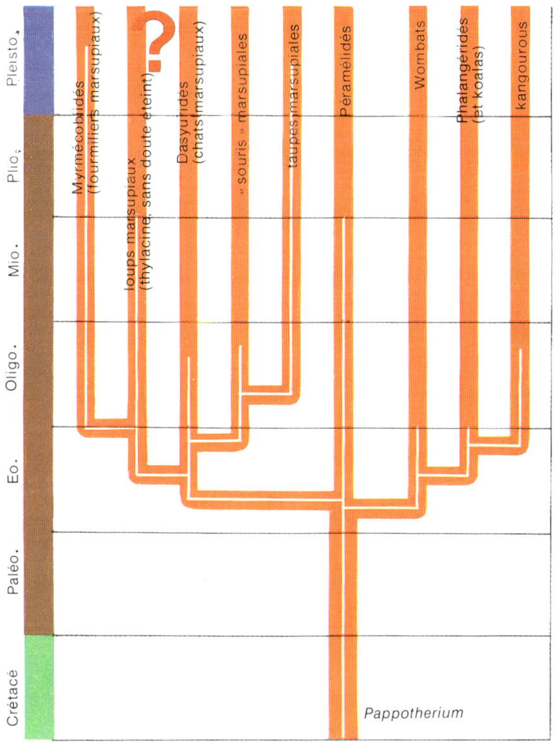

mal creuse, la poche ne se remplisse de terre, au grand dam des petits). Probablement après les péramélidés, se sont distingués les dasyuridés, aujourd'hui représentés par des animaux ressemblant à des chats, et auxquels sont sans doute apparentés les fourmiliers marsupiaux (myrmécobiidés), le thylacine (le loup marsupial, peut-être éteint aujourd'hui), les rats et les taupes marsupiales. Les actuels wombats (ressemblant à des blaireaux), les koalas et les kangourous ont suivi une autre filière, durant leur évolution.

Parmi les placentaires aussi, toutes les formes terricoles et insectivores sont suivies de formes herbivores ou omnivores, adaptées à la vie des arbres. Les similitudes entre les différents marsupiaux et les placentaires concernent souvent la structure du museau, c'est-à-dire le mécanisme destiné à l'absorption de la nourriture. Pour brouter bourgeons et feuilles, les kangourous ont un museau assez semblable à celui des antilopes et des cerfs. Les taupes marsupiales ont un groin tout à fait semblable à celui de leurs collègues placentaires. Le thylacine ressemblait fort à un coyote. Enfin le koala, malgré de notables différences de volume, ressemble tout à fait à un petit ours, surtout dans sa manière de grimper aux arbres, ce qui lui a valu d'être copié par tous les petits ours en peluche.

Pourquoi les marsupiaux ont-ils développé un système de reproduction aussi complexe et d'apparence aussi étrange ? Il est difficile de donner une réponse valable à tous les cas. Toutefois, un élément intéressant pour comprendre l'organisation des marsupiaux peut être discerné en étudiant la femelle du kangourou, et le remarquable type de rapports qu'elle entretient avec ses petits. Cette femelle a *dans le même moment* des rapports avec *trois* générations d'enfants, exploit qui n'est possible à aucun autre vertébré. Elle conserve par devers elle un ou plusieurs ovules déjà fécondés et peut amorcer le développement de ceux-ci à sa guise ; elle abrite, en même temps, un petit — au stade quasi embryonnaire, comme nous le savons —, dans le marsupium et, occasionnellement, peut loger dans le même marsupium un autre petit déjà parvenu à maturation et en état de se suffire à lui-même. Ce petit aîné trouve dans le marsupium une tétine qui lui est destinée, tandis que le tout petit frère est solidement attaché à sa tétine. Il arrive d'ailleurs, parfois, qu'une fusion se produise entre la tétine et la lèvre du bébé kangourou. Le lait émis par les deux tétines n'est pas de même : sa composition chimique est adaptée aux nécessités de la croissance du bébé kangourou. La protection donnée par la maman kangourou se prolonge donc dans le temps : à coup sûr, l'une au moins des générations survivra.

Le succès des différents groupes de marsupiaux est signalé, dans les témoignages fossiles les plus récents, par l'apparition de formes gigantesques. Ce sont, au Pliocène, le wombat *Diprotodon*, grand comme un rhinocéros, le kangourou *Procoptodon* haut de 3 mètres, à la queue courte, le *Phascolarctos ingens*, un koala géant, le *Thylacoleo carnifex*, ressemblant à un gros léopard (peut-être non prédateur — malgré le nom spécifique —, mais mangeur de fruits). Certains diprotodontes se sont conservés parfaitement parce qu'ils se sont noyés dans les lacs très fortement salés qui, au Pléistocène, occupaient de nombreuses dépressions de l'Australie. Ces lacs étaient, en général, recouverts d'une épaisse couche de sel qui pouvait soutenir bien des animaux, mais les diprotodontes étaient sans doute trop pesants, et quelques-uns s'enfoncèrent et se noyèrent, finissant littéralement sous le sel.

Il ne manquait certes pas de milieux riches en nourriture, pour les herbivores. En plus des marsupiaux, dont certains étaient de grande taille, de grands oiseaux coureurs occupèrent l'Australie et les îles avoisinantes (Nouvelle-Zélande). De nombreuses formes ont été détruites par l'homme en des temps très récents. Le moa géant *(Dinornis maximus)*

Reconstitution et squelette de Dinornis maximus, *grand oiseau inapte au vol, propre à la Nouvelle-Zélande. Il est attesté depuis le Pléistocène jusqu'à peut-être deux cents ans avant notre temps. Cet animal fut certainement chassé par les premiers hommes arrivés dans l'île néo-zélandaise (les maoris), mais sa disparition doit être attribuée, plutôt qu'à une extermination directe, à la destruction des milieux originels due à l'introduction de l'agriculture. Les ailes des dinornis étaient complètement réduites, comme on le voit d'après le squelette.*

était encore abondant au XVIIe siècle. Cet oiseau était haut de plus de 3 mètres. Des espèces plus petites ont survécu jusqu'au début du siècle dernier. Dans le cas de tous ces oiseaux (dinornithiformes) il manque des traces du squelette des ailes. Le plumage avait une allure de filasse, les pattes étaient très puissantes. Un œuf de moa géant pouvait peser 7 kilos.

Madagascar, un petit continent

La grande île de l'océan Indien est restée isolée depuis le début du Cénozoïque. Il est probable que cette terre a été atteinte par des insectivores et des primates (très primitifs) qui avaient été transportés par des troncs à la dérive. L'évolution de ces animaux a été spectaculaire. Les prosimiens devinrent l'élément essentiel de la faune de l'île. Parmi les insectivores, se développèrent notablement des formes semblables à l'actuel tenrec, animal extrêmement prolifique. Les tenrecs actuels, dont la longueur peut atteindre 40 centimètres, ressemblent aux musaraignes mais n'ont, d'ordinaire, qu'un moignon de queue.

Parmi les prosimiens il y eut des formes gigantesques: *Megaladapis,* du Pléistocène, était grand comme un veau. Ces grands lémuriens se sont peut-être éteints en des temps historiques. Au Tertiaire Supérieur, Madagascar fut atteinte par des carnivores du groupe des genettes (viverridés) et des rongeurs du groupe des cricétidés.

Signalons encore les oiseaux typiques de cette faune: les gigantesques «autruches de Madagascar» (genres *AEpyornis* et *Mullerornis)* hauts de 3 mètres, et le dodo *(Raphus cucullatus),* sorte de pigeon plus gros qu'un dindon. Ces oiseaux non volants ont été détruits par l'homme, ou par des animaux introduits par celui-ci, dans la grande île ou dans d'autres îles voisines. Le dodo s'est éteint dans l'île Maurice, surtout parce que ses œufs et ses petits étaient détruits par des cochons revenus à l'état sauvage. On a découvert des œufs d'æpyornis longs de 35 centimètres et d'un diamètre de 22 centimètres, dont la coquille était épaisse de 3 millimètres. Ces restes d'œufs se retrouvent dans des zones qui ont été, et sont encore, sableuses. Il est fort probable que ces grands oiseaux creusaient des nids dans les dunes et qu'ils utilisaient la chaleur du soleil pour en obtenir l'éclosion. Les aepyornis étaient certainement végétariens, mais ils complétaient peut-être leur régime avec des larves d'insectes.

Tenrec ecaudatus (vivant)

Ci-dessus : animaux propres à la faune de Madagascar, pour la plupart éteints. Parmi les formes représentées dans notre reconstitution, les seuls survivants sont le tenrec (avec un petit nombre d'espèces), le prosimien Varecia variegata *et le catta.*

A gauche : crâne du Megaladapis, *long de 35 cm. Ce gros prosimien du Pléistocène (au centre, en haut, dans la reconstitution) s'est peut-être éteint après l'apparition de l'homme.*

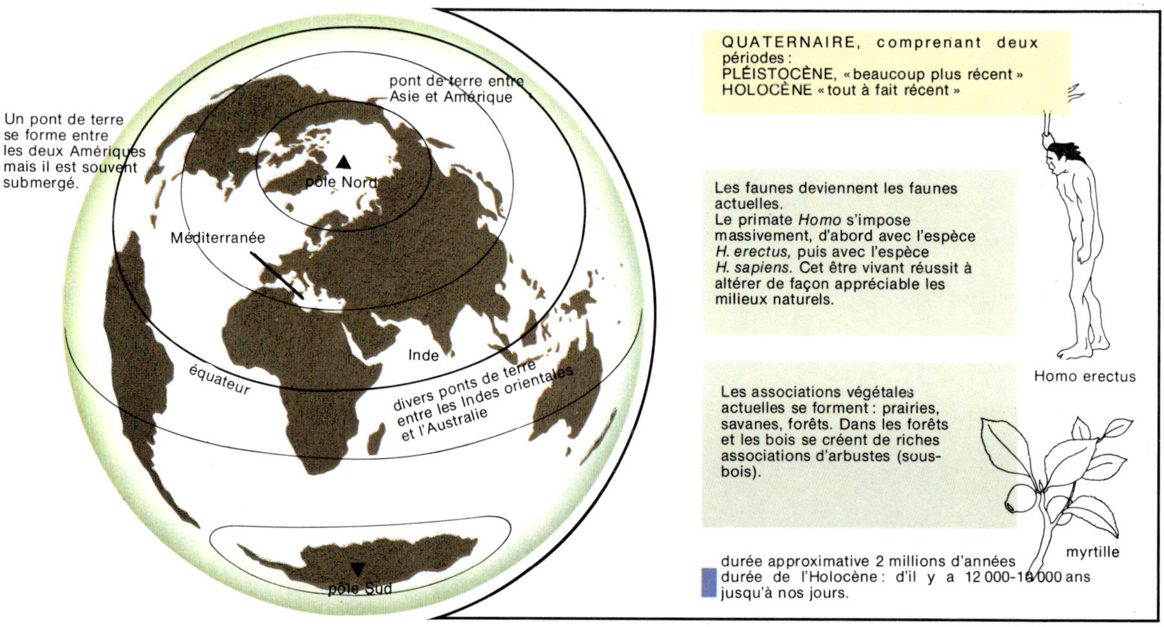

QUATERNAIRE

Les dernières phases du Cénozoïque ont été caractérisées par de notables changements climatiques. Le passage du Miocène au Pliocène est marqué par un abaissement progressif de la température. La végétation luxuriante, qui, dans bien des zones, formait encore de vastes forêts de type tropical, se transforme. De grandes superficies sont envahies par les prairies. Corrélativement, il s'est produit, comme nous l'avons vu, une implantation de plus en plus forte des herbivores, en particulier des proboscidiens et des artiodactyles.

Les mouvements des masses continentales donnent, à la fin du Pliocène, la disposition que nous pouvons relever sur n'importe quelle mappemonde. Les dernières montagnes achèvent leur croissance. C'est le cas des chaînes de l'Himalaya, les plus hauts reliefs de la planète. Les exhaussements, dans les zones en bordure des continents, sont très importants (plate-formes continentales).

Les fleuves usent toujours plus intensé-

Page ci-contre : fiche du Quaternaire.
La dernière des Eres de l'histoire de la Terre est appelée Ere Quaternaire, ou, simplement, Quaternaire.
La disposition des continents est presque celle que l'on observe aujourd'hui.
Il est toutefois certain que beaucoup d'isthmes ont été, dans les deux derniers millions d'années, émergés et submergés à plusieurs reprises, reliant ou isolant alternativement de vastes zones : les cas de l'Amérique centrale et de la région de Behring sont typiques.

Ci-dessous : au Quaternaire poussent les dernières montagnes, les plus jeunes, et en particulier l'Himalaya, qui atteint de très grandes altitudes. Les montagnes sont, très tôt, sujettes à d'importants phénomènes d'érosion et d'écrasement dus à la présence des glaciers.
La glaciation est, en fait, le phénomène géophysique le plus important de tout le Quaternaire.

ment la surface et, en relation avec la surrection de chaînes montagneuses, creusent de plus en plus profondément leurs lits dans les vallées. Les changements de cours sont nombreux, avec pour conséquence le changement de bassins hydrographiques entiers.

L'abaissement de la température favorise, dans les nombreuses zones montagneuses, une nouvelle implantation des conifères. Cela se produit même dans de vastes étendues d'altitude moyenne des continents septentrionaux, où le climat se refroidit doucement.

Le début de la nouvelle période (période *Quaternaire*) présente déjà les symptômes de ce qui sera le phénomène le plus marquant et le plus dramatique des deux derniers millions d'années, la glaciation.

Sur la *raison* de cette glaciation, les savants se sont longuement interrogés et ont longuement interrogé la Terre, pour en avoir des indices ou des témoignages. Bien des hypothèses ont été formulées, quand on ne savait pas encore que le phénomène des glaciations est en quelque sorte une manifestation récurrente de l'histoire de la planète. On a longtemps pensé que *cette* glaciation devait être *la* glaciation. Or, nous savons aujourd'hui que cela ne correspond pas à la réalité.

Considérant le phénomène comme exceptionnel et unique, les savants, dans le passé, proposèrent des explications qui avaient pour postulat des événements exceptionnels. On a dit et écrit que le phénomène était dû à de profondes altérations dans le mode de rotation de la planète (par exemple: un déplacement angulaire de l'axe de rotation). Le grand abaissement de la température a été attribué à une suite d'oscillations dans le flux d'énergie fourni par le Soleil.

En réalité, aujourd'hui, personne ne songe à nier que des phénomènes de type astronomique ont pu *aussi* avoir un certain poids dans le tableau, telles que des pluies de météorites ou la chute d'astéroïdes (les événements mêmes, invoqués comme cause pour donner une explication à l'extinction des dinosaures) *peuvent* s'être produits. Mais on donne désormais un poids plus grand à l'interprétation des glaciations antérieures. Dans la majorité des cas, les glaciations se sont produites quand, en corrélation avec les régions polaires, de grosses masses continentales se concentraient. La coïncidence ne semble pas fortuite. Sur ces masses se formaient de grandes accumulations de neige et de glace, créant des dépôts « froids » de dimensions imposantes. Rappelons que de nos jours, les 99 % des glaces existant sur la Terre sont concentrés sur l'Antarctique et sur le Groenland, qui sont les deux plus grandes étendues de terre ferme voisines des régions polaires.

Si les régions polaires correspondent à des surfaces sans terres émergées, les glaces des calottes forment des couches moins épaisses, donc moins volumineuses : un recyclage plus important de l'eau est alors possible, les dégels peuvent être plus fréquents, les blocs de glace se brisent et l'eau redevient liquide (et c'est bien ce qui se passe aujourd'hui dans le *pack* du pôle Nord).

Il se peut que des phénomènes astronomiques, ou d'autres éléments encore peu clairs, puissent, en partie, expliquer une série d'événements secondaires de la glaciation. On fait ici allusion aux récurrences périodiques de dégel qui permettent de distinguer dans le cours de la glaciation des phases froides *(glaciaires)* et des phases de climat plus doux *(interglaciaires)*. Sur le retrait périodique des glaces dans les glaciations du passé, les témoignages ne manquent pas mais ils ne sont pas toujours faciles à interpréter. Il est probable que l'alternance des phases glaciaires et interglaciaires ait existé aussi dans les glaciations les plus anciennes.

Et maintenant, pour ne pas nous noyer dans la mer des nombreuses hypothèses, il convient de s'en tenir à la chronique. Nous parlons d'une chronique que nous pouvons rédiger assez facilement parce que les événements sont, tout compte fait, des plus récents (toujours en termes géologiques).

Pléistocène : glaciaires et interglaciaires

Pendant les périodes glaciaires, l'épaisseur des calottes de glace peut avoir dépassé en certains points les 3 kilomètres. La masse des eaux gelées était énorme : le niveau des mers s'en trouvait abaissé, et un grand nombre de zones émergèrent. Parmi celles-ci, la zone reliant l'Asie orientale à l'Amérique septentrionale, l'isthme de Panama, et de nombreux ponts de terre entre les îles de l'Indonésie. Les migrations animales, de nouveau possibles, furent nombreuses, résultat des changements de milieux.

Naturellement, les conifères, repoussés par l'avance des calottes glaciaires, se déplacèrent vers le sud, prirent l'espace à d'autres végétaux et modifièrent ainsi l'écologie de vastes étendues. Le climat était probablement froid et plutôt sec dans les bandes tempérées. L'humidité se concentrait dans la zone équatoriale, et en partie dans les zones tropicales adjacentes où les précipitations furent abondantes (périodes *pluviales*, surtout en Afrique). Puis, il y a environ un million d'années se manifestent les premières vagues de froid. La première Période Glaciaire, qu'on appelle *Donau*, se déroule en plusieurs phases.

Suit un premier Interglaciaire. Nouvelle glaciation : *Günz*. (Les noms des périodes glaciaires, pour la région alpine et pour l'Europe en général, sont donnés d'après ceux du Danube, *Donau*, et de certains de ses affluents, dans les vallées desquels on a retrouvé des traces de l'activité des glaciers ; pour l'Amérique, on use d'une autre nomenclature ; voir le tableau page 246.) Interglaciaire Günz-Mindel. Glaciaire *Mindel*. Interglaciaire Mindel-Riss. Glaciaire *Riss*. Interglaciaire Riss-Würm. Glaciaire *Würm*. Cette période Glaciaire (la dernière à ce jour) a duré à peu près de 80 000 à 70 000 ans avant notre temps à environ 12 000 à 10 000 ans avant notre temps.

Toute la période entre le début du Quaternaire et la fin du Würm est appelée Pléistocène. La période suivante, dernière Interglaciaire, a reçu le nom d'Holocène : c'est celle que nous sommes en train de vivre.

Adaptations au froid

Aux différentes sollicitations imposées par le changement périodique et fréquent du climat et de la température, les végétaux répondirent par un jeu d'aller et retour qui reprenait avec quelque retard la cadence des Glaciaires et des Interglaciaires. Les animaux, exposés à d'importantes sollicitations, pouvaient répondre par différentes adaptations, en particulier par le développement de nouvelles espèces. En réalité, les choses se passèrent

A droite : un aspect de la forêt amazonienne. Ci-dessous : rennes en migration dans la taïga, forêt de conifères et de quelques autres plantes angiospermes, limitée aujourd'hui à la partie septentrionale de la région sibérienne et à quelques territoires canadiens. La situation climatique actuelle est celle d'un interglaciaire *et elle est probablement semblable à celle qui a dû exister dans les autres interglaciaires du Quaternaire.*

autrement parce que l'alternance des phases froides et chaudes fut très rapide par rapport au rythme normal des processus évolutifs. La diminution des quantités de nourriture disponibles et le rétrécissement de la bande habitable de la planète causèrent à certaines formes des dommages irréparables. Les zones tropicales et équatoriales connurent des phases de presse, de « pullulation » des espèces. Et beaucoup de formes s'éteignirent, du fait de la concurrence impitoyable de certaines autres. Les zones tempérées et froides furent au contraire le théâtre de déplacements continuels de la part d'animaux en quête de prairies ou de bois. Et qui ne put s'adapter au perpétuel va-et-vient abandonna la scène, et en sortit pour toujours.

Quelles furent les formes d'adaptation victorieuses ? Dans certains cas, la réduction de la taille (pour beaucoup de rongeurs, comme les souris et les formes apparentées, le salut était dans la capacité de se contenter de *peu* de nourriture) ; mais dans d'autres cas, la solution fut apportée par la tendance opposée. Des animaux plus grands pouvaient mieux supporter les conditions climatiques défavorables, pouvaient manger beaucoup, accumuler des graisses ou d'autres substances de réserve, et affronter ensuite les périodes difficiles. Ainsi, y a-t-il eu des formes gigantesques dans beaucoup d'ordres : proboscidiens (mastodontes, mammouths), artiodactyles (cerfs, bovins), rongeurs (castors géants), périssodactyles (rhinocéros *Elasmotherium*, qui avait une corne longue de 2 mètres, un crâne de 1 mètre et un corps d'une longueur totale

Herbivores et carnivores durant une des phases glaciaires du Pléistocène. Dans la reconstitution, les loups, en bande, cherchent à attaquer les bisons (Bison latifrons), *qui les repoussent. Les bisons étaient largement répandus au Pléistocène dans toutes les régions tempérées, en une gamme assez étendue d'espèces. Aujourd'hui le genre Bison est représenté en Amérique du Nord par le bison américain* (B. bison) *et en Eurasie par le bison européen* (B. bonasus), *avec deux sous-espèces. Les milieux où ces artiodactyles vivent en liberté sont désormais très peu nombreux (en Europe, on peut citer la forêt de Bialowieska, au sud-est de Bialystok, en Pologne).*

Bison latifrons
Canis lupus

de plus de 6 mètres). Chez les primates aussi, il y eut un géant : le pongidé *Gigantopithecus,* haut de 3 mètres. Tous les mammifères se couvrirent de pelages touffus.

Une adaptation intéressante se perfectionna durant les glaciations, le recours à l'*hibernation* de certains gros animaux (comme les ours). C'est une période de ralentissement du métabolisme, pendant laquelle l'animal consomme les graisses accumulées dans les périodes où il avait pu disposer de nourriture à sa suffisance. Rappelons que l'ours peut sortir de son sommeil si les circonstances l'exigent : il peut fuir ou se défendre s'il est attaqué. Le cas de la *léthargie* présente un tableau différent : c'est une hibernation plus poussée (si typique de certains rongeurs, qu'elle est même devenue une expression, en ce qui concerne le loir). L'animal en léthargie peut difficilement reprendre, en un éclair, la vie active. Seules peuvent courir ce risque des formes assez petites, et d'ailleurs habituées à se cacher dans des terriers.

Il vaut la peine de se demander si les dinosaures aussi ont tenté d'appliquer les principes de l'hibernation. Indubitablement, les grandes tailles et peut-être un

Mammuthus primigenius
(mammouth, haut de 3,5 m au garrot)

Megaloceros giganteus
(mégalocère, grand comme un grand élan actuel)

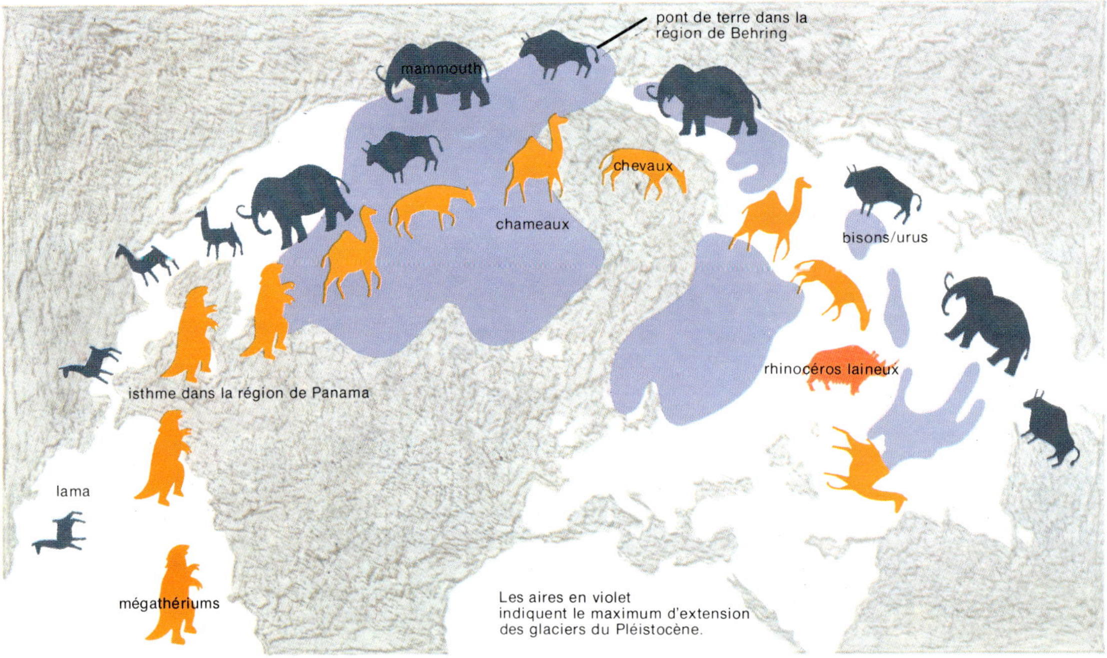

Ci-dessous : quelques-uns des grands mammifères adaptés au rude climat des glaciaires.
Ils sont tous pourvus de fourrures assez épaisses et ont des tailles notables. Proboscidiens, bovidés, carnivores (ursidés) sont représentés.
Ci-contre : indication schématique de quelques-uns des principaux courants de migration ayant eu lieu au Pléistocène moyen et supérieur. Vers la fin de la dernière glaciation (Würm), certaines situations devinrent irréversibles : il n'y eut plus de retours ni de déplacements des animaux.
A titre d'exemple, les équidés restèrent en Eurasie (la forme rayée, le zèbre, s'établit en Afrique), les lamas devinrent endémiques dans la région andine, cependant que les chameaux atteignirent l'Ancien Monde.

Ursus spelaeus
(ours des cavernes, plus grand que l'actuel grizzli)

Ovibos moschatus
(bœuf musqué, vivant)

Rhinoceros etruscus
(rhinocéros laineux, plus grand que le rhinocéros blanc actuel)

mécanisme d'accumulation des substances de réserve manquant d'efficacité ont dû interdire aux grands reptiles de se servir de cette échappatoire. En fait, l'hibernation n'est employée que par des reptiles de petite taille (lézards et quelques serpents).

N'oublions pas qu'au Pléistocène, bien que le climat fût froid, une alternance des saisons a toujours existé : il y a eu, en tout cas, des étés au cours desquels la végétation a connu une certaine luxuriance, au moins dans des zones très limitées.

Durant les périodes glaciaires, d'intenses migrations eurent lieu : les animaux des régions tempérées se déplacèrent plus d'une fois du nord au sud et vice versa, en traversant les régions équatoriales. Ainsi, par exemple, les mégathériums et les glyptodontes atteignirent l'Amérique septentrionale.

Dans certains milieux isolés, aux caractéristiques particulières, se développèrent des faunes parmi lesquelles existaient des formes moyennes, ou petites, dérivées d'autres, présentes ailleurs, de taille grande ou gigantesque. Les rôles écologiques de ces animaux nains étaient à peu près les mêmes que ceux des espèces de grande taille. En Sicile, par exemple, durant les Interglaciaires, se développèrent des cerfs minuscules, un mégathérium grand comme un chat, et les fameux éléphants nains *(Paleoloxodon falconeri)* à peine hauts de 90 centimètres. Il y eut aussi des éléphants nains dans les îles au large de la côte de l'Indonésie et dans le groupe des Célèbes, tandis qu'à Santa Barbara, en Californie, vivaient de petits mammouths laineux.

Alors que des mammifères de grandes tailles donnaient des formes de plus en plus petites, d'autres, de taille modeste, produisaient, au contraire, grâce à l'isolement, des formes géantes. Loirs et rats de taille remarquable vécurent, par exemple, dans différentes îles de la Méditerranée : réaction évidente à l'abondance de nourriture et à l'absence de prédateurs...

Glace désagrégée

Que se passait-il durant les Interglaciaires ? Il y avait à coup sûr une circulation intense d'animaux, dans le sens sud-nord : reconquête d'espaces convenables pour les formes « de région froide » ; avance des formes « de région chaude », vers les zones tempérées. D'abondantes inondations causaient des difficultés de communication. Les eaux stagnantes s'étendaient sur de vastes surfaces, et les prairies effectivement disponibles s'en trouvaient limitées. En conséquence, les animaux de la bande équatoriale, habitués à mener même une vie semi-aquatique, pouvaient se lancer dans des zones qui leur étaient précédemment interdites. La concurrence devait être des plus âpres.

Le retrait des glaces correspondait à une diminution sensible du poids portant sur les continents. Ceux-là tendaient à

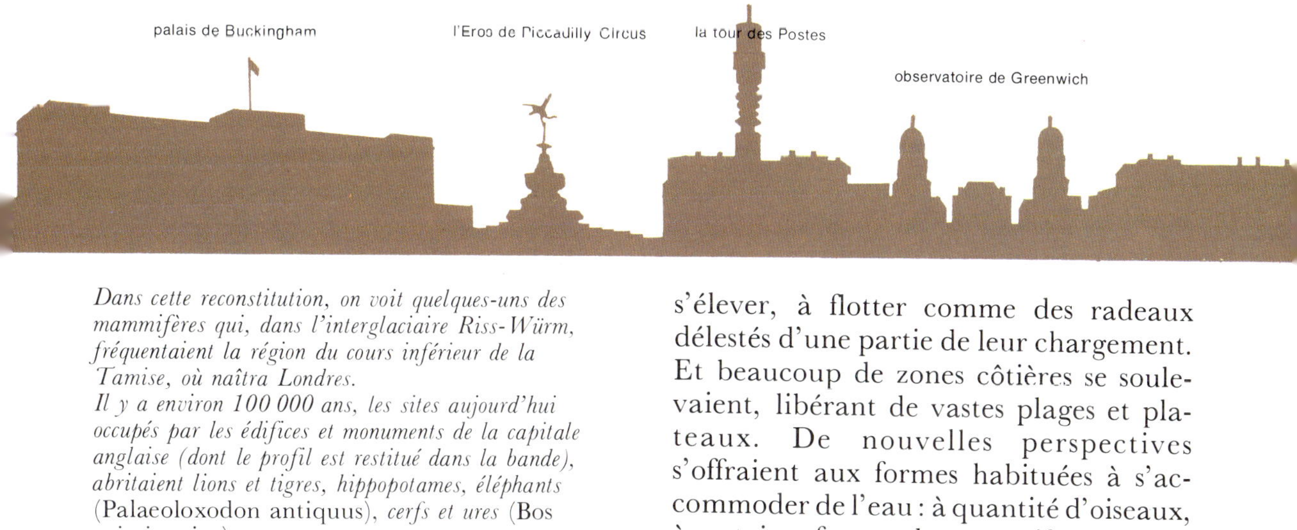

Dans cette reconstitution, on voit quelques-uns des mammifères qui, dans l'interglaciaire Riss-Würm, fréquentaient la région du cours inférieur de la Tamise, où naîtra Londres.
Il y a environ 100 000 ans, les sites aujourd'hui occupés par les édifices et monuments de la capitale anglaise (dont le profil est restitué dans la bande), abritaient lions et tigres, hippopotames, éléphants (Palaeoloxodon antiquus), *cerfs et ures* (Bos primigenius).
Le milieu était semblable à celui qui règne dans la savane africaine actuelle, mais le climat était sans doute plus humide et il y avait de nombreuses zones marécageuses.

s'élever, à flotter comme des radeaux délestés d'une partie de leur chargement. Et beaucoup de zones côtières se soulevaient, libérant de vastes plages et plateaux. De nouvelles perspectives s'offraient aux formes habituées à s'accommoder de l'eau : à quantité d'oiseaux, à certaines formes de mammifères marins (sirénidés géants, comme la rhytine de Steller, espèce de dugong, longue de près de 8 mètres, éteinte, du fait de l'homme, au XVIIIe siècle). Rappelons que durant tout le Pléistocène, les faunes marines ne subissent pas de grosses modifications, si l'on excepte le développement continu des poissons osseux, triomphants, en « crescendo », pendant tout le Cénozoïque, et parvenus, à la fin du Pléistocène à leur apogée.

Faunes de survivants

En ce qui concerne les animaux terrestres, il est assez facile d'établir une comparaison entre les espèces présentes dans les différents Interglaciaires.

On peut, en quelque sorte, faire l'appel et constater quelles formes ont, de temps à autre, échappé à la morsure du gel ; combien d'autres ont changé, et combien ont été remplacées par des formes nouvelles.

Les derniers machairodontés (tigres à dents de sabre) sont remplacés par les lions des cavernes, et les cerfs géants cèdent le pas aux cerfs actuels. Les mastodontes quittent la scène peut-être un peu avant les mammouths. Les rapports de prédateur à proie ressemblent de plus en plus à ceux qui existent aujourd'hui — dans les aires protégées, là où existent encore des équilibres naturels.

Un élément de ces faunes, qui prend de plus en plus d'importance avec le temps, du fait de sa capacité à troubler les affaires des autres, est l'homme.

Dans ce tableau, les variations de la faune durant les divers interglaciaires. On y a reporté les noms utilisés pour la région alpine (et européenne en général) et ceux qui sont adoptés pour la région nord-américaine. Comme on le voit, les interglaciaires sont désignés en Europe par les deux noms accolés des glaciations qui les limitent dans le temps, alors qu'en Amérique on se sert de deux noms distincts (en général tirés des Etats ou comtés des actuels Etats-Unis). Les silhouettes ne sont pas à l'échelle ; celles des prédateurs sont colorées en rouge. L'homme, qui se munit peu à peu de différents outils pour s'imposer au milieu, est volontairement représenté à côté des autres animaux.

Wisconsin
Sangamon
Illinois
Yarmouth
Kansas
Afton
Nebraska
NOMENCLATURE AMÉRICAINE

L'homme

Préambule : le mythe et la science

En suivant le cours de l'histoire de la vie sur la planète Terre, nous voici arrivés à parler en détail de notre espèce. Nous traiterons, comme nous l'avons déjà fait pour d'autres formes, d'un animal du passé et nous tracerons le chemin évolutif, ce chemin qui, dans l'espace d'une douzaine de millions d'années, conduit jusqu'à nous. Si l'on peut parler de l'homme lui-même comme d'un « animal préhistorique », alors notre aventure est longue, elle aussi.

Les difficultés de principe à accepter l'évolutionnisme sont promptes à refaire surface : en fait, et justement ici, à ce propos, nous pouvons rendre compte des raisons qui poussaient les bons sujets de la reine Victoria à s'opposer à Darwin et qui conduisent aujourd'hui bien des hommes à dire « non », encore et toujours, au concept même d'évolution.

Si, en s'occupant d'animaux, on affirme que les espèces peuvent être reliées les unes aux autres en un long historique commun, suivant des dispositions vaguement analogues à celles des arbres généalogiques des « grandes familles » nobles, on risque de se heurter aux préjugés de ceux qui croient que toutes les espèces ont été « créées dès le commencement ». On pourra cependant démontrer, grâce au témoignage des fossiles, que dans la réalité les espèces *ont* changé ; que, presque insensiblement, il a été possible de passer d'une espèce à l'autre ; que de brusques changements affectant les milieux ont peut-être favorisé des mutations brutales dans les formes vivantes (et cela peut faire penser, parfois, à l'apparition d'un seul coup, à l'improviste, d'une forme donnée). Toute démonstration, se fondant sur des faits réels, physiques, laissera pourtant toujours quelque zone de doute, comprendra des phases pleines de « probablement » et de « peut-être ». Cela fait partie du mode de procéder de la science. On ne réussit *jamais* à expliquer *tout,* et jamais tout en même temps. En revanche, un mythe, un propos à admettre comme article de foi, peuvent soi-disant donner une explication en peu de mots à phénomène. Par

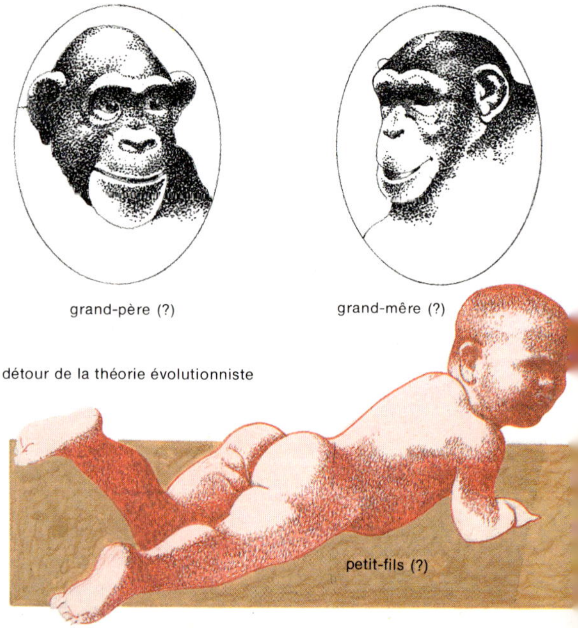

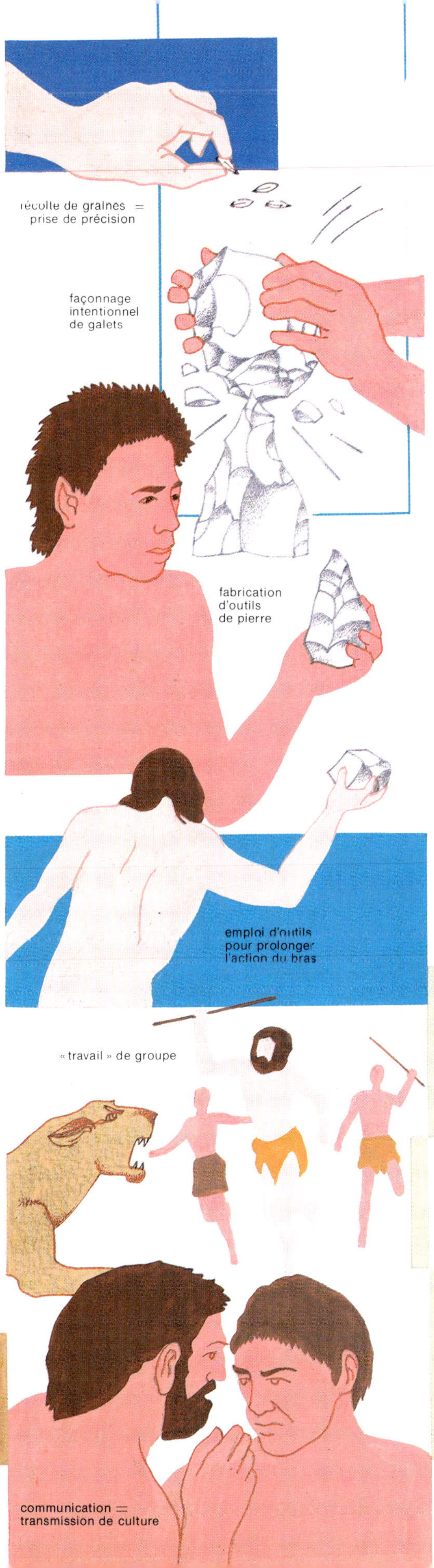

exemple : une espèce animale : d'abord elle n'était pas là, puis elle y a été ; une plante : avant, elle n'était pas là, puis, elle s'y est trouvée (et cela est providentiel pour les animaux, qui pourront s'en nourrir) ; l'homme : auparavant il n'était pas là, puis il s'y est trouvé et il pouvait voir le monde tout entier, avec tout ce qui y vivait ; et, bien sûr, la femme n'y était pas, et puis elle y a été, sortie d'un morceau de l'homme, en quelque sorte un de ses appendices.

La science s'occupera, au contraire, de s'assurer de la façon dont un organe, par exemple un membre, en est arrivé à se transformer précisément ainsi, de la façon

L'homme s'interroge sur ses origines ; d'où vient l'espèce humaine ? Certaines réponses qui ont été données se rapportent à un événement miraculeux, à une création directe, œuvre de Dieu (1). Mais un événement miraculeux, inexplicable *par définition, n'est pas de nature à fournir une explication scientifique. Et lorsqu'une « histoire naturelle » de l'homme est proposée, c'est-à-dire quand, comme Darwin, on affirme que l'espèce humaine, comme n'importe quelle autre espèce, provient d'un processus d'évolution par sélection* naturelle, *des gens se hâtent de simplifier les thèses et de les travestir pour alimenter des polémiques : par exemple, en disant que « l'homme descend du singe » (2). En réalité, la voie qui a conduit à l'homme est un processus d'évolution physique et en même temps culturelle (3), qui s'est accompli en un temps assez long, et que nous pouvons mesurer en générations (4) : notre espèce existe depuis environ 800 générations.*

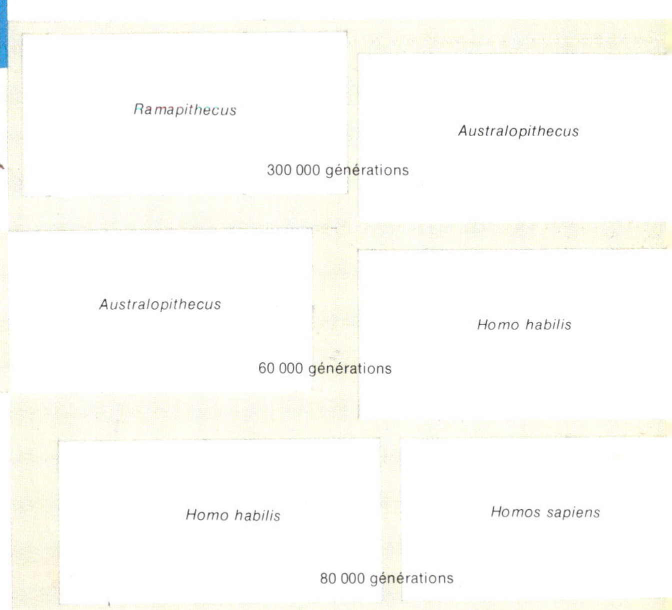

l'*Homo sapiens sapiens* existe depuis environ 1800 générations.

80 générations depuis l'an 1 après J.-C. et 2 000 ans après J.-C

dont une patte est devenue une aile ou bien comment une écaille est devenue une plume. Et elle proposera quelque théorie, une explication partielle ; elle ne fournira jamais une explication valable pour tous les cas et pour « tout ensemble ». Les animaux du passé, les monstres préhistoriques, eux-mêmes, trouveront une place décente dans l'histoire des êtres vivants.

Mais comment se comporter, lorsque des preuves évidentes d'un passé plutôt lointain de l'homme se présentent à nous ? Comment, cessant d'en parler à la première personne, réussirons-nous à traiter nos ancêtres, directs et indirects, comme des animaux préhistoriques, sinon même comme des monstres ? Les choses pouvaient être simples jusqu'à il y a à peine plus d'un siècle : on n'avait pas encore trouvé de témoignages fossiles (des os) de l'homme, et quant aux preuves relatives aux activités de nos ancêtres (les pierres éclatées), on s'empressait, sans grand effort d'imagination, de les cataloguer comme « jeux de la nature » ou « éclairs pétrifiés ». En pratique, on niait l'ancienneté de notre espèce. Et, naturellement, aussi, celle du monde, tenu pour notre domaine exclusif. Vers le milieu du XVIIe siècle, James Usher, archevêque d'Armagh, avait déterminé, par un calcul, la date exacte de la création de la Terre : en additionnant la durée (en années) de la vie des patriarches dont la Bible donnait la liste (et en tenant compte des journées employées pour la création), on pouvait remonter exactement à l'an 4004 avant Jésus-Christ. On ne concédait à l'homme que bien peu d'années de vie, à l'état sauvage : Adam et quelques autres, et puis, venait tout de suite la civilisation, avec villages, villes, guerres, esclaves, rois.

La proposition d'une interprétation de l'aventure humaine en une solution évolutionniste, telle que la présenta Darwin dans *The Descent of Man* (1871) se heurtait à de multiples préjugés. (Notons que le titre en est habituellement rendu par « L'origine de l'homme », mais en anglais il veut dire, plutôt : le « lignage », la « généalogie de l'homme », avec une allusion bien claire à l'existence d'ancêtres.) Il était assez difficile d'imaginer le lent devenir de l'homme, son émergence d'une animalité indistincte. Il était, certes, plus simple de se retrancher, comme cela s'était toujours fait, derrière la haute autorité de la Bible : voilà un homme — Adam — « pétri dans l'argile », déjà beau, intelligent, humain. D'un tel ancêtre il n'y avait sûrement pas lieu d'avoir honte. En revanche, accepter l'ancienneté de l'homme signifiait, en tout état de cause, accepter que le processus relatif à notre espèce ne fût pas différent de celui qui s'était produit pour les autres.

Et les simplifications se manifestèrent. Une fois de plus, pour « expliquer » en peu de mots, des sottises furent émises. Etant donné que les formes vivantes les plus semblables à l'homme étaient, évidemment, les grands singes anthropomorphes (« à forme d'homme ») on ne pouvait mieux simplifier l'énoncé de Darwin qu'en affirmant que « l'homme descend du singe ».

Naturellement, cette affirmation (totalement incorrecte et que Darwin n'avait jamais prononcée) se prêtait à d'infinies polémiques, mais bien compréhensibles du grand public. L'argument scandaleux, pouvant servir de levier pour discréditer la théorie évolutionniste avait, en somme, été trouvé.

Même si l'on admet l'idée d'une évolution continue, d'une mutation continue de l'animal-homme, comment situer le passage de l'animal, qui *ne* se rend *pas* compte de ce qu'il est, à l'animal qui a conscience de tout et qui raisonne sur ce sujet ? Car, indubitablement, nous sommes des êtres de ce type : nous nous servons de l'intelligence. Eh bien, sans prétendre « tout expliquer », la science, suivant sa méthode, nous fournit des hypothèses, nous donne certaines explications, éclaircit pour nous bien des points obscurs. En bref, la science peut nous aider à comprendre que les choses se sont vraiment passées ainsi : que peu à peu, l'homme *a évolué*, qu'il *s'est transformé*, apprenant *aussi* à penser. Et il n'y a pas de contradictions : il n'est pas impossible que, dans l'espace de plusieurs millions d'années, l'on soit passé du premier galet écorné à la *Joconde*, à la *Symphonie Jupiter*, à l'*infini*. C'est ainsi : Léonard de Vinci, Mozart... et nous tous, nous descendons de *l'être* qui, le premier, a ramassé le galet pour le tailler.

Aujourd'hui notre ressemblance indéniable avec les singes de la famille des pongidés ne nous offense plus. Les savants analysent, du reste, les affinités et les différences dans les structures et dans les modes de comportement, justement pour comprendre quand les pongidés se sont séparés, de notre *famille (les Hominidés : voir le schéma de la page 213) au sein de la superfamille des Hominoïdés.*
Cette subdivision des deux branches évolutives a dû se produire au Miocène.

Comment s'y prendre ?

On a proposé et on propose maintes théories sur la façon dont s'est réalisée l'évolution de l'homme. Il a été décidé de donner un nom particulier à ce processus : *hominisation*. Il est évident que cela fait ressortir l'importance de notre évolution par rapport à celle d'autres formes. On ne parle pas de « chevalisation » ni d'« éléphantisation », pas plus que d'autres transformations, bien que les processus évolutifs des chevaux et des éléphants soient, nous le savons, des plus intéressants et parfaitement reconstituables. Aussi faut-il dire tout de suite que l'évolution de l'homme, tout en étant un processus parmi d'autres, a impliqué toutefois, dans son ensemble, des conséquences d'une portée énorme, et pas seulement pour notre espèce. Dans l'évolution de

l'homme, le rapport *espèce/milieu* a été très intense, et a positivement occasionné un bouleversement du concept de « niche écologique ». Nous éclaircirons mieux, dans la suite, ces affirmations. Pour le moment, il suffit de constater que si elle a un nom particulier, réservé à elle seule, notre histoire évolutive le mérite peut-être réellement.

Essayons donc de faire le point sur les explications (toujours partielles, on le comprend, justement parce qu'elles sont scientifiquement correctes) aujourd'hui les plus répandues. Il va de soi que ces propositions peuvent changer, dans l'intervalle même de quelques années, à la suite de découvertes nouvelles. Rappelons toutefois que l'affirmation fondamentale de Darwin n'a rien perdu de sa valeur : il est très probable que, dans un passé lointain, il ait existé une forme *(ancient member* un ancêtre) dont peuvent être dérivés aussi bien l'homme que les grands singes (anthropomorphes).

A propos de l'évolution des primates, nous avons déjà vu (voir page 210) que les formes remontant à l'Oligocène Moyen de l'Egypte peuvent s'interpréter comme antécédents et des pongidés (les anthropomorphes actuels : orang-outan, gorille, chimpanzé) et des hylobatidés (aujourd'hui les gibbons), et du groupe dans lequel on peut inclure le ramapithèque.

En substance, l'*ancient member* de Darwin peut avoir été un singe (encore inconnu) de l'Oligocène égyptien. Nous avons même noté les caractéristiques les plus intéressantes du ramapithèque qui nous permettent de le considérer comme un ancêtre, déjà fortement orienté vers le rameau de l'homme, et de le comprendre dans la famille des hominidés.

Les nombreux restes fossiles d'os, et surtout d'os du crâne, de formes reconnaissables comme celles d'hominidés, nous permettent de reconstituer assez bien l'histoire osseuse de la famille. L'attribution d'un crâne à un genre différent, ou bien au genre *Homo* (auquel notre espèce appartient) peut n'avoir qu'une

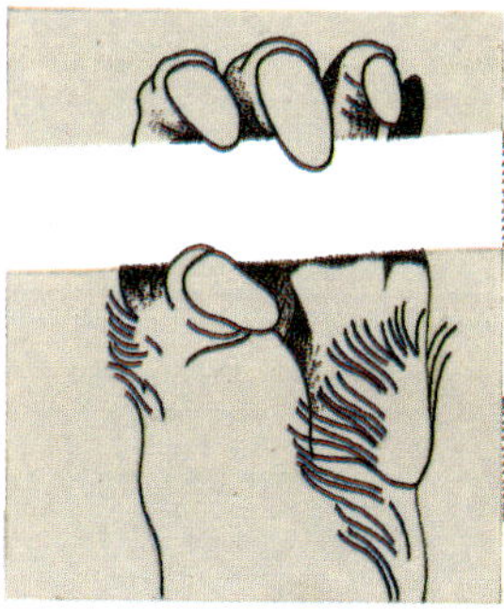

Le castor emploie comme doigt opposable le « petit doigt ».

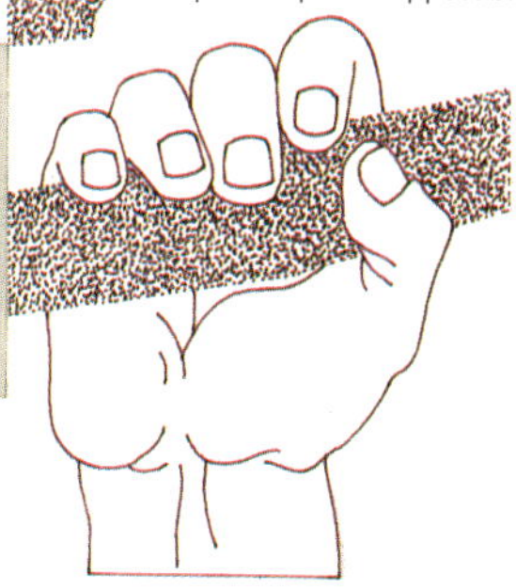

Dans notre main, comme chez tous les Hominoïdés, c'est le pouce qui est opposable.

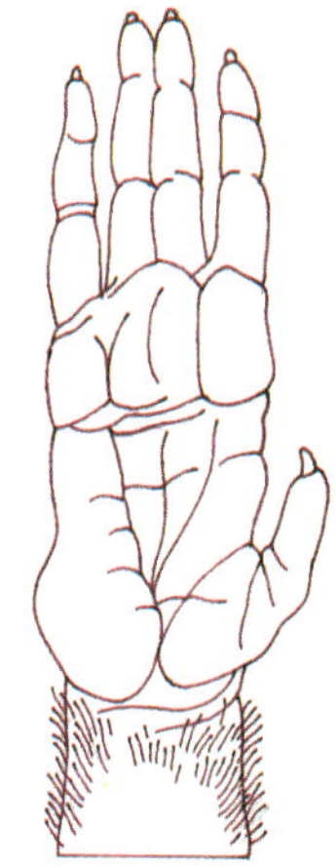

main d'orang-outan

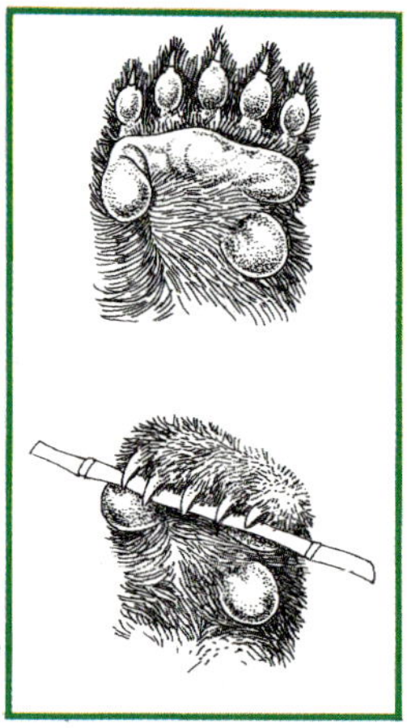

Le panda utilise comme « sixième doigt » le gros coussinet de la paume de la main.

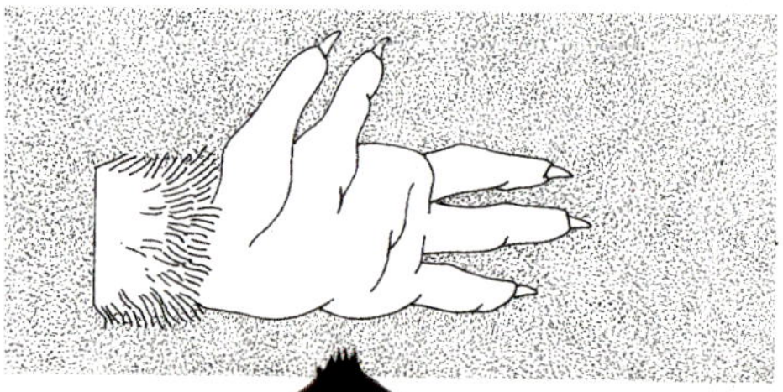

Dans la main du koala le 2e doigt est aussi opposable.

Le gélada ramasse des graines dures (prise de précision) en restant assis, le dos vertical.

Thermopithecus gelada

importance mineure. Il n'est pas douteux que la multiplication des noms pseudo-scientifiques donnés aux ancêtres a contribué à compliquer les investigations, et surtout à alimenter toutes sortes de polémiques. Nous verrons que fort heureusement, aujourd'hui, on tend à simplifier beaucoup cette question de noms. Ce qu'il importe en tout état de cause de noter, c'est une réalité fondamentale : les divers crânes fournissent le témoignage d'un accroissement continu des dimensions du cerveau. A partir d'une certaine phase avancée, on trouve, en même temps que les os, des galets retouchés et, petit à petit, des objets de plus en plus complexes. La façon de combiner ces données, qu'eurent certains auteurs, a néanmoins conduit souvent à des conclusions bien peu convaincantes.

En parlant des autres animaux du passé, nous avons toujours cherché à nous demander comment ont été possibles les évolutions ou les extinctions, les triomphes ou les écroulements ; et presque toujours nous avons trouvé une réponse acceptable, en prenant en considération l'opération fondamentale du *manger*. La nourriture, la quête de la nourriture, l'abondance ou la carence de la nourriture : ce sont là des éléments essentiels du rapport entre espèce et milieu.

Dans l'investigation sur le passé de l'homme, les cartes ont été passablement brouillées parce que l'on a surtout veillé à faire ressortir la différence entre l'homme et les autres animaux (une intelligence remarquable, la capacité de fabriquer des objets, le langage articulé, la pensée abstraite), et moins ce qui a fait aux problèmes de la nourriture, du régime. On a parfois imaginé des relations entre monde de l'« intelligence » et monde du « manger » qui n'ont sans doute jamais existé. Il nous semble plus correct, quant à nous, de traiter la question en portant surtout attention au « manger » et en préférant, le cas échéant, des hypothèses qui tiennent compte de cet éléments, mais en observant ce qui change, parallèlement, dans le champ de l' « intelligence » et dans d'autres caractéristiques structurelles essentielles de l'hominidé. Et il pourra être intéressant de vérifier que beaucoup des modes de comportement de l'homme, ont d'ailleurs été et sont tout simplement des moyens de résoudre le problème fondamental de la nourriture.

La capacité de préhension des mains ou des pieds existe chez beaucoup d'animaux : on la rencontre chez des mammifères et aussi chez quelques oiseaux. Il y a pourtant, en général, une différence notable entre le fait de prendre et celui de tenir, et de se servir d'une prise de précision.
Ci-dessous : la couture, exemple de prise de précision.
Ci-contre : quelques formes d'adaptations rencontrées chez différents mammifères. En bas, on a dessiné un gélada : ce singe, quand il est assis, le dos droit, ramasse par terre des graines avec une prise de précision peut-être semblable à celle des premiers Hominidés.

Comparer pour comprendre

D'après Clifford J. Jolly, il est possible d'établir une comparaison entre ce qu'on pense avoir été le comportement des primitifs hominidés et des pongidés leurs contemporains, en observant et en comparant les différents modes de vie du gélada (*Theropithecus gelada*, forme ressemblant aux babouins) et d'autres singes voisins de celui-ci, comme l'hamadryas *(Papio hamadryas)*, le mandrill *(Mandrillus sphinx)*, et le drill *(Mandrillus leucophaeus)*.

Le gélada vit dans les prairies, dans la savane, non loin, cependant, des lisières des forêts ; les autres singes observés vivent dans la forêt profonde. Le milieu du gélada est donc semblable à celui que nous pouvons admettre comme étant celui qui a dû être fréquenté par les hominidés primitifs, tandis que la forêt est le milieu habituel des pongidés actuels (et donc, probablement aussi des pongidés d'alors). Comment le gélada se comporte-t-il ? Qu'est-ce qui distingue son mode de vie de celui de ses « cousins » mandrills ? Ces derniers se nourrissent de feuilles relativement tendres, de fruits, de bourgeons et parfois d'invertébrés et de petits vertébrés : ils n'ont donc pas, au fond, un régime bien différent de celui des pongidés actuels. Le gélada vit surtout au sol et se nourrit principalement de racines, d'herbe, et de graines coriaces. Pour cueillir ces éléments, plutôt petits, il se tient habituellement *assis* par terre, avec le dos droit et, sans pencher la tête, il explore avec les mains tout alentour. Il prend alors les petits objets entre le pouce et l'index (*prise de précision* assez semblable à celle de l'homme), et les passe rapidement dans la paume de la main ; quand il a ainsi rassemblé une petite masse consistante, il porte la main à la bouche et se met à décortiquer la nourriture. Pour cette opération, le gélada remue la mandibule latéralement, se servant des dents comme des meules d'un moulin : cela explique peut-être la réduction des canines, évidemment gênantes pour ce mouvement. Il se trouve en effet que les canines et même les incisives sont moins développées que chez les mandrills ; en revanche, la mandibule est très robuste dans la région des molaires. Chez les hominidés primitifs aussi (par exemple chez le ramapithèque), ces caractéristiques sont présentes — et accentuées. Peut-être en relation avec le port de tête droit, le front du gélada est moins fuyant que celui des mandrills. Notons aussi que chez le gélada, l'habitude de vivre au sol fait que le pied est moins employé pour la prise, de sorte que le premier doigt est faiblement opposable ; l'opposabilité du premier doigt se rencontre, dans le pied, chez les autres formes qui vivent dans les arbres (en plus de celle du premier doigt de la main).

Jolly a examiné nombre d'autres caractéristiques. Dans l'ensemble, il apparaît que, dans un groupe assez homogène de singes, une forme, le gélada, qui s'est aventurée dans un domaine différent du sien dans lequel la nourriture est constituée surtout d'objets petits et durs, s'est transformée notablement, présentant de singulières ressemblances avec les plus anciens des hominidés. Au contraire, les formes (mandrill, drill, etc.), qui n'ont pas quitté la forêt, se sont moins transformées, comme, en fin de compte, cela est arrivé aux pongidés. On n'essaie pas ici de relever des affinités, ni, encore moins, des liens de descendance des hominidés avec ces singes, mais on constate que, partant des situations initiales analogues,

De la prise de précision simple, l'homme est passé à la capacité de manipuler les objets. Le caillou trouvé par terre a été employé, en une première phase des plus primitives, en lui arrachant simplement des parcelles ; par la suite, l'homme a constaté que ce caillou pouvait être taillé. Il s'est ingénié à en changer la forme pour produire des outils d'utilisations variées.
Ci-contre : l'éventuel « travail à la chaîne » sur des outils de pierre, par un groupe de néandertaliens (voir plus loin, page 285).

Homo sapiens neanderthalensis

deux groupes d'animaux se sont distingués et que des nécessités de milieu probablement semblables ont conduit à des solutions structurales semblables. Il apparaît comme logiquement acceptable que les hominidés aient, successivement, acquis la capacité de se tenir debout, celle d'une prise de précision, et une mandibule plus robuste dans la région des molaires, un front moins fuyant (précisément pour la raison qu'ils se sont lancés dans des milieux comme les clairières ou la savane où abondent, au sol, des aliments coriaces et surtout des graines dures).

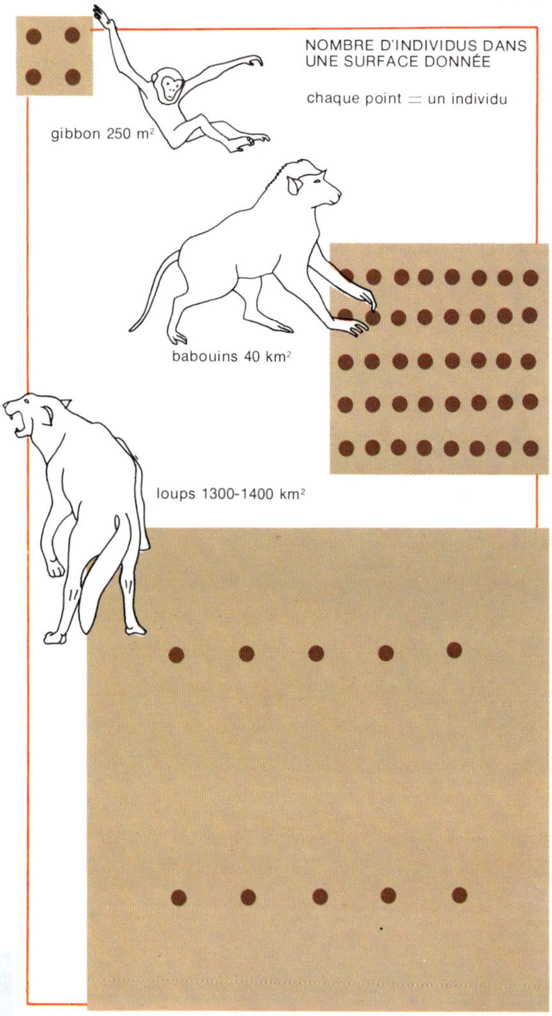

Ci-dessous : zèbres, gnous et girafes coexistent dans la même étendue de savane africaine. En général, toutes les espèces acceptent le voisinage d'autres espèces (pourvu qu'il ne s'agisse pas de prédateurs). A gauche : au contraire, en ce qui concerne chaque espèce particulière, il existe des rapports rigoureux entre l'extension du territoire et le nombre des individus qui peuvent y opérer.

Regarder de haut

A cette toute première phase des hominidés granivores, a fait suite une seconde phase dans laquelle nos ancêtres ont dû commercer à regarder autour d'eux et à s'adonner, de temps à autre, au remassage de charognes ou à la chasse. Ainsi tombent — et, nous semble-t-il, à l'avantage de la logique du raisonnement — les hypothèses, en vogue jusqu'à il y a quelque temps, selon lesquelles le « grand pas » vers la savane aurait été franchi par l'hominidé justement *pour* devenir chasseur. Il était par exemple assez difficile, en suivant cette hypothèse, de donner une interprétation à l'évidente réduction des canines et des incisives chez les aspirants chasseurs, juste au moment où de telles dents auraient été des plus utiles. Si, au contraire, on admet qu'une première phase, probablement longue, ait été celle des granivores (pour lesquels des incisives et surtout des canines sont moins importantes et même plutôt gênantes), il ne paraît pas étrange que le développement « secondaire » de la chasse, alors que *déjà* de nombreux processus évolutifs s'étaient amorcés, ait conduit à de nouvelles capacités. Il est évident que l'hominidé ne pouvait pas, pour arracher des lambeaux de chair ou pour saisir avec les dents, retourner en arrière dans son chemin évolutif; il ne pouvait retrouver des dents de devant plus grosses et plus robustes : il gardait ses bonnes molaires de granivores et se débrouillait avec ses mains. Il se mit à ramasser des bouts de bois, des cailloux, des os. Et naturellement il se mit à courir çà et là ; la bipédie n'était pas une nouveauté absolue (rappelons les innombrables dinosaures bipèdes et les grands oiseaux coureurs). Le côté intéressant, en l'occurrence, tenant au fait que l'hominidé pouvait être bipède et dressé quand il le voulait et qu'il pouvait se tapir dans l'herbe, comme n'importe quel singe, pour chercher une protection. La combinaison de la bipédie avec la station debout et la capacité de s'en servir selon sa volonté était sans aucun doute un atout maître. L'hominidé pouvait courir dans la savane en *regardant d'en haut*. Il est possible que tant qu'il ramassait graines et racines, il n'avait pas de concurrents valables ou du moins n'en avait-il pas de grande taille. Il se peut néanmoins qu'un complément de régime, par quelque lambeau de chair, ait été rendu nécessaire en période de sécheresse, de pousse réduite des herbes de la savane. En se faisant, presque à contre cœur, chasseur, l'hominidé se trouvait en face de terribles concurrents: félidés et hyénidés qui étaient alors tout comme aujourd'hui, les véritables dominateurs du milieu. Il se risqua à manger leurs restes, les miettes de leurs festins ; il se mit à se servir de bâtons pour se défendre. Plus tard, les mains habiles commencèrent à changer la forme des objets recueillis: par paliers, ceux-ci deviendront des armes de défense et d'attaque: ils devinrent des « dents », ils devinrent des « griffes » pour l'hominidé, qui pouvait voir de haut.

Travail de groupe

Une grande quantité d'éléments entrèrent en jeu, que l'on a pu rencontrer aussi chez d'autres formes animales. Les observations des communautés animales vivant en milieux semblables à ceux que fréquentaient les premiers hominidés nous fournissent des indications sur ce que ceux-ci peuvent avoir fait en ce temps-là.

Il a été dit, par exemple, que les hominidés ont tenté de conquérir le milieu nouveau de la savane, en s'imposant, grâce aux armes de pierre, aux anciens maîtres prédateurs. L'affirmation est inexacte : en réalité, nos ancêtres ont probablement pu vivre et prospérer dans la savane pendant des millénaires, aussi longtemps qu'ils n'ont pas connu de problèmes de concurrence. Comme granivores, ils n'en n'avaient guère et ils pouvaient trouver des accords territoriaux avec les herbivores.

Nous pouvons aujourd'hui observer des situations de coexistence pacifique entre divers animaux dans le même domaine, pourvu qu'il y ait des spécialisations, pour certains éléments, de la nourriture disponible, ou qu'il y ait des horaires de fréquentation différents (en particulier des points d'eau, pour l'abreuvement). Les girafes mangent des bourgeons et des feuilles dans les plantes hautes ; les zèbres mangent les tiges de l'herbe. D'autre part les gnous et les zèbres (qui consomment la même nourriture) peuvent coexister : il suffit que l'herbe ne vienne pas à manquer de façon trop évidente. Les groupes tendent à rester distincts, mais les territoires des deux espèces peuvent se superposer en partie, ou même coïncider. On a fait le relevé des superficies « opérationnelles » pour diverses espèces animales (voir schéma page 256). Par comparaison, on a estimé qu'un groupe d'une vingtaine d'hominidés pouvait explorer des territoires de plus de 1 000 kilomètres carrés.

Il est bien évident que sur des territoires d'une telle étendue, il n'est pas possible d'être seul ; et que les membres de chaque espèce séparée ne peuvent tendre à mener une vie solitaire. Il se forme en général des noyaux de quelques individus. La coexistence avec d'autres espèces présente souvent des avantages pour tous. En observant les babouins et leur vie

Ci-dessous : chez les éléphants d'Afrique, les femelles occupent le rang hiérarchique le plus élevé.
Ci-contre : chez certains animaux, le chef du groupe impose aux inférieurs de se soumettre.
Chez les loups, l'acte de soumission se réalise par un geste symbolique. Le jeune mâle présente sa gorge au chef de bande (comme s'il lui disait : « Tu peux disposer de ma vie »).
Le chef ne l'égorge pas, mais l'admet dans sa troupe.

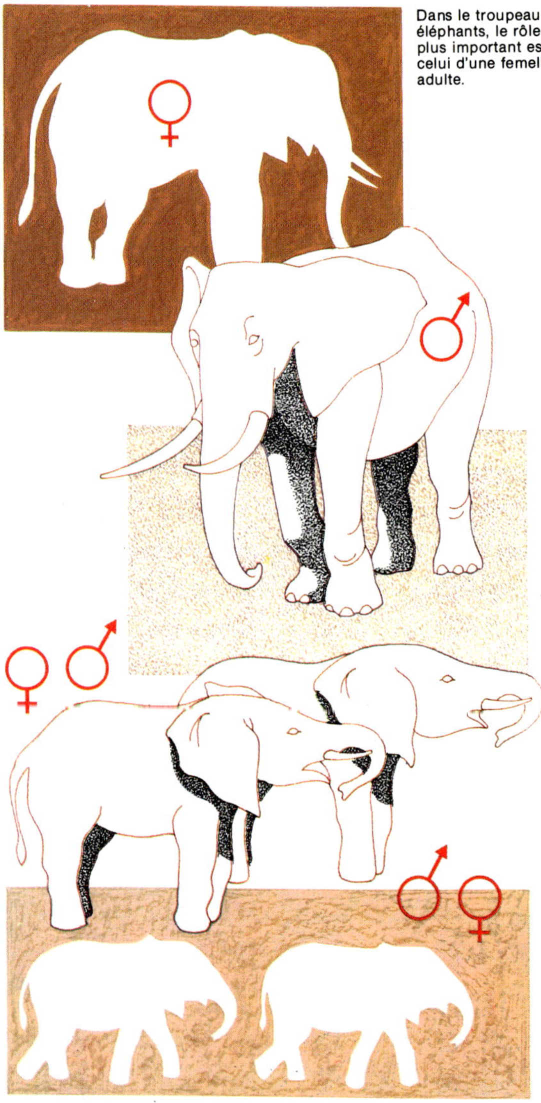

Dans le troupeau des éléphants, le rôle le plus important est celui d'une femelle adulte.

communautaire, dans le cadre qu'ils partagent avec différentes antilopes, et en particulier avec les impalas, on a pu noter que ceux-là, à l'odorat très fin, peuvent, par leur fuite, avertir les singes de l'arrivée d'un prédateur; les babouins, eux, dont la vue est très bonne, peuvent apercevoir un prédateur qui s'approche sous le vent et, par des cris et des gestes, avant même de prendre la fuite, donner l'alerte également aux impalas. Dans chacun des cas, les probabilités de salut pour les deux formes se trouvent augmentées. Il est possible que les hominidés eux-mêmes trouvèrent des aides analogues.

Nous allons reprendre l'examen de la vie des groupes. Pour les espèces qui se déplacent beaucoup en quête de nourriture, il est indispensable que le groupe ait une hiérarchie propre très précise, comprenant nécessairement un chef de bande, un ou plusieurs suppléants, les femelles, et les jeunes. C'est ce que l'on observe chez les babouins. Des bandes ordonnées rigidement suivant un ordre hiérarchique, se rencontrent chez différentes autres espèces, des éléphants aux loups. En règle générale, les effectifs des groupes sont d'autant plus importants, que les distances à parcourir ou les difficultés à affronter pour trouver la nourriture sont plus grandes.

Il y a pourtant des cas où les petits groupes donnent un rendement meilleur, dans cette quête: ce comportement est celui que nous rencontrons chez le gélada. La besogne minutieuse de recherche des graines et des racines est accomplie par des équipes de 3 à 5 individus, composées d'une famille, élargies par un autre jeune ou un parent. Le soir, les petits groupes de géladas se réunissent en troupes plus nombreuses et, ordinairement, ils se retirent pour dormir sur des hauteurs en lisière de la forêt ou aux abords de clairières. Ne pouvons-nous considérer ce comportement comme une indication de ce qu'a pu être la structure des tout premiers noyaux d'hominidés? L'hypothèse est acceptable.

Il est bien probable que les hominidés, opérant sur des champs d'action très étendus, se réunissaient en noyaux d'une importance un peu supérieure à des familles, pour des campagnes de récolte. Par la suite, les groupes distincts pouvaient se retrouver, ou plus souvent s'affronter (pour la nourriture, pour la possession des femmes). En toute certitude, la phase des granivores n'a pas comporté dans chaque groupe distinct une subdivision effective des tâches. Celle-ci est venue probablement plus tard, quand

Ci-dessous et en bas : l'homme a d'étranges rapports avec les autres formes vivantes. Il se comporte comme un prédateur, *mais les espèces auxquelles il s'attaque ne sont pas toutes destinées à satisfaire sa* faim. *Pour répondre à ce besoin élémentaire, l'homme a recours aujourd'hui à des animaux élevés par ses soins, ou à des végétaux cultivés.*

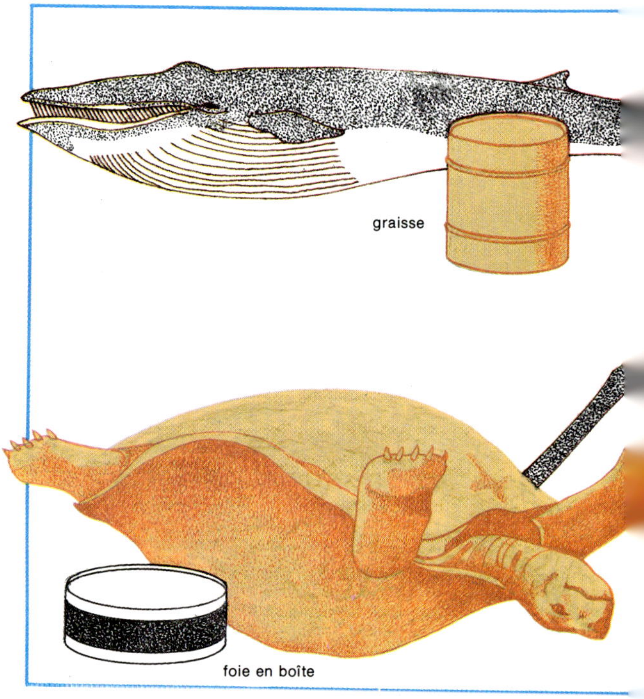

Bien d'autres espèces servent toujours à alimenter le commerce ou comme curiosités ou signes de prestige social. On ne chasse certains félidés que pour faire de leurs têtes des trophées de chasse, et les pattes d'éléphants sont transformées en porte-parapluies exotiques...

Les peaux des bébés phoques ou des loutres de mer deviennent des manteaux de fourrure et les baleines fournissent surtout des graisses et de la viande (que l'on vend déguisées sous les noms d'autres animaux) ; des grandes tortues, on ne mange que le foie, réputé délice de gourmet. Les oies donnent le « foie gras » ainsi que le duvet que l'on met dans les coussins et dans les vêtements fourrés.

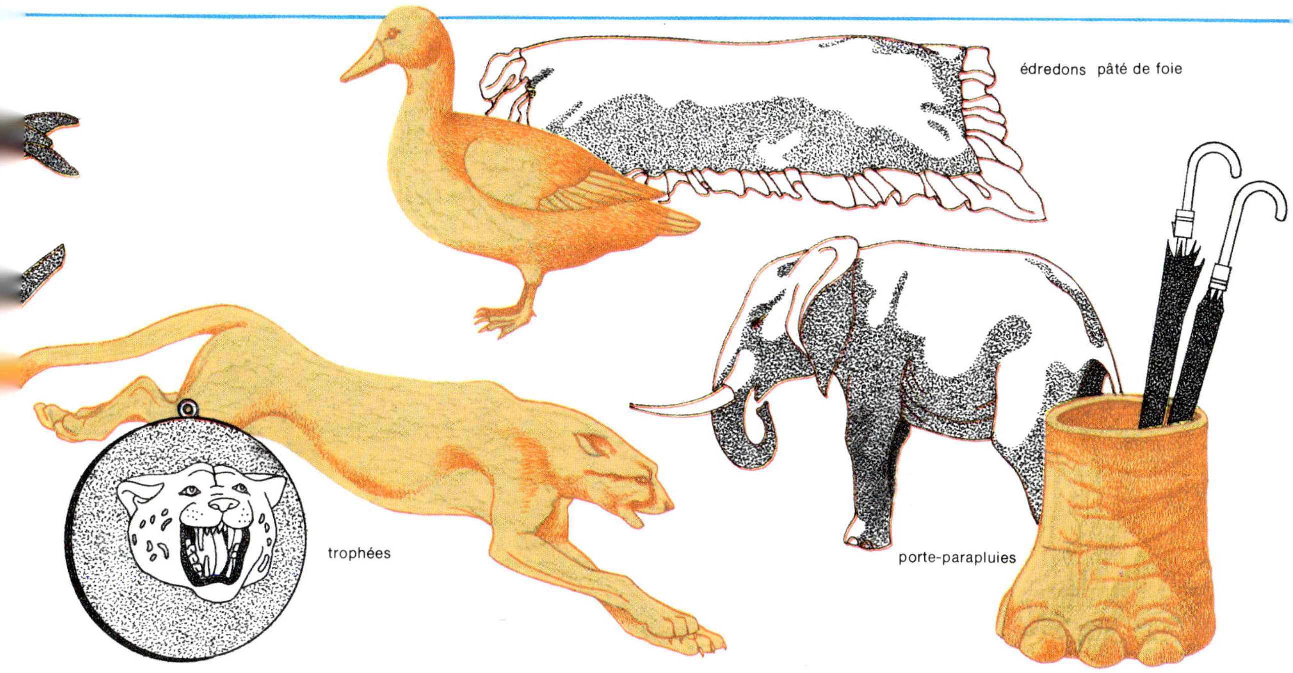

les hominidés commencèrent à concurrencer les prédateurs, d'abord en dérobant les charognes, ensuite en devenant chasseurs. Les déplacements les plus longs, en relation avec ces activités, devinrent la tâche des mâles, tandis que les femmes continuaient à ramasser graines et racines, s'occupant en même temps des enfants. La « double journée de travail » de la femme, aujourd'hui dénoncée par les féministes, était déjà commencée. En fait, elle existe chez d'innombrables espèces animales (qu'on pense simplement aux lions, dont les femelles font pratiquement tout, tandis que la seule occupation du mâle est de pourvoir à les féconder).

Les mâles de petits groupes (ou familles) distincts pouvaient se rencontrer, se querellaient peut-être, ou peut-être se mettaient d'accord pour unir leurs forces en une action nouvelle pour se ravitailler en nourriture. Il y eut dans ces rencontres/conflits les premières communications sur « ce qu'on pouvait faire ». Il y eut certainement un jour, où un hominidé, qui avait par hasard ramassé un caillou pour le lancer, communiqua cette expérience à un de ses semblables. Peut-être le fit-il justement en *lui lançant* un autre caillou. Et il y eut, un autre jour, un hominidé qui, ayant retouché un caillou, apprit à un de ses semblables à en faire autant. C'est là, en fait, la caractéristique nouvelle. L'homme est un animal susceptible de culture, un animal capable de transmettre une culture. Et la culture transmise donna aux hominidés les moyens d'une entreprise qu'ils s'évertuèrent à accomplir mieux qu'aucun autre être vivant : conquérir le monde, le changer, le saccager.

Le saccage

Nous avons déjà dit que les cailloux améliorés apparaissent, à partir d'une certaine phase, dans les sites où se retrouvent les os des hominidés fossiles. Ces objets n'apparaissent pas n'importe où dans des couches de la même époque. En outre ils sont, d'abord, vraiment rares, puis deviennent nombreux. Evidemment les hominidés, une fois trouvée la méthode de fabrication de ces objets, en fabriquèrent vraiment beaucoup, mais tous les hominidés n'ont pas connu ces méthodes à la même époque. Ces deux faits indiquent que le mécanisme de la transmission de la culture opérait déjà et, bien entendu aussi, de la *non* transmission : si

A gauche : on détruit les forêts pour trouver du pétrole (nous voyons ici une station d'extraction en forêt nigériane).
Ci-contre : la géologie de régions entières est bouleversée par les cultures (vue aérienne des zones agricoles du Nebraska, USA).

Ci-dessous : les rivières polluées par les décharges industrielles tuent les poissons. Ceux-ci peuvent aussi mourir parce que les eaux s'appauvrissent en oxygène là où les décharges, riches en phosphates ou en nitrates, favorisent une croissance énorme de végétaux aquatiques qui étouffent littéralement les bêtes.

MASSACRE INDIRECT DES ESPÈCES VIVANTES

Les décharges industrielles empoisonnent les eaux ; en outre les produits à base de phosphate et d'azote fertilisent énormément les fonds, favorisant ainsi un développement exubérant de la végétaion, qui étouffe la vie animale.

un groupe *n'était pas* informé d'une nouveauté technique, beaucoup de temps pouvait s'écouler avant que celle-ci vienne à être redécouverte. La communication et le refus volontaire de la communication, la culture *transmise* ou, au contraire, *non diffusée* devinrent des éléments d'une extrême importance de nouvelles pensées sélectives. Il y eut assez vite des groupes « cultivés » et des groupes « ignorants ». Nous disons « vite », entendant par là que ce type de diversité s'affirma plus rapidement que ne se sont affirmées les différences de formes et la structure physique : les groupes « qui savaient » et les groupes « qui ne savaient pas » se distinguèrent bien plus rapidement que ne s'étaient distingués des hominidés avec un cerveau un peu plus grand de ceux dotés d'un cerveau un peu moins grand.

L'usage des pierres améliorées devint, le temps passant, de plus en plus efficace. Travaillant en groupe — et imitant, en cela, les prédateurs — les hominidés obtinrent des résultats notables. Puis ils apprirent à faire systématiquement ce que d'autres animaux ne font que de temps en temps : ils apprirent à frapper à distance. Cela demandait, sur le plan pratique, l'acquisition de membres plus longs. Entre le temps qu'il faut pour apprendre à accomplir ces opérations et à les transmettre à tout le groupe, et le temps qui aurait été nécessaire pour obtenir une transformation physique (une augmentation des dimensions du corps) ayant la même efficacité, aucune comparaison n'est possible. Désormais, l'hominidé savait que son atout maître sur le plan évolutif était surtout la carte culturelle. Et les premières sagaies arrivèrent. Plus tard, ce fut le propulseur ; puis l'arc. Entre-temps un autre outil-arme s'était ajouté à l'arsenal : le feu. Le feu permit à l'hominidé d'agir même la nuit, de surprendre ses victimes pendant le sommeil. Pour la première fois un animal réussissait à agir aussi bien de jour que de nuit : l'hominidé pouvait vraiment travailler à

deux postes, avec des avantages sur les autres concurrents, contraints à travailler de toute façon à un seul poste.

Comment, alors, se réalisa le saccage ? L'homme peut agir sur les autres espèces en mode *direct* et en mode *indirect*. Les hominidés attaquaient directement une proie ou bien ils pouvaient l'épouvanter, l'obliger à fuir de façon à la faire tomber dans un précipice : ils savaient alors comment achever la bête blessée.

L'homme, au cours de son aventure, a probablement contribué à l'extinction de plusieurs espèces animales et végétales. Aujourd'hui, ces actions sont sous les yeux de tout le monde : les lois de la production et de la consommation ne connaissent aucune limite à l'œuvre d'agression contre d'autres espèces et contre les milieux. Les massacres directs et indirects sont devenus ordinaires, et cependant ne cessent pas de nous faire frissonner. Mais qu'arrivait-il alors ? L'homme a-t-il été aussi agressif à l'égard des environnements, même dans le passé ? Oui, probablement. Si nous tenons compte des moyens dont il disposait, et si nous vérifions l'efficacité des opérations d'après les restes de proies que l'on retrouve dans des sites fréquentés par les chasseurs, nous devons admettre que l'habileté de ces « prédateurs » était remarquable. Une autre vérification nous provient de témoignages sur la diffusion des hominidés. Dans une certaine phase, ils se montrent présents, en pratique, dans le monde entier : ils doivent donc s'être multipliés et répandus assez vite. Beaucoup d'individus : beaucoup de bouches. Si la multiplication s'est produite, c'est qu'elle fut sans aucun doute soutenue par l'efficacité de l'approvisionnement en nourriture.

Dans notre désir continu de rapporter le passé au présent, nous ne devons pas oublier l'efficacité acquise par l'homme, dans l'art de nuire à ses semblables. Probablement, dès ce temps, les hominidés avaient déjà appris à se faire du mal, d'un groupe à l'autre.

Outre la conquête et l'agression, outre le massacre direct, il existait, comme nous l'avons déjà indiqué précédemment, le mécanisme efficace de la non-transmission de la culture.

Un groupe qui ne connaissait pas encore le feu pouvait facilement être dominé par un autre groupe, déjà maître dans l'art de conserver ou d'allumer l'étrange et brûlant « instrument ».

Un groupe qui ne connaissait pas l'arc était à la merci d'un autre groupe déjà possesseur de cette arme. Et qui avait moins de culture, moins de technologie, mangeait moins de nourriture, était moins efficace, moins malin, et ne pouvait se défendre ni attaquer : il subissait la faim.

Pourquoi si nombreux ?

La situation n'était donc pas différente de la situation actuelle : deux groupes (qui se font précisément appeler « mondes ») cherchent à tout avoir : biens matériels, pouvoir, culture. Et ils tiennent bien éloigné de ces trois éléments le troisième groupe (le très peuplé tiers monde), qui, régulièrement, connaît la faim. Quels sont les liens entre la nourriture et la culture ? L'acquisition de certaines capacités techniques (et la possibilité de communiquer les découvertes à tous les membres du groupe ou des groupes que l'on veut avoir comme alliés/amis) conduit à un rendement plus grand dans l'approvisionnement en nourriture. La culture, donc, produit de la nourriture. Ne se pourrait-il pas aussi que la réciproque existe ? Que la nourriture produise de la culture ?

L'abondance de nourriture mène à un accroissement de la population. De nouveaux échanges deviennent possibles, ainsi que des mouvements, des contacts,

Ci-contre : la population humaine s'accroît de façon continue. On pourrait dire qu'aujourd'hui nous vivons sur notre planète pratiquement au coude à coude. La situation apparaît critique, d'autant plus que les ressources ne sont pas réparties de façon uniforme. Certains ont trop à manger et d'autres ne reçoivent pas de nourriture en suffisance.

Ci-dessous : la grande prolifération de notre espèce est un phénomène qui peut, selon certains auteurs, être expliqué par la composition du régime alimentaire (schémas ayant pour bases les propositions théoriques de Marvin Harris). L'homme a fait un choix déterminant lorsque, de chasseur et cueilleur, il est devenu agriculteur et éleveur, il y a environ 10 000 ans.

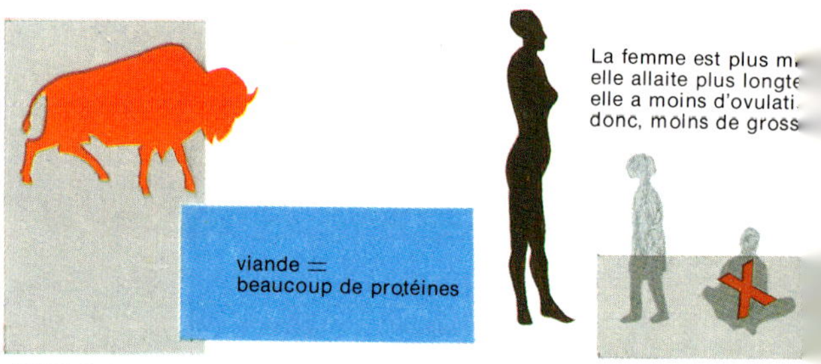

RÉGIME ET IMPORTANCE NUMÉRIQUE DES POPULATIONS

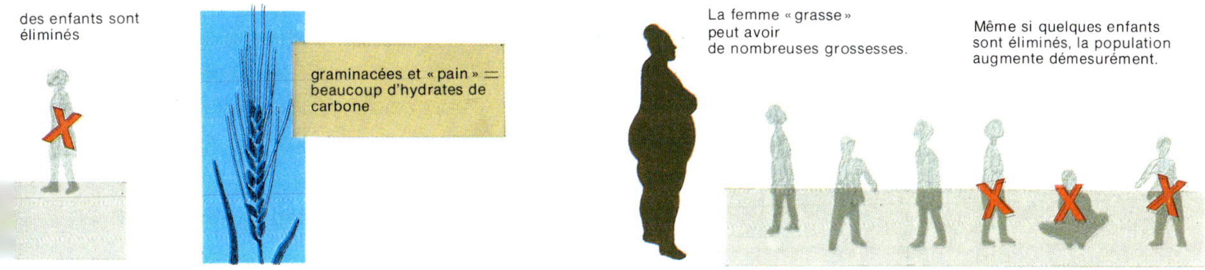

avec d'autres groupes. Il peut y avoir un développement de culture : *la nourriture apporte de la culture.* Mais les mécanismes ne sont pas toujours aussi simples. En particulier, lorsque les populations deviennent vraiment très nombreuses, tous les effets se trouvent retardés : c'est comme si le nombre élevé des individus était représenté par un immense volant. La roue continue à tourner, mais, à cause de l'énormité du volant, elle tourne très, très lentement. Ce n'est pas au hasard que nous avons choisi cette comparaison avec le volant de grande masse : la population trop nombreuse tend à devenir une « masse », quelque chose qui est à la fois grand, et un peu inerte. Pourquoi les hommes sont-ils devenus si nombreux ? Souvent on entend répondre : c'est parce que les conditions de vie se sont améliorées. Ce qui, sans nul doute, a été vrai dans les premières phases ; mais ensuite ? La réponse ne vaut plus, si l'on considère les innombrables périodes de l'histoire humaine au cours desquelles la masse a eu à subir la mort par la famine (et notre époque se situe — c'est bien certain — dans une de ces périodes).

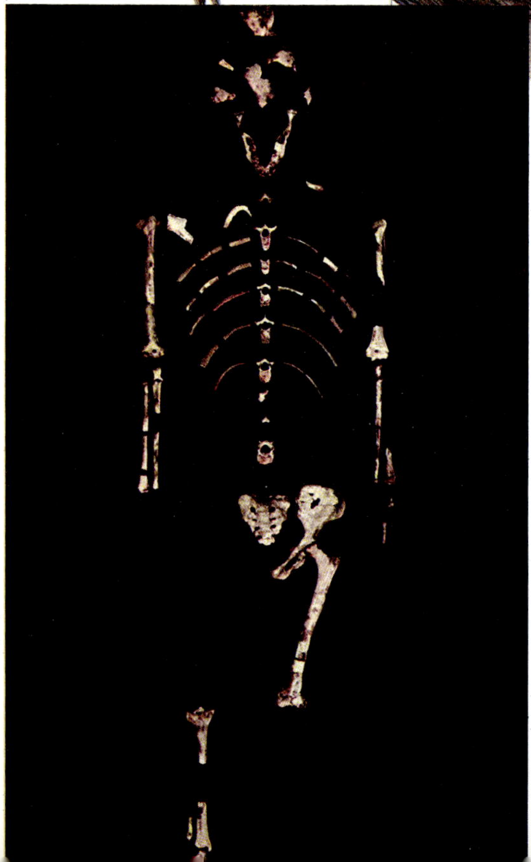

Ci-dessus : évocation d'une scène de la vie quotidienne qui peut remonter à plus de 3 millions d'années avant notre temps. Les poussières et les cendres, déposées par un volcan en activité, ont formé sur le sol de la région de Laetoli, en Tanzanie, une couche de boue (peut-être favorisée par les pluies), qui nous a parfaitement conservé les empreintes de nombreux animaux.
Parmi ceux-ci : des proboscidiens, des lièvres, des girafes, des autruches, des galliformes (semblables à nos actuelles pintades). Certaines traces d'« êtres » qui marchaient debout et dont les empreintes sont très « humaines », quoique plutôt petites, présentent un immense intérêt. Ce sont des traces d'une forme d'hominidé défini, sur la base de divers restes de squelettes, comme Australopithecus afarensis.
A gauche : le squelette le plus complet de cette espèce. Ce sont probablement les restes d'une femme, qui a reçu le sobriquet de Lucy.

tibles — comme l'orge, le blé, le riz — et à élever des animaux. Nous donnerons plus loin d'autres notions essentielles sur ce passage. Ce qu'il importe de relever ici, avec Harris, c'est le fait que le régime des chasseurs-cueilleurs était bien plus riche en *protéines* que ne l'a été plus tard celui des cultivateurs-éleveurs : pour ces derniers, les *hydrates de carbone* prédominaient dans le régime (c'étaient des composés de carbone, d'hydrogène et d'oxygène contenus dans les graines). Les comparaisons que l'on peut établir, entre populations actuelles vivant encore de chasse et de cueillette et populations agricoles, sont importantes. Le régime riche en protéines (naturellement complétées par les hydrates de carbone des végétaux sauvages récoltés) donne une bonne santé : il n'y a pas de tendance à engraisser, le vieillissement n'est pas précoce, les individus vivent longtemps. La reproduction (et par conséquent la multiplication des individus) a des caractéristiques normales. Les femmes, pour limiter le nombre des enfants, ont parfois recours (mais rarement) à l'avortement et plus souvent un petit indésiré est abandonné à peine né, et meurt. Les femmes de certaines populations de chasseurs-cueilleurs emploient en outre une autre méthode pour retarder une nouvelle grossesse. Elles allaitent l'enfant très longtemps, jusqu'à 3 ou 4 ans. Ainsi leur organisme, bien alimenté par le régime riche en protéines s'appauvrit en hydrates de carbone (et en matières grasses). La réduction du taux de matières grasses dans le sang empêche le rétablissement du cycle de l'ovulation et, par voie de conséquence, l'apparition d'une nouvelle grossesse. Chez les populations adonnées à l'agriculture, le taux des hydrates de carbone dans l'alimentation est très élevé ; celui des protéines est plus faible, tandis que les matières grasses tendent à augmenter. S'il y a beaucoup de matières grasses dans le sang, les ovulations, et avec elles les grossesses, se font plus fréquentes. Les méthodes de limitation des naissances (avortement, infanticide) ne suffisent plus

Nourriture et progéniture

D'après Marvin Harris, on ne peut se contenter de parler de nourriture, mais il convient aussi de porter l'attention aux caractéristiques de la nourriture elle-même. Harris met en parallèle la période pendant laquelle l'homme vivait uniquement de cueillette et de chasse (période qui dura, dans l'Ancien Monde jusqu'à environ 10 à 12 000 ans avant notre temps) et la période où l'homme commença à cultiver systématiquement les plantes qui donnaient des graines comesà modérer l'augmentation de la population.

Telles sont, très schématisées, les conclusions de Harris. Le passage à l'usage systématique des céréales cultivées a conduit l'homme à une situation, dont la perspective était, et continue d'être la *surpopulation.* La découverte du moyen de production de la nourriture (qui permet de s'affranchir de la faim) nous a conduit inexorablement à être *toujours trop nombreux.*

Les singes du sud

Ayant mis l'accent sur ces concepts fondamentaux, nous pouvons aborder, en entrant dans le détail, l'« histoire osseuse » de nos ancêtres. C'est une histoire *vraie* : il n'y a pas de place pour des *mythes* ni pour des explications qu'il faudrait accepter comme des articles de foi. Ce qui *a été* apparaît sous nos yeux, ne serait-ce que sous la forme de quelques fragments d'os. Il peut, naturellement, y avoir différentes interprétations de ces données : aux os, exactement comme aux chiffres des statistiques, on peut, dans la pratique, faire dire tout ce qu'on veut. Ce que nous avons déjà exposé, nous permet néanmoins de choisir entre les différentes propositions celle qui s'encadre le mieux dans une histoire passablement logique. Nous devrons toujours nous demander comment certains changements ont pu se produire. Et, presque toujours, nous pourrons attribuer ce qui est arrivé à des questions de nourriture.

Nous connaissons déjà le ramapithèque. Nous allons maintenant nous occuper des représentants les plus récents de la famille des hominidés. Ils appartiennent à deux genres seulement : *Australopithecus* et *Homo.* Il existe des suggestions relatives à l'introduction d'autres genres, mais il s'agit de problèmes qui, d'ordinaire, se traduisent par des discussions à propos de noms, et on les mentionnera uniquement là où la nécessité s'en fera vraiment sentir. Les formes du genre *Australopithecus* se classent aujourd'hui en quatre espèces : *A. afarensis, A. africanus, A. robustus, A. boisei* (les squelettes reconstitués sont placés en parallèle dans le dessin de la page 270). Le vide entre le plus récent *Ramapithecus* que nous connaissions et le plus ancien *Australopithecus* est de plus de 4 millions d'années pour l'espèce *afarensis,* et de moins de 3 millions d'années pour l'espèce *robustus.* Il est difficile de dire ce qui s'est passé dans cet intervalle. Quelles formes pourraient combler cette lacune ? Il convient en outre de noter que les documents concernant le ramapithèque abondent en de nombreux sites de l'Ancien Monde ; les restes des australopithèques (eux aussi abondants) n'ont, au contraire, été trouvés qu'en Afrique, plus précisément dans deux zones de ce continent : le sud et la bande orientale comprise entre la Tanzanie et l'Éthiopie. Est-il possible que l'on découvre un jour les restes d'australopithèque *ailleurs* qu'en Afrique ? Bien sûr que oui. Peut-être ce fait nous aidera-t-il à mieux comprendre comment on passe du ramapithèque aux formes plus récentes (genre *Homo*). Dès aujourd'hui, nous sommes en mesure d'indiquer quelques éléments essentiels du processus.

D'ordinaire, le genre *Homo* suit, dans le temps, le genre *Australopithecus ;* toutefois, dans certains sites, les deux genres ont été contemporains. Les australopithèques sont certainement plus récents que le ramapithèque, mais il se peut que même dans ce cas, une phase d'une certaine simultanéité d'existence aurait pu — bien entendu — être représentée par un autre genre intermédiaire non encore découvert. Comment un australopithèque était-il fait ? Nous pouvons nous appuyer, pour la description, sur un squelette qui a été retrouvé dans des conditions exceptionnelles de conservation. Cet individu était presque certainement une femme. Aujourd'hui, « elle » est universellement connue sous le nom de *Lucy :* c'est en effet le nom familier que lui ont donné, pour la désigner les paléontologues qui l'ont découverte. Le nom est tiré d'une chanson des Beatles, *Lucy in the sky with diamonds*

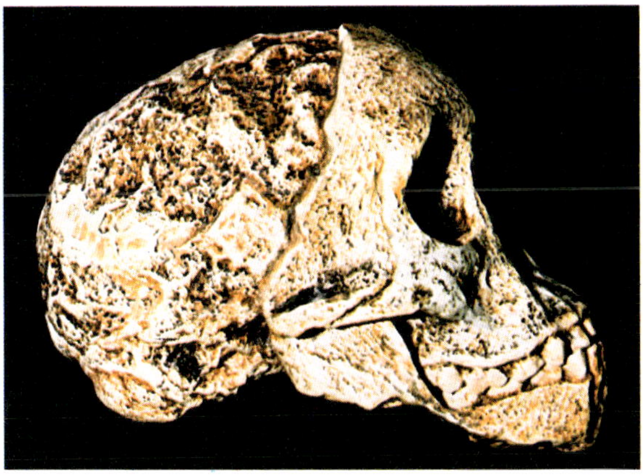

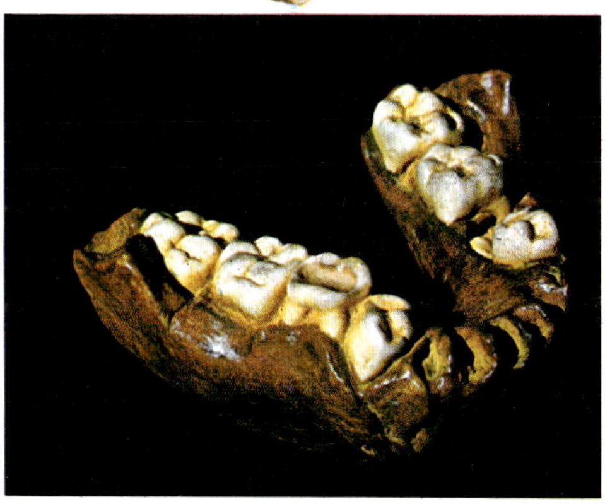

*En haut : reconstitution d'un groupe d'*Australopithecus africanus. *Cet hominidé se nourrissait peut-être de charognes, qu'il disputait à d'autres animaux, tels que la hyène. Il n'est pas exclu que cet être ait employé comme armes des cailloux et des os.*
Ci-dessus : un moulage du fameux « enfant de Taung », *individu jeune d'*africanus.
*A droite : une mandibule d'*africanus.

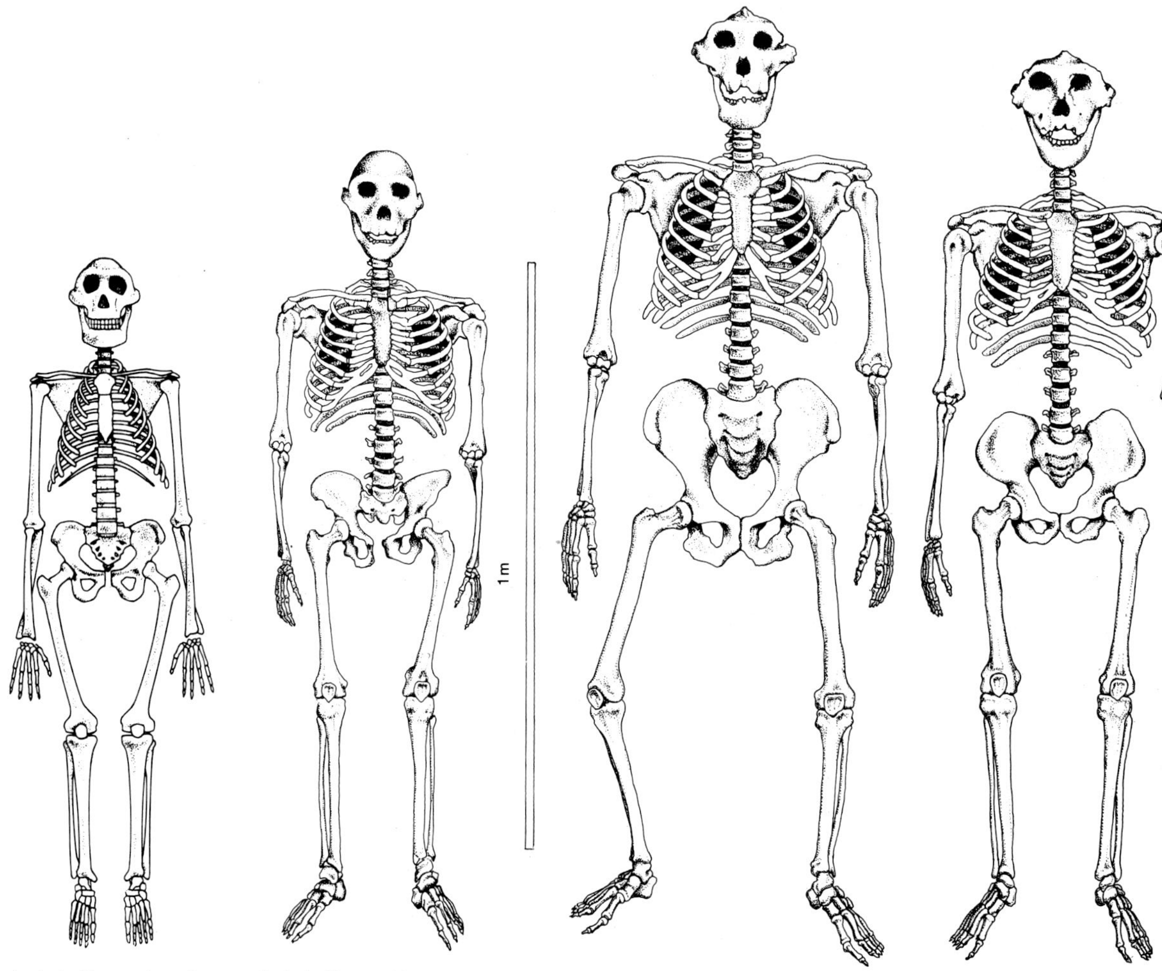

Australopithecus afarensis
l'espèce de Lucy

Australopithecus africanus
l'espèce de l'« enfant de Taung »

Australopithecus boisei

Australopithecus robustus

qu'un magnétophone répétait durant les recherches. La trouvaille a été faite à Hadar, site du pays des Afars, et vaste dépression qui s'étend, en un grand triangle, au nord-est d'Addis-Abbea, en Éthiopie. L'expédition était conduite en 1974 par Donald C. Johanson ; la description de l'espèce de Lucy *(Australopithecus afarensis)* a été donnée par lui et par Timothy White. Pour la description, on a aussi disposé d'autres restes d'hominidés assez semblables à Lucy, et en particulier, de ceux d'un groupe (peut-être plus de 7 individus, d'âges divers) trouvé aussi à Hadar, et d'autres encore qui furent découverts à Laetoli, site de Tanzanie septentrionale à l'ouest du Kilimandjaro. Les individus du groupe de Hadar sont indiqués comme « la première famille » : effectivement, tous ces hominidés (il y a aussi quelques petits enfants) doivent avoir vécu, et sont morts, certainement tous ensemble ; peut-être ont-ils été tués par une épidémie.

A Laetoli, en revanche, on a mis au jour de très nombreuses traces de divers animaux et aussi d'hominidés qui ont marché voilà plus de 3 millions d'années sur des cendres volcaniques humidifiées par la pluie (presque un ciment frais qui a parfaitement conservé les moulages : voir la planche de la page 269).

Lucy était haute d'un peu plus de 1,05 mètre et devait peser dans les 27 kilos. Elle était adulte : elle avait en effet toutes ses dents, et celles-ci étaient usées comme elles le sont toujours chez les adultes. Les os, robustes, présentent de grandes marques d'insertions des muscles : Lucy devait être plutôt musclée. Sans l'ombre d'un doute, elle était bipède (outre les fossiles, le témoignage des traces

Ci-contre : reconstitution des squelettes de quatre hominidés aujourd'hui attribués au genre Australopithecus. *De gauche à droite :* A. afarensis *(reconstitution ayant pour base unique les restes de* Lucy); *A. africanus; A. boisei; A. robustus.*

En bas : reconstitution des formes robustus *et* boisei *(souvent indiquées globalement comme australopithèques « robustes »). Elle révèle que leur régime était plus spécialement végétal. A droite, crâne d'un* boisei.
Ci-dessous : fragment d'une mandibule (comparée à la mandibule d'un homme actuel), qui, selon Richard Leakey, pourrait être attribuable à un robustus. *Ce reste offre un grand intérêt car il est datable d'environ 5 millions et demi d'années avant le temps présent. L'histoire des « robustes » serait donc très ancienne et a pu se dérouler indépendamment de celle des deux autres formes.*

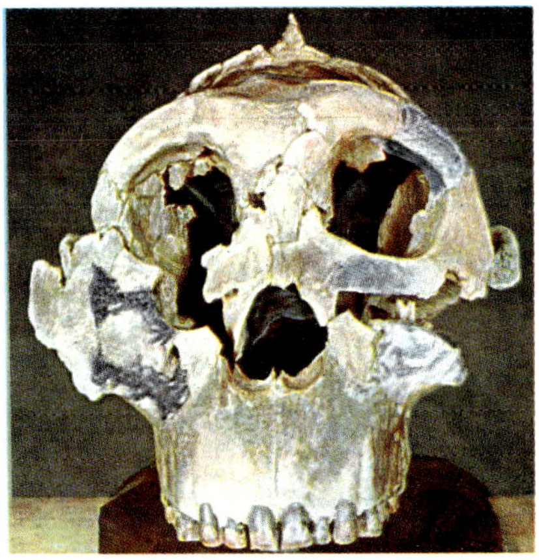

de Laetoli est précieux).

Le maxillaire est assez massif, proportionnellement au reste du crâne. Un fort relief est présent au-dessus des orbites. Mais la boîte crânienne est en voûte, et sa capacité est d'environ 450 centimètres cubes (valeur moyenne calculée sur plusieurs exemplaires d'*afarensis*).

L'espèce *Australopithecus africanus* est connue depuis près de soixante ans. En 1926 Raymond Dart découvrit dans une caverne près de Kimberley, en Afrique du Sud, un petit crâne. Les dimensions étaient celles d'un singe, mais différentes autres caractéristiques (volume de la boîte crânienne, mandibule, dents, bourrelets sus-orbitaires), étaient « humanoïdes ». Le site s'appelait Taung (en langue bantoue, place du lion). le professeur Dart se rendit compte qu'il était tombé sur un crâne d'individu jeune d'une espèce inconnue, assez proche de l'espèce humaine. La nouvelle fit sensation à l'époque, notamment parce que ce vestige pouvait être daté d'environ deux millions d'années avant notre temps : un ancêtre, vraiment ancien. L'« enfant de Taung » devint fameux dans le monde entier. Dart inventa le nom d'*Australopithecus,* littéralement : « singe du sud », et y ajouta le nom spécifique d'*africanus*. Postérieurement, beaucoup de nouvelles trouvailles vinrent enrichir les connaissances sur cette forme.

Bipèdes à station dressée (cela se déduit de la position du *foramen magnum,* l'orifice à travers lequel passe la moelle épinière pour se souder au cerveau), les *africanus* étaient hauts de 1,15 à 1,25 mètre et pouvaient peser de 28 à 35 kilos. La capacité de la boîte crânienne était de 450 à 460 centimètres cubes. Leurs incisives et leurs canines étaient bien développées ; l'arcade dentaire (la courbe dessinée par la position des dents) avait la forme d'un U à branches élargies.

Que mangeaient les *africanus ?* Tout ce qu'ils trouvaient dans leur milieu (savane, bancs de pierrailles le long des rivières, clairières), mais surtout de la chair. Savaient-ils se servir d'outils ? Il est difficile de donner une réponse exacte : on a trouvé dans les gisements des os longs d'autres animaux, brisés vraisemblablement pour en extraire la moelle ; ces fragments étaient-ils aussi pris en la main et utilisés comme armes ?

Quel est son âge ? Les documents relatifs aux *africanus* le situent entre moins de 3 millions et environ 2 millions d'années avant notre temps.

Les robustes

Plusieurs sites d'Afrique méridionale et orientale ont fourni (dans les années 30 et dans les années 50) les restes de l'*Australopithecus robustus* et d'une forme voisine de celle-ci, *A. boisei.* Ces hominidés ont aussi été rangés sous les noms génériques de *Paranthropus* (« presque homme ») et de *Zinjanthropus* (« l'homme de Zinj », Zinj étant une région fabuleuse de l'Afrique orientale, dont parlent les légendes). On tend aujourd'hui à considérer ces termes comme dépassés, et l'on a pris l'habitude de citer ces deux espèces en les désignant par « australopithèques de type paranthrope », ou simplement « de type P » ou bien, encore, « de type robuste ».

Les australopithèques des deux espèces sont massifs : hauts de 1,35 à 1,55 mètre, ils pouvaient peser 40 à 55 kilos. La mandibule est très grosse. Les muscles de la mastication devaient être imposants, comme le prouve aussi la présence de fortes pommettes et de la crête sagittale (c'est une saillie disposée comme l'ornement d'un casque antique, du front à la nuque que l'on rencontre par exemple chez le gorille mâle) ; cette structure fournit, en effet, une large zone d'insertion pour les muscles des joues. L'arcade dentaire était en U plutôt étroit ; les incisives et les canines étaient petites et les molaires massives. Les « robustes » étaient principalement herbivores ; ils vivaient dans les forêts ou aux lisières entre celles-ci et la savane. Leur capacité crânienne était en moyenne de 550 centimètres cubes : proportionnellement aux dimensions du corps, elle était donc *moins* grande que celle des *africanus.* A Lothagam, sur le lac Turkana, au Kenya, Richard Leakey a découvert, en 1976, un fragment de mandibule avec une grosse molaire : ce vestige pourrait être rapporté à un *robustus,* et il est datable d'il y a 5,5 millions d'années. Les derniers *robustus* se retrouvent dans des couches datables d'il y a 1,5 million d'années. Ce groupe des australopithèques « robustes » connut vraiment un grand succès.

En bas : reconstitution du banquet d'un groupe d'hominidés de l'espèce Homo habilis, *la première du genre auquel appartient aussi notre espèce. Dans le cadre : dans bien des cas les restes de cette forme sont associés à de grossiers outils de pierre éclatée* (choppers). *Les combinaisons d'os (comprenant aussi des fragments attribuables à des animaux qui avaient été mangés) nous autorisent à penser que ces hominidés vivaient en groupes, et répartissaient la nourriture selon des règles établies.*

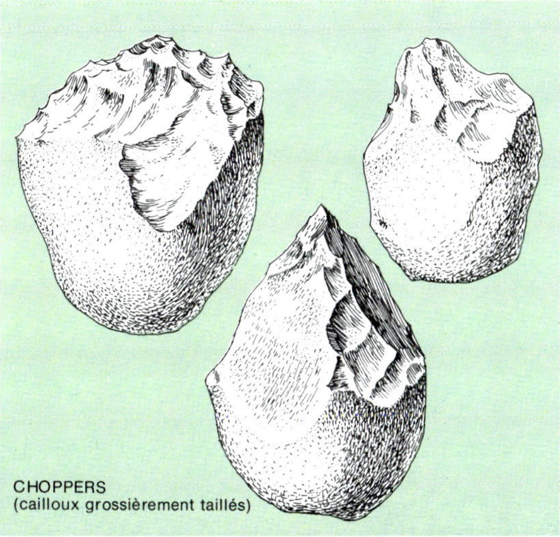

D'habiles travailleurs

On peut fixer à il y a environ 2 millions d'années, ou un peu moins, la datation de témoignages relatifs à un « nouvel » hominidé. Ses os sont généralement accompagnés d'objets manufacturés : galets éclatés, galets présentant des évidements bien marqués, ayant servi à plusieurs reprises à des percussions (c'est-à-dire, ayant servi de marteau pour frapper un autre objet), des traces d'alignements de rochers que l'on peut interpréter comme abris artificiels sommaires (ou peut-être comme consolidations de véritables cabanes de branchage ou de feuillage). Le passage à la phase « culturelle » de l'évolution des hominidés s'achève donc avec cette forme. Elle inaugure le genre *Homo.*

En 1960 Louis S.B. Leakey (père de Richard, déjà cité) fit la découverte dans la gorge d'Olduvaï, grand ravin situé à l'est du lac Victoria, en Tanzanie, des restes de l'hominidé qu'il baptisa plus tard, après polémiques et réflexion, (en 1964), *Homo habilis.* Postérieurement, beaucoup d'autres restes attribuables à cette espèce furent retrouvés (encore à Olduvaï, et aussi sur le fleuve Omo, sur les rives du lac Turkana et au pays des Afars, en Ethiopie). Un crâne découvert sur le Turkana, connu aujourd'hui sous la désignation de « crâne 1470 », est probablement datable d'il y a 2,2 millions d'années.

Les *habilis* étaient hauts de 125 à 135 centimètres (les mâles étant plus grands que les femmes) ; le volume de leur cerveau était d'environ 650 à 700 centimètres cube (avec un maximum de 775 centimètres cube, valeur donnée par le « crâne 1470 »). Les saillies au-dessus des orbites formaient une espèce de visière épaisse ; le « museau » était moins proéminent que celui de l'*Australopithecus africanus.* La denture est de type omnivore, mais les incisives et les canines sont bien développées. Les *habilis,* qui étaient omnivores, mangeaient surtout de la chair. Ils chassaient ou ramassaient les charognes en groupe ; la répartition se faisait après. Ces épisodes ont eu un effet certain sur le développement de la vie sociale. On se demandera comment le régime alimentaire peut influer sur la socialisation ? Mais que l'on réfléchisse au fait que la cueillette de végétaux, tels que racines, graines, fruits, feuilles, herbe, pouvait difficilement porter à une accumulation considérable de nourriture : faute de récipients, les individus se débrouillaient, en somme, chacun pour soi. L'opération la plus logique et la plus simple pour se procurer l'apport nécessaire en végétaux consistait à ramasser et manger, arracher/déraciner et consommer. Pour la viande, il en allait tout différemment. Pour l'obtenir il fallait agir en groupe, et tous ensemble on pouvait ensuite en transporter de grosses quantités vers l'abri, le refuge, où avait lieu le partage. Des litiges éclataient à coup sûr, mais dans l'ensemble toute cette opération avait une incidence considérable sur la consolidation du groupe : la famille prenait plus d'ampleur, et se transformait en *clan.*

La vie des *habilis* pouvait se dérouler à côté des autres hominidés, les « robustes », qui, plutôt solitaires ou en petits groupes, sans organisation sociale, préféraient se cantonner dans les forêts voisines où abondait leur nourriture qui consistait surtout en feuilles, fruits, insectes, et quelques petits vertébrés. Des incidents surgissaient-ils entre « robustes » et *habilis ?* La chose est fort probable, mais l'on sait que la vie des deux formes se déroulait la plupart du temps en une coexistence paisible, en bon voisinage : il y avait bien assez de nourriture pour tout le monde.

Dans une phase que l'on peut dater entre 1,5 et 1,25 million d'années avant le temps présent, est apparu dans la région de Turkana un type d'*Homo* plus évolué : le rapport dimensionnel entre prémolaires et molaires est semblable à celui de l'homme actuel ; la deuxième molaire est plus grosse que la troisième ; la « visière » sus-orbitaire est très accen-

Ci-dessus : les premières formes du genre Homo *(attribuées à l'espèce* H. habilis *et à l'espèce, récemment définie par certains chercheurs,* H. ergaster*) sont attestées par des témoignages de différents sites d'Afrique orientale.*
*A droite : mandibule d'*habilis *trouvée dans le pays des Afars en Ethiopie et un palais complet d'*habilis*. Dans certaines régions, les* habilis *ont pu coexister avec des groupes d'*Australopithecus robustus*. Entre les deux types d'hominidés il n'y avait pas concurrence directe pour la nourriture. Les formes* habilis-ergaster *se maintiennent jusqu'à il y a environ 1,25 million d'années.*

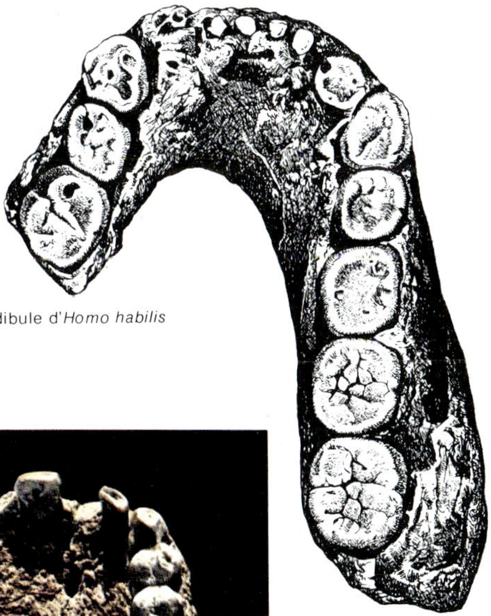

Mandibule d'*Homo habilis*

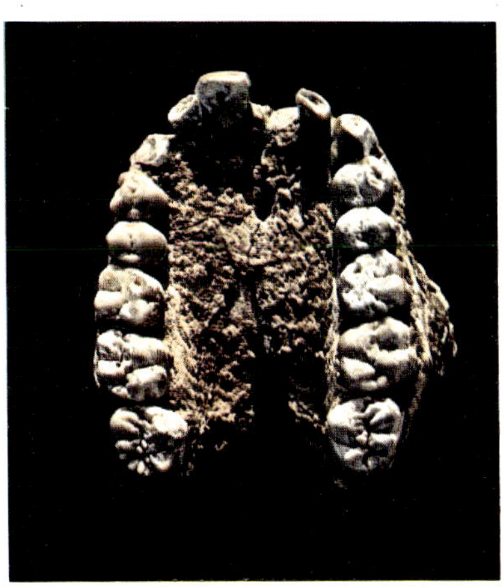

tuée. Sa taille pouvait être de 130 à 145 centimètres, son poids de 35 à 48 kilogrammes. Était-ce toujours un *habilis* ? Ou bien dérivait-il d'un parcours évolutif parallèle et indépendant ? Sur la base de ces vestiges, certains chercheurs ont décrit une espèce distincte : *Homo ergaster*. L'adjectif qui définit l'espèce signifie, en grec : « travailleur ». Les outils trouvés avec ces os semblent mieux finis que ceux qui sont associés aux restes de l'*habilis*.

Globalement, ces tout premiers représentants du genre *Homo* devaient être bien implantés : ils étaient déjà en mesure de résister à d'éventuels concurrents. Il se pourrait qu'un changement climatique ait contraint les « robustes » à abandonner les forêts, où la quantité de nourriture disponible pourrait avoir diminué de façon déterminante. Comme ils pouvaient s'adapter à d'autres régimes, ils tentèrent d'empiéter sur le territoire des premiers *Homo*, mais ils ne réussirent pas à rivaliser avec les « habiles » ni avec les « travailleurs ». Et ils finirent par s'éteindre.

Dans le monde entier

D'autres restes importants retrouvés dans la région de Turkana remontent à un peu plus de 1,25 million d'années avant le temps présent : il s'agit d'un crâne, connu sous le nom dc « crâne 3733 », d'une capacité de 850 centimètres cube. La découverte en est due à Richard Leakey, qui considère cet « homme » comme le plus ancien représentant de l'espèce *Homo erectus*, qui est fort connue depuis longtemps par l'intermédiaire d'exemplaires bien plus récents.

Voici les données de fait. Dans un intervalle d'à peu près un demi-million d'années, cette forme apparaît presque partout dans l'Ancien Monde ; elle s'affirme et reste en scène jusqu'à il y a au moins 250 000 ans. Les spécimens (surtout les crânes) sont souvent très bien conservés et il est alors possible de décrire différents aspects de l'espèce, que l'on peut tenir pour autant de sous-espèces. S'agit-il d'une querelle de noms plutôt oiseuse ? Non pas, en vérité : les sous-espèces de l'*erectus* nous placent pour la première fois devant le problème de la grande variabilité du modèle « homme ». De même qu'un bon modèle d'automobile peut résister des années sur le marché, proposé en séries variées et, le cas échéant, avec quelques accessoires en

Il y a à peu près 1,25 million d'années sont apparus, d'après Richard Leakey, les tout premiers Homo erectus. *Cette espèce est, par la suite, attestée en de nombreux sites de l'Ancien Monde jusqu'à des dates relativement récentes (jusqu'à moins de 250 000 ans avant ce temps). Il existe chez les différents spécimens certaines variations qui permettent d'individualiser six ou sept sous-espèces.*
Ci-dessus : une vue de face de la mandibule de Mauer (site des environs de Heidelberg, en Allemagne fédérale).

Ci-contre, à gauche : la mandibule de Mauer à côté d'une mandibule d'homme actuel.
Ci-contre, à droite : le crâne trouvé dans la grotte de l'Arago, dans les Pyrénées orientales (France). C'est celui d'un erectus *que l'on peut dater d'il y a à peu près 200 000 ans.*
Ci-contre, en bas : reconstitution de la forme Homo erectus heidelbergensis *(Mauer).*

plus, ainsi l'*erectus* se révéla apte à vivre et se répandre dans des milieux très nombreux pendant à peu près un million d'années. Qu'est-ce qui changea chez l'*erectus* au cours d'une période aussi longue ? Avant tout, la capacité crânienne. De 850 centimètres cube (Turkana, 3733) à environ 900 centimètres cube (Trinil, Java), à 1067 centimètres cube (Olduvaï), à environ 1200 centimètres cube (Petralona, Grèce), à 915 à 1225 centimètres cube (pour une série d'individus de Choukoutien, près de Pékin), à environ 1300 centimètres cube (Ternifine, Algérie), à 1055 à 1300 centimètres cube

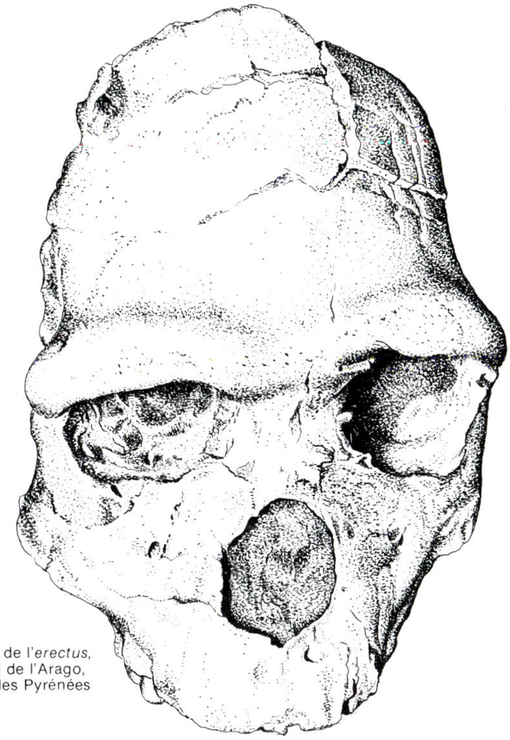

crâne de l'*erectus*,
grotte de l'Arago,
dans les Pyrénées

Homo erectus européen

(divers individus à Ngandong, Java). La stature : de 155 à 160 mètres, estimée pour les exemplaires de Trinil, à 160 à 168 centimètres pour les exemplaires de Ngandong. Variantes d'une certaine importance, comme on le voit, mais qui ne sont guère plus que des chiffres, pour nous.

Une perspective bien différente s'ouvre à nous si nous portons notre attention aux « accessoires ». Nous assistons alors à des innovations exceptionnelles ! Les outils de pierre sont retouchés : les arrachements d'éclats sont réalisés en plusieurs phases successives. On peut penser qu'il s'agit d'un travail continu pour perfectionner l'objet manufacturé. Et plus tard, un peu plus d'un demi-million d'années avant le temps présent, voici qu'apparaît et se stabilise l'usage du *feu,* compagnon et allié de l'homme. Les traces sont sans équivoque. Dans les sites (et il s'agit souvent de cabanes : on en reconnaît les fondations en pierre) on voit des traces de foyers qui ont fonctionné sans interruption durant des années. Conserver le feu, après avoir surmonté la peur instinctive, signifiait un renforcement des liens entre les groupes, et signifiait aussi une disponibilité de nourritures nouvelles, par exemple les poissons, presque immangeables crus, mais rendus par la cuisson bien plus savoureux.

Les traces de l'activité de l'homme nous renseignent, indirectement, sur ses autres acquis : la fabrication soignée d'un outil de pierre dénote la présence, chez l'*erectus* du *concept de temps* et d'une *pensée abstraite.* Accomplir une action pour obtenir de la nourriture ne requiert pas une pensée abstraite. Si j'utilise mes dents, je mange : cette logique existe à coup sûr chez beaucoup d'animaux, sinon chez tous. Mais la séquence logique est une tout autre affaire : je fabrique quelque chose que je ne pourrai pas manger — j'en aurai pour une journée de travail — et ensuite, demain, j'aurai un objet avec lequel je pourrai me procurer de la nourriture ; mais encore : cet objet que je fabrique aujourd'hui me servira demain et pendant beaucoup d'autres jours pour

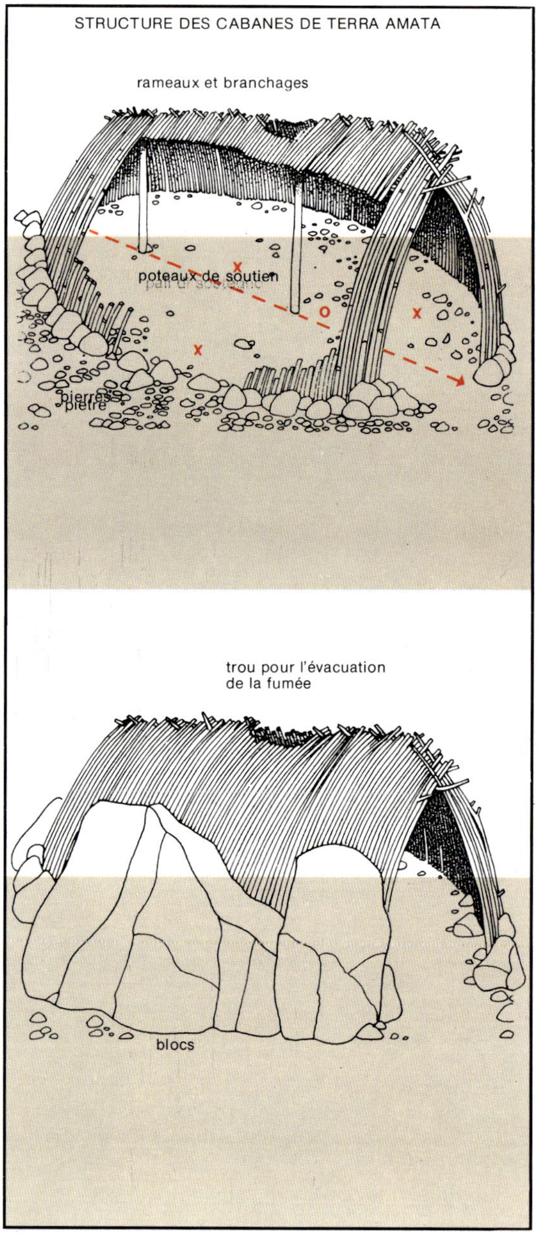

me procurer de la nourriture. L'idée de « demain » naît, ou l'idée de *temps.* Il est en outre probable que la transmission de la culture en matière de fabrication d'outils de pierre ait déjà exigé un système de communication riche et souple. Ainsi est né le « langage ». Les restes osseux nous disent que le palais des hominidés s'était peu à peu agrandi et voûté, certainement pour mieux diviser les graines et peut-être aussi la viande, en ramenant l'aliment plusieurs fois sous les molaires par de complexes mouvements de la langue. Un

*Ci-contre et ci-dessus : près de Nice (France), dans le lieu dénommée Terra Amata, Henri de Lumley a découvert des témoignages d'installation fréquentée par des groupes d'*erectus *durant une phase de la glaciation Mindel (il y a environ 350 000 ans). Ces hommes avaient construit une vaste cabane avec de nombreux étais et des « épaulements » en bloc de pierre pour renforcer les parois. Les outils de pierre trouvés au voisinage des éclats des cailloux qui en avaient été retirés sont remarquables : il y a donc eu à Terra Amata un petit atelier de production d'outils. Parmi les os d'animaux, beaucoup sont attribuables au rhinocéros laineux.*

instrument servant à manger pouvait devenir utilisable comme instrument de communication. Il est probable que l'homme apprit vite à imiter les bruits de la nature, et peut-être les appels des autres animaux : il s'en servit pour la chasse.

Autre invention : il existe, à Ngandong, des témoignages nets sur la pratique du cannibalisme, ce qui n'a rien de surprenant. Il est très probable en effet que nos ancêtres mangeaient leurs compagnons morts ou des ennemis défaits et tués : aucun gaspillage n'était admis. A Ngandong, toutefois, la situation est différente. Les seuls restes sont des crânes, souvent privés de la mandibule. Les autres parties du squelette sont absentes. Comment cela est-il arrivé ? Il semble bien probable que les individus aient été décapités, qu'on ait mangé leur cervelle et qu'enfin les crânes aient été rassemblés comme trophée, comme « souvenir sacré » (de têtes de la communauté, ou d'ennemis abattus ?). Ainsi, l'homme pouvait donc concevoir des actions *n'ayant pas* de résultats *immédiats*, et qu'il s'imaginait comme étant capables de produire un effet *par la suite*. Les *erectus* avaient donc déjà découvert cette application particulière de la pensée abstraite, née des mécanismes de la magie et de la religion. Le fait de manger une partie du corps de son semblable a une grande valeur magico-rituelle ; que l'on pense à tous les sacrifices et, entre autres, au sens symbolique de la messe.

L'évolution des structures physiques de l'hominidé-homme lui avait permis de réaliser et coordonner de nouveaux procédés pour agir sur le monde. Son corps s'est transformé, mais plus encore ses aptitudes, qui ont pris de la puissance. A partir de cette phase, l'homme entre de plus en plus dans une *évolution à caractère culturel*. L'emploi judicieux de toutes les capacités « apprises » — c'est-à-dire transmises d'un individu à l'autre, non plus seulement par la voie génétique, mais par divers systèmes de communication : mimique, langage — permet à l'homme de dépasser ses propres limites. Tout processus évolutif comporte certains risques : nous en avons vu de remarquables exemples dans l'histoire passée des êtres vivants. L'homme a su « se spécialiser dans la déspécialisation » pour employer la très heureuse expression d'Ernst Mayr, le grand évolutionniste. Ses « accessoires » (pensée abstraite, capacité de communiquer, mœurs sociales) l'aidèrent à appréhender de mieux en mieux les données négatives des milieux. L'homme réussit à s'adapter à toute une série de situations. Et il put vivre n'importe où, s'alimenter des nourritures de tout types, s'activer de jour comme de nuit, au chaud ou au froid, dans des cabanes ou dans des grottes.

Les premiers *(sapiens)*

Voici une nouvelle espèce humaine : la dernière, pour le moment, celle à laquelle appartient aussi la forme aujourd'hui vivante, c'est-à-dire nous tous. L'espèce est appelée *Homo sapiens*. L'appellation a été donnée en 1778 par Linné, qui plaça correctement notre espèce dans la liste des primates, à côté des singes. D'habitude, dans ses listes, Linné faisait suivre les noms latins indiquant le genre (ou le genre et l'espèce) d'une description de quelques mots, en latin. Eh bien, au nom *Homo*, Linné n'ajouta pas de description, mais se borna à transcrire le conseil que donnait à Delphes l'oracle d'Apollon : « Connais-toi toi-même. » L'homme a-t-il vraiment réussi à se connaître lui-même ? Il sait quel a été son passé ; il connaît son être actuel ; malheureusement il ne sait pas grand-chose de son avenir.

Occupons-nous encore un peu du passé. La forme *sapiens* s'est définie lentement, alors que l'*erectus* était encore répandu. Naturellement, il y a beaucoup d'incertitudes quant à la valeur des trouvailles. La très intéressante calotte fragmentaire découverte en 1965 par Vertészöllös près de Budapest est datable d'environ un demi-million d'années avant le temps présent. Elle a été attribuée à un *erectus*, mais selon des chercheurs dignes de foi, certaines caractéristiques (relatives surtout à la courbure de la cavité intérieure et à la saillie de la nuque) sont *déjà* de *sapiens*. Une estimation hypothétique de la capacité crânienne de cette calotte a conduit à la valeur de 1400 centimètres cube, ce qui semble pourtant excessif. Le site a fourni aussi des outils de pierre grossiers et des traces de foyers.

Une ancienneté de 400 000 ans serait attribuable à quatre crânes fragmentaires amenés au jour par Louis S.B. Leakey à

*Ci-dessous : reconstitution de l'*Homo erectus pekinensis, *forme habituellement connue sous le nom de Homme de Pékin.*

*A gauche : les restes de l'*Homo erectus pekinensis *ont été retrouvés, à différentes reprises, à partir de 1927, jusqu'à récemment, dans une caverne de la colline du Dragon, près de Choukoutien, à 40 km environ au sud-ouest de Pékin. Cet* erectus *a été daté, avec quelque incertitude, de 450 000 ans. Les sites ont été fréquentés longtemps et, d'après l'épaisseur des traces des foyers, on peut déduire, que les feux sont restés allumés durant des années. Les outils sont plutôt grossiers.*

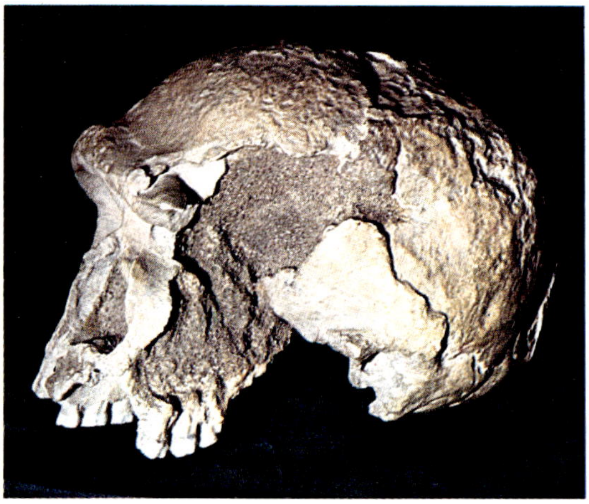

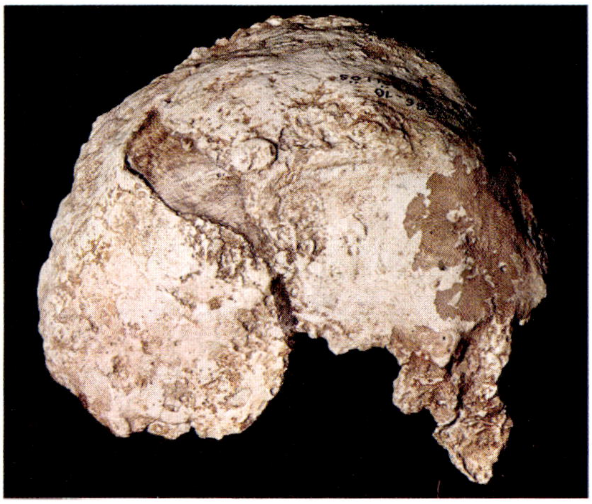

Kanjera (Afrique orientale). Dans ce cas aussi, on peut relever des caractéristiques d'évolution plus avancée par rapport à l'*erectus*.

On fait remonter à il y a environ 250 000 à 200 000 ans les crânes découverts à Steinheim sur la Murr (près de Stuttgart, en Allemagne fédérale) et à Swanscombe, sur la Tamise (Kent, Angleterre). Les crânes ont la calotte vaste, le bourrelet sus-orbitaire assez accentué, la nuque arrondie, la face moins inclinée qu'elle ne l'est chez l'*erectus* et les pommettes sont plutôt accentuées. Ce sont là des caractères qui annoncent l'homme actuel.

Dans un autre groupe de vestiges un peu plus récents (Interglaciaire Riss-Würm, il y a environ 150 000 à 100 000 ans) on note des caractéristiques de *sapiens*, avec cependant une prédominance d'éléments que l'on retrouvera plus tard chez l'« homme de Neandertal ». Nous pouvons citer les restes de Weimer-Ehringsdorf (R.D.A.), de Krapina (au nord de Zagreb, en Yougoslavie), de Gànovice (près de Poprad, en Tchécoslovaquie), de Saccopastore (localité à la périphérie nord-est de Rome). Les os sont massifs, le crâne, allongé, la

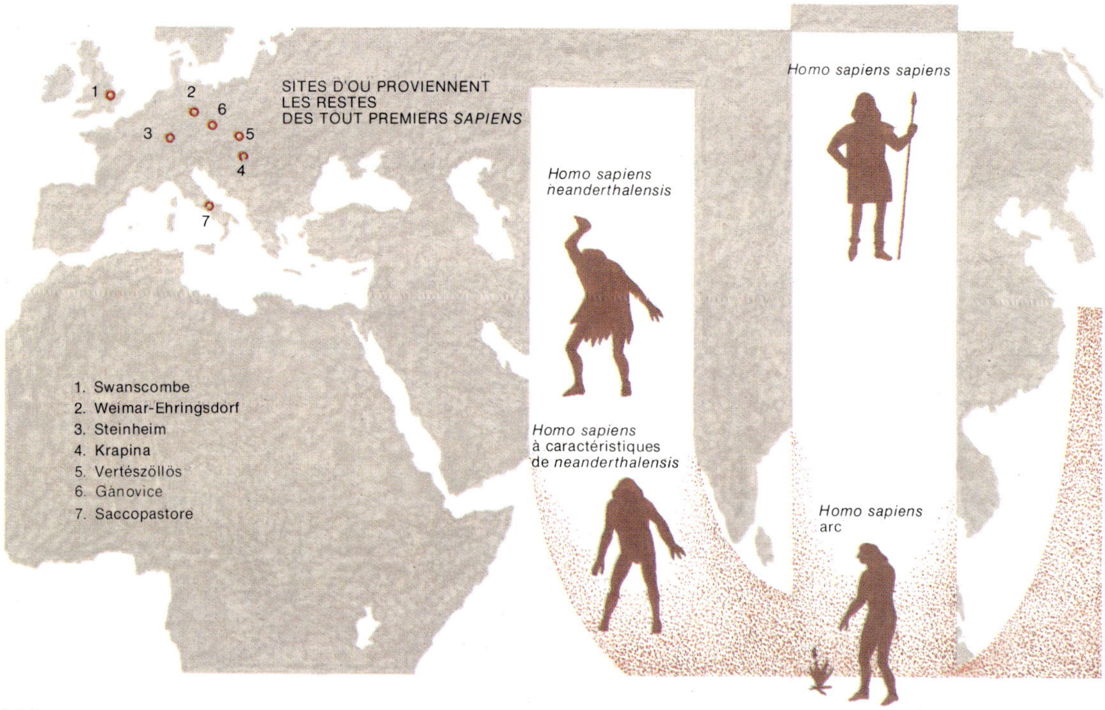

capacité crânienne, de 1070 à 1280 centimètres cube. L'industrie sur pierre se montre plus variée.

Quelle conclusion pouvons-nous tirer de toutes ces données ? La forme *sapiens* est ancienne ; bien des traits de l'homme actuel se dessinent déjà il y a au moins 250 000 ans, sinon avant. Puis d'autres caractéristiques s'accentuent, conduisant à l'homme de Neandertal. Il semble presque le *sapiens* actuel soit passé par une longue attente, et que, en une certaine phase, il ait cédé le pas à l'Homme de Neandertal. Il est difficile de dire si les choses se sont vraiment passées ainsi. Nous chercherons toutefois à proposer quelques réponses.

Hors des cavernes

Il n'est pas douteux que l'homme de Neandertal est le plus connu des hommes préhistoriques : sa réputation est analogue à celle du tyrannosaure parmi les dinosaures ; et elle est accompagée de tout autant d'équivoques.

D'abord, on se trompe en écrivant son nom. Après 1905, avec la réforme de l'orthographe de l'allemand, le mot *Thal* (vallée) s'écrit *Tal :* il n'y a donc plus de raison d'écrire aujourd'hui Neanderthal — vallée de (la rivière) Neander — selon l'ancienne façon. Mais il va de soi que la dénomination scientifique, attribuée avant 1905, continuera à s'écrire *neanderthalensis*.

On se trompe aussi dans la reconstitution de son aspect. On le représente comme un semi-déficient bossu aux jambes fléchies, avec une masse à la main : en quelque sorte comme un géant de conte, mais d'un format réduit. Ces reconstitutions remontent toutes à une description donnée au début de notre siècle sur la base de restes trouvés en Dordogne, à la Chapelle-aux-Saints. L'individu en question était un vieillard affecté de diverses malformations osseuses, dues à l'arthrite. Les néandertaliens n'étaient certainement pas bossus, et ne marchaient pas avec les jambes fléchies.

On se trompe, enfin, dans la représentation de son mode de vie. Dans le vocabulaire usuel, les néandertaliens sont des « hommes des cavernes ». Il n'est absolument pas nécessaire, par souci de clarté et pour les faire connaître mieux, de faire sortir ces hommes des cavernes, pour la bonne raison, qu'en réalité, *ils n'y ont jamais vécu.* Leurs installations sont parfois *près* de l'ouverture d'une caverne, mais dans la grande majorité des cas, ce sont des campements au pied d'abris sous roche, porte-à-faux naturels qui fournissaient une protection, ou encore des ensembles formés de vastes cabanes hébergeant plusieurs foyers. Des constructions artificielles de protection (cabanes en tente) se trouvaient dans les abris sous roche.

Page ci-contre : carte des sites d'où proviennent les restes humains attribuables à des formes qui précèdent l'espèce Homo sapiens. *En haut : crâne de Steinheim sur la Mur (Allemagne fédérale); au centre : calotte de Vertészöllös, près de Budapest (Hongrie).*
Ci-dessous : les crânes de Weimar-Ehringsdorf (R.D.A.) et de Saccopastore (localité située à la périphérie de Rome), permettent de définir une forme de sapiens *assez proche déjà de l'homme de Neandertal.*

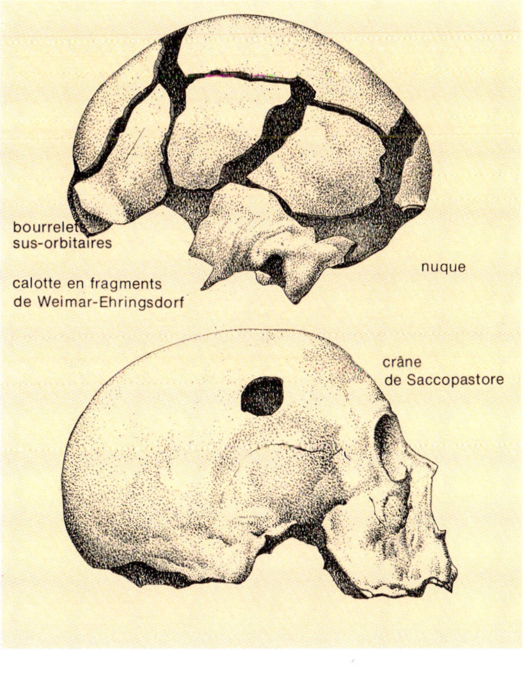

Le nom complet de la sous-espèce est *Homo sapiens neanderthalensis* ; très souvent, pour parler de ces hommes on se sert aussi du terme : Paléanthropiens (en réservant celui d'Archéanthropiens aux *erectus* et aux autres espèces antérieures, tandis que les Néanthropiens seraient les hommes « nouveaux », c'est-à-dire nous-mêmes et nos prédécesseurs immédiats).

Ce *neanderthalensis,* comment était-il vraiment ? Pour répondre à cette question, il est bon de comparer un crâne d'homme moderne à un crâne de néandertalien typique. On pourra ensuite tenter une reconstitution correcte comme celle qui est proposée ici, et qui se veut en quelque sorte affectueuse, du gamin de neuf ans retrouvé à Teshik-Tash (Ouzbekistan, U.R.S.S.).

La mandibule est grosse et robuste : les

*Ci-dessous : moulage de la fameuse calotte trouvée en 1857 dans une excavation de sable dans la vallée de la rivière Neander, près de Düsseldorf (R.F.A). Sur la base de cette pièce, une première description de la forme humaine désignée aujourd'hui sous le nom d'*Homo sapiens neanderthalensis *a été établie en 1864. Les forts bourrelets caractéristiques au-dessus des orbites sont évidents.*

OBJETS DE LA CULTURE MOUSTÉRIENNE DE FABRICATION MANUELLE

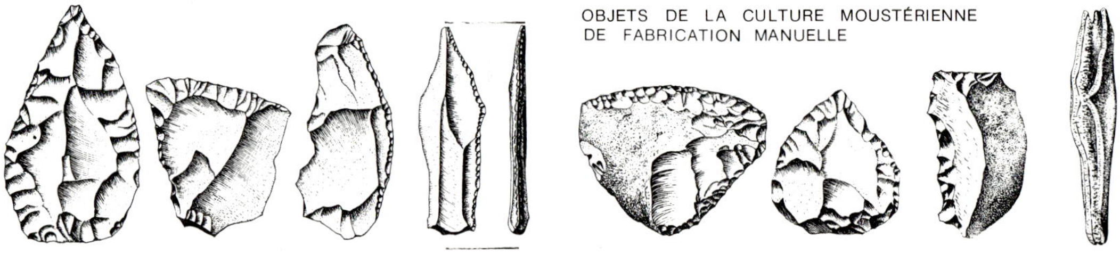

coup-de-poing — racloirs — couteaux — racloir — pointe — racloir — fermoir en os (?)

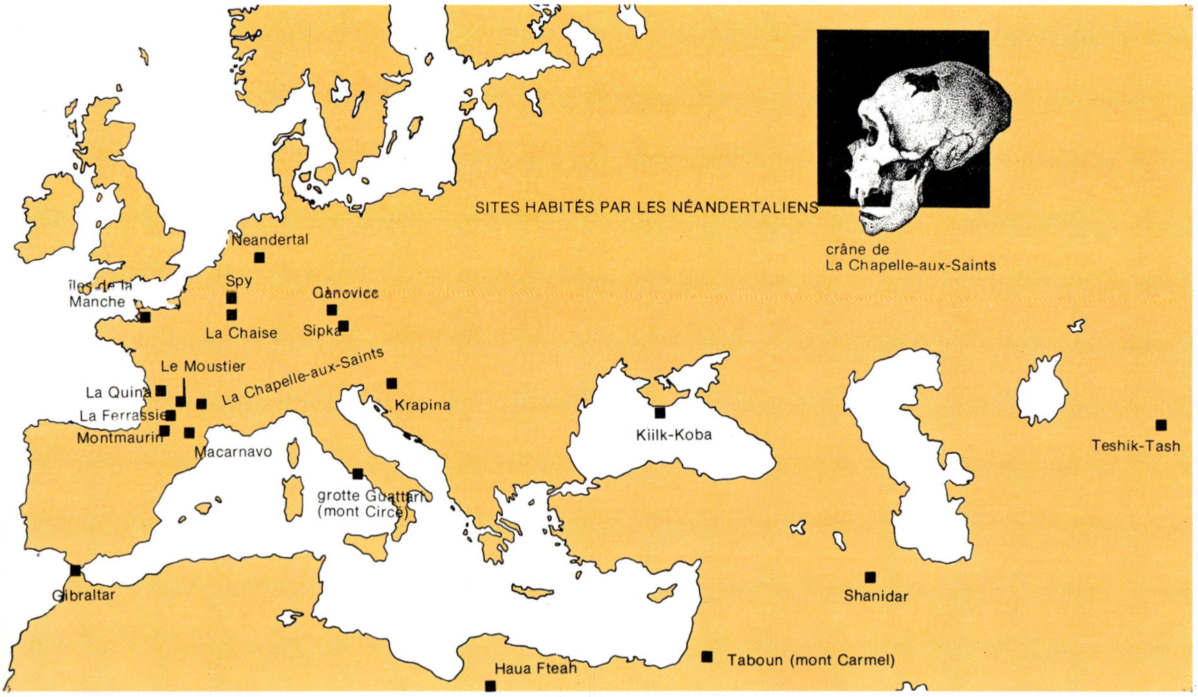

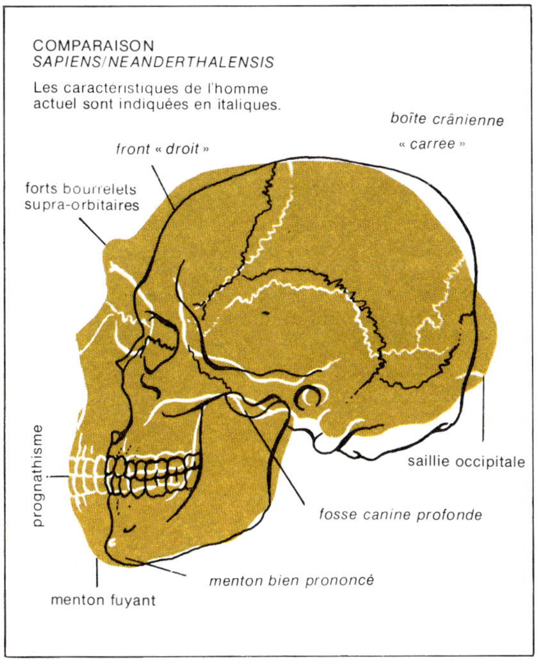

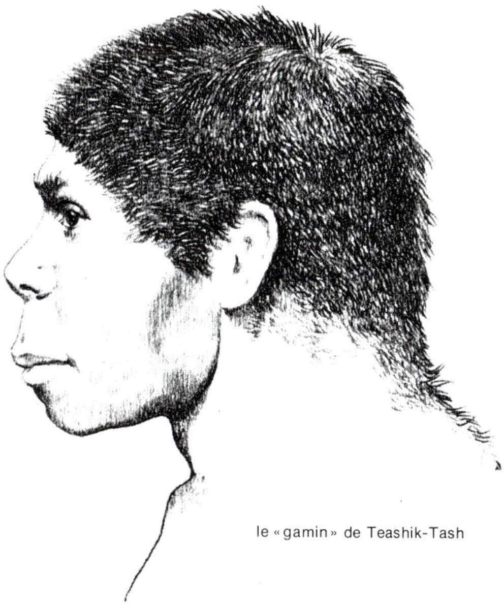

Ci-contre : les sites qui ont fourni les principaux restes de neanderthalensis *et, dans la bande, quelques objets manufacturés, de la culture* Moustérienne *toujours associée à l'homme de Neandertal.*
Ci-dessus : superposition des silhouettes d'un crâne d'homme actuel et d'un crâne d'homme de Neandertal.
A droite : profil d'un jeune enfant d'environ 9 ans enseveli à Teshik-Tash (Ouzbekistan, U.R.S.S.).

branches latérales ont une fosse canine peu accentuée (la fosse canine est la concavité de la partie haute des branches de la mandibule : chez l'homme actuel, elle est très profonde, de sorte que chacun des côtés semble se terminer en fourchette). Il existe un espace entre la dernière molaire et la partie ascendante de la mandibule (chez l'homme actuel cet espace n'existe pas, et l'on sait que beaucoup d'entre nous sont obligés de se faire extraire les dernières molaires — dites « dents de sagesse » — justement parce qu'elles manquent d'espace pour pousser.

Le relief osseux correspondant au menton fait totalement défaut. Les os des pommettes sont très forts, et soutiennent de toute évidence des joues rondes et musculeuses, aptes à bien mastiquer à l'aide de la forte mandibule.

Le prognathisme est accentué : mandibule et maxillaire sont projetés en avant avec toute la partie correspondant à la denture. Les os situés à la base du nez sont un peu en retrait. Sur les orbites, les saillies caractéristiques (bien visibles dans la calotte trouvée sur le Neander) forment une « visière » à double arc.

Le front est fuyant, alors que chez l'homme actuel, il est orienté presque verticalement. La calotte crânienne est très allongée et présente dans la région de la nuque un relief typique, presque un gradin (torus occipital) : cette formation est, aujourd'hui, assez peu marquée.

En moyenne, la capacité crânienne est supérieure à la moyenne de l'homme actuel : 1438 centimètres, avec maxima jusqu'à 1700 centimètres cube (dans nos crânes, la valeur moyenne est de 1400 centimètres cube, avec maxima exceptionnels jusqu'à 2000 centimètres cube).

Le squelette présente d'autres caractéristiques. Tous les os sont plus forts que chez l'homme actuel. Ceux des membres sont un peu plus courts. La taille des néandertaliens pouvait varier, chez les adultes, entre 150 et 165 centimètres. Les mouvements des bras étaient plus amples que les nôtres : bras et avant-bras pouvaient tourner sur un plus grand angle, grâce aussi à la structure de l'omoplate.

Quant à la structure des pieds, il est possible que l'orteil ait été un peu écarté par rapport au quatre autres doigts : cette particularité, probablement utile pour la course, a pu se déduire des traces conservées dans le sol de certains établissements.

Le *neanderthalensis* a vécu dans différents sites (surtout européen et asiatique) presque aux limites de la zone qui, durant le Würm, était couverte de la calotte de glace. Ces hommes étaient « gens du froid », « gens du Nord ». A ce propos, Björn Kurten, paléontologue et paléoanthropologue, se hasarde à imaginer que les néandertaliens étaient des hommes à la peau claire, peut-être blonds ou roux, et aux yeux bleus. L'hypothèse est, certes, suggestive.

D'où venaient les néandertaliens ? Ils dérivent des formes représentées par les crânes d'Ehringsdorf ou de Saccopastore ; par la suite il existe une phase dite « protonéandertalienne » et une phase « classique ». Globalement, la sous-espèce *neanderthalensis* est présente depuis un peu moins de 150 000 ans avant le temps présent (Interglaciaire Riss-Würm) jusqu'à 40 000 à 35 000 ans avant nous (donc en plein Würm) : un peu plus de 100 000 ans. Notre forme humaine est signalée depuis 45 000 à 40 000 ans avant notre temps. Pour le moment, donc, le *neanderthalensis* est resté en scène plus longtemps que nous.

De quoi vivait-il ? De chasse et de cueillette. Il vivait donc bien. Nous ne devons pas imaginer l'existence de cette communauté comme une course épuisante. Les os parlent : ce sont des squelettes d'individus robustes, sains, au régime équilibré et très riche en protéines. L'examen au microscope de coupes minces des os révèle une structure interne très solide. Les néandertaliens vivaient très longtemps : beaucoup de restes peuvent être rapportés à des individus de plus de 60 ans. Peut-Peut-être trouve-t-on chez certaines

Ci-dessous : l'examen des dents des néandertaliens révèle de fines séries de griffures obliques. On pense que ces signes ont pu être produits par la façon de manger la viande en bourrant la bouche et en coupant ensuite la partie qui dépassait au moyen de lames de silex passées contre les dents. Manière indubitablement pratique de traiter un aliment même quelque peu tenace !

A gauche : l'homme de Neandertal savait faire du feu et conserver les braises. Les restes de foyers, communs dans tous les établissements moustériens, nous indiquent que les néandertaliens cuisaient, ou tout au moins chauffaient les viandes sur des pierres brûlantes mises autour du foyer.
Il est probable que la chaleur du foyer servait aussi à rendre le poisson comestible.

populations isolées, dans une phase tardive, des traces de rachitisme.

Les *neanderthalensis* chassaient des mammifères de tailles variées, depuis les rhinocéros, les cerfs géants, les mammouths, les chevaux, jusqu'aux oiseaux, et aux poissons. Ils mangeaient la viande d'une façon particulière : ils en bourraient leur bouche, et coupaient la partie restée dehors avec un couteau de pierre. De très fines griffures parallèles, révélées par l'examen microscopique des dents, ne laissent, d'après F.E. Koby aucun doute à ce sujet. D'autres auteurs estiment cependant que les néandertaliens se servaient de leurs dents de devant comme de pinces et d'outils à tout faire, et donc pour retenir des objets, pour tirer des lacets, etc., les griffures pourraient aussi bien être un souvenir de ces activités. L'hypothèse de Koby trouve cependant un appui dans le fait que cette façon de manger la viande est en usage aujourd'hui chez certaines populations esquimaudes, qui, souvent, la mangent crue. Le régime comprenait aussi des végétaux et des graines.

La capacité de réflexion des néandertaliens a laissé des traces appréciables, et avant tout, une industrie lithique (sur pierre) très soignée : les divers objets sont attribués à la culture qu'on appelle moustérienne (de : Le Moustier, en Dordogne, lieu de trouvailles importantes). Les produits manufacturés sont : des coups-de-poing (les haches en forme d'amande), des racloirs et grattoirs, des lames, des pointes. Ces objets étaient fabriqués par éclats, détachés de blocs qu'on avait préalablement dégrossis : c'est un travail organisé en plusieurs phases, qui nous autorise à imaginer une sorte de travail à la chaîne (voir planche, page 255).

L'homme de Neandertal enterrait ses morts : et c'est là, la principale raison de l'état de conservation, en général parfait, des squelettes. Nous ne sommes plus en présence de morceaux de cadavres conservés accidentellement, comme cela arrivait pour les *erectus* ou les *habilis*.

Dans une grotte, à La Ferrassie (Dordogne), on observe, dépassant du plan de circulation, des reliefs ressemblant à de petites collines artificielles. Ce sont, exactement, les tombes d'un sépulcre de famille. L'une contient le squelette d'un enfant, une autre, celui d'un fœtus. Une sépulture trouvée à Shanidar (Irak) était accompagnée de fleurs : l'examen des pollens nous a appris en quelle saison l'individu avait été enseveli. Dans ces tombes, il y a toujours des armes ou des trophées (pour ce jeune garçon de Teshik-Tash, c'est un ensemble de cornes de bouquetin) ; les morts étaient enduits d'une couche d'ocre (argile rouge) ; souvent, on découvre les squelettes repliés sur eux-mêmes. Curieusement, certaines tombes sont vides.

Les néandertaliens confiaient leurs morts à la terre. Pourquoi ? Pensaient-ils que cela pourrait les faire revivre ? La terre représentait-elle une mère grandiose dans le sein de laquelle le corps du mort devait être placé, replié à la manière d'un fœtus, comme dans le ventre d'une femme ? Ou bien les morts étaient-ils recroquevillés parce qu'ils étaient attachés, de façon qu'ils puissent, certes revenir, mais sans troubler les vivants, et sans leur réclamer une partie de la nourriture ? Croyait-on aux vampires, aux revenants ?

Nous pensons, quant à nous, que l'idée d'une terre qui redonne la vie est à rap-

Ci-contre : funérailles dans une communauté de néandertaliens. La reconstitution prend pour base, en partie, des découvertes de la grotte de La Ferrassie, en Dordogne (France). Le plan de circulation de cette grotte présente quelques petits monticules artificiels : ce sont des apports de terre qui couvraient les cadavres, donc de véritables « tombes ». On y trouve aussi des outils de pierre et parfois des fleurs. Il est certain que l'idée de confier le mort à la terre, dans l'idée qu'elle le ferait revivre, correspond à l'observation attentive des cycles saisonniers : en effet, toute graine qui tombe à terre renaît sous forme de plante.
Dans les cadres : photos d'empreintes de pieds et de genoux de néandertaliens, découvertes dans la grotte de la Basura, à Toirano, non loin d'Albenga (Ligurie, Italie). La couche, sans doute boueuse il y a 50 000 ans, s'est pétrifiée avec le temps, et a conservé pour nous ces remarquables témoignages.

Homo sapiens neanderthalensis
Homo sapiens neanderthalensis

procher de l'observation des cycles de la nature, surtout du végétal : une graine enterrée reprend vie sous forme de plante dans l'année qui suit. Pourquoi ne pas demander à la terre d'en faire autant avec les compagnons ? Ceux-ci doivent, néanmoins, revivre ailleurs, sans retourner dans la communauté.

L'homme de Neandertal pratiquait le cannibalisme comme rituel magico-religieux. Les morts d'importance (le sage du clan, ou un ennemi) étaient peut-être décapités, puis après avoir élargi l'orifice occipital, on extrayait la cervelle, qui était consommée. Des opérations de ce genre ont été effectuées sur des crânes retrouvés en plus d'un site, et en particulier sur celui qui fut découvert dans la grotte Guattari du mont Circé, au sud de Rome (photo du bas). Très souvent les dents étaient limées pour éviter que les morts ne reviennent réclamer de la nourriture (reconstitution ci-dessous).

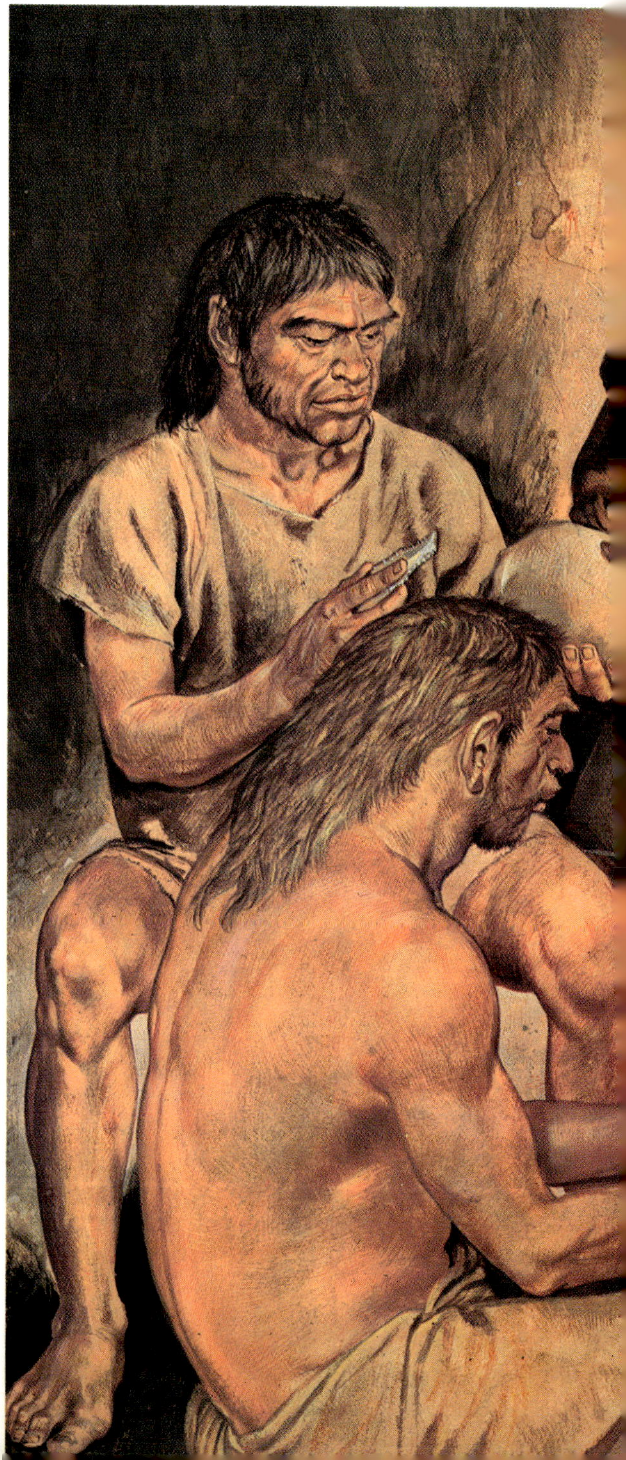

Des hommes nouveaux

Avant que la forme *neanderthalensis* ne quitte la scène (il y a de cela environ 35 000 ans), apparaissent en Europe les Néanthropiens, hommes nouveaux. Les individus les plus anciens (signalés à partir d'il y a 45 000 à 40 000 ans) sont attribués à la sous-espèce *Homo sapiens fossilis*, mais du point de vue des structures de squelettes on ne note pas, par rapport à l'homme actuel *(Homo sapiens sapiens)* de variantes importantes : rien, en tout cas, qui excède la variabilité de n'importe quelle sous-espèce animale. En définitive, c'est *nous* qui sommes les Néanthropiens. Nous pouvons donc nous interroger nous-mêmes — exactement comme le suggérait Linné — pour avoir une bonne compréhension de nos ancêtres directs,

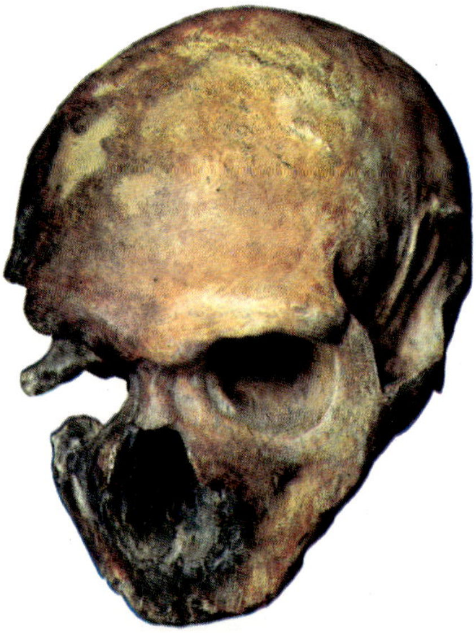

pour imaginer, au vu des traces de leur activité, les façons dont ils agissaient sur le milieu, sur le monde. Parmi les restes les plus intéressants de Néanthropes que l'on peut ranger dans la période du Würm, nous pouvons citer ceux de Combe-Capelle (Dordogne), de Predmosti (près de Prerov, en Tchécoslovaquie) ; parmi les sites non européens qui ont fourni des squelettes de Néanthropes, nous pouvons citer la grotte Niah à Sarawak (Bornéo) et Florisbad (Afrique du Sud). Plus récents (datables d'il y a à peu près 25 000 à 20 000 ans), des restes fameux proviennent de Cro-Magnon, haut lieu de Dordogne. La forme humaine de Cro-Magnon est certainement un type extrême à caractères très particuliers : ce

INDUSTRIE CHATELPERRONIENNE

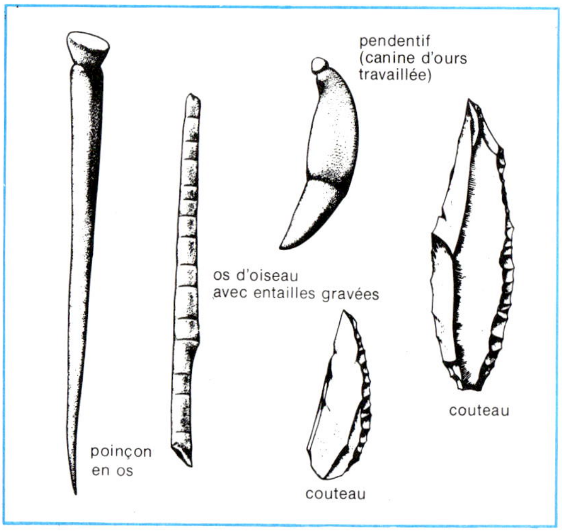

INDUSTRIE AURIGNACIENNE

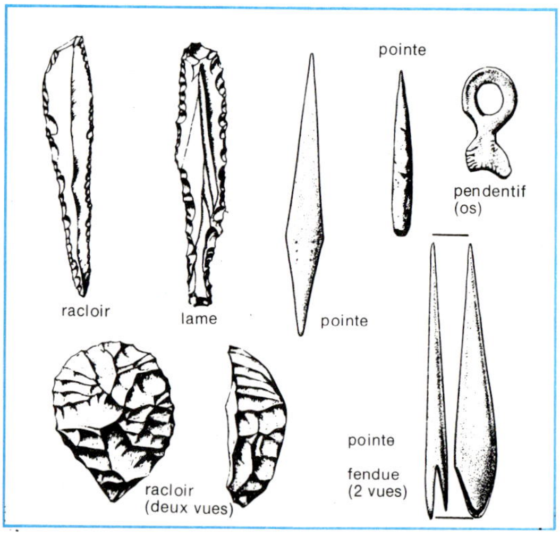

sont des hommes d'une taille de 180 centimètres et plus, dont les os sont très robustes et les orbites, typiques, presque rectangulaires (en écran de téléviseur). L'habituelle désignation : « hommes de Cro-Magnon, lorsqu'elle est appliquée génériquement aux Néanthropiens, est donc inexacte car, en réalité, elle nomme une seule variété, et ne devrait pas être utilisée pour toutes les autres. Dans ce cas

A gauche : objets travaillés à la main, témoins de deux cultures typiques associées aux Néanthropiens (Homo sapiens sapiens).
Ci-dessous : les Néanthropiens chasseurs reçoivent d'un sage-chaman des amulettes et des objets qui, grâce à leur pouvoir magique, les aideront pendant la chasse.
Ci-contre : premier plan d'un moulage du crâne du vieillard de Cro-Magnon. Les dents sont tombées en raison de son âge.

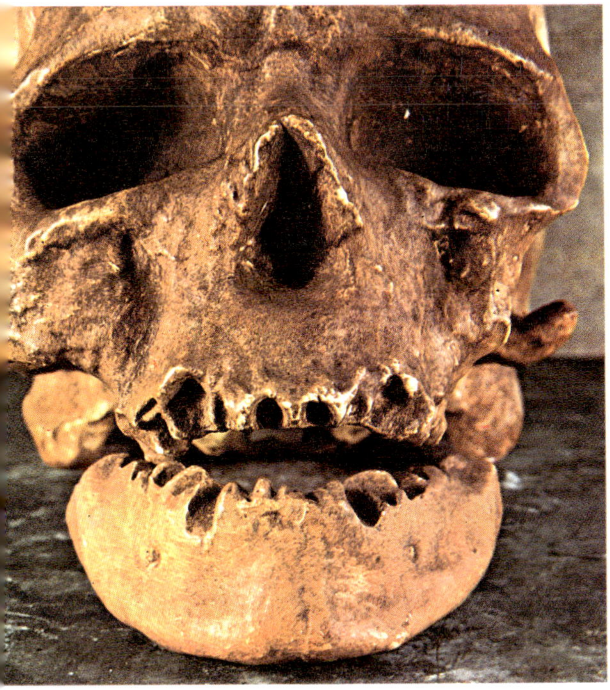

aussi, comme on le voit, une petite rectification est nécessaire, sinon dans la manière d'écrire un nom, du moins dans l'usage que l'on en fait.

Voici les caractères principaux du crâne des Néanthropiens. Le front, tout comme le nôtre, n'est pas fuyant. Le crâne, dans son ensemble, est plutôt court. Les bourrelets au-dessus des orbites sont presque absents et en tout cas ne forment pas de visière ; ils sont donc bien divisés à la racine du nez. Le menton est prononcé ; les pommettes sont fortes, la fosse canine est profonde (en « fourchette », comme on l'a déjà dit). Il n'y a pas de tore occipital. Le prognathisme est peu marqué.

Quelle est l'histoire des Néanthropiens ? Il est difficile de donner une réponse qui tienne compte de tous les éléments disponibles, qui, à la vérité, semblent *trop nombreux*. Le problème nous conduit à en examiner un autre que nous avons laissé de côté volontairement, celui de la fin des néandertaliens.

Dans les sites européens, on assiste, au remplacement des populations de Paléanthropes néandertaliens par des populations de Néanthropiens. Mais ailleurs, surtout au Proche-Orient, il existe des témoignages sur l'existence de populations à caractères mixtes. D'une part, les crânes trouvés dans les grottes du mont Carmel, près de Jérusalem, sont vraiment à mi-chemin entre un crâne de *neanderthalensis* classique et un crâne de Néanthrope. D'autre part, les différences entre les crâne des Paléanthropiens et ceux des Néanthropiens sont notables, comme nous l'avons vu. Il ne semble pas possible qu'il y ait eu une évolution d'un type à l'autre. La durée intermédiaire est vraiment trop brève, et aucun changement de milieu de grande amplitude ne s'est alors produit (il y a environ 40 000 ans) : la glaciation du Würm était en cours, avec, sans doute, de courtes phases de climat à peine un peu moins rude. S'il n'y a pas eu évolution, transformation, on peut penser que les hommes du Carmel étaient le résultat de croisements, qu'ils étaient des bâtards dérivés de néandertaliens classiques et d'une forme qui surgissait, laquelle, partant peut-être des tout premiers *sapiens* (Steinheim, Swanscombe, Kanjera, et toutes autres) aurait évolué sans bruit. En réalité, les traces de cette évolution possible sont rares : nous citerons cependant les restes extrêmement intéressants de la Border Cave (située entre le Lesotho et l'Afrique du Sud) qui ont des caractéristiques de Néanthropiens et qui sont probablement plus anciens que les premiers exemplaires d'Europe ou du Proche-Orient. L'éventualité selon laquelle une partie du processus évolutif des Néanthropiens se serait déroulée dans des climats chauds, en zones ensoleillées, permet à certains auteurs d'imaginer que ces ancêtres directs de notre espèce avaient la peau foncée.

Les néandertaliens d'Europe durent, en bien des sites, subir des conditions de milieu défavorables : il est possible quc l'avance et le retrait des glaces aient, en certains cas, provoqué l'isolement des communautés. Il peut se faire qu'il y ait eu des conditions cumulées, de nature à en provoquer l'extinction. D'autres néandertaliens, au contraire, prospérèrent au Proche-Orient et se croisèrent avec les « hommes nouveaux ». Ces populations *mixtes* eurent ensuite une large diffusion. D'autre part les Néanthropiens présentent une gamme étendue de populations locales, d'où il s'ensuit que l'on peut accepter l'hypothèse, soit de plusieurs évolutions parallèles, suivant différentes branches, soit d'une série de migrations successives. Il est donc pratiquement possible, qu'en nous, *sapiens sapiens*, coure encore un peu de sang de *neanderthalensis*.

En un laps de temps relativement court, les Néanthropiens se répandirent dans tout l'Ancien Monde. Jusqu'à présent nous ne savons pas si l'Amérique avait été atteinte (le long du « pont » de Behring) par les Néanthropiens ou bien, si déjà auparavant, des formes contemporaines des néandertaliens s'y étaient développées. Les plus anciens restes humains (paléoindiens) trouvés en Californie, ont été datés d'il y a environ 48 000 ans. Il se pourrait même qu'un certain courant évolutif des Néanthropiens se soit déroulé sur le sol américain. En Australie, l'homme est attesté par des documents à partir d'il y a environ 60 000 ans.

INDUSTRIE MAGDALÉNIENNE

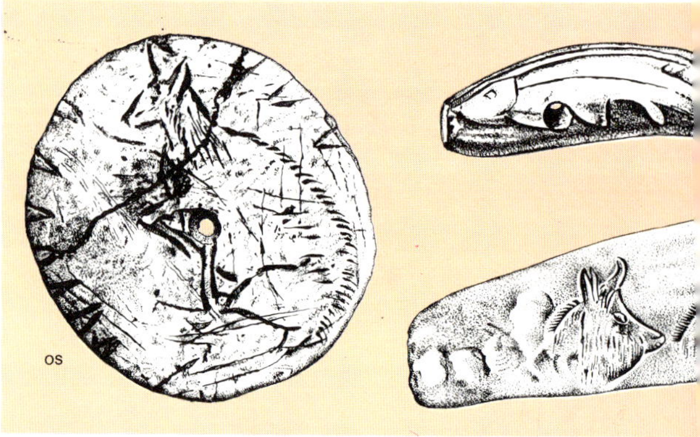

Ci-dessus : objets en matériaux divers (os, dents, pierre) avec figures d'animaux. L'art du Paléolithique supérieur est certainement lié à des pratiques a magico-religieuses. Peintures, gravures, graffiti représentant des animaux, devaient rendre la chasse abondante et heureuse.
Ci-contre : reconstitution de la mise à mort rituelle d'un faux *ours (mais revêtu d'une peau* véritable).
Les détails de la planche sont traités d'après des découvertes faite en des sites divers. L'homme à droite, tient un propulseur.

On voit, on ne voit pas

L'évolution des Néanthropiens est essentiellement culturelle. A la culture *Moustérienne* du *neanderthalensis* succèdent de nombreuses autres cultures : *Aurignacienne*, *Gravettienne*, *Solutréenne*, *Magdalénienne*, qui sont les principales. Diverses stations préhistoriques françaises ont donné leur nom à ces cultures. Mais ce qui nous intéresse le plus, c'est l'élargissement de la gamme des objets manufacturés et de celle des matériaux utilisés : coups-de-poing et pointes de sagaie en pierre, lame, couteaux, poinçons, aiguilles en os, petits couteaux de quartz, pendentifs et objets d'ornement en os ou tirés des dents, statuettes en pierre ou en

nts
corne
lamelle de calcaire
Homo sapiens sapiens

ivoire... L'homme développait sa capacité à former des pensées abstraites : ces objets correspondent à une *idée.* Ils sont, par exemple, symétriques; cela satisfaisait certainement à des nécessités pratiques mais aussi à un goût, né de l'observation très attentive de la nature (les animaux, feuilles, fleurs, sont symétriques). L'homme s'observait aussi lui-même et décidait d'orner son propre corps. Pour cela il produisit des colliers de dents, de vertèbres d'animaux, de coquilles, ainsi que des anneaux.

Mais l'homme tendait de plus en plus à associer le visible, le tangible, à l'invisible qu'on ne peut qu'imaginer. On peut donner à l'art des cavernes une interprétation *magico-religieuse* car la représentation des animaux sur la paroi d'une grotte — en un lieu sombre, caché, secret — permettait de rendre, *par magie,* la chasse plus heureuse et moins dangereuse. Toucher les images de proies gravées sur des cailloux ou les porter pendues au cou, comme amulettes, promettait une meilleure chasse et davantage de nourriture pour tous. En observant la nature, l'homme apprenait à la reproduire en images, mais surtout à en connaître les véritables mécanismes. Les nombreuses effigies de femmes enceintes indiquent clairement que l'homme avait déjà reconnu les cycles de reproduction chez les animaux. Les figurines féminines, les fameuses Vénus, ont toutes de gros seins, de grosses fesses, le ventre gonflé. Ces images étaient censées, par leur vertu magique, apporter aux femmes, mais aussi aux animaux femelles, davantage d'enfants. A part ces figurines, les représentations d'humains, par exemple sur les parois des grottes, sont rares ; on craignait que quelque action magique pratiquée sur l'effigie pût nuire à l'individu réel. Beaucoup de dessins d'animaux portent des marques de coups donnés ou des taches qui témoignent d'autant de blessures. Par la magie de ces actions, la chasse future était placée sous des auspices favorables. On revêtait aussi de peaux des statues grossièrement taillées surmontées d'un crâne d'ours

de Brassempouy (Landes)

de Lespugne (hautes-Pyrénées)

de Laussel
(Dordogne)

de Wittendorf
(Basse-Autriche)

A gauche : quatre des figures féminines en ronde bosse ou en bas-relief, connues comme Vénus paléolithiques. Ces statuettes magiques devaient provoquer, la fertilité des femmes ou, en général, des animaux femelles. La petite tête de Brassempouy qui, plus que les autres, pourrait nous faire penser à un portrait, est probablement un fragment.

En bas : les parois décorées de peintures représentant des animaux, de la fameuse grotte de Lascaux (en Dordogne, France). Cette grotte fut découverte fortuitement par quatre jeunes garçons en 1940.

véritable : en frappant cette image, les hommes s'assuraient la capture de l'ours pour le jour suivant. La qualité de la production artistique des Néanthropiens ne se justifie pas uniquement par un désir d'efficacité magique. Indubitablement, la beauté et le réalisme donnaient aux images un plus grand pouvoir, mais il est possible aussi que les objets ornementaux dussent être beaux pour plaire et peut-être pour marquer l'importance de ceux qui les portaient. Le choix des objets permettait aux individus de montrer leur personnalité. Les sépultures révèlent des rituels qui semblent assez proches de ceux que pratiquaient les néandertaliens (cadavres attachés, emploi de l'ocre rouge), mais souvent les trousseaux y sont très riches : les objets sont nombreux et, en général, soignés et précieux. Ils pouvaient être utiles au mort dans son « ailleurs », mais de plus, ils indiquaient aux vivants sa place dans la hiérarchie. Ils symbolisaient l'importance sociale.

Jusqu'à il y a environ 12 000 à 10 000 ans, les Néanthropiens ont assez bien vécu. Les proies étaient abondantes (chevaux, ures, mammouths, rhinocéros laineux). Le climat froid, mais sec, favorisait la conservation des viandes. Les végétaux (fruits, racines, graines) étaient récoltés dans le respect des rythmes naturels. Les abris sous roche et les cabanes (souvent soutenues par des défenses et des os de mammouths) abritent plus d'un foyer.

Dans la période qui suit la fin du Paléolithique, quand les effets de la fin de la glaciation du Würm se font déjà sentir, l'homme doit affronter une lourde crise, due à l'extinction de beaucoup de grands animaux.

Les communautés humaines se déplacent souvent dans le voisinage des lacs ou des côtes et recherchent de la nourriture dans les eaux. De très nombreux mollusques sont consommés, et l'on chasse les animaux aquatiques et les oiseaux.
La période a reçu le nom de Mésolithique.

La crise

Du point de vue culturel, la longue phase évolutive dont nous nous sommes occupés jusqu'ici est appelée paléolithique (âge de la pierre ancienne). En réalité l'homme, dans cette très longue période, a utilisé, pour fabriquer ses outils, bien des matériaux, à part la pierre : os, dents, ivoire, ambre, coquilles. Dans un site, on a trouvé jusqu'à un trilobite, fossile évidemment ramassé pour son aspect curieux et peut-être employé comme ornement. Une des Vénus (Dolni Vestonice, en Tchécoslovaquie) est réalisée en pâte d'argile et en poudre d'os d'animaux brûlée au feu ; c'est donc, techniquement, une « terre cuite ».

Tirer le nom d'une période de celui d'*un* seul des matériaux employés, peut sembler peu représentatif. Le terme : « paléolithique » est en tout cas d'un usage courant et, comme nous le verrons, il s'accompagne d'autres termes analogues.

En réalité, pour distinguer le mode de vie de l'homme d'une part et son action sur le milieu d'autre part, nous devons dire que jusqu'à il y a environ 12 000 ans, nos ancêtres ont exploité les possibilités offertes par la chasse et la cueillette.

A la fin de la glaciation du Würm, il y eut des changements sensibles dans les différents milieux. Un nouvel Interglaciaire commençait (celui que nous vivons encore aujourd'hui) : le climat s'adoucit, des inondations provoquèrent la fonte de grandes masses de glace, mais surtout, une partie de la faune, adaptée au froid, s'éteignit. L'homme commença à chasser des animaux plus petits. Dans certaines régions, il se mit à manger des mollusques, des crustacés, des poissons ; ailleurs, des oiseaux, des rongeurs. Beaucoup d'établissements, retrouvés près de mers ou de lagunes, présentent des murets formés de restes de repas (les coquilles, par exemple). Ce sont les déchets de cuisine comme on en voit dans de nombreux sites, sur les côtes du Danemark, du Japon, du Brésil.

Cette période de crise a reçu le nom de mésolithique (de la pierre du milieu). L'homme apprit durant cette phase à se servir de l'arc ; au paléolithique les sagaies étaient décochées avec le propulseur (voir la planche, page 295). A coup sûr, il avait déjà commencé à protéger quelques espèces animales. Le loup, en particulier, avait déjà été domestiqué (devenant le chien des tourbières, semblable aux chiens-loups, comme les bergers allemands ou alsaciens d'aujourd'hui). Ce chien vivait avec l'homme, recevant protection et nourriture (restes des repas de l'homme) : en échange, il offrait de défendre l'homme contre les petits animaux nuisibles comme les rongeurs ; il apportait son aide à la chasse et, à l'occasion, devait lui-même servir de nourriture (c'est-à-dire qu'il était abattu et mangé). Il est évident que cela a pu arriver parce que les proies auxquelles l'homme s'intéressait désormais étaient de taille fort modeste (rongeurs, lièvres, petits carnivores) : le chien n'aurait certainement été d'aucune utilité dans la chasse au mammouth.

Oligocène : le choix

Dans certaines zones du Proche-Orient (Palestine, Turquie actuelle, Egypte septentrionale) les cours d'eau avaient — et ont toujours — un régime saisonnier ; après les pluies, ils se transforment en torrents, puis deviennent des ornières boueuses, ou même ils se dessèchent, tout simplement : on les appelle *oueds*. L'homme observa ces cycles irréguliers et comprit que l'eau donnait aux graines la possibilité de germer ; il comprit qu'en réservant un peu de graines, en les protégeant de l'humidité, il pouvait disposer de plantes nouvelles à la saison suivante. Il est probable que des observations semblables avaient pu être faites par les hommes de la fin du paléolithique et peut-être par les Paléanthropiens eux-mêmes. Ceux-ci n'étaient pas confrontés à de vraies difficultés en matière de nourriture, même avec l'accroissement modéré des effectifs dans les communautés.

La crise du mésolithique mit l'homme devant la nécessité de choisir. L'homme orienta résolument son régime vers la consommation des graines et devint producteur : il opta, en somme, pour la pratique de l'agriculture. Parallèlement, il développa l'élevage, protégeant certains animaux dont il pouvait tirer de la nourriture et d'autres produits utiles, comme le lait des brebis, ou d'autres qui pouvaient l'aider (c'est le cas du chien, dont nous avons déjà parlé). Le régime alimentaire était, en tout cas, très riche en hydrates de carbone. La conséquence de ces changements fut l'accroissement numérique : les groupes devinrent de plus

Ci-contre : il y a environ 10 000 ans, l'homme adopte systématiquement l'agriculture. Il garde les graines d'une saison à l'autre pour obtenir de nouvelles plantes. Cette « révolution » (qui marque le début du Néolithique) s'accomplit pour la première fois dans certaines régions du Proche-Orient. Le régime, riche en hydrates de carbone, entraînera très vite une forte augmentation de la population. Les céréales étaient fauchées à l'aide de petites lames de silex montées sur des manches de corne ou de bois.
Ci-dessous : les différentes phases de la préparation des premiers pains.

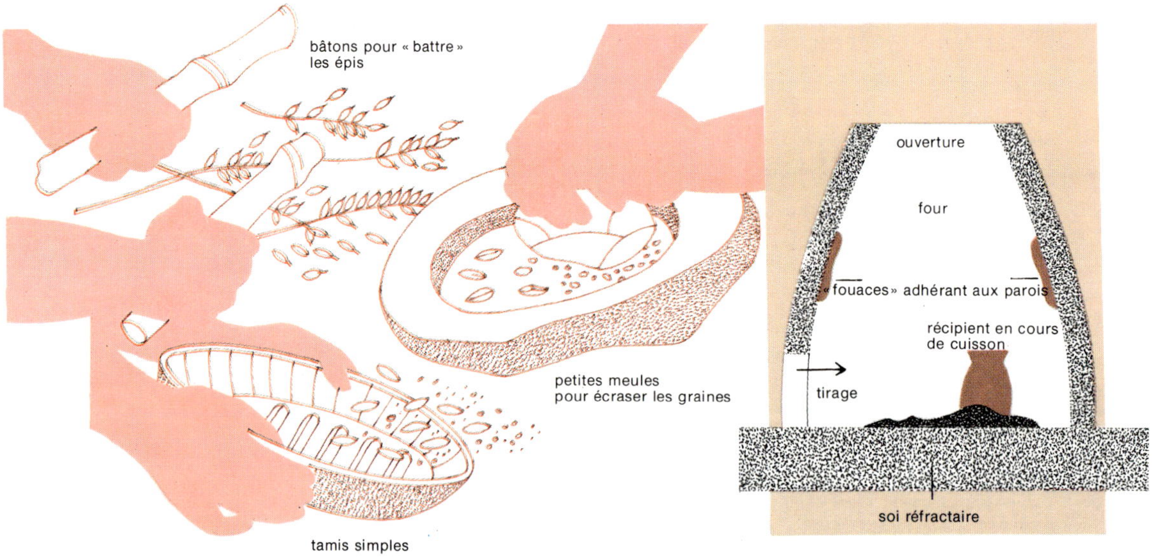

Homo sapiens sapiens

en plus importants.

La conservation des graines fut rendue possible, même dans les régions de climat non aride, grâce à la découverte de la céramique, ou à sa seconde découverte si l'on tient compte des rares objets paléolithiques dans cette matière. Pour la première fois, des récipients étaient fabriqués : bols, vases, cavités imperméables. La découverte a peut-être été accidentelle : les sols des cabanes étaient en général recouverts d'argile : il se peut que la chaleur des foyers ait cuit de la terre, suggérant ainsi la méthode à suivre. Des puits, ou silos, profonds furent creusés pour contenir les grains d'orge ou de blé (ce dernier était d'une variété différente de celle qui est cultivée actuellement). En fait les communautés apprirent à protéger, à cacher, à défendre cette *richesse*, qui était leur bien.

Les tout premiers greniers indiquent que les hommes commençaient à se différencier selon l'importance de leurs possessions : une communauté était riche parce qu'elle avait un certain *capital* de grains ; une autre ne l'était pas et pouvait risquer quelque action, agressions ou vols, pour s'emparer du bien-aliment. Les communautés surent construire des structures de défense : les villages devinrent des villes, avec murs et tours. Jéricho, en Israël, est la première ville du monde, née il ya plus de 8 000 ans. Enfin, l'homme connut la *guerre*.

Dans les communautés, chacun se vit attribuer une tâche : quelques individus s'occupaient de la production (grains, viande et autres produits tirés des animaux d'élevage), d'autres de la défense ou de l'attaque, d'autres encore donnaient des conseils utiles sur les semailles ou sur l'élevage (les sages/mages/prêtres). Il est évident que les soldats et les mages prêtres ne produisaient pas de nourriture : ils étaient donc entretenus par le reste de la communauté. Les soldats opéraient contre les périls réels ; les mages prêtres, souvent, contre des dangers au sujets desquels on donnait des explications fantastiques (la colère des dieux) : tout, bien entendu, contribuait à augmenter le prestige de ces groupes non productifs. La structure sociale, et ses classes, naissait.

Cette période culturelle est appelée *néolithique* (de la pierre nouvelle) : en réalité c'est surtout la période de la céramique ou plutôt de l'agriculture et de l'élevage. C'est la période dans laquelle naît la « civilisation ».

Le mécanisme mis alors en mouvement ne s'est plus jamais arrêté : pour produire sa nourriture, l'homme a entrepris un saccage systématique de toutes les surfaces de la planète. Il a détruit des bois pour cultiver des champs ; il a détruit d'innombrables animaux dits nuisibles pour en protéger un petit nombre d'autres. La « déspécialisation » de l'homme, due à son intelligence ne l'a nullement conduit à s'adapter à de nouvelles conditions de milieu : à partir d'une certaine époque, l'offensive menée par notre espèce s'est faite si forte que *toute la planète* est devenue notre *niche écologique*.

Survivre

Le passage à la production systématique de nourriture est souvent désigné par un terme très suggestif : *révolution néolithique*. Les armes de cette révolution sont des plus simples : des faucilles, composées d'un manche de bois ou d'os, avec une série de petites lames de pierres enfoncées dans une encoche et maintenues par du goudron ; des petits enclos dans lesquels ont été gardés les premiers animaux en instance de domestication.

Par la suite, l'homme a renforcé son attaque avec des moyens de plus en plus puissants : de l'araire à main à la charrue tractée d'aujourd'hui ; de l'emploi des fumiers constitués par les excréments des habitants (hommes et animaux) du village à celui des engrais artificiels fournis par les gigantesques industries chimiques ; du patient travail de sélection entre plantes utiles et inutiles à l'emploi des désherbants... notre niche écologique a été en s'élargissant, et dans le même temps,

A droite : tableau comprenant les données relatives à l'augmentation de l'importance numérique de la population humaine depuis le moment où s'est développé le genre Homo *jusqu'à aujourd'hui. L'augmentation a été notable et elle est devenue vertigineuse dans les deux derniers siècles, et en particulier dans le nôtre. L'homme est aujourd'hui présent dans toutes les régions de la Terre. Mais les centres urbains connaissent des concentrations impressionnantes, non seulement dans les grandes cités d'Europe, d'Amérique ou du Japon, mais de façon particulière dans les mégalopoles des régions dites sous-développées (Inde, Indochine, Philippines).*

AUGMENTATION DE L'IMPORTANCE NUMÉRIQUE DE LA POPULATION HUMAINE

Epoque	Importance numérique estimée	Evénements marquants
Il y a 1 500 000 ans	quelque milliers d'individus	
Il y a 12 à 10 000 ans	de dizaines de mille à des centaines de mille	« révolution néolithique »
Il y a de 7 à 6 000 ans	quelques millions	premiers empires le long des fleuves
An I apr. J.-C.	250 millions	
1000 apr. J.-C.	350 millions	Au XIVe siecle, la peste « noire » tue peut-être 100 millions d'hommes.
1500 apr. J.-C.	450 millions	Conquête du Nouveau Monde : génocide des indigènes, peut-être 15 à 19 millions d'hommes tués.
1800 apr. J.-C.	1 milliard	
1900 apr. J.-C.	1 milliard, 650 millions	Première Guerre mondiale : 8 millions de morts. Epidémie de « grippe espagnole » : 30 millions de morts.
Aujourd'hui	4 milliards	Seconde Guerre Mondiale : 15 millions de morts militaires ; 35 millions de morts civils.
2000 apr. J.-C.	6,5 à 7 milliards	

En bas : jeunes gens d'un pays du tiers monde. Le rude problème qui peut s'exprimer par ces dures paroles : « Nous sommes trop nombreux », est mal posé. Nous devrions plutôt dire : « Ils sont trop nombreux les hommes qui, comme ces jeunes gens, ont faim. » *Parmi ces jeunes, beaucoup n'atteindront pas l'âge adulte, d'autres seront pour toute leur vie affligés de maladies dues à des carences alimentaires (manque de substances fondamentales dans le régime, trop pauvre, par exemple, en protéines ou en vitamines). Dans d'autres pays, les lois de l'économie obligent à consommer et même à gaspiller les ressources. Nous devons comprendre, aujourd'hui, que le temps du gaspillage est révolu, que l'humanité se sauvera dans son ensemble, ou qu'elle périra toute entière.*

elle s'est dégradée, polluée, empoisonnée.

Nous savons que quelques formes vivantes ont survécu durant des millénaires et des millions d'années parce que les niches écologiques auxquelles elles se sont progressivement adaptées n'ont pas subi de trop grands dommages. Aujourd'hui, de nombreuses formes qui ne courraient aucun risque, sont sur le point de s'éteindre parce que l'homme les a choisies comme proies ou qu'il a altéré de façon trop pesante les milieux naturels. Parmi ces formes le *sapiens sapiens* ne figurerait-il pas ?

L'homme et l'évolution

Darwin a eu l'intuition des principes des mécanismes de l'évolution lorsqu'il étudiait les résultats de la sélection en milieux naturels. Aux îles Galapagos, il observa les diverses formes de tortues, qui avaient divergé par l'effet de l'isolement et des variétés de pinsons qui s'étaient adaptées aux milieux et aux nourritures disponibles. Il releva aussi les différences notables qui existaient entre les formes éteintes (le *Megatherium*, par exemple) et d'autres formes vivantes ayant peut-être les mêmes mœurs. Il observa avec la plus grande attention les résultats obtenus par les éleveurs de bétail : bovins et ovins présentaient les caractères que l'homme avait voulu avantager. Darwin comprit quelle était la grande réalité du processus évolutif naturel parce qu'il avait aussi observé ce que l'homme avait commencé et continuait de faire, en agissant sur les espèces qu'il a domestiquées. Aujourd'hui nous avons les moyens d'évaluer les résultats de son influence au niveau de la planète, et nous avons le moyen d'évaluer l'amplitude et la nature des changements que notre espèce a subis de notre propre fait.

Il n'y a pas lieu de penser à des modifications apportées par nous-mêmes à notre corps. Nous savons déjà que nous

QUELQUES FOSSILES VIVANTS

règne des PROTISTES
Différentes formes du groupe des Dinoflagellés. Ce sont des unicellulaires ayant en général un corps microscopique revêtu d'une enveloppe rigide. Des tests de dinoflagellés sont connus dès l'Archéozoïque.

règne des VÉGÉTAUX
Gymnospermes
Gingkobiloba et genre *Metasequoia*. Les *Metasequoia* sont attestées, en des formes semblables aux formes actuelles, depuis le Crétacé.

règne des ANIMAUX
Arthropodes
Limule *(Limulus polyphemus)*, groupe des Xiphosures, auquel appartiennent aussi les gigantostracés, et *Triops Cancriformis*, crustacé phyllopode, long de moins de 10 cm, resté particulièrement inchangé durant deux cents millions d'ans. Commun dans les rizières jusqu'à il y a quelques années, cet animal est aujourd'hui menacé par l'emploi des désherbants.

Brachiopodes
Lingule (genre *Lingula*, avec deux espèces assez communes).

Cordés
Poissons Osseux : *latimeria (Latimeria chalumnae)* et amie *(Amia calva)*; ce dernier poisson, attesté dès le Mésozoïque, est présent aujourd'hui dans certaines eaux intérieures d'Amérique du Nord.

Reptiles
Tuatara *(Sphenodon punctatus)*.

Dans ces pages, quelques animaux qui ont survécu tandis que la majorité des formes affines s'éteignait. A quelques-uns de ceux-ci on a donné le nom de « fossiles vivants ». Une liste sommaire en est donnée dans le tableau ci-contre, en haut.

Ci-contre, en bas : le limule, parent assez proche des gigantostracés, grands « scorpions de mer » répandus au Silurien et au Dévonien.

Ci-dessus : le kiwi, qui n'est pas un fossile vivant, représente sans aucun doute un modèle d'oiseau qui n'a pas de parallèle avec les formes vivantes. Ses ailes sont complètement réduites ; il ne vole donc pas ; ses plumes ont l'allure de la filasse et il vit dans des terriers. Il survit dans une partie de son lieu d'origine : les zones boisées des deux plus grandes îles de Nouvelle-Zélande, qui n'ont pas été détruites par l'homme.

A droite, l'hattérie ponctuée, dernier représentant d'un groupe de reptiles qui était florissant, avec des formes très semblables, au Trias. Cet animal ne vit aujourd'hui que dans quelques petites îles proches de la Nouvelle-Zélande. Il se réfugie souvent dans les terriers de certains animaux marins, comme les pétrels (procellariidés).

ANIMAUX MENACÉS

Quelques espèces en voie d'extinction. A côté du nom on a donné, lorsque c'était possible, les aires de diffusion et le nombre d'individus encore vivants.

OISEAUX

albatros commun *(Diomedea albatrus)*, Torishima (Japon) 45.
grue de Mandchourie *(Grus japonensis)*, Japon et Mandchourie, 30.
corbeau, des Hawaii *(Corvus tropicus)*, Hawaii, 25-50.

MAMMIFÈRES

Marsupiaux : très nombreuses espèces, australes (?)

Insectivores : solénodontes, Cuba, Haïti (?)

Primates : beaucoup de lémuriens, Madagascar (?) ; orang-outan *(Pongo pygmaeus)*, Sumatra, Bornéo, 5000 ; gorille de montagne *Gorilla gorilla beringei)*, Congo, 5000 ; chimpanzé nain *(Pan paniscus)*, Congo (?).

Rongeurs : chiens de prairie et diverses autres formes (?)

Crétacés : Rorqual bleu *(Balaenoptera musculus)*, mers, méridionales, 500 à 2000.

Carnivores : tigre de la Caspienne *(Panthera tigris virgata), Iran, Turkestan (?) ; lion persan (Panthera leo persica), Inde (?)* ;panda géant *(Ailuropoda melanoleuca)*, Chine (?) phoque moine *(Monachus monachus)*, mer Méditerranée (500).

Proboscidiens : éléphant de Sumatra *(Elephas maximus sumatranus)*, Sumatra, 100.

Périssodactyles : rhinocéros de Java *(Rhinoceros sondaïcus)*, Java, 15 à 25 ; zèbre de montagne du Cap *(Equus/Hippotigris/zebra zebra)*, Afrique du Sud, 80 ; onagre *(Equus/Hemionus/Hemionus onager)* Iran, Afghanistan, 300.

Artiodactyles : chèvres, gazelles, damalisques ; éland géant de Derby *(Taurotragus derbianus derbianus)*, Guinée, 50 ; daim de Mésopotamie *(Dama mesopotamica)*, Iran, 50 ; chameau sauvage *(Camelus bactrianus ferus)*, désert de Gobi, 350.

sommes pareils aux Néanthropiens qui vivaient durant le Würm. Les différences sont vraiment de peu d'importance. Nous savons aussi que notre évolution culturelle a été énorme depuis lors. Et c'est bien sur ce type d'évolution que nous devons porter notre effort de recherche pour découvrir *où* et *comment* des erreurs ont été commises et aussi pour nous assurer s'il y a ou non une voie de salut.

D'une part, nous avons le processus naturel : l'homme, comme résultat d'une évolution naturelle *(Ramapithecus, Australopithecus, Homo ;* ce sont là les étapes fondamentales) ; d'autre part, nous avons le

Les fossiles vivants sont des formes qui ont su affronter les modifications de milieu survenues au cours des temps. D'innombrables autres formes n'y ont pas réussi et se sont éteintes. Des quantités de formes, par la suite, se sont éteintes par les méfaits humains, et beaucoup sont sérieusement menacées.
A gauche : liste sommaire des espèces éteintes en des temps récents et de celles qui sont en voie d'extinction.
Ci-dessous : tortue géante des îles Galapagos.
Ci-contre : couple de gorilles de montagne.

processus culturel, *non*-naturel : l'homme d'aujourd'hui, esclave d'habitudes, d'usages, de rites, l'homme inventeur d'une structure sociale qui l'écrase, l'homme destructeur d'une énorme niche écologique qui s'appauvrit de plus en plus. Ce que nous pouvons déduire en observant les résultats du premier processus est assez réconfortant. On peut bien dire que l'usage de l'automobile et de l'autobus nous rendent paresseux : en réalité nous sommes tous parfaitement capables (peut-être en ressentant un léger essoufflement) de marcher ou de courir pendant un certain temps. On peut bien dire que nous sommes esclaves des moyens de communication de masse : en réalité nous sommes tous capables de ne pas téléphoner et de hurler à tue-tête pour nous faire entendre par un ami qui habiterait dans l'immeuble en face du nôtre, et nous sommes capables d'éteindre le téléviseur pour apprécier le coucher du soleil ou le lever de la lune. Notre corps, avec toutes ses capacités (l'intelligence parmi les premières) n'a pas changé.

Et nous pouvons encore communiquer de la « culture » comme dans le temps, nous préoccuper des autres et de nous-même, comme à cette lointaine époque. Malheureusement, infiniment trop d'obstacles nous viennent des structures dérivées de l'évolution culturelle. L'homme n'est pas à l'origine de ce mal, mais plutôt l'organisation de sa société.

« Espèce en voie d'extinction », l'homme correspond-il à cette définition ? Si nous considérons la situation actuelle du monde, nous devons admettre que notre extinction pourrait être assez prochaine. Nous risquons de finir bientôt dans un inconcevable musée avec cette étiquette : « l'unique espèce qui s'est détruite elle-même. » *Nous devons tous lutter pour que cela n'arrive pas ; nous devons comprendre, en étudiant l'histoire de nos ancêtres (comme le font ces jeunes gens dans un musée, qui regardent le crâne d'un des hommes les plus anciens qui ait été découvert dans le territoire américain), comprendre que le chemin parcouru en cent ou en mille générations a été long et que, si beaucoup d'erreurs ont été commises, il est possible de les réparer. Il faut se hâter d'agir. La préhistoire est à peine achevée et l'histoire est tout au plus un bref appendice plein de guerres. Il faut repousser ce qui, dans les structures sociales, nous a causé du tort, et en créer de nouvelles. C'est là, une tâche qui nous attend.*

C'est un mal « culturel », que de ne pas propager la culture ; c'est un mal culturel que de maintenir un tiers de la population humaine en état d'indigence, de sous-développement. Le terme même de *sous-développement* sonne comme un gros mot : il est contraire au *développement* vers lequel notre espèce, comme toutes les autres, devrait toujours tendre. C'est une expression « anti-évolutive ».

Que faudrait-il faire ? Abolir les résidus les plus lourds des processus culturels : les guerres, les impérialismes, les dépenses pour les armements, les folies de la consommation, les faux besoins que crée la publicité. Il faudrait transmettre la culture; accroître la production des ressources alimentaires, mais surtout les répartir également. Dans les pays riches nous devrions exiger de plus grands investissements pour l'instruction, mais nous devrions aussi nous battre pour que ces contributions ne soient pas rendues vaines par les écrasantes opérations non culturelles de certains moyens de communication de masse, qui devraient, au contraire, devenir des instruments de transmission de la culture aux hommes des pays pauvres. Nous devrions exiger que l'on investisse moins dans le secteur industriel et davantage dans celui de l'élevage et de l'agriculture. Il conviendrait d'apprendre à avoir moins d'enfants. Il faudrait restaurer la planète Terre, afin que notre niche reste suffisamment habitable. Pourra-t-on y réussir ? C'est une grosse tâche. Mais il n'y a plus de temps à perdre : chaque minute, un grand nombre d'hommes meurt de faim, et la planète Terre devient moins hospitalière.

Mais, souvenons-nous : dans un processus naturel, il est impossible de revenir en arrière. Tout au plus peut-on s'arrêter, comme l'on fait les fossiles vivants. Le parcours évolutif est encombré d'espèces anéanties, qui n'ont pu ni s'arrêter, ni continuer. *Notre* processus évolutif, qui a été, dans les derniers millénaires, surtout culturel, permet de changer de direction. Et, à la vérité, cela est bien nécessaire.

Glossaire

Les mots en italique renvoient au mot correspondant :

Acides nucléiques Structures moléculaires complexes formées d'un grand nombre d'*aminoacides*. Les acides nucléiques sont doués de la faculté de se dupliquer : d'une seule molécule (laquelle est en forme d'hélice, comme un ressort à boudin) il s'en forme deux. La combinaison des aminoacides dans les acides nucléiques forme un « code », qui fournit les instructions nécessaires à la construction des *protéines* particulières de tout être vivant. Il existe des acides nucléiques de deux types fondamentaux : ADN et ARN. L'ADN est contenu dans le *noyau* des *cellules* vivantes.

Agnathes (Du grec : « sans mâchoire ».) Vertébrés dépourvus de mâchoires. Les plus anciens vertébrés (Rétérostracés, céphalaspidés) sont considérés comme des agnathes. Les seuls agnathes vivants sont les cyclostomes (lamproies, myxines), animaux aquatiques au corps cylindrique, à squelette cartilagineux, et dotés d'une bouche circulaire munie d'une série de dents.

Aminoacides Appelés aussi : « acides aminés », ce sont des composés organiques qui contiennent du carbone, de l'hydrogène, de l'oxygène, de l'azote et d'autres éléments. Ce sont les constituants principaux des *protéines* et des *acides nucléiques*.

Angiospermes Du grec *aggeion :* récipient, enveloppe, et : *sperma,* semence. Plantes à graines *(spermatophytes)* dans lesquelles la graine se développe, protégée par une structure fermée, l'ovaire de la fleur. Les Angiospermes sont les plantes à fleurs apparentes. On en compte actuellement environ 170 000 espèces, divisées en deux groupes : dicotylédones (feuilles à nervures qui, en général, partent d'une nervure centrale ; de la graine germent toujours *deux* premières feuilles), et Monocotylédones (feuilles à nervures parallèles ; de la graine germe toujours *une seule* première feuille).

Animaux Êtres vivants constitués de plusieurs cellules eucaryotes (voir *Eucaryotes*), qui ne sont pas à même de synthétiser (c'est-à-dire de « mettre ensemble ») des substances organiques en utilisant des substances inorganiques (non-organiques) et qui peuvent chercher activement leur nourriture, parce que en particulier ils sont dotés d'un système nerveux qui leur permet d'effectuer des mouvements divers.

Appareil Ensemble de plusieurs organes (voir *Organe*) qui peut remplir une fonction déterminée. Le terme appareil peut être considéré comme synonyme de « système », à la condition que les différents organes forment une structure continue (exemple : appareil digestif, appareil urinaire).

Autotrophisme (« Se nourrir par soi-même ».) Capacité de certains organismes à synthétiser (c'est-à-dire à « mettre ensemble ») des substances utiles « organiques » en partant de substances « inorganiques » (non-organiques). Sont autotrophes les *végétaux,* et certains *protistes* et *procaryotes.*

Biologie (Discours, argumentation, donc, aussi, « science de la vie ».) C'est l'étude des êtres vivants. En font partie aussi la paléontologie (« science des êtres anciens »), l'écologie (« science de la maison », c'est-à-dire, « du milieu »), l'éthologie (« science du comportement »), la biochimie (étude de la chimie des vivants), l'anatomie (« dissection », étude de la structure des vivants) et en particulier l'anatomie comparée (parallèle entre les structures de différents groupes de vivants).

Cellule (« Petite Chambre ».) Très petite partie d'un être vivant. Les cellules peuvent vivre isolément (procaryotes, protistes) ou être organisées pour former des *tissus.* La cellule est délimitée par une membrane (et, dans les *végétaux,* en plus, par une paroi constituée de cellulose) ; elle contient une substance semi-liquide (cytoplasme) dans laquelle sont noyés divers organites, parmi lesquels le *noyau.*

Champignons Êtres vivants constitués de plusieurs cellules eucaryotes (voir *Eucaryotes),* qui ne sont pas douées de la capacité de synthétiser (« mettre ensemble ») des substances organiques en utilisant des substances inorganiques. Dans la majorité des cas, les champignons sont immobiles. Leurs cycles de reproduction sont très complexes. Les champignons ne sont pas des *végétaux.*

Chromosomes Corpuscules en forme de ruban contenus dans le *noyau* des cellules eucaryotes (voir *Eucaryotes*). Les chromosomes sont formés de très longues hélices d'ADN.

Convergence évolutive Phénomène par lequel, chez deux êtres vivants appartenant à des groupes différents, se développent des organes ou des structures semblables pour faire face à des conditions de vie semblables. Parmi de multiples exemples : la ressemblance entre dauphins, squales, ichthyosaures.

Cordés Type d'animaux caractérisés, au moins pendant un stade de la vie, par la présence d'une « corde dorsale » (notochorde), d'un système nerveux tubulaire dorsal, d'une queue, d'un pharynx perforé (appareil destiné à recevoir les aliments et à filtrer l'eau, qui cède l'oxygène aux branchies). Parmi les cordés figurent les tuniciers, les céphalocordés (amphioxus), et les *vertébrés.*

Embranchement ou phylum. Vaste groupement dans lequel on peut réunir un grand nombre d'êtres vivants présentant d'importantes caractéristiques communes.

Eucaryotes (Dotés du « bon noyau », c'est-à-dire, ayant un « vrai noyau ».) Êtres vivants dont les cellules contiennent un véritable noyau délimité par une paroi définie. Les *protistes,* les *végétaux,* les *animaux,* les *champignons* se comptent parmi les eucaryotes.

Gamètes Ce sont les cellules sexuelles des organismes qui se reproduisent sexuellement. De la fusion d'un gamète mâle avec un gamète femelle naît un zygote, à partir duquel se développe un nouvel individu. Dans le *noyau* des gamètes, le nombre des chromosomes est diminué de moitié (cellules haploïdes) ; dans le zygote, le nombre normal des chromosomes est rétabli et il se retrouvera tel dans toutes les cellules (diploïdes) de l'individu. Chez les animaux, le gamète mâle est le spermatozoïde (contenu dans le sperme, chez les vertébrés), le gamète femelle est l'ovule (dans l'ovaire).

Graine Organe des végétaux qui dérive de l'ovule fécondé. Il comprend l'embryon (à partir duquel se développe la nouvelle plante), avec les cotylédons, l'endosperme (substances nutritives, comme l'amidon), l'enveloppe, qui peut être plus ou moins dure.

Gymnospermes (« A graine nue ».) Plantes à graine *(spermatophytes)* dans lesquelles la graine est dépourvue de structure de protection pendant son développement. Il n'existe pas de fleurs véritables. Sont gymnospermes tous les conifères, les cycadales, le gingko et nombre de plantes importantes éteintes.

Hermaphrodisme (Du nom d'Hermaphrodite, enfant mythique d'Hermès et d'Aphrodite, qui était doté des attributs des deux sexes.) C'est la présence, dans un même individu, des organes sexuels propres au sexe masculin et de ceux qui sont propres au sexe féminin. Elle est commune chez beaucoup d'invertébrés (par exemple chez les annélides, tels que le lombric, chez certains mollusques, tels que l'escargot), mais rare chez les *vertébrés* : on ne la rencontre, en fait, que chez quelques Poissons Osseux (par exemple la donzelle, commune dans nos mers).

Hétérothermie (« Chaleur différente ».) C'est la condition des animaux dont la température varie sensiblement en fonction de la température ambiante. Sont hétérothermes les poissons (osseux et cartilagineux), les amphibiens, les reptiles actuels. Il est probable que certains reptiles du passé ne l'étaient pas.

Hétérotrophisme (« Se nourrir d'autre chose », c'est-à-dire « aux dépens d'autres êtres ».) L'incapacité à synthétiser des substances organiques à partir de substances inorganiques. Le contraire de l'autotrophisme. Sont hétérotrophes les *animaux,* les *champignons,* certains *protistes* et bon nombre de *procaryotes.* Les hétérotrophes doivent absorber des autotrophes pour profiter des substances organiques nécessaires à la vie.

Homéothermie (« Chaleur semblable », donc « chaleur constante ».) C'est la condition des animaux qui, par des processus particuliers, peuvent produire leur température interne. Indépendamment de celle qui existe dans l'air ambiant. Mammifères et oiseaux sont homéothermes. On pense que divers reptiles du passé avaient développé l'homéothermie.

Hydrocarbures Composés de carbone et d'hydrogène. Beaucoup sont d'origine organique ; ils se sont formés par décomposition d'organismes vivants anciens : c'est le cas du pétrole, qui est en fait un mélange d'hydrocarbures. Le méthane est un hydrocarbure simple qui peut se former par réactions chimiques même non organiques : ce gaz existait dans l'atmosphère de la Terre primitive.

Métabolisme (« Je mets en transformation ».) C'est l'ensemble des transformations de nature chimique par lesquelles un être vivant tire de ce qu'il absorbe, provenant du milieu (par exemple de la nourriture), l'énergie pour ses processus vitaux et des substances utiles.

Métamérie (« Après les parties », c'est-à-dire « succession de parties ».) Organisation que l'on observe chez différents animaux qui présentent des zones successives différentes ayant toutes à peu près la même structure. On en a des exemples typiques dans les segments des annélides (lombric), des myriapodes, des insectes. Un certain degré de métamérie existe aussi chez les *cordés* et donc chez les *vertébrés,* ce qui rappelle, dans notre corps, certaines structures osseuses (comme la colonne vertébrale) et la disposition de beaucoup de muscles.

Molécule Structure chimique formée de deux ou de plusieurs atomes.

Monotrèmes (« A un seul trou ».) Vertébrés homéothermes (voir *Homéothermie*) qui se reproduisent au moyen d'œufs (à coquille non rigide), qui allaitent leurs petits (sans avoir pourtant de véritables mamelons), et qui sont recouverts de poils et de piquants. Ils ont une ouverture unique (cloaque) dans laquelle débouchent l'intestin, l'appareil urinaire et l'appareil génital. Longtemps considérés comme « mammifères ovipares », ils sont aujourd'hui rapprochés de formes très anciennes de « reptiles-semblables-à-des-mammifères » ou *paramammifères,* existant au début du Mésozoïque. Les seuls monotrèmes actuels sont l'ornithorynque, l'échidné et le zaglossus.

Noyau (« Petite noix », ou « noisette ».) Région

à l'intérieur de la cellule vivante, délimitée par une paroi. Elle contient les chromosomes, formés d'ADN. Les cellules dotées d'un noyau sont dites eucaryotes (voir *Eucaryotes*).

Organe Partie d'un être vivant (formé de cellules ou de tissus), qui remplit une certaine fonction. Plusieurs organes, réunis en une structure qui remplit une fonction plus vaste, forment un *appareil*. L'estomac est un organe de l'appareil digestif.

Organisme Tout être vivant. Les substances qui le constituent sont appelés organiques (les substances qui ne font pas parties d'un organisme ou qui ne proviennent pas de l'activité d'un organisme sont, en revanche, appelées inorganiques). Un organisme a la faculté de pouvoir se reproduire (reproduction) et de transformer des substances existant dans l'air ambiant en énergie et en d'autres substances utiles *(métabolisme)*.

« Paramammifères » Terme qui a été proposé pour désigner les animaux du groupe des reptiles qui présentent déjà des caractères qui seront, plus tard, typiques des mammifères : la présence des poils, probablement l'*homéothermie*, peut-être la capacité de mettre au monde des petits vivants. Les « paramammifères » sont attestés par témoignages du Permien au Trias.

Photosynthèse (Du grec « mettre ensemble au moyen de la lumière ».) Processus dont se servent certains organismes pour obtenir des substances organiques (du type des sucres, des hydrates de carbone) en partant de substances inorganiques (l'eau et l'anhydride carbonique existant dans l'air). L'énergie utilisée par le processus est fournie par le Soleil sous forme de lumière : pour qu'une telle utilisation de la lumière soit possible il faut que l'organisme possède dans ses cellules une substance particulière (pigment) appelée chlorophylle (« feuille verte »). Les *végétaux*, certains *protistes*, divers *procaryotes*, sont photosynthétiques.

Phylum Voir *Embranchement*.

Placenta (D'un mot grec qui signifie exactement « gâteau ».) Organe qui relie le fœtus au corps de la mère. Il est présent chez les Mammifères placentaires et (sous des formes très modifiées) chez certains squales. Il est possible qu'un organe semblable ait existé aussi chez les ichthyosaures.

Plancton Ensemble des organismes qui vivent dans les eaux douces ou marines près de la surface ou, en tout cas, sans avoir de contacts avec les fonds.

Préhistoire Ce terme s'applique, au sens strict, à la partie de l'aventure de l'homme pour laquelle on ne dispose pas de témoignages écrits. Ce qui suit, postérieurement à l'apparition de l'écriture, est l'Histoire. Le terme est appliqué ordinairement, bien que cela ne soit pas du tout correct, à tous les événements qui se sont déroulés, dans le lointain passé, sur notre planète, ainsi qu'aux formes vivantes qui en ont été les principaux acteurs.

Procaryotes (« Antérieurement au noyau », donc « sans noyau véritable ».) Terme que l'on applique aux cellules (voir *Cellule*) qui ne sont pas dotées d'un vrai noyau : l'ADN y forme de petites masses, mais n'est pas enfermé dans une zone close par une paroi. On nomme *Procaryotes* (ou monères) tous les êtres vivants formés d'une cellule unique de ce type. Les algues bleues et les bactéries sont des procaryotes.

Protistes (Du grec « premier ».) Êtres vivants formés d'une seule cellule eucaryote (voir *Eucaryotes*.) Ces organismes (appelés aussi unicellulaires) peuvent être hétérotrophes (voir *Hétérotrophisme*), et ils sont alors appelés protozoaires, « premiers animaux » ou autotrophes, et ils sont alors appelés protophytes, « premières plantes ».

Règnes Les plus vastes groupements dans lesquels sont classés les êtres vivants. Suivant les propositions les plus récentes, il y a cinq règnes : *procaryotes* (algues bleues et bactéries), toujours formés d'une seule *cellule* dépourvue de *noyau* défini, s'associant souvent en colonies; *protistes* (une seule cellule dotée d'un noyau défini : protozoaires, « premiers animaux », ou autotrophes, et lules eucaryotes organisées : peuvent effectuer la *photosynthèse*, et sont donc autotrophes) ; *animaux* (plusieurs cellules eucaryotes organisées : ne peuvent pas effectuer la photosynthèse, et sont donc hétérotrophes) ; *champignons* (plusieurs cellules eucaryotes, incapables de photosynthèse, hétérotrophes). Un règne à part, à mi-chemin entre vivants et non-vivants, serait celui des Virus. (Voir *Hétérotrophisme, Eucaryotes*).

Spermatophytes Toutes les plantes qui se reproduisent au moyen de graines. (Voir *Graine*). Les spermatophytes vivantes sont les *gymnospermes* et les *angiospermes*. A la fin du Paléozoïque et au Mésozoïque, les *ptéridospermes* (fougères à graines) étaient, elles aussi, des spermatophytes importantes.

Symbiose (« Vie ensemble ».) Il y a symbiose lorsque deux organismes vivent ensemble dans une dépendance mutuelle. Il existe une symbiose des ruminants avec les bactéries qui, dans l'estomac des premiers, divisent la cellulose, permettant la digestion de celle-ci. Quand un seul des organismes tire avantage du rapport existant (il peut être nuisible à l'autre) il y a parasitisme. Les puces et poux sont des parasites externes de nombreux mammifères. Le ténia est un parasite interne.

Végétaux Êtres vivants constitués de plusieurs cellules eucaryotes (voir *Eucaryotes*) qui sont aptes à réaliser la *photosynthèse*. Les végétaux sont donc autotrophes (voir *Autotrophisme*). De façon générale ils ne sont pas mobiles.

Index analytique

Les nombres en italique se rapportent aux légendes ou aux écritures intérieures aux dessins.

Sources des illustrations

Musée américain d'histoire naturelle, New York, 143 (externe) ; A. Ancilloto 20b ; F. Arborio Mella, Milan 127 (Musée royal d'histoire naturelle, Bruxelles), 296hg, 297hd ; Archives Mondadori, Milan 27, 66, 70 (intérieure gauche), 266, 284h, 290, 297hg ; Ardea, Londres 22b, (I. Beames) 305b, (Curth) 23h, (P. J. Green) 6, 191h ; E. Arnone, Milan, 156, 157 ; O. Berni, Milan 111b, 149, 184-185, 222-223, 234-235, 244-245h ; F. Bertolasi, Milan (Yoichi Horimoto) 253 ; L. Boitani, Rome 259 ; British Museum, Londres 51bg, 113h, 117h ; Caisse nationale des Monuments historiques, Paris 296-297 ; Azzura Carrara Pantano 21h ; P. Cattaneo, Bergame 40-41, 58-59, 59b, 70b, 129 (extérieure), 134, 187, 208, 216-217 ; Photothèque, Centre de recherche spatiale, Institut de Planétologie, Rome 29 ; B.M. Cita, Milan 31h ; Bruce Coleman Londres (S. Dalton) 21c, (Des Bartlett) 271h, (M.P. Kahl) 304, (Léonard Lee Rue III) 227b, (H. Reinhard) 23b, (M.F. Soper) 305h, (R. Williams) 171h ; Yves Coppens, Paris 275b ; Andrea et Luciano Corbella, Milan 21b, 31b, 35, 38g, 42, 44, 46g, 50g, 54g, 55h, 57, 59h, 61h, 62g, 64-65, 67b, 68g, 70h, 75, 78g, 80, 85b, 86, 87, 88, 88-89, 91b, 92g, 101g, 102g, 103, 105, 109h, 114-115, 116, 117b, 118g, 121, 123, 128-129, 132, 132-133, 136-137, 137, 138b, 140, 146, 160g, 166-167, 170, 173, 174-175, 181, 188-189, 192g, 200-201h, 211 (intérieure), 220-221, 229b, 233h, 236g, 266-267, 270, 275h, 277b, 283, 292 ; P. Cozzaglio, Brescia 18-19b, 48-49, 100-101, 102d, 104-105, 111h, 139, 144-145b, 147, 167, 168-169b, 176-177, 178-179, 183, 196-197, 200-201b, 204-205, 206b, 225, 235, 240-241, 271c, 275c ; Dal Gal Vérone 34h ; C.Di Ciancio, Milan 55b (extérieure), 56, 66-67, 77b, 80-81, 91h, 93h, 94-95, 97, 120-121h, 125h ; Explorer, Paris (Weiss) 63b ; F.A.O., Rome 303 ; A. Fedini, Milan 39 b, 42-43, 53 (extérieure), 61b, 69b, 83b, 85h, 109b, 152-153, 242-243 ; G. Gerster, Zurich 262h, 263 ; F. Ghiringhelli, Milan 17d, 18-19h, 24-25, 26-27, 28-29, 30, 32-33, 38d, 41, 46d, 48, 50d, 51bd, 53 (intérieures), 54d, 62d, 67h, 68d, 69h, 71, 72-73, 78d, 84, 92d, 93b, 99, 101d, 106-107, 113b, 118d, 118-119, 126-127, 129 (intérieure), 130-131, 134,135, 143 (intérieures), 144-145h, 148-149, 150-151, 152, 154-155, 160d, 162-163, 165b, 168-169h, 175h, 176, 178, 182-183, 185, 186, 192d, 195, 199h, 209, 213, 215h, 216, 224, 226b, 229h, 231h, 236d, 242, 244-245b, 246-247, 248-249, 252, 256, 258, 260-261, 262b, 264-265, 278, 282b, 284b, 285d, 287, 300 ; M.F. Glaessner, Adelaïde 37b ; Jacana, Paris (Massart) 239b, (Robert) 256-257, (Varin) 231b, (Visage) 207h ; G. Ligabuc, Venise 125b ; L. Lubrano, Paris 269b, 282h, 282c ; Magnum, Milan 79 (intérieure droite), (Fusco) 251, (Haas) 306 ; Marka, Milan 79 (extérieure), 219b ; G. Mazza, Montecarlo 19, 20h, 20c, 34b, 37h, 207b ; Mohamed Amin 211 (extérieure) ; G. Motto, Milan 276, 277hg, 293 ; Musée de l'Homme, Paris 296hd ; Musée de Géologie et Paléontologie de l'université de Padoue 77h ; Musée de Paléontologie de l'université de Florence 233b ; U.S. National Museum, Washington 39h, 120-121b ; Nature, Chamalières (J.P. Ferrero) 230 ; G. Neri, Milan (Photo Researchers/P. Kahl Jr) 215b, (Sipa) 22h ; N.H.P. A. Staltwood Kent (Lacz Lemoine) 277h, (J. Sparks) 307 ; Kazuyoshi Nomachi 16-17, 47 b ; John H. Ostrom, Yale University, New Haven, Connecticut 140-141 ; L. et D. Pellegrini, Milan 17g, 260 ; Pictor, Milan, 45 (extérieure), 161, 165h, 180-181, 239h ; G. Pinna, Milan 43, 63h, 83h, 95 ; F. Quilici, Rome 281h ; L. Ricciarini, Milan 47h, 55b (intérieures), (Robba) 289 (intérieures), (Tomsich) 79 (intérieure-centre), 171b ; Galen Rowell, Sierra Club Books, San Francisco 163 ; Sergio, Milan 51h, 130, 131, 138h, 212, 255, 269h, 271b, 273, 279, 281b, 286-287, 289 (extérieure), 290-291, 292-293, 296, 298-299, 301 ; (C) Yoshikazu Shirakawa 236-237 ; Kerby Smith 202-203, 308-309 ; Smithsonian Institution, Washington 191b, 197, 202, 204, 219h, 226h ; Tony Stone Associates, Londres 199b ; Union Press, Milan 206h ; C. Utzeri, Milan 65 ; Vanzo, Vérone 45 (intérieures) ; Vautier-De Nanxe, Paris 265 ; M. Voorhies-Université de Nebraska, USA 193 ; Walter 227hd, 285g, 294-295 ; Woodfin Camp Ass., New York (S. Abell) 158-159 ; Württenburg, M. Hauff, Holzmaden-Teck 96.
Couverture de Piero Cattaneo, Bergame.